HISTOIRE

DE LA DÉCADENCE ET DE LA CHUTE

DE

L'EMPIRE ROMAIN,

TRADUITE DE L'ANGLAIS

D'ÉDOUARD GIBBON;

NOUVELLE ÉDITION,

ENTIÈREMENT REVUE ET CORRIGÉE,

PRÉCÉDÉE D'UNE NOTICE SUR LA VIE ET LE CARACTÈRE DE GIBBON,
ET ACCOMPAGNÉE DE NOTES CRITIQUES ET HISTORIQUES
RELATIVES, POUR LA PLUPART, A L'HISTOIRE
DE LA PROPAGATION DU CHRISTIANISME,

PAR M. F. GUIZOT.

Tome Premier.

A PARIS,

CHEZ LEDENTU, LIBRAIRE,

QUAI DES AUGUSTINS, N° 31.

1828.

HISTOIRE

DE LA DÉCADENCE ET DE LA CHUTE

DE L'EMPIRE ROMAIN.

I.

PARIS.—IMPRIMERIE DE CASIMIR,
Rue de la Vieille-Monnaie, n° 12.

HISTOIRE

DE LA DÉCADENCE ET DE LA CHUTE

DE

L'EMPIRE ROMAIN,

TRADUITE DE L'ANGLAIS

D'ÉDOUARD GIBBON.

NOUVELLE ÉDITION,

ENTIÈREMENT REVUE ET CORRIGÉE, PRÉCÉDÉE D'UNE NOTICE SUR LA VIE ET LE CARACTÈRE DE GIBBON, ET ACCOMPAGNÉE DE NOTES CRITIQUES ET HISTORIQUES RELATIVES, POUR LA PLUPART, A L'HISTOIRE DE LA PROPAGATION DU CHRISTIANISME,

PAR M. F. GUIZOT.

TOME PREMIER.

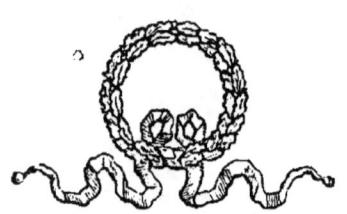

A PARIS,

CHEZ LEDENTU, LIBRAIRE,

QUAI DES AUGUSTINS, N° 31.

———

MDCCCXXVIII.

PRÉFACE
DE L'ÉDITEUR.

Un bon ouvrage à réimprimer, une traduction défectueuse à revoir, des omissions et des erreurs d'autant plus importantes à rectifier dans une Histoire fort étendue, que, perdues en quelque sorte dans le nombre immense de faits qu'elle contient, elles sont éminemment propres à tromper les lecteurs superficiels qui croient tout ce qu'ils ont lu, et même les lecteurs attentifs qui ne sauraient étudier tout ce qu'ils lisent; tels sont les motifs qui m'ont déterminé à publier cette nouvelle édition de l'*Histoire de la Décadence et de la Chute de l'Empire romain*, par Édouard Gibbon, à en refondre la traduction et à y joindre des notes.

Cette période de l'Histoire a été l'objet des études et des travaux d'une multitude d'écrivains, de savans, de philosophes même. La décadence graduelle de la domination la plus extraordinaire qui ait envahi et opprimé le monde; la chute du plus vaste des empires élevé sur les débris de tant de royaumes, de républiques, d'États barbares ou civilisés, et formant à son tour, par son démembrement, une multitude d'États, de républiques et de royaumes; l'anéantissement de la religion de la Grèce et de Rome, la naissance et les progrès des deux religions nouvelles qui se sont partagé les plus belles contrées de la terre; la vieillesse du monde ancien, le spectacle de sa gloire expirante et de ses mœurs dégénérées; l'enfance du monde moderne, le tableau de ses premiers progrès, de cette direction nouvelle imprimée aux esprits et aux caractères.... Un tel sujet devait nécessairement fixer l'attention et exciter l'intérêt des hommes qui ne sauraient voir avec indifférence ces époques mémorables, où, suivant la belle expression de Corneille,

Un grand destin commence, un grand destin s'achève.

Aussi l'érudition, l'esprit philosophique et l'éloquence, se sont-ils appliqués, comme à l'envi, soit à débrouiller, soit à peindre les ruines de ce vaste édifice dont la chute avait été précédée et devait être suivie de tant de grandeur. MM. de Tillemont, Lebeau, Ameilhon, Pagi, Eckhel, et un grand nombre d'autres écrivains français et étrangers, en ont examiné toutes les parties : ils se sont enfoncés au milieu des décombres pour y chercher des faits, des renseignemens, des détails, des dates; et, à l'aide d'une érudition plus ou moins étendue, d'une critique plus ou moins éclairée, ils ont en quelque sorte rassemblé et arrangé de nouveau tous ces matériaux épars. Leurs travaux sont d'une incontestable utilité, et je n'ai garde de vouloir en diminuer le mérite; mais en s'y enfonçant, ils s'y sont quelquefois ensevelis : soit qu'ils eussent volontairement borné l'objet et le cercle de leurs études, soit que la nature même de leur esprit les resserrât, à leur insu, dans de certaines limites, en s'occupant de la recherche des faits, ils ont négligé l'ensemble des idées ; ils ont fouillé et éclairé les ruines sans relever le monument ; et le lecteur ne trouve point dans leurs ouvrages ces vues générales qui nous aident à embrasser d'un coup d'œil une grande étendue de pays, une longue série de siècles, et qui nous font distinguer nettement, dans les ténèbres du passé, la marche de l'espèce humaine changeant sans cesse de forme et non de nature, de mœurs et non de passions, arrivant toujours aux mêmes résultats par des routes toujours diverses ; ces grandes vues enfin qui constituent la partie philosophique de l'histoire, et sans lesquelles elle n'est plus qu'un amas de faits incohérens, sans résultat comme sans liaison.

Montesquieu, en revanche, dans ses *Considérations sur les causes de la grandeur et de la décadence des Romains*, jetant de toutes parts le coup d'œil du génie, a mis en avant sur ce sujet une foule d'idées toujours profondes, presque toujours neuves, mais quelquefois inexactes, et moins appuyées sur la véritable nature et la dépendance réelle des faits, que sur ces aperçus rapides et ingénieux auxquels un esprit supérieur s'abandonne trop aisément, parce qu'il trouve un vif plaisir à manifester sa puissance par cette espèce de création. Heureusement que, par un juste et beau privilége, les erreurs du génie sont fécondes en vérités ; il s'égare par momens dans la route qu'il ouvre ; mais elle est ouverte, et d'autres y marchent après lui avec plus de sûreté et de circonspection. Gibbon, moins fort, moins profond, moins élevé que Montesquieu, s'empara du sujet dont celui-ci avait indiqué la richesse et l'étendue; il suivit avec soin le long développement de l'enchaînement progressif de ces faits dont Montesquieu avait choisi et rappelé quelques-uns, plutôt pour y rattacher ses idées que pour faire connaître au lecteur leur marche et leur influence réciproques. L'historien anglais, éminemment doué de cette pénétration qui remonte aux causes, et de cette sagacité qui démêle parmi les causes vraisemblables celles qu'on peut regarder comme vraies; né dans un siècle où les hommes éclairés étudiaient curieusement toutes les pièces dont se compose la machine sociale, et s'appliquaient à en reconnaître la liaison, le jeu, l'utilité, les effets et l'importance; placé par ses études et par l'étendue de son esprit au niveau des lumières de son siècle, porta dans ses recherches sur la partie matérielle de l'histoire, c'est-à-dire, sur les faits eux-mêmes, la critique d'un érudit judicieux; et dans ses vues sur la partie morale, c'est-à-dire, sur les rapports qui lient les événemens entre eux et les acteurs aux événemens, celle d'un philosophe habile. Il savait que l'histoire, si elle se borne à raconter des faits, n'a plus que cet intérêt de curiosité qui attache les hommes aux actions des hommes, et que, pour devenir véritablement utile et sérieuse, elle doit envisager la société dont elle retrace l'image, sous les divers points de vue d'où cette société peut être considérée par l'homme d'État, le guerrier, le magistrat, le financier, le philosophe, tous ceux enfin que leur position ou leurs lumières rendent capables d'en connaître les différens ressorts. Cette idée, non moins juste que grande, a présidé, si je ne me trompe, à la composition de l'*Histoire de la Décadence et de la Chute de l'Empire romain* : ce n'est point un simple récit des événemens qui ont agité le monde romain depuis l'élévation d'Auguste jusqu'à la prise de Constantinople par les Turcs ; l'auteur a constamment associé à ce récit le tableau de l'état des finances, des opinions, des mœurs, du système militaire, de ces causes de prospérité ou de misère, intérieures et cachées, qui fondent en silence ou minent sourdement l'existence et le bien-être de la société. Fidèle à cette loi reconnue, mais négligée, qui ordonne de prendre toujours les faits pour base des réflexions les plus générales, et d'en suivre pas à pas la marche lente, mais nécessaire, Gibbon a composé ainsi un ouvrage remarquable par l'étendue des vues, quoiqu'on y rencontre rarement une grande élévation d'idées, et plein de résultats intéressans et positifs, en dépit même du scepticisme de l'auteur.

Le succès de cet ouvrage dans un siècle qui avait produit Montesquieu, et qui possédait encore, lors de sa publication, Hume, Robertson et Voltaire, prouve incontestablement son mérite ; la durée de ce succès, qui s'est constamment soutenu depuis, en est la confirmation. En Angleterre, en France, en Allemagne, c'est-à-dire, chez les nations les plus éclairées de l'Europe, on cite toujours Gibbon comme une autorité ; et ceux même qui ont découvert dans son livre des inexactitudes, ou qui n'approuvent pas toutes ses opinions, ne relèvent ses erreurs et ne combattent ses idées qu'avec ces ménagemens pleins de réserve, dus à un mérite supérieur. J'ai eu occasion, dans mon travail, de consulter les écrits de philosophes qui ont traité des finances de l'empire romain, de savans qui en ont étudié la chronologie, de théologiens qui ont approfondi l'histoire ecclésiastique, de jurisconsultes qui ont étudié avec soin la jurisprudence romaine, d'orientalistes qui se sont beaucoup occupés des Arabes et du Koran, d'historiens modernes qui ont fait de longues recherches sur les croisades et sur leur influence : chacun de ces écrivains a remarqué et indiqué dans l'*Histoire de la Décadence et de la Chute de l'Empire romain,* quelques négligences, quelques vues fausses ou du moins incomplètes, quelquefois même des omissions qu'on ne peut s'empêcher de croire volontaires ; ils ont rectifié quelques faits, combattu avec avantage quelques assertions ; mais le plus souvent ils ont pris les recherches et les idées de Gibbon comme point de départ ou comme preuve des recherches et des idées nouvelles qu'ils avançaient. Qu'on me permette de rendre compte ici de l'espèce d'incertitude et d'alternative que j'ai éprouvée moi-même en étudiant cet ouvrage ; j'aime mieux courir le risque de parler de moi que négliger une observation qui me paraît propre à en faire mieux ressortir et les qualités et les défauts.

Après une première lecture rapide, qui ne m'avait laissé sentir que l'intérêt d'une narration toujours animée malgré son étendue toujours claire, malgré la variété des objets qu'elle fait passer sous nos yeux, je suis entré dans un examen minutieux des détails dont elle se compose, et l'opinion que je m'en suis formée alors a été, je l'avoue, singulièrement sévère. J'ai rencontré dans certains chapitres des erreurs qui m'ont paru assez importantes et assez multipliées pour me faire croire qu'ils avaient été écrits avec une extrême négligence; dans d'autres, j'ai été frappé d'une teinte générale de partialité et de prévention qui donnait à l'exposé des faits ce défaut de vérité et de justice que les Anglais désignent par le mot heureux de *misrepresentation;* quelques citations tronquées, quelques passages omis involontairement ou à dessein, m'ont rendu suspecte la bonne foi de l'auteur; et cette violation de la première loi de l'histoire, grossie à mes yeux par l'attention prolongée avec laquelle je m'occupais de chaque phrase, de chaque note, de chaque réflexion, m'a fait porter sur tout l'ouvrage un jugement beaucoup trop rigoureux. Après avoir terminé mon travail, j'ai laissé s'écouler quelque temps avant d'en revoir l'ensemble. Une nouvelle lecture attentive et suivie de l'ouvrage entier, des notes de l'auteur et de celles que j'avais cru devoir y joindre, m'a montré combien je m'étais exagéré l'importance des reproches que méritait Gibbon; j'ai été frappé des mêmes erreurs, de la même partialité sur certains sujets; mais j'étais loin de rendre assez de justice à l'immensité de ses recherches, à la variété de ses connaissances, à l'étendue de ses lumières, et surtout à cette justesse vraiment philosophique de son esprit, qui juge le passé comme il jugerait le présent, sans se laisser offusquer par ces nuages que le temps amasse autour des morts, et qui souvent nous empêchent de voir que sous la toge comme sous l'habit moderne, dans le sénat comme dans nos conseils, les hommes étaient ce qu'ils sont encore, et que les événemens se passaient il y a dix-huit siècles comme ils se passent de nos jours. Alors j'ai senti que Gibbon, malgré ses faiblesses, était vraiment un habile historien; que son livre, malgré ses défauts, serait toujours un bel ouvrage, et qu'on pouvait relever ses erreurs et combattre ses préventions, sans cesser de dire que peu d'hommes ont réuni, sinon à un aussi haut degré, du moins d'une manière aussi complète et aussi bien ordonnée, les qualités nécessaires à celui qui veut écrire l'histoire.

Je n'ai donc cherché dans mes notes qu'à rectifier les faits qui m'ont paru faux ou altérés, et à suppléer ceux dont l'omission devenait une source d'erreurs. Je suis loin de croire que ce travail soit complet : je me suis bien gardé même de l'appliquer à l'*Histoire de la Décadence et de la Chute de l'Empire romain* dans toute son étendue; c'eût été grossir prodigieusement un ouvrage déjà très-volumineux, et ajouter des notes innombrables aux notes déjà très-nombreuses de l'auteur. Mon premier but et ma principale intention étaient de revoir avec soin les chapitres consacrés par Gibbon à l'histoire de l'établissement du christianisme, pour y rétablir dans toute leur exactitude, et sous leur véritable jour, les faits dont ils se composent; c'est aussi là que je me suis permis le plus d'additions. D'autres chapitres, comme celui qui traite de la religion des anciens Perses, celui où l'orateur expose le tableau de l'état de l'ancienne Germanie et des migrations des peuples, m'ont paru avoir besoin d'éclaircissemens et de rectifications : leur importance me servira d'excuse. En général, mon travail ne s'étend guère au-delà des cinq premiers volumes de cette nouvelle édition : c'est dans ces volumes que se trouve à peu près tout ce qui concerne le christianisme; c'est là aussi que l'on voit ce passage du monde ancien au monde moderne, des mœurs et des idées de l'Europe romaine à celles de notre Europe, qui forme l'époque la plus intéressante et la plus importante à éclaircir de l'ouvrage entier. D'ailleurs les temps postérieurs ont été traités avec soin par un grand nombre d'écrivains; aussi les notes que j'ai ajoutées aux volumes suivans sont-elles rares et peu développées. C'est déjà trop peut-être; cependant je puis assurer que je me suis sévèrement imposé la loi de ne dire que ce qui me paraissait nécessaire, et de le dire aussi brièvement que je le trouvais possible.

On a beaucoup écrit sur et contre Gibbon : dès que son ouvrage parut, il fut commenté comme l'aurait été un manuscrit ancien; à la vérité, les commentaires étaient des critiques. Les théologiens surtout avaient à se plaindre de la manière dont y était traitée l'histoire ecclésiastique ; ils attaquèrent les chapitres XV et XVI, quelquefois avec raison, souvent avec amertume, presque toujours avec des armes inférieures à celles de leur adversaire, qui possédait et plus de connaissances et plus de lumières et plus d'esprit, autant du moins que j'en puis juger par ceux de leurs travaux que j'ai été à portée d'examiner. Le docteur R. Watson, depuis évêque de Landaff, publia une *série de Lettres* ou *Apologie du Christianisme*, dont la modération et le mérite sont reconnus par Gibbon lui-même (1). Priestley écrivit une *Lettre à un incrédule philosophe, contenant un tableau des preuves de la religion révélée, avec des observations sur les deux premiers volumes de M. Gibbon*. Le docteur White, dans une suite de Sermons dont le docteur S. Badcock fut, dit-on, le véritable auteur, et dont M. White ne fit que fournir les matériaux, traça un tableau comparatif de la religion chrétienne et du mahométisme (1re éd., 1784, in-8°), où il combattit souvent Gibbon, et dont Gibbon lui-même a parlé avec estime (dans les *Mémoires de sa vie*, p. 167 du 1er vol. des *OEuvres mêlées*, et dans ses *Lettres*, nos 82, 83, etc.). Ces trois adversaires sont les plus recommandables de ceux qui ont attaqué notre historien : une foule d'autres écrivains se joignirent à eux. Sir David Dalrimple, le docteur Chel-

---

(1) *D. R. Watson's Apology for christianity, in a series of letters to Edw. Gibbon*, 1776, in-8°.

sum, chapelain de l'évêque de Worcester (1); M. Davis, membre du collége de Bailleul, à Oxford; M. East Apthorp, recteur de *Saint - Mary - le - Bow*, à Londres (2); J. Beattie, M. J. Milner, M. Taylor, M. Travis, prébendaire de Chester et vicaire d'Eastham (3); le docteur Whitaker, un anonyme qui ne prit que le nom de l'*anonymous gentleman*; M. H. Kett (4), etc., etc., prirent parti contre le nouvel historien; il répondit à quelques-uns d'entre eux par une brochure intitulée : *Défense de quelques passages des chapitres XV et XVI de l'Histoire de la Décadence et de la Chute de l'Empire romain* (5). Cette défense, victorieuse sur quelques points, faible sur d'autres, mais d'une extrême amertume, décela toute l'humeur que les attaques avaient causée à Gibbon, et cette humeur indiquait peut-être

---

(1) *J. Chelsum's DD. remarks on the two last chapters of the first vol. of Mr. Gibbon's History*, etc. Oxford, 2e édit., 1778, *in*-8°.

(2) *East Apthorp's Letters on the prevalence of christianity before its civil establishment, with observations on Mr. Gibbon's History*, etc. 1778, *in*-8°.

(3) *Letters to Edw. Gibbon*, 2e édit. Londres, 1785, *in*-8°.

(4) *H. Kett's a Sermons at Bampton's lecture*, 1791, *in*-8°.
H. Kett's a representation of the conduct and opinions of the primitive christians, with remarks on certain affections of Mr. Gibbon and D. Priestley, in eight Sermons.

(5) *A vindication of some passages in the xv and xvi chapters of the History of the Decline and Fall of the Roman Empire*. La 2e édit., dont je me suis servi, est de Londres, 1779.

qu'il ne se sentait pas tout-à-fait irréprochable : cependant il ne changea rien à ses opinions dans le reste de l'ouvrage; ce qui prouve du moins sa bonne foi.

Quelques peines que je me sois données, je n'ai pu me procurer qu'une bien petite partie de ces ouvrages : ceux du docteur Chelsum, de M. Davis, de M. Travis et de l'anonyme, sont les seuls que j'aie été à portée de lire; j'en ai tiré quelques observations intéressantes, et quand je n'ai pu ni les étendre ni les appuyer sur de plus fortes autorités, j'ai indiqué à qui je les devais.

Ce n'est pas seulement en Angleterre que Gibbon a été commenté; F. A. G. Wenck, professeur de droit à Leipzig, savant très-estimable, en entreprit une traduction allemande, dont le premier volume parut à Leipzig, en 1779, et y ajouta des notes pleines d'une érudition non moins vaste qu'exacte; j'en ai tiré un grand parti : malheureusement M. Wenck ne continua pas son entreprise; les volumes suivans ont été traduits par M. Schreiter, professeur à Leipzig, qui n'y a joint qu'un très-petit nombre de notes assez insignifiantes. M. Wenck annonçait dans sa préface qu'il publierait des dissertations particulières sur les chapitres XV et XVI, dont l'objet serait d'examiner le tableau tracé par Gibbon de la propagation du christianisme; il est mort, il y a deux ans, sans avoir fait connaître ce travail. Avant d'être informé de sa mort, je lui avais écrit pour lui en demander la communication; son fils m'a répondu qu'on ne l'avait point trouvé dans les papiers de son père.

Il existe une autre traduction allemande de Gibbon que je ne connais pas; on m'a dit qu'elle ne contenait point de notes nouvelles.

Plusieurs théologiens allemands, comme M. Walterstern (1), M. Luderwald, etc. (2), ont combattu Gibbon en traitant spécialement de l'histoire de l'établissement et de la propagation du christianisme : je ne connais que les titres de leurs ouvrages.

M. Hugo, professeur de droit à Gœttingue, a publié, en 1789, une traduction du chapitre XLIV, où Gibbon traite de la jurisprudence romaine, avec des notes critiques : j'en ai emprunté quelques-unes; mais ces notes renferment en général peu de faits, et ne sont pas toujours suffisamment étayées de preuves.

En français, je n'ai lu qu'une espèce de Dissertation contre Gibbon, insérée dans le septième volume du *Spectateur français*; elle m'a paru assez médiocre, et contient plutôt des raisonnemens que des faits.

Tels sont, du moins à ma connaissance, les principaux ouvrages dont l'*Histoire de la Décadence et de la Chute de l'Empire romain* ait été spécialement l'objet : ceux que j'ai eus entre les mains étaient loin de me suffire; et après en avoir extrait ce qu'ils offraient de plus intéressant, j'ai fait moi-même, sur les diverses parties qui me restaient à examiner, un

---

(1) *Die ausbreitung des Christenthums aus natürlichen ursachen von W. S. von Walterstern.* Hambourg, 1788, *in-8°*.

(2) *Die ausbreitung der Christlichen religion von J. B. Luderwald.* Helmstædt, 1788, *in-8°*.

travail de critique assez étendu. Je crois devoir indiquer ici les principales sources où j'ai puisé des renseignemens et des faits. Indépendamment des auteurs originaux dont s'est servi Gibbon, et auxquels je suis remonté autant que cela a été en mon pouvoir, comme l'Histoire Auguste, Dion Cassius, Ammien Marcellin, Eusèbe, Lactance, etc., j'ai consulté quelques-uns des meilleurs écrivains qui ont traité les mêmes matières avec d'autant plus de soin et d'étendue, qu'ils s'en sont plus spécialement occupés. Pour l'histoire de la primitive Église, les écrits du savant docteur Lardner, l'*Abrégé de l'Histoire Ecclésiastique* de Spittler, l'*Histoire Ecclésiastique* de Henke, l'*Histoire de la Constitution de l'Église chrétienne* de M. Planck, un manuscrit contenant les leçons du même auteur sur l'*Histoire des dogmes du christianisme*, l'*Histoire des Hérésies* de C. G. F. Walch, l'*Introduction au Nouveau-Testament* de Michaelis, le *Commentaire sur le Nouveau-Testament* de M. Paulus, l'*Histoire de la Philosophie* de M. Tennemann, et des dissertations particulières, m'ont été d'un grand secours. Quant au tableau des migrations des peuples du Nord, l'*Histoire du Nord* de Schlœzer, l'*Histoire Universelle* de Gatterer, l'*Histoire ancienne des Teutons* d'Adelung, les *Memoriæ populorum ex Historiis Byzantinis erutæ* de M. Stritter, m'ont fourni des renseignemens que j'aurais vainement cherchés ailleurs. C'est aux travaux de ces habiles critiques que nous devons nos connaissances les plus positives sur cette partie de l'histoire du monde. Enfin j'ai dû aux *Dissertations* que M. Kleuker a jointes à sa traduction allemande du Zend-Avesta, et des Mémoires d'Anquetil, les moyens de rectifier plusieurs erreurs que Gibbon avait commises en parlant de la religion des anciens Perses.

On me pardonnera, j'espère, de donner ici ces détails ; je dois à la vérité l'indication des ouvrages sans lesquels je n'aurais pu exécuter ce que j'avais entrepris ; et nommer les savans qui ont été, pour ainsi dire, mes coopérateurs, est sans doute le meilleur moyen d'inspirer pour moi-même quelque confiance.

Qu'il me soit permis de déclarer encore tout ce que je dois aux conseils d'un homme non moins éclairé en général que versé en particulier dans les recherches dont j'ai eu à m'occuper. Sans les secours que j'ai puisés dans les directions et dans la bibliothèque de M. Stapfer, j'aurais été fort souvent embarrassé pour découvrir les ouvrages qui pouvaient me fournir des renseignemens sûrs, et j'en aurais sans doute ignoré plusieurs : il m'a prêté à la fois ses lumières et ses livres. Tout mon regret, si l'on trouve quelque mérite dans mon travail, sera de ne pouvoir faire connaître précisément combien est considérable la part qui lui en est due.

J'avais espéré pouvoir offrir aussi aux lecteurs, en tête de cette édition, une *Lettre sur la vie et le caractère de Gibbon*, que m'avait promise une amitié dont je m'honore. On trouvera à la suite de cette Préface l'explication des raisons qui se sont opposées à l'entier accomplissement de cette promesse. J'ai tâché d'y suppléer, du moins en partie, en employant scrupuleusement, dans la *Notice* destinée à remplacer cette *Lettre,* les matériaux et les détails que m'a fournis celui qui avait bien voulu se charger d'abord de les mettre en œuvre.

Il ne me reste plus qu'à dire un mot de la révision de la traduction. Cette révision est l'ouvrage d'une personne qui me tient de trop près pour qu'il me soit permis de parler d'elle autrement que pour indiquer ce qu'elle a fait. Plusieurs traducteurs avaient successivement concouru à l'interprétation de l'*Histoire de la Décadence et de la Chute de l'Empire romain;* leur manière avait été différente : dans les premiers volumes, traduits avec beaucoup de soin et de peine, on reconnaissait à chaque instant les efforts d'un homme qui cherche à tourner sa phrase avec élégance, avec harmonie, et qui sacrifie à cette ambition l'énergie forte et serrée de l'original, la concision de ses pensées et la vivacité de ses tours. Aussi cette traduction, coulante et assez agréable à lire, n'offrait-elle qu'une bien faible image du style plein et nerveux de l'écrivain anglais. Les volumes suivans portaient surtout l'empreinte d'une précipitation extrême : des passages resserrés comme si l'on n'eût voulu que les rendre plus courts, des phrases dépouillées de ces détails qui en constituent la force et le caractère; quelquefois même des réflexions retranchées çà et là; enfin des contre-sens, causés moins par l'ignorance de la langue anglaise que par cette négligence inattentive qui croit avoir fait dès qu'elle a fini : tels étaient les principaux défauts qu'il était nécessaire de corriger. On s'est soigneusement appliqué à les faire disparaître, à rétablir constamment tout le texte et le texte seul de l'Auteur, à rendre enfin à son style sa couleur originale et particulière, dans les endroits même où une concision recherchée, une brusquerie de transitions peu naturelle, une prétention dangereuse à faire entendre beaucoup plus que ne disent les mots, associent aux qualités du style de Gibbon les inconvéniens de ces qualités mêmes.

Un tel travail a dû nécessairement être long, minutieux et difficile ; on ne peut guère, ce me semble, en méconnaître l'utilité. Maintenant, si la traduction de l'*Histoire de la Décadence et de la Chute de l'Empire romain* est devenue fidèle, si on la lit sans peine et sans embarras, si les notes qui y sont jointes servent à rectifier les idées de l'Auteur et à engager les lecteurs à les examiner avant de les adopter sans restriction, le but de l'Éditeur est rempli ; c'est tout ce qu'il désirait et plus sans doute qu'il n'espère.

Nota. On a laissé subsister dans cette nouvelle édition les mesures et les monnaies anglaises, comme le *mille*, la *livre sterling*, etc. La réduction en mesures et en monnaies françaises eût entraîné des fractions incommodes, et ce travail a paru peu nécessaire. On n'a pas touché non plus aux divisions politiques de l'Europe qui existaient du temps de Gibbon, ni aux remarques qui en sont l'objet : les changemens arrivés depuis vingt ans sont tels, qu'on n'aurait pu en tenir compte qu'en multipliant beaucoup les notes, et ces notes n'auraient rien appris aux lecteurs, qui, s'occupant des révolutions des siècles passés, n'ont pas besoin qu'on les instruise de celles dont ils ont été les témoins.

A L'ÉDITEUR.

Vous avez désiré, Monsieur, que je vous communiquasse mes idées sur Édouard Gibbon, et j'ai cédé un peu légèrement à l'invitation que vous m'en avez faite. Vous avez pensé qu'ayant connu personnellement cet écrivain, je devais avoir sur sa personne et son caractère quelques vues que ne pouvaient avoir ceux qui ne connaissaient que ses ouvrages. Je l'ai pensé comme vous, et je n'ai été détrompé qu'au moment où, cherchant à rassembler mes idées, j'ai voulu mettre la main à la plume.

J'ai vu Gibbon à Londres, à Paris, et dans sa jolie retraite de Lausanne; mais dans ces différentes relations, je n'ai traité qu'avec l'homme de lettres et l'homme du monde. J'ai pu juger la nature de son esprit, ses opinions littéraires, son ton et ses manières dans la société; mais je n'ai eu avec lui aucune relation particulière qui ait pu me mettre dans la confidence de ces sentimens intimes, de ces traits de caractère qui distinguent un homme, et qui, par leur rapprochement, souvent même par leur contraste avec les détails de la conduite, peuvent rendre à la fois plus piquant et plus vrai le portrait qu'on se propose d'en tracer.

En recueillant mes souvenirs, il me serait aisé, sans doute, de relever dans la personne, le maintien, la manière de parler de Gibbon, quelques singularités ou quelques négligences qui faisaient sourire une malignité frivole, et consolaient la médiocrité des qualités brillantes et solides que Gibbon déployait dans la conversation. A quoi peut être bon de rappeler aujourd'hui qu'un grand écrivain avait une figure irrégulière, un nez qui s'effaçait par la proéminence de ses joues, un corps volumineux porté sur deux jambes très-fluettes, et qu'il prononçait avec affectation et d'un ton de fausset la langue française, qu'il parlait d'ailleurs avec une correction peu commune? Ses défauts personnels sont ensevelis à jamais dans la tombe; mais il reste de lui un ouvrage immortel, qui seul mérite aujourd'hui d'occuper tous les esprits raisonnables.

Il nous a d'ailleurs transmis dans ses propres *Mémoires sur sa vie et sur ses écrits*; tous les détails qui peuvent intéresser encore; et le recueil de ses *Lettres*, le *Journal de ses lectures*, ne nous laisseraient à ajouter que quelques anecdotes insignifiantes ou douteuses.

C'est à celui qui connaît le mieux les écrits de Gibbon, qui a étudié avec le plus d'attention son *Histoire de la Décadence et de la Chute de l'Empire romain*, ses *Mémoires*, sa *Correspondance*, qu'il appartient de le juger et de le peindre. Aussi ai-je toujours été intimement convaincu, Monsieur, que vous étiez mieux que personne en état de remplir cette tâche. Cependant, pour répondre au désir que vous aviez bien voulu me témoigner, je commençais à m'en occuper, lorsqu'une attaque de goutte, étant venue se joindre à une affection catarrhale dont j'étais déjà tourmenté, m'a mis dans un état de souffrance dont je ne puis ni prévoir les suites, ni calculer le terme, et qui me rend en ce moment toute espèce de travail impossible.

Permettez-moi donc de remettre à vos soins cette Notice dont je m'étais chargé : je vous envoie quelques matériaux, quelques notes éparses, rassemblés pour cet objet. Je serai charmé que mes souvenirs, dont je vous ai souvent fait part en conversation, s'allient ainsi avec vos observations et vos idées.

Agréez, Monsieur, les assurances de tous les sentimens d'estime profonde et de tendre attachement que je vous ai voués depuis long-temps.

Signé SUARD.

NOTICE

SUR

LA VIE ET LE CARACTÈRE DE GIBBON.

Ce n'est pas seulement pour satisfaire une curiosité frivole qu'il est intéressant de recueillir tous les détails relatifs au caractère des hommes connus par leurs actions publiques ou par leurs ouvrages : ces détails doivent entrer dans le jugement que nous portons sur leur conduite ou sur leurs écrits. Les hommes célèbres échappent rarement à cette sorte de méfiance inquiète qui, cherchant partout leurs sentimens secrets, nous fait attacher d'avance à tout ce que nous connaissons d'eux une idée particulière, fondée sur l'opinion que nous nous sommes formée de leurs intentions. Il importe donc que ces intentions puissent être appréciées avec justesse, et s'il est impossible de déraciner de l'esprit des hommes cette disposition au préjugé qui semble inhérente à leur nature, on doit chercher du moins à l'appuyer sur des bases solides et raisonnables.

On ne saurait nier d'ailleurs que, dans certains genres d'ouvrages, l'opinion qu'on a de l'auteur ne doive influer sur celle qu'on se forme de ses écrits. L'historien, entre autres, est peut-être de tous les écrivains celui qui doit le plus au public compte de sa personne ; il s'est porté caution des faits qu'il nous a racontés ; la valeur de cette caution doit être connue : et ce n'est pas seulement sur le caractère moral de l'historien, sur la confiance que peut inspirer sa véracité, que s'appuiera cette garantie nécessaire ; la tournure habituelle de son esprit, les opinions qu'il est le plus disposé à adopter, les sentimens auxquels il se laisse entraîner le plus aisément ; voilà de quoi se compose l'atmosphère qui l'environne, et colore à ses yeux les faits qu'il se charge de nous représenter. *Je rechercherai toujours la vérité,* dit Gibbon dans un de ses écrits antérieurs à ses travaux historiques, *quoique jusqu'ici je n'aie guère trouvé que la vraisemblance.* C'est parmi ces vraisemblances que l'historien doit trouver, et pour ainsi dire recomposer la vérité en partie effacée par la main du temps; son travail est de juger de leur valeur, notre droit est d'apprécier l'arrêt d'après l'idée que nous nous formons du juge.

Si l'absence des passions, la modération des goûts, cet état moyen de fortune propre à amortir l'ambition en préservant des besoins et des prétentions, offrent l'idée de l'homme le mieux disposé à cette impartialité nécessaire pour écrire l'histoire, nul homme ne devait plus que Gibbon posséder à cet égard les qualités d'un historien. Né d'une famille assez ancienne, mais sans éclat, quoiqu'il en détaille avec complaisance dans ses *Mémoires* les alliances et les avantages, il ne pouvait, comme il le dit lui-même, recevoir de ses ancêtres ni gloire ni honte (*neither glory nor shame*); et ce que ses relations de famille offrent de plus remarquable, c'est sa parenté assez proche avec le chevalier Acton, célèbre en Europe comme ministre du roi de Naples. Son grand-père s'était enrichi par des entreprises commerciales qu'il avait su faire prospérer, subordonnant, comme le dit son petit-fils, *ses opinions à ses intérêts,* et habillant en Flandre les troupes du roi Guillaume, tandis qu'il eût traité bien plus volontiers avec le roi Jacques; *mais non pas peut-être,* ajoute l'historien, *à meilleur marché.* Moins disposé que l'auteur de ses jours et de sa fortune à régler ses penchans sur sa situation, le père de notre historien dissipa une partie de cette fortune qu'il avait trop facilement acquise pour en connaître la valeur, et légua ainsi à son fils la nécessité d'embellir son existence par des succès, et de tourner vers un but important l'activité d'un esprit que, dans une situation plus avantageuse, le calme de son imagination et de son âme aurait peut-être laissé sans emploi fixe et déterminé. Cette activité d'esprit s'était manifestée dès son enfance, dans les intervalles que lui laissaient une santé très-faible, et les infirmités presque continuelles dont il fut assiégé jusqu'à l'âge de quinze ans : à cette époque, sa santé se fortifia tout à coup, sans que depuis il ait ressenti d'autres maux que la goutte, et une incommodité peut-être accidentelle, mais qui, long-temps négligée, a fini par causer sa mort. La langueur, si peu naturelle à l'enfance et à la jeunesse, en réprimant les saillies de l'imagination, facilite à cet âge l'application toujours moins pénible à la faiblesse qu'à la légèreté; mais la mauvaise santé du jeune Gibbon servant de prétexte à l'indolence de son père et à l'indulgence d'une tante qui s'était chargée de le soigner pour n'avoir point à s'inquiéter de son éducation, toute son activité se tourna vers le goût de la lecture, occupation qui favorise la paresse et la curiosité de l'esprit en le dispensant d'une étude assidue et régulière, mais dont une mémoire heureuse fit pour le jeune Gibbon le fondement des vastes connaissances que dans la suite il travailla à acquérir. L'histoire fut son premier penchant, et devint ensuite son goût dominant; il y portait même déjà cet esprit de critique et de scepticisme qui a fait depuis un des caractères distinctifs de sa manière de la considérer et de l'écrire. A l'âge de quinze ans, il voulut entreprendre un ouvrage d'histoire, c'était *le Siècle de Sésostris;* son but n'était point, comme on aurait dû le supposer de la part d'un jeune homme de quinze ans, de peindre les merveilles du règne d'un conquérant, mais de déterminer *la date probable* de son existence. Dans le système qu'il avait choisi, et qui fixait le règne de Sésostris environ vers le temps de celui de Salomon, une seule objection l'embarrassait, et la manière dont il s'en tirait, ingénieuse comme il le dit lui-même pour un jeune homme de cet âge, est curieuse, en ce qu'elle annonce l'esprit qui devait présider un jour à la composition historique sur laquelle repose sa réputation. Voici le détail tel qu'il est rapporté dans ses *Mémoires.* « Dans la version des livres sacrés, dit-il, le grand-prêtre Manéthon fait une seule et même personne de *Séthosis* ou *Sésostris*, et du frère aîné de Danaüs, qui débarqua en Grèce, selon les marbres de Paros, quinze cent dix ans avant Jésus-Christ; mais selon ma supposition, le grand-prêtre s'est rendu coupable d'une erreur volontaire. La flatterie est mère du mensonge; l'histoire d'Égypte de Manéthon est dédiée à Ptolémée Philadelphe, qui faisait remonter son origine ou fabuleuse ou illégitime aux rois macédoniens de la race d'Hercule. Danaüs est un des ancêtres d'Hercule, et la branche aînée ayant manqué, ses descendans, les Ptolémées, se trouvaient les seuls représentans de la famille royale, et pouvaient prétendre par droit d'héritage au trône qu'ils occupaient par droit de conquête. » Un flatteur pouvait donc espérer de faire sa cour en représentant Danaüs, la tige des Ptolémées, comme le frère des rois d'Égypte; et dès qu'un mensonge avait pu être utile, Gibbon supposait le mensonge. Le *Siècle de Sésostris* fut discontinué, jeté au feu plusieurs années après, et Gibbon renonça à concilier les antiquités judaïques, égyptiennes et grecques, *perdues*, dit-il, *dans un nuage éloigné* : mais ce fait, qu'il a conservé, m'a paru remarquable en ce qu'il me semble y reconnaître déjà l'historien de la Décadence de l'Empire romain et de l'établissement du Christianisme; ce critique qui, toujours armé du doute et de la probabilité, cherchant toujours dans les passions ou l'intérêt des écrivains qu'il consulte de quoi combattre ou modifier leur témoignage, n'a presque rien laissé de positif et d'entier dans les crimes et dans les vertus dont il a fait le tableau.

Un esprit si *inquisitif*, livré à ses propres idées, ne devait laisser sans examen aucun des objets dignes d'attirer son attention; la même curiosité qui lui donnait le goût des controverses historiques, l'avait jeté dans les controverses religieuses; cette indépendance d'opinions qui nous dispose à la révolte contre l'empire que semble vouloir prendre sur nous une opinion généralement adoptée, fut peut-être ce qui le détermina un instant contre la religion de son pays, de ses parens et de ses maîtres : fier de supposer qu'il avait à lui seul trouvé la vérité, Gibbon à seize ans se fit catholique. Différentes circonstances avaient amené sa conversion; l'*Histoire des Variations des Églises protestantes*, par Bossuet, l'accomplit entièrement; et du moins, dit-il, *je succombai sous un noble adversaire*. Pour la seule fois de sa vie, entraîné par un mouvement d'enthousiasme dont le résultat a peut-être contribué à le dégoûter des mouvemens de ce genre, il fit son abjuration à Londres, entre les mains d'un prêtre catholique, le 8 juin 1753, étant alors âgé de seize ans, un mois et douze jours (il était né le 27 avril 1737). Cette abjuration fut faite en secret dans une des excursions que lui permettait la négligence avec laquelle il était surveillé à l'université d'Oxford, où on l'avait enfin fait entrer. Cependant il crut devoir en instruire son père, qui, dans les premiers mouvemens de sa colère, divulgua le fatal secret. Le jeune Gibbon fut renvoyé d'Oxford, et, bientôt après, éloigné de sa famille, qui le fit partir pour Lausanne; où l'on espérait que quelques années de pénitence, et les instructions de M. Pavilliard, ministre protestant entre les mains duquel il fut remis, le feraient rentrer dans la voie dont il s'était écarté.

Le genre de punition qu'on avait choisi était bien propre à produire, sur un caractère tel que celui de Gibbon, l'effet qu'on en attendait. Dévoué à l'ennui par son ignorance de la langue française, qu'on parlait à Lausanne, mis à la gêne par la modicité de la pension à laquelle l'avait réduit le mécontentement de son père, exposé à toutes sortes de privations par l'avarice de madame Pavilliard, femme du ministre, qui le faisait mourir de faim et de froid, il sentit s'amollir la généreuse ardeur avec laquelle il avait espéré d'abord se sacrifier à la cause qu'il embrassait, et chercha de bonne foi des argumens qui pussent le ramener à une croyance moins pénible à soutenir. Il est rare qu'en fait d'argumens on cherche inutilement ce qu'on désire ardemment de trouver. Le ministre Pavilliard s'applaudissait de ses progrès sur l'esprit de son catéchumène qui l'aidait de ses propres réflexions, et qui fait mention du transport dont il se sentit saisi, en découvrant, par ses propres lumières, un argument contre la transsubstantiation. Cet argument amena sa rétractation, qui fut faite d'aussi bon cœur et d'aussi bonne foi, à Noël 1754, que l'avait été dix-huit mois auparavant son abjuration. Gibbon avait alors dix-sept ans et demi : ces variations, qui dans un âge plus avancé annonceraient un esprit léger et irréfléchi, ne prouvent, à celui qu'il avait alors, qu'une imagination mobile et un esprit avide de la vérité, mais qu'on avait laissé se dépouiller trop tôt peut-être de ces préjugés, sauvegarde d'un âge où les principes ne peuvent encore être fondés sur la raison. « Ce fut alors », dit Gibbon en rappelant cet événement, que je suspendis mes recherches théologiques, me soumettant avec une foi implicite aux dogmes et aux mystères adoptés par le consentement général des catholiques et des protestans. » Un passage si rapide d'une opinion à l'autre avait déjà, comme on le voit, ébranlé sa conviction sur toutes les deux. L'expérience de ces argumens adoptés d'abord avec tant de confiance et rejetés ensuite, devait lui laisser une grande disposition à douter des argumens qui lui paraissaient à lui-même les plus solides, et son scepticisme sur toute espèce de croyance religieuse eut peut-être pour première cause l'enthousiasme religieux qui lui fit secouer d'abord les idées de son enfance pour s'attacher à une croyance qui n'était pas celle qu'on lui avait enseignée. Quoi qu'il en soit, Gibbon paraît avoir regardé comme une des circonstances les plus avantageuses de sa vie celle qui, réveillant l'attention de ses parens, les força à user plus sévèrement de leur autorité pour le soumettre, déjà un peu tard à la vérité, à un plan régulier d'éducation et d'études. Le ministre Pavilliard, homme raisonnable et instruit, n'avait pas borné ses soins à la croyance religieuse de son élève ; il avait promptement acquis de l'ascendant sur un caractère facile à conduire, et en avait profité pour régler dans le jeune Gibbon cette active curiosité à laquelle il ne manquait que d'être dirigée vers les véritables sources de l'instruction ; mais le maître, ne pouvant que les indiquer, laissa bientôt son élève marcher seul dans une route où il n'était pas assez fort pour le suivre : et l'esprit du jeune Gibbon, fait pour l'ordre et la méthode, prit dès-lors, soit dans ses études, soit dans ses réflexions, cette marche régulière et suivie qui l'a si souvent conduit à la vérité, et qui l'aurait toujours empêché de s'en écarter, si une subtilité excessive, et une dangereuse facilité à prendre des préventions avant d'avoir étudié et réfléchi, ne l'eussent quelquefois induit en erreur.

On a fait imprimer, depuis sa mort, un volume des Extraits raisonnés de ses Lectures, dont les premiers datent à peu près de cette époque où il commença à suivre le plan d'études que lui avait indiqué le ministre Pavilliard. Il est impossible de ne pas être frappé, en le parcourant, de la sagacité, de la justesse et de la finesse de cet esprit calme et raisonneur qui ne s'écarte jamais de la route qu'il s'est proposé de parcourir. *Nous ne devons lire que pour nous aider à penser*, dit-il dans un Avertissement qui précède ces Extraits, et semble indiquer qu'il les destinait lui-même à l'impression. On voit en effet que ses Lectures ne sont, pour ainsi dire, que le canevas de ses pensées ; mais il suit ce canevas avec exactitude ; il ne s'occupe des idées de l'auteur qu'autant qu'elles ont fait naître les siennes, mais les siennes ne le distraient jamais de celles de l'auteur : il marche d'une manière ferme et sûre, mais pas à pas, et sans franchir les espaces ; on ne voit point que le cours de ses réflexions l'entraîne au-delà du sujet d'où elles sont sorties, et excite en lui cette fermentation de grandes idées qu'amène presque toujours l'étude dans les esprits forts, féconds et étendus ; mais aussi rien ne se perd de ce qu'a pu lui fournir l'ouvrage dont il se rend compte ; rien ne passe sans porter d'utiles fruits ; et tout annonce l'historien qui saura tirer des faits tout ce que leurs détails connus pourront fournir à sa sagacité naturelle, sans chercher à en suppléer ou à en recomposer ces parties inconnues que l'imagination seule pourrait deviner.

L'ouvrage de sa conversion achevé, Gibbon avait trouvé dans son séjour à Lausanne, plus d'agrément que n'avait dû lui en faire espérer le premier aspect de sa situation. Si la modicité de la pension que lui accordait son père ne lui permettait pas de prendre part aux plaisirs et aux excès de ses jeunes compatriotes, qui vont portant autour de l'Europe leurs idées et leurs habitudes, pour en rapporter dans leur patrie des ridicules et des modes, cette privation, en le confirmant dans ses goûts d'étude, en tournant son amour-propre vers un éclat plus sûr que celui qu'il pouvait tirer des avantages de la fortune, l'avait engagé à rechercher de préférence les sociétés plus simples et plus utiles de la ville qu'il habitait. Un mérite facile à reconnaître l'y avait fait recevoir avec distinction, et son amour de la science l'avait mis en relation avec plusieurs savans dont l'estime le faisait jouir d'une considération flatteuse pour son âge, et qui a toujours été le premier de ses plaisirs. Cependant le calme de son âme ne le mit pas entièrement à l'abri des agitations de la jeunesse ; il vit à Lausanne et aima mademoiselle Curchod, depuis madame Necker, déjà connue alors dans le pays par son mérite et sa beauté : cet amour fut tel que doit le ressentir un jeune homme honnête pour une jeune personne vertueuse ; et Gibbon, qui probablement ne retrouva plus dans la suite les mouvemens qu'il lui avait fait sentir, se félicite dans ses *Mémoires*, avec une sorte de fierté, d'avoir été, une fois en sa vie, capable d'éprouver un sentiment si exalté et si pur. Les parens de mademoiselle Curchod autorisaient ses vœux ; elle-même (que la mort de son père n'avait point encore réduite à l'état de pauvreté où elle se trouva depuis) semblait le recevoir avec plaisir ; mais le jeune Gibbon, rappelé enfin en Angleterre après cinq ans de séjour à Lausanne, vit bientôt qu'il ne pouvait espérer de faire consentir son père à cette alliance. *Après un pénible combat, dit-il, je me résignai à ma destinée ;* il ne cherche pas à étaler ni à exagérer son désespoir; *comme amant,* ajoute-t-il, *je soupirai; mais comme fils, j'obéis :* et cette spirituelle antithèse prouve qu'au temps où il écrivit ses *Mémoires,* il lui restait même peu de douleur de *cette blessure, insensiblement guérie par le temps, l'absence, et les habitudes d'une vie nouvelle.* (1). Ces habitudes, moins romanesques peut-être à Londres, pour un homme *of fashion* (un homme du monde), que ne pouvaient l'être celles d'un jeune étudiant dans les montagnes de la Suisse, firent du goût qu'il conserva assez long-temps pour les femmes un simple amusement; aucune ne vint balancer dans son esprit l'opinion qu'il avait conçue d'abord de mademoiselle Curchod, et il retrouva avec elle, dans tous les temps de sa vie, cette douce intimité, suite d'un sentiment tendre et honnête, que la nécessité et la raison ont pu surmonter, sans que d'aucune part il y ait eu lieu aux reproches ou à l'amertume. Il la revit à Paris, en 1765, mariée à M. Necker, et jouissant de la considération qu'on devait à son caractère autant qu'à sa fortune : il peint gaîment dans ses lettres à M. Holroyd la manière dont elle l'a reçu. « Elle a été, dit-il, très-affectueuse pour moi, et son mari particulièrement poli. Pouvait-il m'insulter plus cruellement? me prier tous les soirs à souper, s'aller coucher et me laisser seul avec sa femme, c'est assurément traiter un ancien amant sans conséquence. » Gibbon n'était pas fait pour inquiéter beaucoup un mari sur les souvenirs qu'il aurait pu laisser; capable de plaire par

---

(1) La lettre dans laquelle Gibbon annonça à mademoiselle Curchod l'opposition que son père mettait à leur mariage, existe en manuscrit. Les premières pages sont tendres et tristes, comme on doit les attendre d'un amant malheureux; mais les dernières deviennent peu à peu calmes, raisonnables, et la lettre finit par ces mots : *C'est pourquoi, mademoiselle, j'ai l'honneur d'être votre très-humble et très-obéissant serviteur, Édouard Gibbon.* Il aimait véritablement mademoiselle Curchod; mais on aime avec son caractère, et celui de Gibbon se refusait au désespoir de l'amour.

son esprit, et d'intéresser par un caractère doux et honnête, il était peu propre à exalter vivement l'imagination d'une jeune personne : sa figure, devenue remarquable par sa monstrueuse grosseur, n'avait jamais présenté d'agrémens ; ses traits étaient spirituels, mais sans caractère comme sans noblesse, et sa taille avait toujours été disproportionnée. « M. Pavilliard, dit lord Sheffield dans une de ses notes aux *Mémoires* de Gibbon, m'a représenté sa surprise lorsqu'il contempla devant lui M. Gibbon, cette petite figure fluette, avec une grosse tête qui disputait et employait en faveur du papisme les meilleurs argumens dont on se fût servi jusqu'alors. » L'état de maladie où il avait passé presque toute son enfance, ou les habitudes qui en avaient été la suite, lui avaient donné une gaucherie dont il parle sans cesse dans ses Lettres, et qu'augmenta dans la suite son excessive corpulence, mais qui, dans sa jeunesse même, ne lui permit de réussir à aucun exercice du corps, ni même de s'y plaire. Quant à ses qualités morales, on sera peut-être curieux de savoir ce qu'il en pensait lui-même à l'âge de vingt-cinq ans. Voici les réflexions qu'il a déposées sur ce sujet dans son journal, le jour où il entra dans sa vingt-sixième année. « D'après les observations que j'ai faites sur moi-même, dit-il, il m'a semblé que mon caractère était vertueux, incapable d'aucune action basse, et formé pour les actions généreuses ; mais qu'il était orgueilleux, insolent et désagréable en société. Je n'ai point de trait dans l'esprit (*wit I have none*) ; mon imagination est forte plutôt qu'agréable, ma mémoire est vaste et heureuse ; les qualités les plus remarquables de mon esprit sont l'étendue et la pénétration ; mais je manque de promptitude et d'exactitude. » C'est de la lecture des ouvrages de Gibbon qu'on doit tirer de quoi apprécier le jugement qu'il porte sur son esprit ; l'idée que ce jugement peut faire naître sur son caractère moral, c'est que, si l'homme qui, en se parlant à lui-même, se rend témoignage qu'il est vertueux, peut se tromper sur l'étendue qu'il donne aux devoirs de la vertu, il prouve du moins par là qu'il se sent disposé à remplir ces devoirs dans toute l'étendue qu'il leur accorde : c'est à coup sûr un honnête homme, et qui le sera toujours, parce qu'il sent du plaisir à l'être. Quant à cet orgueil et à cette violence dont il s'accuse, soit que le soin de vaincre ces dispositions les lui fît sentir plus vivement qu'aux autres, soit que la raison les eût domptées, ou que l'habitude du succès les eût calmées, ceux qui l'ont connu plus tard ne les ont jamais aperçues en lui. Quant à sa manière d'être dans la société, sans doute le genre d'amabilité de Gibbon n'était ni cette complaisance qui cède et s'efface, ni cette modestie qui s'oublie; mais son amour-propre ne se montrait jamais sous des formes désagréables; occupé de réussir et de plaire, il voulait qu'on fît attention à lui, et l'obtenait sans peine par une conversation animée, spirituelle et pleine de choses; ce qu'il pouvait y avoir de tranchant dans son ton décelait moins l'envie toujours offensante de dominer les autres que la confiance qu'il pouvait avoir en lui-même, et cette confiance était justifiée par ses moyens et ses succès. Cependant elle ne l'entraînait jamais, et le défaut de sa conversation était une sorte d'arrangement qui ne lui laissait jamais rien dire que de bien. On pourrait attribuer ce défaut à l'embarras de parler une langue étrangère, si son ami lord Sheffield, qui le défend de ce soupçon d'arrangement dans sa conversation, ne convenait pas du moins, qu'avant d'écrire *une note ou une lettre, il arrangeait complétement dans son esprit ce qu'il avait intention d'exprimer.* Il paraît même que c'était ainsi qu'il écrivait toujours. Le docteur Gregory, dans ses *Lettres sur la Littérature*, dit que *Gibbon composait en se promenant dans sa chambre, et qu'il n'écrivait jamais une phrase avant de l'avoir parfaitement construite et arrangée dans sa tête.* D'ailleurs le français lui était au moins aussi familier que l'anglais; son séjour à Lausanne, où il le parlait exclusivement, en avait fait pendant quelque temps sa langue d'habitude, et l'on n'eût pu deviner qu'il en eût jamais parlé d'autre, s'il n'eût été trahi par un accent très-fort, et par certains tics de prononciation, certains tons aigus qui, choquans pour des oreilles accoutumées dès l'enfance à des inflexions plus douces, gâtaient le plaisir que l'on trouvait à l'entendre. Ce fut en français que, trois ans après son retour en Angleterre, il publia son premier ouvrage, l'*Essai sur l'étude de la Littérature*, morceau très-bien écrit, plein d'une excellente critique, mais qui, peu lu en Angleterre, devait frapper en France plutôt les gens de lettres, auxquels il annonçait un homme fait pour aller plus loin, que les gens du monde, rarement satisfaits d'un ouvrage d'où ils ne trouvent aucun résultat positif à tirer, si ce n'est que l'auteur a beaucoup d'esprit. C'était dans le monde cependant que Gibbon désirait réussir ; la société a toujours eu pour lui de grands attraits, comme elle en a pour tous les cœurs qui, libres d'attachement et peu capables de sentimens très-forts, n'ont besoin, pour animer suffisamment leur existence, que de cette communication de mouvement et d'idées, si vive dans la société qu'elle ne laisse pas le temps de sentir ce qui lui manque de confiance et d'abandon. Gibbon savait que le premier titre pour être agréablement dans le monde, c'est d'être homme du monde, et c'est ainsi qu'il désirait être considéré ; il paraît même avoir porté quelquefois dans ce désir une faiblesse vaniteuse. On voit dans ses notes sur l'accueil que lui a fait le duc de Nivernois que, par la faute du docteur Maty, dont les lettres de recommandation étaient mal conçues, le duc, quoiqu'il l'ait reçu poliment, l'a traité plus en *homme de lettres qu'en homme du monde* (*man of fashion*).

En 1763, deux ans après la publication de son *Essai sur l'étude de la Littérature*, il quitta de nouveau l'Angleterre pour voyager, mais dans une situation bien différente de celle où il se trouvait en la quittant dix ans auparavant. Précédé par une réputation naissante, il vint à Paris. Pour un homme du caractère de Gibbon, Paris, tel qu'il était alors, devait être le séjour du bonheur ; il y passa trois mois dans les sociétés les plus faites pour lui plaire, et il regretta de voir ce temps s'écouler si vite. *Si j'eusse été riche et indépendant*, dit-il, *j'aurais prolongé et peut-être fixé mon séjour à Paris*. Mais l'Italie l'attendait; c'était là que du milieu des divers plans d'ouvrages qui, tour à tour adoptés et rejetés, occupaient depuis long-temps son esprit, devait s'élever l'idée de celui qui a fait sa réputation et rempli une grande partie de sa vie. « Ce fut à Rome, dit-il, le 15 octobre 1764, qu'étant assis et rêvant au milieu des ruines du Capitole, tandis que des moines déchaussés chantaient vêpres dans le temple de Jupiter, je me sentis frappé pour la première fois de l'idée d'écrire l'Histoire de la Décadence et de la Chute de cette ville; mais, ajoute-t-il, mon premier plan comprenait plus particulièrement le déclin de la ville que celui de l'empire; et quoique dès-lors mes lectures et mes réflexions commençassent à se tourner généralement vers cet objet, je laissai s'écouler plusieurs années, je me livrai même à d'autres occupations avant que d'entreprendre sérieusement ce laborieux travail. » En effet, sans perdre de vue, mais sans aborder ce sujet qu'il regardait, dit-il, *à une respectueuse distance*, Gibbon forma, commença même à exécuter quelques plans d'ouvrages historiques; mais les seules compositions qu'il ait achevées et publiées dans cet intervalle furent quelques morceaux de critique et de circonstance : les yeux toujours fixés sur le but vers lequel il devait diriger un jour ses efforts, il en approchait lentement; et sans doute l'idée qui le lui avait présenté d'abord resta fortement imprimée dans son esprit. Il est difficile, en lisant le tableau de l'empire romain sous Auguste et ses premiers successeurs, de ne pas sentir qu'il a été inspiré par l'aspect de Rome, de la *ville éternelle*, où Gibbon avoue qu'il n'entra qu'avec une émotion qui l'empêcha toute une nuit de dormir. Peut-être aussi ne sera-t-il pas difficile de trouver dans l'impression d'où sortit la conception de l'ouvrage, une des causes de cette guerre que Gibbon semble y avoir déclarée au christianisme, et dont le projet ne paraît conforme ni à son caractère, peu disposé à l'esprit de parti, ni à cette modération d'idées et de sentimens qui le portait à voir toujours dans les choses, tant particulières que générales, les avantages à côté des inconvéniens; mais, frappé d'une première impression, Gibbon, en écrivant l'Histoire de la Décadence de l'Empire, n'a vu dans le christianisme que l'institution qui avait mis *vêpres*, des moines déchaussés et des processions, à la place des magnifiques cérémonies du culte de Jupiter et des triomphateurs du Capitole.

Enfin, après plusieurs autres essais successivement abandonnés, il se fixa tout-à-fait au projet de l'*Histoire de la Décadence de l'Empire*, et entreprit les études et les lectures qui devaient lui découvrir un nouvel horizon et agrandir insensiblement sous ses yeux le plan qu'il s'était formé d'abord. Les embarras que lui causèrent la mort de son père, arrivée dans cet intervalle, et le dérangement des affaires qu'il lui avait laissées; les occupations que lui donna sa qualité de membre du parlement, où il était entré à cette époque; enfin les distractions de la vie de Londres prolongèrent ses études sans les interrompre, et retardèrent jusqu'en 1776 la publication du premier volume (*in-4°*, ou bien deux volumes *in-8°*.) de l'ouvrage qui devait en être le fruit. Le succès en fut prodigieux; deux ou trois éditions promptement épuisées avaient établi la réputation de l'auteur, avant que la critique eût commencé à élever la voix. Elle l'éleva enfin, et tout le parti religieux, très-nombreux et très-respecté en Angleterre, se prononça contre les deux derniers chapitres de ce volume (les quinzième et seizième de l'ouvrage.) consacrés à l'histoire de l'établissement du christianisme. Les réclamations furent vives et en grand nombre : Gibbon ne s'y était pas attendu; il avoue qu'il en fut d'abord effrayé. « Si j'avais pensé, dit-il dans ses *Mémoires*, que la majorité des lecteurs anglais fût si tendrement attachée au nom et à l'ombre du christianisme; si j'avais prévu la vivacité des sentimens qu'ont éprouvés ou feint d'éprouver en cette occasion les personnes pieuses, ou timides, ou prudentes, j'aurais peut-être adouci ces deux derniers chapitres, objet de tant de scandale ; qui ont élevé contre moi beaucoup d'adversaires, en ne me conciliant qu'un bien petit nombre de partisans. ». Cette surprise semble annoncer la préoccupation d'un homme tellement rempli de ses idées, qu'il n'a ni aperçu ni pressenti celles des autres; et si cette préoccupation prouve incontestablement sa sincérité, elle rend son jugement suspect de prévention et d'inexactitude. Partout où règne la prévention, la bonne foi n'est jamais parfaite : sans vouloir précisément tromper les autres, on commence par s'abuser soi-même; pour soutenir ce qu'on regarde comme la vérité, on se laisse aller à des infidélités qu'on ne s'avoue pas ou qui paraissent légères, et les passions diminuent de l'importance d'un scrupule en raison de celle qu'elles mettent à le surmonter. C'est ainsi, sans doute, que Gibbon fut entraîné à ne voir dans l'histoire du christianisme que ce qui pouvait servir des opinions qu'il s'était formées avant d'avoir scrupuleusement examiné les faits. L'altération de quelques-uns des textes qu'il avait cités, soit qu'il les eût tronqués à dessein, soit qu'il eût négligé de les lire en entier, fournit des armes à ses adversaires; en leur donnant des raisons de soupçonner sa bonne foi. Tout l'ordre ecclésiastique parut ligué contre lui; ceux qui le combattirent obtinrent des dignités, des grâces; et il se félicitait, avec ironie, d'avoir valu à M. Davis une pension du roi, et au docteur Apthorp la fortune d'un archevêque (*an archiepiscopal living*). On peut croire que le plaisir de railler de la sorte des adversaires qui l'avaient presque toujours attaqué avec plus d'acharnement que de discernement, le dédommagea du chagrin que lui avaient d'abord causé leurs attaques, et peut-être aussi l'empêcha de reconnaître les torts réels qu'il avait à se reprocher.

D'ailleurs Hume et Robertson avaient comblé le nouvel historien des témoignages d'estime les plus flatteurs : ils parurent craindre l'un et l'autre que la manière dont il avait traité ces deux chapitres, ne nuisît au succès de son ouvrage; mais tous deux se prononcèrent sur son talent d'une manière assez honorable pour que Gibbon fût autorisé à dire modestement dans ses *Mémoires*, en se félicitant d'une lettre qu'il avait reçue de Hume : *Au reste, je n'ai jamais eu l'orgueil d'accepter une place dans le triumvirat des historiens anglais*. Hume, surtout, exprima la plus grande prédilection pour l'ouvrage de Gibbon, dont les opinions se rapprochaient des siennes à quelques égards, et qui, de son côté, préférait aussi le talent de Hume à celui de Robertson. Quoi qu'il en soit de ce jugement, on n'adoptera peut-être pas sans restriction celui de Hume, qui, écrivant à Gibbon, le loue *de la dignité de son style*. La dignité ne me paraît pas être le caractère du style de Gibbon, généralement épigrammatique, et plus fort par le trait que par l'élévation. Je souscrirais plus volontiers à celui de Robertson, qui, après avoir rendu justice à l'étendue de ses connaissances, à ses recherches et à son exactitude, louait la clarté et l'intérêt de sa narration, l'élégance, la force de son style, et le rare bonheur de quelques-unes de ses expressions, bien qu'en quelques endroits il le trouvât *trop travaillé*, et en d'autres *trop recherché*. Ce défaut s'explique aisément par la manière de travailler de Gibbon, les inconvéniens qu'il avait eus à éviter, et les modèles qu'il avait adoptés de préférence. Son premier travail avait été laborieux ; il nous apprend qu'il refit trois fois son premier chapitre, deux fois le second et le troisième, et qu'il eut beaucoup de peine à saisir le milieu entre le ton d'une *plate chronique* (*a dull chronicle*) et le ton déclamatoire d'un rhéteur. Il nous dit ailleurs que lorsqu'il voulut écrire en français une histoire de Suisse, qu'il avait commencée, *il sentit que son style, au-dessus de la prose et au-dessous de la poésie, dégénérait en une déclamation verbeuse et emphatique*; ce qu'il attribue à la langue qu'il avait choisie : opinion d'autant plus singulière, que, selon qu'il nous l'apprend ailleurs, ce fut d'un ouvrage français, *les Lettres provinciales*, ouvrage qu'il relisait presque tous les ans, qu'il apprit l'art de *manier les traits d'une ironie grave et modérée*. Il ajoute dans son *Essai sur la Littérature*, que le désir d'imiter Montesquieu l'avait souvent exposé à devenir obscur en exprimant des pensées quelquefois communes avec la sentencieuse brièveté d'un oracle (*sententious and oracular brevity*). C'étaient donc Pascal et Montesquieu que Gibbon avait habituellement devant les yeux, pour les opposer à l'enflure naturelle d'un style encore peu formé. On sent de quels vigoureux efforts il a dû avoir besoin pour la comprimer au point qu'exigeaient les modèles qu'il avait choisis; aussi ses efforts sont-ils faciles à apercevoir, surtout dans le commencement, lorsque le style qu'il s'était fait ne lui était pas encore devenu naturel par l'habitude; mais l'habitude relâche les efforts, en même temps qu'elle les rend moins pénibles. Gibbon, dans ses *Mémoires* et dans l'Avertissement qu'il a mis en tête des derniers volumes de son ouvrage, se félicite de la facilité qu'il a acquise. Peut-être trouvera-t-on que cette facilité, dans ces derniers volumes, est quelquefois achetée aux dépens de la perfection. Devenu, par l'*accoutumance*, moins sévère pour des défauts qu'il avait combattus d'abord avec tant de soin, il n'est pas toujours exempt de cette sorte de déclamation qui consiste à remplacer par la commode ressource d'une épithète vague et sonore, l'énergie que reçoit la pensée d'une expression précise et d'une tournure concise. Les tournures et les expressions de ce genre sont d'autant plus remarquables dans les premiers volumes de Gibbon, qu'il a soin de les faire ressortir par des oppositions dont on voit trop le dessein, mais dont on ne sent pas moins l'effet; et l'on a peut-être lieu quelquefois de regretter dans la suite un travail trop peu caché, mais toujours heureux.

Durant le cours de ses premiers travaux, Gibbon, comme je l'ai déjà dit, était entré au parlement. La nature de son esprit, qui ne pouvait sans quelque peine donner à ses pensées la forme la plus convenable, le rendait peu propre à parler en public; et le sentiment de ce défaut, ainsi que celui de la gaucherie de ses manières, lui donnait à cet égard une timidité qu'il ne put jamais vaincre. Il assista en silence à huit sessions successives. N'étant ainsi lié à aucune cause, ni par l'amour-propre ni par aucune opinion énoncée publiquement, il put avec moins de peine accepter, en 1779, une place dans le gouvernement (celle de *lord commissaire du commerce et des plantations*) que lui procura l'amitié du lord Loughborough, alors M. Wedderburne. On a beaucoup reproché à Gibbon cette acceptation, et toute sa conduite politique annonce en effet un caractère faible et des opinions peu arrêtées : mais peut-être en devait-on être moins blessé de la part d'un homme que son éducation avait rendu entièrement étranger aux idées de son pays. Après cinq ans de séjour à Lausanne, il avait, comme il le dit lui-même, *cessé d'être un Anglais*. « A l'âge où se forment les habitudes, mes opinions, dit-il, mes habitudes, mes sentimens, avaient été jetés dans un moule étranger; il ne me restait de l'Angleterre qu'un souvenir faible, éloigné, et presque effacé; ma langue maternelle m'était devenue moins familière. » Il est de fait, qu'à l'époque où il quitta la Suisse, une lettre en anglais lui coûtait quelque peine à écrire. On trouve encore dans ses Lettres anglaises, écrites à la fin de sa vie, de véritables gallicismes, que, dans la crainte qu'ils ne soient pas entendus en anglais, il explique lui-même par l'expression française à laquelle ils se rapportent (1). Après son premier retour en Angleterre, son père avait voulu le faire élire membre du parlement : le jeune Gibbon, qui aimait mieux, avec raison, que les dépenses qu'eût nécessitées cette élection, fussent employées à des voyages qu'il sentait devoir être plus utiles à son talent et à sa réputation, lui écrivit à ce sujet une lettre qu'on nous a conservée, et dans laquelle, outre les raisons tirées de son peu de dispositions pour parler en public, il lui déclare *qu'il manque même des préjugés de nation et de parti*; né-

---

(1). *Voyez* la lettre CXC. « Je compte, dit-il, *find myself* (me trouver) *in London on, or before the first of august*. »

cessaires pour obtenir quelque éclat, et peut-être produire quelque bien dans la carrière qu'on veut lui faire embrasser. Si après la mort de son père il se laissa tenter par l'occasion qui s'offrit à lui d'entrer dans le parlement, il avoue en plusieurs endroits qu'il y est entré *sans patriotisme*, et, comme il le dit, *sans ambition*; car, dans la suite, il n'a jamais porté ses vues au-delà de la place *commode et honnête de lord of trade*. Peut-être lui souhaiterait-on moins de facilité à avouer cette sorte de modération qui, dans un homme de talent, borne les désirs aux aisances d'une fortune acquise sans travail. Mais Gibbon exprime ce sentiment aussi franchement qu'il l'avait éprouvé; il ne connut que par l'expérience les dégoûts attachés à la situation qu'il avait choisie. A la vérité, il paraît les avoir sentis vivement, si l'on en juge par quelques expressions de ses lettres *sur la honte de la dépendance* à laquelle il avait été soumis, et le regret de s'être vu dans une *situation indigne de son caractère*. Il est vrai que lorsqu'il écrivait ces mots il avait perdu sa place.

Elle lui fut ôtée en 1782, par une révolution du ministère; et ce qui doit faire penser qu'il se consola sincèrement d'un revers qui lui rendait la liberté; c'est que, renonçant à toute ambition, et ne se laissant pas amuser aux espérances nouvelles que lui rendait une nouvelle révolution, il se décida à quitter l'Angleterre, où la modicité de sa fortune ne lui permettait plus de mener la vie à laquelle l'avait accoutumé l'aisance que lui donnait sa place, pour aller vivre à Lausanne, théâtre de ses premières peines et de ses premiers plaisirs, qu'il avait visité depuis avec une joie et une affection toujours nouvelles. Un ami de trente ans, M. Deyverdun, lui offrit dans sa maison une habitation qui convenait à sa fortune, en même temps qu'elle le mettait à même de suppléer à la fortune plus que médiocre de cet ami: il y voyait l'avantage d'une société conforme à ses goûts sédentaires, et le repos nécessaire à la continuation de ses travaux. En 1783, il exécuta cette résolution, dont il s'est toujours félicité depuis.

Il termina à Lausanne son grand ouvrage de *la Déca-dence et de la Chute de l'Empire romain*. « J'ai osé, dit-il dans ses *Mémoires*, constater le moment de la conception de cet ouvrage; je marquerai ici le moment qui en termina l'enfantement. Ce jour, ou plutôt cette nuit, arriva le 27 juin 1787; ce fut entre onze heures et minuit que j'écrivis la dernière ligne de ma dernière page, dans un pavillon de mon jardin. Après avoir quitté la plume, je fis plusieurs tours dans un berceau ou allée couverte d'acacias, d'où la vue s'étend sur la campagne, le lac et les montagnes. L'air était doux, le ciel serein; le disque argenté de la lune se réfléchissait dans les eaux du lac, et toute la nature était plongée dans le silence. Je ne dissimulerai pas les premières émotions de ma joie en ce moment qui me rendait ma liberté, et allait peut-être établir ma réputation; mais les mouve-mens de mon orgueil se calmèrent bientôt, et des sentimens moins tumultueux et plus mélancoliques s'emparèrent de mon âme, lorsque je songeai que je venais de prendre con-gé de l'ancien et agréable compagnon de ma vie; et que, quel que fût un jour l'âge où parviendrait mon histoire, les jours de l'historien ne pourraient être désormais que bien courts et bien précaires. » Cette idée ne pouvait affecter bien long-temps un homme en qui le sentiment de la santé et le calme de l'imagination entretenaient une sorte de cer-titude de la vie, et qui, dans ses derniers momens encore, calculait avec complaisance le nombre d'années que, selon les probabilités, il lui restait à vivre. Occupé de jouir du résultat de ses travaux, il passa en Angleterre cette même année, pour y livrer à l'impression les derniers volumes de son Histoire. Le séjour qu'il y fit contribua encore à lui faire chérir la Suisse. Sous George Ier et George II, le goût des lettres et des talens s'était éteint à la cour. Le duc de Cumberland, au lever duquel Gibbon se rendit un jour, l'ac-cueillit par cette apostrophe : « Eh bien! monsieur Gibbon, vous écrivaillez donc toujours! (*what, M^r. Gibbon, still scrib-ble, scribble!*) » Aussi fut-ce avec peu de regret qu'il quitta sa patrie au bout d'un an, pour revenir à Lausanne, où il se plaisait, et où il était aimé. Il devait l'être de ceux qui, vivant avec lui, avaient pu jouir des avantages de son caractère facile, parce qu'il était heureux. Ne portant jamais ses désirs au-delà de la raison, il n'était jamais mécontent des hommes ni des choses. Il se rend souvent compte de sa situation avec une satisfaction qui tient à la modération de son caractère.

.....Je suis Français, Tourangeau, gentilhomme;
Je pouvais naître Turc, Limousin, paysan,

dit l'Optimiste. Gibbon dit de même dans ses *Mémoires* : « Ma place dans la vie pouvait être celle d'un esclave, d'un sauvage, ou d'un paysan; et je ne puis songer sans plaisir à la bonté de la nature, qui a placé ma naissance dans un pays libre et civilisé, dans un âge de science et de philosophie, dans une famille d'un rang honorable, et suffisamment pourvue des dons de la fortune. » Il se félicite ailleurs de la modicité de cette fortune, qui l'a mis dans la situation la plus propice pour acquérir par son travail une réputation honorable; « car, dit-il, la pauvreté et les mépris auraient abattu mon courage, et les soins de l'abondance d'une fortune supérieure à mes besoins auraient pu relâcher mon activité. » Il se félicite de sa santé, qui, toujours bonne depuis qu'il avait échappé aux périls de son enfance, ne lui avait jamais fait connaître l'*intempérance d'un excès de santé* (*the madness of a superfluous health*). Il jouit avec effusion du bonheur que lui a donné son travail pendant vingt ans; il jouit avec simplicité des fruits qu'il en a retirés. Enfin, comme tout ajoute au bonheur d'une situation qui plaît, après avoir supporté patiemment, sans doute, celle de *lord of trade*, une fois arrivé à Lausanne, il ne peut assez exprimer le bonheur qu'il éprouve d'être échappé à son esclavage.

Ses *Mémoires* et les Lettres, presque toutes adressées au lord Sheffield, qui en sont la suite, intéressent par cette expression d'un caractère disposé à la bienveillance, suite nécessaire de la modération et de la facilité, et d'un sentiment, sinon très-tendre, du moins très-affectueux envers ceux avec qui il est lié par les nœuds du sang ou de l'amitié : cette affection s'exprime avec peu de vivacité, mais d'une manière naturelle et vraie. La longue et étroite amitié qui l'unit avec le lord Sheffield et avec M. Deyverdun, est une preuve de l'attachement qu'il était capable de sentir et d'inspirer, et l'on conçoit sans peine que l'on pût s'attacher solidement à un homme dont le cœur sans passion versait dans la société de ses amis tout ce qu'il possédait de sensibilité; dont l'esprit aimait à les faire jouir de ses solides agrémens, et dont l'âme honnête et modérée, si elle n'a pas donné beaucoup de chaleur à son esprit, n'en a presque jamais du moins obscurci les vives lumières.

La tranquillité d'âme de Gibbon fut cependant troublée, dans les dernières années de sa vie, par le spectacle de notre révolution, contre laquelle, après quelques momens d'espérance, il se tourna avec une telle chaleur, qu'aucun de ceux que nos troubles avaient chassés de la France et qui le virent à Lausanne ne pouvait égaler sa vivacité à cet égard. Il s'était pendant quelque temps brouillé avec M. Necker; mais la connaissance qu'il avait du caractère et des intentions de cet homme vertueux, ses malheurs et les sentimens de douleur qu'il partageait avec Gibbon sur les maux de la France, renouèrent bientôt les liens de leur ancienne amitié. L'effet de la révolution avait été pour lui ce qu'il a été pour beaucoup d'hommes éclairés sans doute, mais qui avaient écrit d'après leurs réflexions plutôt que d'après une expérience qu'ils ne pouvaient avoir; elle le fit revenir avec exagération sur des opinions qu'il avait long-temps soutenues. « J'ai pensé quelquefois, dit-il dans ses *Mémoires*, à l'occasion de la révolution, à écrire un Dialogue des Morts, dans lequel Voltaire, Érasme et Lucien, se seraient mutuellement avoué combien il est dangereux d'exposer une ancienne superstition au mépris d'une multitude aveugle et fanatique. » C'est sûrement en sa qualité de vivant que Gibbon ne se serait pas mis en quatrième dans le Dialogue et dans les aveux. Il soutenait alors n'avoir attaqué le christianisme que parce que les chrétiens détruisaient le polythéisme, qui était l'ancienne religion de l'empire. « L'Église primitive, écrit-il au lord Sheffield, dont j'ai parlé un peu familièrement, était une innovation, et j'étais attaché à l'ancien établissement du paganisme. » Il aimait tellement à professer son respect pour les anciennes institutions, que quelquefois, en plaisantant à la vérité, il s'amusait à défendre l'inquisition.

Il avait reçu, en 1791, à Lausanne, une visite du lord Sheffield accompagné de sa famille; il avait promis de la lui rendre promptement en Angleterre : cependant les troubles de la révolution toujours croissans, et la guerre qui rendait toutes les routes dangereuses, son énorme grosseur, et des incommodités long-temps négligées, qui tous les jours lui rendaient le mouvement plus difficile, lui faisaient remettre de mois en mois cette effrayante entreprise; mais enfin, en 1793, sur la nouvelle de la mort de lady Sheffield, qu'il aimait tendrement et qu'il appelait *sa sœur*, il partit sur-le-champ pour aller consoler son ami, au mois de novembre de cette année. Six mois environ après son arrivée en Angleterre, ces incommodités, dont l'origine remontait, à ce qu'il paraît, à plus de trente ans, s'accrurent à un tel point qu'elles l'obligèrent à subir une opération qui, plusieurs fois renouvelée, lui laissa l'espérance de la guérison jusqu'au 16 janvier 1794, qu'il mourut sans inquiétude comme sans douleur.

Gibbon laissa une mémoire chère à ceux qui l'ont connu, et une réputation établie dans toute l'Europe. Son *Histoire de la Décadence et de la Chute de l'Empire romain* peut, dans quelques parties négligées, laisser trop voir la fatigue d'un si long travail : on peut y désirer un peu plus de cette vivacité d'imagination qui transporte le lecteur au milieu des scènes qu'on lui décrit, de cette chaleur de sentiment qui l'y place, pour ainsi dire, comme acteur avec ses passions et ses intérêts personnels; on y peut trouver l'impartialité entre la vertu et le vice poussés quelquefois trop loin, et regretter que cette pénétration ingénieuse, qui décompose et démêle si bien les diverses parties des faits, n'ait pas plus souvent laissé la place à ce génie vraiment philosophique qui les réunit au contraire en un même corps, et donne ainsi plus de réalité et de vie à des objets qu'il présente dans leur ensemble. Mais nul ne pourra s'empêcher d'être frappé de la netteté d'un si vaste tableau, des vues presque toujours justes et quelquefois profondes qui l'accompagnent, de la clarté de ces développemens qui fixent l'attention sans la fatiguer, où rien de vague ne trouble et n'embarrasse l'imagination; enfin de la rare étendue de cet esprit, qui, parcourant le vaste champ de l'histoire, en examine les parties les plus secrètes, le montre sous tous les points de vue d'où il peut être considéré; et faisant, pour ainsi dire, tourner le lecteur autour des événemens et des hommes, lui prouve que les vues incomplètes sont toujours fausses, et que dans un ordre de choses où tout se lie et se combine, il faut tout connaître, pour avoir le droit de juger le moindre détail. C'est à la pénétration de l'historien, à cette admirable sagacité qui devine et fait suivre la marche réelle des faits, en mettant au grand jour leurs causes les plus éloignées, qu'est dû cet intérêt de narration qui règne dans tout le cours de l'*Histoire de la Décadence et de la Chute de l'Empire romain*; et, l'on ne saurait, à mon avis, accorder trop d'estime ni trop d'éloges à cette immense variété de connaissances et d'idées, au courage qui a entrepris de les mettre en œuvre, à la constance qui en est venue à bout; enfin à cette liberté d'esprit qui ne se laisse enchaîner ni par les institutions ni par les temps, et sans laquelle il n'y a ni grand historien ni véritable histoire. Il ne reste plus qu'un mot à ajouter pour la gloire de Gibbon : un tel ouvrage, avant lui, n'était pas fait, et, quoiqu'on pût y reprendre ou y perfectionner dans quelques parties, après lui il ne reste plus à faire.

PRÉFACE
DE L'AUTEUR.

Mon intention n'est pas de m'étendre sur la variété et sur l'importance du sujet que j'ai entrepris de traiter; le mérite du choix ne servirait qu'à mettre dans un plus grand jour et à rendre moins pardonnable la faiblesse de l'exécution. Mais, en donnant au public cette première partie de l'*Histoire de la Décadence et de la Chute de l'Empire romain*, je crois devoir expliquer en peu de mots la nature de cet ouvrage, et marquer les limites du plan que j'ai embrassé.

On peut diviser en trois périodes les révolutions mémorables qui, dans le cours d'environ treize siècles, ont sapé le solide édifice de la grandeur romaine, et l'ont enfin renversé.

1° Ce fut dans le siècle de Trajan et des Antonins que la monarchie romaine, parvenue au dernier degré de sa force et de son accroissement, commença de pencher vers sa ruine. Ainsi, la première période s'étend depuis le règne de ces princes jusqu'à la destruction de l'empire d'Occident par les armes des Germains et des Scythes, souche grossière et sauvage des nations aujourd'hui les plus polies de l'Europe. Cette révolution extraordinaire, qui soumit Rome à un chef des Goths, fut accomplie dans les premières années du sixième siècle.

2º On peut fixer le commencement de la seconde période à celui du règne de Justinien, qui, par ses lois et par ses victoires, rendit à l'empire d'Orient un éclat passager. Elle renferme l'invasion des Lombards en Italie, la conquête des provinces romaines de l'Asie et de l'Afrique par les Arabes qui avaient embrassé la religion de Mahomet, la révolte du peuple romain contre les faibles souverains de Constantinople, et l'élévation de Charlemagne, qui, en 800, fonda le second empire d'Occident, autrement dit l'empire germanique.

3º La dernière et la plus longue de ces périodes contient environ six siècles et demi, depuis le renouvellement de l'empire en Occident jusqu'à la prise de Constantinople par les Turcs, et l'extinction de la race de ces princes dégénérés, qui se paraient des vains titres de César et d'Auguste, tandis que leurs domaines étaient circonscrits dans les murailles d'une seule ville, où l'on ne conservait même aucun vestige de la langue et des mœurs des anciens Romains. En essayant de rapporter les événemens de cette période, on se verrait obligé de jeter un coup d'œil sur l'histoire générale des croisades, considérées du moins comme ayant contribué à la chute de l'empire grec. Il serait difficile aussi d'interdire à la curiosité quelques recherches sur l'état où se trouvait la ville de Rome au milieu des ténèbres et de la confusion du moyen âge.

En hasardant, peut-être avec trop de précipitation, la publication d'un ouvrage à tous égards imparfait, j'ai senti que je contractais l'engagement de terminer au moins la première période, et de présenter au public une *Histoire complète de la décadence et de la chute des Romains*, depuis le siècle des Antonins jusqu'à la destruction de l'empire en Occident. Quelles que puissent être mes espérances, je n'ose rien promettre au sujet des périodes suivantes : l'exécution du vaste plan que j'ai tracé remplirait le long intervalle qui sépare l'histoire ancienne de l'histoire moderne; mais il exigerait plusieurs années de santé, de loisir et de persévérance.

Jam provideo animo, velut qui, proximis littori vadis inducti, mare pedibus ingrediuntur, quicquid progredior, in vastiorem me altitudinem, ac velut profundum invehi; et crescere pene opus, quod prima quæque perficiendo minui videbatur. Tit. Liv., l. XXXI, c. I.

AVERTISSEMENT

DE L'AUTEUR.

Le soin et l'exactitude dans la recherche des faits, sont le seul mérite dont un historien puisse se glorifier, si toutefois il y a quelque mérite à remplir un devoir indispensable. Il doit donc m'être permis de déclarer que j'ai soigneusement examiné toutes les sources premières propres à me fournir quelques éclaircissemens sur le sujet que j'ai entrepris de traiter. Si je parviens un jour à exécuter, dans toute son étendue, le plan dont j'ai tracé l'esquisse dans ma Préface, je terminerai peut-être mon ouvrage par des recherches critiques sur tous les auteurs que j'aurai consultés dans le courant de mon travail; et bien qu'à certains égards une semblable entreprise parût prêter au reproche d'ostentation, je n'en suis pas moins persuadé qu'elle pourrait offrir des résultats aussi intéressans qu'instructifs.

Je ne me permettrai maintenant qu'une seule observation. Les biographes qui, sous les règnes de Dioclétien et de Constantin, ont composé ou plutôt compilé les vies des empereurs, depuis Adrien jusqu'aux fils de Carus, sont ordinairement connus sous les noms d'Ælius-Spartien, de Jules-Capitolin, d'Ælius-Lampride, de Vulcatius-Gallicanus, de Trebellius-Pollion et de Flavius-Vopiscus; mais il se trouve tant de confusion dans les titres des manuscrits, et il s'est élevé parmi les critiques tant de disputes concernant leurs noms, leur nombre, et la part respective qu'ils ont eue à ce travail (*Voyez* Fab., *Bib. lat.*, l. iii, c. 6), que je les ai cités, pour la plupart, sans distinction, sous le titre général et si connu de l'*Histoire Auguste*.

HISTOIRE

DE LA DÉCADENCE ET DE LA CHUTE

DE L'EMPIRE ROMAIN.

CHAPITRE PREMIER.

Étendue et force militaire de l'empire dans le siècle des Antonins.

Au second siècle de l'ère chrétienne, l'empire romain comprenait les plus belles contrées de la terre et la portion la plus civilisée du genre humain. Une valeur disciplinée, une renommée antique, assuraient les frontières de cette immense monarchie. L'influence douce, mais puissante, des lois et des mœurs, avait insensiblement cimenté l'union de toutes les provinces : leurs habitans jouissaient et abusaient, au sein de la paix, des avantages du luxe et des richesses. On conservait avec un respect bienséant l'usage d'une constitution libre. Le sénat romain possédait, en apparence, l'autorité souveraine, et les empereurs étaient revêtus de la puissance exécutive. Pendant plus de quatre-vingts ans, l'administration publique fut dirigée par les talens et la vertu de Trajan, d'Adrien et des deux Antonins. Ces trois chapitres seront consacrés à décrire d'abord l'état florissant de l'empire durant cette heureuse période ; ensuite, et depuis la mort de Marc-Aurèle, les principales circonstances de sa décadence et de sa chute : révolution à jamais mémorable, et qui influe encore maintenant sur toutes les nations du globe.

Modération d'Auguste.

Les principales conquêtes des Romains avaient été l'ouvrage de la république. Les empereurs se contentèrent, pour la plupart, de conserver ces acquisitions, fruit de la profonde sagesse du sénat, de l'émulation active des consuls et de l'enthousiasme du peuple. Les sept premiers siècles n'avaient présenté qu'une succession rapide de triomphes ; mais il était réservé à l'empereur Auguste d'abandonner le projet ambitieux de subjuguer l'univers, pour introduire l'esprit de modération dans les conseils de Rome. Porté à la paix, autant par sa situation que par son caractère, il s'aperçut aisément qu'à l'excès de grandeur où elle était parvenue, elle avait désormais, en risquant le sort des combats, beaucoup moins à espérer qu'à craindre ; que dans la poursuite de ces guerres lointaines, l'entreprise devenait tous les jours plus difficile, le succès plus douteux, et la possession moins sûre et moins avantageuse. L'expérience d'Auguste vint à l'appui de ces réflexions salutaires, et lui prouva que par la prudente vigueur de sa politique, il pouvait s'assurer d'obtenir sans peine toutes les concessions que la sûreté ou la dignité de Rome exigerait des Barbares même les plus formidables ; et, sans exposer aux flèches des Parthes ni lui ni ses légions, il en obtint, par un traité honorable, la restitution des drapeaux et des prisonniers qui avaient été enlevés à l'infortuné Crassus (1).

Ses généraux, dans les premières années de son règne, essayèrent de subjuguer l'Éthiopie et l'Arabie-Heureuse : ils marchèrent l'espace de trois cents lieues environ au midi du tropique; mais la chaleur du climat arrêta bientôt les conquérans, et protégea les habitans peu guerriers de ces régions éloignées (2). La

---

(1) Dion-Cassius (l. LIV, p. 736), avec les notes de Reymar, qui a rassemblé tout ce que la vanité romaine nous a laissé sur ce sujet. -Le marbre d'Ancyre, sur lequel Auguste avait fait graver ses exploits, nous dit positivement que cet empereur *força* les Parthes à restituer les drapeaux de Crassus (*).

(2) Strabon (l. XVI, p. 780), Pline (*Hist. nat.*, l. VI, c. 32, 35) et Dion-Cassius (l. LIII, p. 723, et l. LIV, p. 734), nous ont laissé sur ces guerres des détails très-curieux. Les Romains se rendirent maîtres de Mariaba ou Merab, ville de l'Arabie-Heureuse, bien connue des Orientaux. (*Voy*. Abulfeda, et la *Géographie nubienne*, p. 52.) Ils pénétrèrent jus-

(*) Les poëtes latins ont célébré avec pompe ce paisible exploit d'Auguste. Horace, *lib.* IV, *od.* 15, a dit :

. . . . . *Tua, Cæsar, ætas*

. . . *Signa nostro restituit Jovi*
Derepta Parthorum superbis
Postibus;

et Ovide, dans ses *Tristes*, l. 2, v. 227 :

Nunc petit Armenius pacem, nunc porrigit arcum
Parthus eques, timidâ captaque signa manu.

(Note de l'Éditeur.)

conquête des contrées septentrionales de l'Europe valait à peine les dépenses et les travaux qu'elle eût exigés. Couverte de bois et de marais, la Germanie nourrissait dans son sein des Barbares courageux qui méprisaient la vie lorsqu'elle était séparée de la liberté : et, quoique dans la première attaque ils eussent paru céder sous le poids de la puissance romaine, un acte éclatant de désespoir les rétablit bientôt dans leur indépendance, et fit ressouvenir Auguste des vicissitudes de la fortune (1). A la mort de ce prince, son testament fut lu publiquement dans le sénat : Auguste laissait à ses successeurs, comme une utile portion de son héritage, l'avis important de resserrer l'empire dans les bornes que la nature semblait avoir elle-même tracées pour en former à jamais les

---

qu'à trois journées de distance du pays qui produit les épices; principal objet de leur invasion (*).

(1) Par le massacre de Varus et de ses trois légions. (*Voy.* le liv. 1 des *Annales* de Tacite; Suétone, *Vie d'Auguste,* c. 23; et Velleius-Paterculus, l. II, c. 117, etc.) Auguste ne reçut pas la nouvelle de ce malheur avec toute la modération ni toute la fermeté que l'on devait naturellement attendre de son caractère.

(*) C'est cette ville de Merab que les Arabes disent avoir été la résidence de Belkis, reine de Saba, qui voulut voir Salomon. Une digue, par laquelle des eaux rassemblées dans les environs étaient retenues, ayant été emportée, l'inondation subite détruisit cette ville, dont il reste cependant des vestiges. Elle était limitrophe d'une contrée nommée *l'Adramaüt,* où croît un aromate particulier : c'est pour cela qu'on lit dans l'Histoire de l'expédition des Romains, qu'il ne restait que trois journées pour arriver au pays de l'encens. *Voyez* d'Anville, *Géogr. anc.*, t. II, p. 222. (*Note de l'Éditeur.*)

limites et les remparts : à l'occident, l'océan Atlantique ; le Rhin et le Danube, au nord ; l'Euphrate, à l'orient ; et vers le midi, les sables brûlans de l'Arabie et de l'Afrique (1).

Heureusement pour le genre humain, le système conçu par la modération d'Auguste se trouva convenir aux vices et à la lâcheté de ses successeurs. Les premiers Césars, dominés par l'attrait du plaisir, ou occupés de l'exercice de la tyrannie, se montraient rarement aux provinces et à la tête des armées. Ils n'étaient pas non plus disposés à souffrir que leurs lieutenans usurpassent sur eux, par les talens et la valeur, cette gloire que négligeait leur indolence. La réputation militaire d'un sujet devint un attentat insolent à la dignité impériale. Les généraux se contentaient de garder les frontières qui leur avaient été confiées : leur devoir et leur intérêt leur défendaient également d'aspirer à des conquêtes qui ne leur auraient peut-être pas été moins fatales qu'aux nations vaincues (2).

La Bretagne fut la seule province que les Romains

<small>Imité par ses successeurs.</small>

<small>Première exception. Conquête de la Bretagne.</small>

---

(1) Tacite, *Annal.*, l. II ; Dion-Cassius, l. LVI, p. 833 ; et le discours d'Auguste lui-même dans les *Césars* de Julien. Ce dernier ouvrage a reçu beaucoup de clarté des savantes notes de son traducteur français, M. Spanheim.

(2) Germanicus, Suetonius-Paulinus et Agricola, furent traversés et rappelés dans le cours de leurs victoires. Corbulon fut mis à mort. Le mérite militaire, comme l'exprime admirablement Tacite, était, dans toute la rigueur de l'expression, *imperatoria virtus*.

ajoutèrent à leurs domaines durant le premier siècle de notre ère. Dans cette unique occasion, les empereurs crurent devoir plutôt marcher sur les traces de César que suivre les maximes d'Auguste. La situation d'une île voisine de la Gaule leur inspira le dessein de s'en rendre maîtres : leur avidité était encore excitée par l'espoir agréable, quoique incertain, qui leur avait été donné d'y trouver une pêcherie de perles (1). La Bretagne semblait être un monde séparé ; ainsi cette conquête formait à peine une exception au plan généralement adopté pour le continent. Après une guerre d'environ quarante ans (2), entreprise par le plus stupide, continuée par le plus débauché, terminée par le plus lâche des empereurs, la plus grande partie de l'île subit le joug des Romains (3). De la valeur sans conduite, l'amour de la liberté sans aucun esprit d'u-

---

(1) César lui-même dissimule ce motif peu relevé ; mais Suétone en fait mention, c. 47. Au reste, les perles de la Bretagne se trouvent de peu de valeur, à raison de leur couleur obscure et livide. Tacite observe avec raison que c'était un défaut inhérent à leur nature. (*Vie d'Agricola*, c. 12.) *Ego faciliùs crediderim naturam margaritis deesse, quàm nobis avaritiam.*

(2) Sous les règnes de Claude, de Néron et de Domitien. Pomponius-Mela, qui écrivait sous le premier de ces princes, espère (l. III, c. 6) qu'à la faveur du succès des armes romaines, l'île et ses sauvages habitans seront bientôt mieux connus. Il est assez amusant de lire de pareils passages au milieu de Londres.

(3) *Voyez* l'admirable abrégé que Tacite nous a donné

nion, c'est là ce qu'on trouvait dans les différentes tribus qui composaient le peuple breton. Elles coururent d'abord aux armes avec un ardent courage, puis les déposèrent ou se tournèrent les unes contre les autres avec la plus bizarre inconstance, combattirent séparément, et furent subjuguées l'une après l'autre : ni la bravoure de Caractacus, ni le désespoir de Boadicée, ni le fanatisme des druides, ne purent soustraire leur patrie à l'esclavage ni résister aux progrès constans des généraux de l'empire qui soutenaient la gloire nationale, tandis que la majesté du trône était avilie par l'excès du vice ou celui de la faiblesse. Pendant que le farouche Domitien, renfermé dans son palais, ressentait lui-même la terreur qu'il inspirait, ses légions, sous le commandement du vertueux Agricola, dissipaient au pied des monts Grampiens les forces réunies des Calédoniens, et ses flottes, bravant les dangers d'une navigation inconnue, portaient sur tous les points de l'île les armes romaines. Déjà la Bretagne pouvait être regardée comme soumise : Agricola se proposait d'en achever la conquête, et d'assurer ses succès par la réduction de l'Irlande ; une seule légion et quelques troupes auxiliaires lui paraissaient suffisantes pour l'exécution de son dessein (1). Il pensait que la possession de cette île occi-

---

dans la *Vie d'Agricola*, et que nos savans antiquaires, Camden et Horsley, ont enrichi de commentaires si étendus, quoique peut-être encore incomplets.

(1) Les écrivains irlandais, jaloux de la gloire de leur pa-

dentale pourrait devenir très-avantageuse, et que les Bretons porteraient leurs chaînes avec moins de répugnance, lorsque la vue et l'exemple de la liberté seraient entièrement éloignés de leurs regards.

Mais le mérite supérieur d'Agricola le fit bientôt rappeler de son gouvernement de Bretagne, et ce plan de conquête, si raisonnable malgré son étendue, fut alors manqué pour jamais. Avant son départ, ce prudent général avait songé à assurer ces nouvelles possessions. Il avait observé que l'île est presque divisée en deux parties inégales par les deux golfes opposés, formant ce qu'on appelle maintenant le *passage* d'Écosse (1). A travers l'étroit intervalle, d'environ quarante milles, qui les sépare l'un de l'autre, il établit une ligne de postes militaires qui ensuite, sous le règne d'Antonin le Pieux, fut fortifiée d'un rempart de gazon, dont les fondations étaient en pierres (2). Cette muraille, bâtie un peu au-delà d'Édimbourg et de Glasgow, devint la limite de la province romaine (3). Les Calédoniens conservèrent, dans la

---

trie, sont extrêmement irrités à cette occasion contre Tacite et contre Agricola.

(1) Frith of Scotland.

(2) Voyez *Britannia romana*, par Horsley, l. 1, c. 10.

(3) Agricola fortifia le passage situé entre Dumbritton et Édimbourg, par conséquent en Écosse même. L'empereur Adrien, pendant son séjour en Angleterre, vers l'an 121, fit élever un rempart de gazon entre Newcastle et Carlisle. Antonin le Pieux, ayant remporté de nouvelles victoires sur les Calédoniens, par l'habileté de son lieutenant, Lollius

partie septentrionale de l'île, une indépendance qu'ils durent à leur pauvreté autant qu'à leur valeur. Ils faisaient souvent des incursions, mais ils étaient aussitôt repoussés et punis. Cependant leur pays ne fut point subjugué (1); les souverains des climats les plus rians, et les plus fertiles du globe détournaient leurs regards méprisans de ces montagnes exposées aux fureurs des tempêtes, de ces lacs couverts de brouillards épais, et de ces vallées incultes, où l'on voyait le cerf timide fuir à l'approche d'une troupe de Barbares à peine vêtus (2).

Les successeurs d'Auguste étaient restés constamment attachés à ses maximes politiques : tel était, depuis sa mort, l'état des frontières de l'empire, lorsque Trajan monta sur le trône. Ce prince vertueux et rem-

Seconde exception. Conquête de la Dacie.

Urbicus, fit construire un nouveau rempart de gazon entre Édimbourg et Dunbritton. Septime-Sévère enfin, en 208, fit construire un mur de pierres parallèle au rempart d'Adrien et dans les mêmes localités. Voyez *John Warburton's Vallum romanum, or the History and antiquities of the roman wall commonly called the Picts' wall.* Lond. 1754, in-4°. (*Note de l'Éditeur.*)

(1) Le poëte Buchanan célèbre avec beaucoup d'élévation et d'élégance (*Voy.* ses *Sylviæ*, v.) la liberté dont les anciens Écossais ont toujours joui. Mais si le seul témoignage de Richard de Cirencester suffit pour créer au nord de la muraille une province romaine, nommée Valentia, cette indépendance se trouve renfermée dans des limites très-étroites.

(2) *Voy.* Appien (*in proœm.*), et les descriptions uniformes des poésies erses qui, dans toutes les hypothèses, ont été composées par un Calédonien.

pli d'activité avait reçu l'éducation d'un soldat et possédait les talens d'un général (1). Le système pacifique de ses prédécesseurs fut tout à coup interrompu par des guerres et par des conquêtes. Après un long intervalle, les légions virent enfin paraître à leur tête un empereur capable de les commander. Trajan se signala d'abord contre les Daces, nation belliqueuse, qui habitait au-delà du Danube, et qui, sous le règne de Domitien, avait insulté avec impunité la majesté de Rome (2). A la force et à l'intrépidité des Barbares, les Daces ajoutaient ce mépris de la vie, que devait leur inspirer une persuasion intime de l'immortalité de l'âme et de sa transmigration (3). Décébale, leur roi, n'était pas un rival indigne de Trajan : il ne désespéra de sa fortune et de celle de sa nation, qu'après avoir, de l'aveu même de ses ennemis, épuisé toutes les ressources de la politique (4). Cette guerre mémorable dura cinq années, presque sans aucune interruption : Trajan, qui pouvait disposer à son gré de toutes les forces de l'empire, demeura vainqueur, et soumit entièrement les Barbares (5). La Dacie, qui

---

(1) *Voy.* le *Panégyrique* de Pline, qui paraît être appuyé sur des faits.

(2) Dion-Cassius, l. LXVII.

(3) Hérodote, l. IV, c. 94; Julien, dans les *Césars*, avec les observations de Spanheim.

(4) Pline, *Epist.* VIII, 9.

(5) Dion-Cassius, l. LVIII, p. 1123, 1131; Julien, dans les *Césars*; Eutrope, VIII, 2, 6; Aurelius-Victor, et Victor, *in Epitom.*

fit une seconde fois exception aux préceptes d'Auguste, avait environ quatre cents lieues de circonférence : les limites naturelles de cette province étaient le Niester, le Theiss ou Tibisque, le bas Danube et le Pont-Euxin. On voit encore aujourd'hui les vestiges d'un chemin militaire depuis le Danube jusque auprès de Bender, place fameuse dans l'histoire moderne, et qui sert maintenant de frontière à l'empire ottoman et à la Russie (1).

Trajan était avide de gloire. Tant que le genre humain continuera de répandre plus d'éclat sur ses destructeurs que sur ses bienfaiteurs, la soif de la gloire militaire sera toujours le défaut des caractères les plus élevés. Les louanges d'Alexandre, transmises par une succession de poëtes et d'historiens, avaient allumé dans l'âme de Trajan une émulation dangereuse. A l'exemple du roi de Macédoine, l'empereur romain entreprit une expédition contre les peuples d'Orient; mais il soupirait, en faisant réflexion que son âge avancé ne lui laissait pas l'espoir d'égaler la réputation du fils de Philippe (2). Cependant les succès de Trajan, quoique de peu de durée, furent brillans et rapides; il mit en déroute les Parthes, dégénérés et affaiblis par des guerres intestines. Il parcourut en

Conquêtes de Trajan en Asie.

---

(1) *Voyez* un mémoire de M. d'Anville, sur la province de Dacie, dans le recueil de l'Académie des Inscriptions, tome XXVIII, p. 444-468.

(2) Les sentimens de Trajan sont représentés au naturel et avec beaucoup de vivacité dans les *Césars* de Julien.

triomphe les bords du Tigre, depuis les montagnes d'Arménie jusqu'au golfe Persique. Il navigua le premier sur cette mer éloignée, et de tous les généraux romains il est le seul qui ait jamais joui de cet honneur : ses flottes ravagèrent les côtes de l'Arabie. Enfin Trajan se flatta qu'il touchait déjà aux rivages de l'Inde (1). Chaque jour le sénat étonné entendait parler de noms jusqu'alors inconnus, et de nouveaux peuples qui reconnaissaient la puissance de Rome : il apprit que les rois du Bosphore, de Colchos, d'Ibérie, d'Albanie, d'Osrhoène, que le souverain des Parthes lui-même, tenaient leurs diadèmes des mains de l'empereur; que les Mèdes et les habitans des montagnes de Carduchie avaient imploré sa protection, et que les riches contrées de l'Arménie, de la Mésopotamie et de l'Assyrie, étaient réduites en provinces (2). Mais la mort de Trajan obscurcit bientôt ces brillans tableaux, et l'on eut tout lieu de craindre que des nations si éloignées ne secouassent bientôt un joug inaccoutumé, dès qu'elles n'avaient plus à redouter la main puissante qui le leur avait imposé.

On rapportait que lorsque le Capitole avait été fondé par un des anciens rois de Rome, le dieu Terme seul, parmi les divinités inférieures, avait refusé de céder sa place à Jupiter même. Ce dieu présidait

---

(1) Eutrope et Sextus-Rufus ont tâché de perpétuer cette illusion. *Voy.* une dissertation très-ingénieuse de M. Freret dans les *Mém. de l'Académie des Inscriptions*, t. XXI, p. 55.

(2) Dion-Cassius, l. LXVIII, et les abréviateurs.

aux limites, et, selon l'usage de ces temps grossiers, il était représenté sous la forme d'une pierre. Les augures avaient interprété cette obstination du dieu Terme de la manière la plus favorable : c'était, selon eux, un présage certain que les bornes de la puissance romaine ne reculeraient jamais (1). Cette tradition s'était toujours conservée; et, comme il arrive d'ordinaire, la prédiction du fait, pendant un grand nombre de siècles, en assura l'accomplissement. Mais, quoique le dieu Terme eût résisté à la majesté de Jupiter, il fut obligé de se soumettre à l'autorité d'Adrien (2). Cet empereur commença son règne par renoncer aux nouvelles conquêtes de Trajan. Les Parthes recouvrèrent le droit de s'élire un souverain indépendant; il retira les troupes romaines des places où elles étaient en garnison en Arménie, en Assyrie et dans la Mésopotamie. Adrien reprit le système d'Auguste, et le cours de l'Euphrate servit de nouveau de frontière à l'empire (3). L'envie, qui ne manque pas de censurer les actions publiques et les vues particulières des princes, s'est efforcée d'attribuer à des mo-

Conquêtes rendues par Adrien.

---

(1) Ovid. *Fast.* l. II, v. 667. *Voy.* Tite-Live et Denys d'Halicarnasse, au règne de Tarquin.

(2) Saint Augustin prend beaucoup de plaisir à rapporter cette preuve de la faiblesse du dieu Terme et de la vanité des augures. Voyez *de Civitate Dei*, IV, 29.

(3) Voyez l'*Histoire Auguste*, p. 5, la *Chronique* de saint Jérôme et tous les *Épitomes*. Il est assez singulier que cet événement mémorable ait été omis par Dion, ou plutôt par Xiphilin.

tifs de jalousie une conduite qui peut-être était dictée par la prudence et par la modération. Ce soupçon pouvait trouver quelque fondement dans le caractère singulier d'Adrien, capable tour à tour des sentimens les plus bas et les plus élevés : cependant il ne pouvait faire briller avec plus d'éclat la supériorité de son prédécesseur, qu'en s'avouant lui-même trop faible pour conserver les conquêtes de Trajan.

Contraste d'Adrien et d'Antonin le Pieux.

Le génie martial et ambitieux de l'un formait un contraste singulier avec la modération de l'autre, et l'infatigable activité de celui-ci ne paraîtra pas moins remarquable, si on la compare avec la douce tranquillité d'Antonin le Pieux, son successeur. La vie d'Adrien ne fut presque qu'un voyage perpétuel. Doué des talens de l'homme de guerre, de l'homme de lettres et de l'homme d'État, ce prince satisfit tous ses goûts, en se livrant aux soins de son empire. Insensible à la différence des saisons et des climats, il marchait à pied et tête nue dans les neiges de la Calédonie et dans les plaines embrasées de la Haute-Égypte. Il n'y eut pas une province qui, dans le cours de son règne, ne fût honorée de la présence du souverain (1); au lieu qu'Antonin passa des jours paisibles dans le sein de l'Italie : pendant les vingt-trois années que ce prince, si digne d'être aimé, tint les rênes du gou-

---

(1) Dion, l. LXIX, p. 1158; *Hist. Aug.*, p. 5, 8. Si tous les ouvrages des historiens étaient perdus, les médailles, les inscriptions et les autres monumens de ce siècle, suffiraient pour nous faire connaître les voyages d'Adrien.

vernement, ses plus longs voyages furent de Rome à Lanuvie, où il se retirait pour goûter les douceurs de la campagne (1).

Malgré cette différence dans leur conduite personnelle, Adrien et les deux Antonins s'attachèrent également au système général embrassé par Auguste. Ils persistèrent dans le projet de maintenir la dignité de l'empire, sans entreprendre d'en reculer les bornes : on vit même ces princes employer toutes sortes de moyens honorables pour gagner l'amitié des Barbares. Leur but était de convaincre le genre humain que Rome, renonçant à toute idée de conquête, n'était plus animée que par l'amour de l'ordre et de la justice. Le succès couronna pendant quarante-trois ans cette politique respectable ; et si nous en exceptons un petit nombre d'hostilités qui ne servaient qu'à exercer les légions répandues sur la frontière, l'univers fut en paix sous les règnes fortunés d'Adrien et d'Antonin le Pieux (2). Le nom romain était respecté parmi les nations de la terre les plus éloignées ;

Système pacifique d'Adrien et des deux Antonins.

---

(1) Voyez l'*Histoire Auguste*, et les *Épitomes*.

(2) Il ne faut cependant pas oublier que, sous le règne d'Adrien, le fanatisme arma les Juifs, et excita une rebellion violente dans une province de l'empire. Pausanias (l. 8; c. 43) parle de deux guerres nécessaires, terminées heureusement par les généraux d'Antonin le Pieux : l'une contre les Maures vagabonds, qui furent chassés dans les déserts du mont Atlas ; l'autre contre les *Brigantes*, tribu bretonne qui avait envahi la province romaine. L'*Histoire Auguste* fait mention, p. 19, de ces deux guerres et de plusieurs autres hostilités.

souvent les Barbares les plus fiers soumettaient leurs différends à la décision de l'empereur; et, selon le témoignage d'un historien contemporain, des ambassadeurs qui étaient venus solliciter à Rome l'honneur d'être admis au nombre de ses sujets, s'en retournèrent sans avoir pu obtenir cette distinction (1).

<small>Guerres défensives de Marc-Aurèle</small>

La terreur des armes romaines ajoutait de la dignité à la modération des souverains, et la rendait plus respectable. Ils conservaient la paix en se tenant perpétuellement préparés à la guerre; et en même temps que l'équité dirigeait leur conduite, les nations voisines s'apercevaient bien qu'ils étaient aussi peu disposés à supporter l'offense qu'à offenser eux-mêmes. Marc-Aurèle employa contre les Germains et les Parthes ces forces redoutables qu'Adrien et son successeur s'étaient contentés de déployer autour de leurs frontières. Les attaques des Barbares provoquèrent le ressentiment de ce prince philosophe : forcé de prendre les armes pour se défendre, Marc-Aurèle remporta, par lui-même ou par ses généraux, plusieurs victoires sur l'Euphrate et sur le Danube (2). Examinons maintenant les établissemens militaires de l'em-

---

(1) Appien d'Alexandrie, dans la préface de son Histoire des guerres romaines.

(2) Dion, l. LXXI; *Hist. Aug.*, *in Marco*. Les victoires remportées sur les Parthes ont fait naître une foule de relations dont les méprisables auteurs ont été sauvés de l'oubli et tournés en ridicule dans une satire très-ingénieuse de Lucien.

pire romain. Il est important d'observer comment ils en ont assuré pendant si long-temps la tranquillité et les succès.

Dans les beaux temps de la république, l'usage des armes était réservé à cette classe de citoyens qui avaient une patrie à aimer, un patrimoine à défendre, et qui, participant à l'établissement des lois, trouvaient leur intérêt comme leur devoir à les faire respecter. Mais à mesure que l'étendue des conquêtes affaiblit la liberté publique, insensiblement le talent de la guerre s'éleva jusqu'à la perfection d'un art, et s'abaissa au vil rang d'un métier (1). Les légions, même au temps où les recrutemens ne se faisaient plus que dans les provinces les plus éloignées, furent toujours supposées n'être formées que de citoyens romains. Ce titre était regardé ou comme la distinction naturellement attachée à la condition du soldat, ou comme la récompense de ses services; mais on s'arrêtait plus particulièrement au mérite essentiel de l'âge, de la force et de la taille militaire (2). Dans toutes les levées de troupes, on accordait avec rai-

Établissemens militaires des empereurs romains.

---

(1) Le plus pauvre soldat possédait la valeur de plus de quarante livres sterling. (Denys d'Halicarnasse, IV, 17); somme considérable dans un temps où l'argent était si rare, qu'une once de ce métal équivalait à soixante-dix livres pesant d'airain. La populace, qui avait été exclue du service militaire par l'ancienne constitution, y fut admise par Marius. *Voyez* Salluste, *Guerre de Jugurtha,* c. 91.

(2) César composa une de ses légions (nommée l'*Alauda*) de Gaulois et d'étrangers; mais ce fut pendant la licence

son la préférence aux climats du nord sur ceux du midi : on cherchait dans les campagnes, plutôt que dans les villes, des hommes brisés à la fatigue des armes; il était à présumer que les travaux pénibles des charpentiers, des forgerons et des chasseurs, donneraient plus de vigueur et de force que les occupations sédentaires qui contribuent au luxe (1). Lors même que le droit de propriété ne fut plus un titre pour être employé dans les armées, les troupes des empereurs romains continuèrent, pour la plupart, d'être commandées par des officiers d'une naissance et d'une éducation honnêtes; mais les soldats, semblables aux troupes mercenaires de l'Europe moderne, étaient tirés de la classe la plus vile et souvent la plus corrompue.

Discipline. La vertu politique que les anciens appelaient *patriotisme*, prend sa source dans la ferme conviction que notre intérêt est intimement lié à la conservation et à la prospérité du gouvernement libre auquel nous participons. Une telle persuasion avait rendu les légions de la république romaine presque invincibles; mais elle ne pouvait faire qu'une bien faible impression sur les esclaves mercenaires d'un despote. Ce principe une fois détruit, on y suppléa par d'autres motifs d'une nature bien différente, mais dont la force était prodigieuse, la religion et l'honneur. Le

---

des guerres civiles; et après ses victoires, il leur donna pour récompense le droit de citoyen romain.

(1) *Voyez* Végèce, *de Re militari*, l. 1, c. 2-7.

paysan ou le citadin se pénétrait de cette utile opinion qu'en prenant les armes, il s'attachait à une profession noble, dans laquelle son avancement et sa réputation dépendaient de son courage, et que, bien que les exploits d'un simple soldat échappent souvent à la renommée, il était en son pouvoir de couvrir de gloire ou de honte la compagnie, la légion, l'armée même dont il partageait les triomphes. En le recevant au service, on exigeait de lui un serment auquel une foule de circonstances concouraient à donner une grande solennité. Il jurait de ne jamais quitter son étendard, de soumettre sa propre volonté aux ordres de ses commandans, et de sacrifier sa vie pour la défense de l'empereur et de l'empire (1). L'attachement des troupes romaines à leurs drapeaux leur était inspiré par l'influence réunie de la religion et de l'honneur. L'aigle doré qui brillait à la tête de la légion, était l'objet du culte le plus sacré, et l'on voyait autant d'impiété que de honte dans la lâcheté de celui qui abandonnait au moment du danger ce signe respectable (2). Ces motifs, qui tiraient leur force de l'imagination, étaient soutenus par des craintes et des espérances plus réelles : une paye régulière, des gratifications, une récompense assurée

---

(1) Le serment de fidélité que l'empereur exigeait des troupes était renouvelé tous les ans le 1er janvier.

(2) Tacite appelle les aigles romaines *bellorum deos*. Placées dans une chapelle au milieu du camp, elles étaient adorées par les soldats comme les autres divinités.

après le temps limité du service, encourageaient les soldats à supporter les fatigues de la vie militaire (1). D'un autre côté, la lâcheté et la désobéissance ne pouvaient échapper aux plus sévères châtimens. Les centurions avaient le droit de frapper les coupables, et les généraux de les punir de mort. Les troupes élevées dans la discipline romaine avaient pour maxime invariable, que tout bon soldat devait beaucoup plus redouter son officier que l'ennemi. Des institutions aussi sages contribuèrent à affermir la valeur des troupes et à leur inspirer une docilité que ne purent jamais acquérir des Barbares impétueux, qui ne connaissaient aucune discipline.

Exercices.

La valeur n'est qu'une vertu imparfaite sans la science et sans la pratique. Les Romains étaient si persuadés de cette vérité, que le nom d'une armée, dans leur langue, venait d'un mot qui signifiait exercice (2). En effet, les exercices militaires étaient l'im-

---

(1) *Voy.* Gronovius, *de Pecuniâ veteri*, l. III, p. 120, etc. L'empereur Domitien porta la paye annuelle des légionnaires à douze pièces d'or, environ dix de nos guinées. Cette paye s'augmenta insensiblement par la suite, selon les progrès du gouvernement militaire et la richesse de l'État. Après vingt ans de service, le vétéran recevait trois mille deniers (environ cent livres sterling); ou une portion de terre de la valeur de cette somme. La paye des gardes, et en général les avantages dont ils jouissaient, étaient le double de ce qu'on accordait aux légionnaires.

(2) *Exercitus, ab exercitando.* Varron, *de Linguâ latinâ*, l. IV; Cicéron, *Tuscul.*, l. II, 37. On pourrait donner un

portant et continuel objet de leur discipline : les recrues et les jeunes soldats étaient régulièrement exercés le matin et le soir; et les vétérans, malgré leur âge, malgré une connaissance profonde de leur art, étaient obligés de répéter tous les jours ce qu'ils avaient appris dès leur plus tendre jeunesse. Dans les quartiers d'hiver, on élevait de vastes appentis, afin que les exercices des soldats ne fussent point interrompus par les rigueurs de la saison. Dans ces imitations de la guerre, on avait soin de leur faire prendre des armes deux fois plus pesantes que celles dont on se servait dans une action réelle (1). Une description exacte des exercices des Romains n'entre point dans le plan de cet ouvrage : nous remarquerons seulement qu'ils embrassaient tout ce qui peut donner de la force au corps, de la souplesse aux membres et de la grâce aux mouvemens. On apprenait soigneusement aux soldats à marcher, à courir, à sauter, à nager, à porter de lourds fardeaux, à manier toutes sortes d'armes offensives et défensives, à former un grand nombre d'évolutions, et à exécuter au son de la flûte la danse pyrrhique ou militaire (2). Au sein

---

ouvrage bien intéressant en examinant le rapport qui existe entre la langue et les mœurs des nations.

(1) Végèce, l. II, et le reste de son premier livre.

(2) M. Le Beau a jeté un très-grand jour sur le sujet de la danse pyrrhique dans le *Recueil de l'Académie des Inscriptions*, tome XXXV, p. 262, etc. Ce savant académicien a rassemblé, dans une suite de mémoires, tous les passages que nous ont laissés les anciens concernant la légion romaine.

de la paix, les troupes romaines se familiarisaient avec la guerre : selon l'observation d'un ancien historien qui avait combattu contre elles, l'effusion du sang était la seule différence que l'on remarquât entre un champ de bataille et un champ d'exercice (1). Les plus habiles généraux, les empereurs même, encourageaient, par leur présence et par leur exemple, ces études militaires ; souvent Trajan et Adrien daignèrent instruire eux-mêmes les soldats les moins expérimentés, récompenser les plus habiles, et quelquefois disputer avec eux le prix de la force ou de l'adresse (2). Sous le règne de ces princes, la tactique fut cultivée avec succès ; et tant que l'empire conserva quelque vigueur, leurs institutions militaires furent respectées comme le modèle le plus parfait de la discipline romaine.

Légions romaines sous les empereurs.

Neuf siècles de guerre avaient insensiblement introduit plusieurs changemens dans le service, et l'avaient perfectionné. Les légions décrites par Polybe (3), et commandées par les Scipions, différaient essentiellement de celles qui contribuèrent aux victoires de César, ou défendirent l'empire d'Adrien et

---

(1) Josèphe, *de Bello judaico*, l. III, c. 5. Nous sommes redevables à cet écrivain juif de quelques détails très-curieux sur la discipline romaine.

(2) *Panégyrique de Pline*, c. 13; *Vie d'Adrien*, dans l'*Histoire Auguste*.

(3) *Voyez*, dans le VIe livre de son histoire, une digression admirable sur la discipline des Romains.

des Antonins. Nous rapporterons en peu de mots ce qui constituait la légion impériale (1). L'infanterie, pesamment armée, qui en faisait la principale force (2), était divisée en dix cohortes et en cinquante-cinq compagnies, sous le commandement d'un pareil nombre de tribuns et de centurions. Le poste d'honneur et la garde de l'aigle appartenaient à la première cohorte, composée de mille cent cinq soldats, choisis parmi les plus estimés pour la valeur et pour la fidélité. Les neuf autres cohortes en avaient chacune cinq cent cinquante-cinq, et tout le corps de l'infanterie d'une légion montait à six mille cent hommes. Leurs armes étaient uniformes et admirablement adaptées à la nature de leur service : ils portaient un casque ouvert, surmonté d'une aigrette fort élevée, une cuirasse ou une cotte de mailles et des bottines, et ils tenaient à leur bras gauche un grand bouclier d'une forme ovale et concave, long de quatre pieds, large de deux et demi, fait d'un bois léger, couvert d'une peau de bœuf, et revêtu de fortes plaques d'airain.

---

(1) Végèce, *de Re militari*, l. II, c. 4, etc. Une partie considérable de son obscur abrégé est prise des réglemens de Trajan ; la légion, telle qu'il la décrit, ne peut convenir à aucun autre siècle de l'empire romain.

(2) Végèce, *de Re militari*, l. II, c. 1. Du temps de Cicéron et de César, où les anciennes formes avaient reçu moins d'altération, le mot *miles* se bornait presque à l'infanterie. Dans le bas-empire et dans les siècles de chevalerie, il fut approprié presque exclusivement aux gens d'armes qui combattaient à cheval.

Outre un dard léger, le soldat légionnaire balançait dans sa main droite ce javelot formidable, appelé *pilum*, dont la longueur était de six pieds, et qui se terminait en une pointe d'acier de dix-huit pouces, taillée en triangle (1). Cette arme était bien inférieure à nos armes à feu, puisqu'elle ne pouvait servir qu'une seule fois, et à la distance seulement de dix ou douze pas : cependant, lorsqu'elle était lancée par une main ferme et adroite, il n'y avait point de bouclier en état de résister à sa force, et aucune cavalerie n'osait se tenir à sa portée. A peine le Romain avait-il jeté son javelot, qu'il s'élançait avec impétuosité sur l'ennemi, l'épée à la main. Cette épée était une lame d'Espagne, courte, d'une trempe excellente, à double tranchant, et également propre à frapper et à percer : mais le soldat était instruit à préférer cette dernière façon de s'en servir, comme découvrant moins son corps et faisant en même temps à son adversaire une blessure plus dangereuse (2). La légion était ordinairement rangée sur huit lignes de profondeur, et les files, aussi bien que les rangs, étaient toujours à la distance de trois pieds l'une de l'autre (3). Des troupes accoutumées à conserver un ordre

---

(1) Du temps de Polybe et de Denys d'Halicarnasse (l. v, c. 43), la pointe d'acier du *pilum* semble avoir été beaucoup plus longue. Dans le siècle où Végèce écrivait, elle fut réduite à un pied, ou même à neuf pouces : j'ai pris un milieu.

(2) Pour les armes des légionnaires, *voyez* Juste-Lipse, *de Militiâ romanâ*, l. III., c. 2-7.

(3) *Voyez* la belle comparaison de Virgile, *Georg.*, II, v. 279.

si distinct dans toute l'étendue d'un large front et dans l'impétuosité d'une charge rapide, pouvaient exécuter tout ce qu'exigeaient d'elles les événemens de la guerre et l'habileté du général. Le soldat avait un espace libre pour ses armes et pour ses divers mouvemens, et les intervalles étaient ménagés de manière à pouvoir y faire passer les renforts nécessaires pour secourir les combattans épuisés (1). La tactique des Grecs et des Macédoniens avait pour base des principes bien différens : la force de la phalange consistait en seize rangs de longues piques, de manière à former la palissade la plus serrée (2); mais la réflexion et l'expérience prouvèrent que cette masse immobile était incapable de résister à l'activité de la légion (3).

La cavalerie, sans laquelle la force de la légion serait restée imparfaite, était divisée en dix escadrons : le premier, comme compagnon de la première cohorte, consistait en cent trente-deux hommes, et les neuf autres chacun en soixante-six; ce qui faisait en tout, pour nous servir des expressions modernes, un régiment de sept cent vingt-six chevaux. Quoique naturellement attaché à sa légion respective, chaque ré-

<small>Cavalerie.</small>

---

(1) M. Guichard (*Mémoires militaires*, t. 1, c. 4, et *nouveaux Mémoires*, t. 1, p. 293-311) a traité ce sujet en homme instruit et en officier.

(2) *Voyez* la *Tactique* d'Arrien. Par une partialité digne d'un Grec, cet auteur a mieux aimé décrire la phalange, qu'il connaissait seulement par les écrits des anciens, que les légions qu'il avait commandées.

(3) Polybe, l. xvii.

giment de cavalerie en était séparé, suivant les occasions, pour être rangé en ligne, et faire partie des ailes de l'armée (1). Sous les empereurs, la cavalerie était bien différente de ce qu'elle avait été dans son origine. Du temps de la république, elle était composée des jeunes gens les plus distingués de Rome et de l'Italie, qui, en remplissant ce service militaire, se préparaient à acquérir les dignités de sénateur et de consul, et sollicitaient, par leurs exploits, les suffrages de leurs concitoyens (2). Mais depuis le changement qui était survenu dans les mœurs et dans le gouvernement, les plus riches citoyens de l'ordre équestre se consacrèrent à l'administration de la justice et à la perception des revenus publics (3). Ceux qui embrassaient la profession des armes étaient aussitôt revêtus du commandement d'une cohorte (4) ou d'un escadron (5). Trajan et Adrien tirèrent leur cava-

---

(1) Végèce, *de Re militari*, l. II, c. 6. Son témoignage positif, qu'on pourrait appuyer de faits évidens, doit certainement imposer silence à ces critiques qui refusent à la légion impériale son corps de cavalerie.

(2) *Voyez* Tite-Live presque partout, et spécialement XLII, 61.

(3) Pline, *Hist. nat.*, XXXIII, 2. Le véritable sens de ce passage très-curieux a été découvert et éclairci par M. de Beaufort, *Rép. romaine*, l. II, c. 2.

(4) Comme nous le voyons par l'exemple d'Horace et d'Agricola, il paraît que cette coutume était un vice dans la discipline romaine : Adrien essaya d'y remédier en fixant l'âge qu'il fallait avoir pour être tribun.

(5) Ces détails ne sont pas tout-à-fait exacts. Quoique

lerie des mêmes provinces et de la même classe de leurs sujets, qui fournissaient des hommes aux légions : on faisait venir des chevaux d'Espagne et de la Cappadoce. Les cavaliers romains méprisaient cette armure complète dans laquelle la cavalerie des Orientaux était comme emprisonnée : la partie la plus importante de leur armure défensive consistait dans un casque, un bouclier ovale, de petites bottes et une cotte de mailles ; une javeline et une longue et large épée étaient leurs principales armes offensives. Il pa-

---

dans les derniers temps de la république et sous les premiers empereurs les jeunes nobles romains obtinssent le commandement d'un escadron ou d'une cohorte avec plus de facilité que dans les temps antérieurs, ils n'y parvenaient guère sans avoir passé par un assez long service militaire. En général, ils servaient d'abord dans la cohorte prétorienne, qui était chargée de la garde du général : ils étaient reçus dans l'intimité de quelque officier supérieur (*contubernium*), et s'y formaient. C'est ainsi que Jules-César, issu cependant d'une grande famille, servit d'abord comme *contubernalis* sous le préteur M. Thermus, et plus tard, sous Servilius l'Isaurien (Suét., *Jul.*, 2-5 ; Plutarq., *in Parall.*, p. 516, *ed.* Froben). L'exemple d'Horace, que Gibbon met en avant pour prouver que les jeunes chevaliers étaient faits tribuns dès qu'ils entraient au service, ne prouve rien. D'abord, Horace n'était point chevalier ; c'était le fils d'un affranchi de Vénuse (*Venosa*), dans la Pouille, qui exerçait la petite fonction d'*huissier-priseur*, *coactor exactionum*. *Voyez* Horace, sat. 1 ; v. 6, 86. D'ailleurs, quand le poëte fut fait tribun, Brutus, dont l'armée était composée presque entièrement d'Orientaux, donnait ce titre à tous les Romains de quelque considération qui se joignaient à lui. Les empereurs furent en-

raît qu'ils avaient emprunté des Barbares l'usage des lances et des massues de fer (1).

Auxiliaires.

La sûreté et l'honneur de l'empire étaient confiés principalement aux légions ; mais la politique de Rome ne dédaigna rien de tout ce qui pouvait lui être utile à la guerre. On faisait régulièrement des levées considérables dans les provinces dont les habitans n'avaient point encore mérité la distinction honorable de citoyens. On permettait à des princes ou à de petits États dispersés le long des frontières d'acheter, par un service militaire, leur liberté et leur sûreté (2). Souvent même, soit par force, soit par persuasion, on

---

core moins difficiles dans leurs choix : le nombre des tribuns fut augmenté ; on en donna le titre et les honneurs à des gens qu'on voulait attacher à la cour. Auguste donna aux fils des sénateurs tantôt le tribunat, tantôt le commandement d'un escadron. Claude donna aux chevaliers qui entraient au service, d'abord le commandement d'une cohorte d'auxiliaires, plus tard celui d'un escadron, et enfin, pour la première fois, le tribunat (Suétone, *in Claud.*, p. 25, et les notes d'Ernesti). Les abus qui en provinrent donnèrent lieu à l'ordonnance d'Adrien qui fixa l'âge auquel on pouvait obtenir cet honneur (Spartien, *in Adr.*, x). Cette ordonnance fut observée dans la suite ; car l'empereur Valérien, dans une lettre adressée à Mulvius-Gallicanus, préfet du prétoire, s'excuse de l'avoir violée en faveur du jeune Probus, depuis empereur, à qui il avait conféré le tribunat de bonne heure, à cause de ses rares talens. *Vopiscus, in Prob.*, IV. (*Note de l'Éditeur.*)

(1) Voyez la *Tactique* d'Arrien.

(2) Tel était en particulier l'État des Bataves. Tacite, *Mœurs des Germains*, c. 29.

déterminait des Barbares que l'on redoutait à envoyer l'élite de leurs troupes épuiser, dans des climats éloignés, leur dangereuse valeur contre les ennemis de l'empire (1). Tous ces différens corps étaient connus généralement sous le nom d'auxiliaires. Quoique leur nombre variât selon les temps et les circonstances, il était rarement inférieur à celui des légions (2). Les plus courageux et les plus fidèles de ces auxiliaires étaient placés sous le commandement des préfets et des centurions, et sévèrement instruits à la discipline des Romains ; mais ils retenaient, pour la plupart, les armes que leur rendaient propres, soit la nature de leur pays, soit les habitudes de leur première jeunesse ; et, par ce moyen, comme à chaque légion était attaché un certain nombre d'auxiliaires, chacune renfermait toutes les espèces de troupes légères, avait l'usage de toutes les armes de trait, et pouvait ainsi opposer à chaque nation la même discipline et les mêmes armes qui la rendaient formidable (3). La légion n'était pas dépourvue de ce que l'on *Artillerie.*

---

(1) Marc-Aurèle, après avoir vaincu les Quades et les Marcomans, les obligea de lui fournir un corps de troupes considérable, qu'il envoya aussitôt en Bretagne. Dion, l. LXXI.

(2) Tacite, *Annal.*, IV, 5. Ceux qui composent ces corps dans une proportion régulière d'un certain nombre de fantassins et de deux fois autant de chevaux, confondent les auxiliaires des empereurs avec les Italiens alliés de la république.

(3) Végèce, II, 2; Arrien, dans sa *Description de la marche et de la bataille contre les Alains.*

pourrait appeler, dans nos langues modernes, un train d'artillerie ; elle avait toujours à sa suite dix machines de guerre de la première grandeur, et cinquante-cinq plus petites, qui toutes lançaient, selon diverses directions, des pierres et des dards avec une violence irrésistible (1).

<small>Campement.</small>

Le camp d'une légion romaine ressemblait à une ville fortifiée (2). Aussitôt que l'espace était tracé, les pionniers avaient soin d'aplanir le terrain, et d'écarter tous les obstacles qui auraient pu nuire à sa parfaite régularité : la forme en était quadrangulaire, et nous calculons qu'un carré d'environ deux mille cent pieds anglais de côté pouvait contenir vingt mille Romains, quoique maintenant un pareil nombre de troupes présente à l'ennemi un front trois fois plus étendu. Au milieu du camp, on distinguait, par-des-

---

(1) Le chevalier Folard (dans son Commentaire sur Polybe, tome II, p. 233-290) a traité des anciennes machines avec beaucoup d'érudition et de sagacité : il les préfère même, à beaucoup d'égards, à nos canons et à nos mortiers. Il faut observer que, chez les Romains, l'usage des machines devint plus commun, à mesure que la valeur personnelle et les talens militaires disparurent dans l'empire. Lorsqu'il ne fut plus possible de trouver des hommes, il fallut bien y suppléer par des machines. *Voyez* Végèce, II, 25, et Arrien.

(2) *Universa quæ in quoque belli genere necessaria esse creduntur, secum legio debet ubique portare, ut in quovis loco fixerit castra, armatam faciat civitatem.* C'est par cette phrase remarquable que Végèce termine son second livre et la description de la légion.

sus les autres tentes, le prétoire ou le quartier du général. La cavalerie, l'infanterie et les auxiliaires, occupaient leurs postes respectifs. Les rues étaient larges et fort droites, et l'on ménageait de tous côtés un espace libre de deux cents pieds entre le rempart et les tentes. Le rempart était ordinairement de douze pieds de haut, défendu par de fortes palissades, et entouré d'un fossé dont la largeur et la profondeur étaient aussi de douze pieds. Les légionnaires eux-mêmes étaient chargés de cet ouvrage important : l'usage de la bêche et de la pioche ne leur était pas moins familier que celui de l'épée ou du *pilum*. Le courage intrépide est souvent un présent de la nature ; mais cette activité soutenue dans l'exécution des travaux, ne peut jamais être que le fruit de l'habitude et de la discipline (1).

A peine la trompette avait-elle donné le signal du départ, que le camp était levé, et les troupes se plaçaient à leurs rangs, sans retard et sans confusion. Les légionnaires, outre leurs armes, au poids desquelles ils songeaient à peine, étaient encore chargés de leurs instrumens de cuisine, des outils nécessaires pour les fortifications, et de provisions pour plusieurs jours (2).

Marches.

---

(1) Pour la castramétation des Romains, *voyez* Polybe, l. vi ; avec Juste-Lipse ; *de Militiâ romanâ*; Josèphe, *de Bello judaic.*, l. iii, c. 5 ; Végéce, i, 21-25, iii, 9 ; et Mémoires de Guichard, tome i, c. 1.

(2) Cic., *Tuscul.*, ii, 37 ; Josèphe, *de Bello jud.*, l. iii, 5 ; Frontin, iv, 1.

Malgré un fardeau si considérable, qui accablerait la délicatesse d'un soldat moderne, les Romains étaient accoutumés à marcher d'un pas régulier, et à faire près de vingt milles en six heures (1). A l'approche de l'ennemi, ils se débarrassaient de leur bagage, et, par des évolutions aisées et rapides, l'armée, qui marchait sur une ou sur plusieurs colonnes, se formait en ordre de bataille (2). Les frondeurs et les archers escarmouchaient à la tête ; les auxiliaires formaient la première ligne, et ils étaient soutenus par les légions : la cavalerie couvrait les flancs ; enfin, on plaçait derrière le corps d'armée les machines de guerre.

Nombre et disposition des légions.

Telle fut la science guerrière qui défendit les vastes conquêtes des empereurs, et conserva l'esprit militaire, dans un temps où le luxe et le despotisme avaient étouffé toute autre vertu. Si nous cherchons maintenant à nous faire une idée du nombre des troupes dont se composaient les armées romaines, nous verrons combien il est difficile de l'apprécier avec une certaine exactitude. Il paraît cependant que la légion était un corps de douze mille cinq cents hommes, parmi lesquels on comptait six mille huit cent trente-un Romains : le reste comprenait les auxiliaires. Sous Adrien et ses successeurs, l'armée sur le pied de paix comprenait trente de ces redoutables brigades. Ainsi,

---

(1) Végèce, 1, 9. Voyez *Mémoires de l'Académie des Inscriptions*, tome xxv, p. 187.

(2) Ces évolutions sont admirablement expliquées par M. Guichard, *nouveaux Mémoires*, tome 1, p. 141-234.

selon toute apparence, leurs forces se montaient à
trois cent soixante-quinze mille hommes. Au lieu de
se renfermer dans des villes fortifiées, qui n'étaient,
aux yeux des Romains, que le refuge de la faiblesse
et de la lâcheté, les légions restaient toujours campées sur les bords des grands fleuves ou le long des
frontières des Barbares. Comme leurs postes, pour la
plupart, étaient fixes et permanens, nous pouvons
nous former un aperçu de la distribution des troupes
dans tout l'empire. Trois légions suffisaient pour la
Bretagne. Les principales forces étaient employées sur
le Rhin et sur le Danube, et consistaient en seize légions, distribuées de la manière suivante : deux dans
la Basse-Germanie et trois dans la Haute, une dans la
Rhétie, une dans la Norique, quatre dans la Pannonie, trois dans la Mœsie, et deux dans la Dacie. L'Euphrate avait pour sa défense huit légions, dont six
étaient placées en Syrie, et les deux autres dans la
Cappadoce. Comme le siége de la guerre se trouvait
fort éloigné de l'Égypte, de l'Afrique et de l'Espagne,
une seule légion maintenait la tranquillité dans chacune de ces provinces. L'Italie même ne manquait pas
de troupes. Environ vingt mille hommes choisis, connus sous le nom de cohortes de la ville et de gardes
prétoriennes, veillaient à la sûreté du monarque et
de la capitale. Auteurs de presque toutes les révolutions qui ont troublé l'empire, ces soldats prétoriens
vont bientôt attirer fortement toute notre attention ;
mais nous ne voyons rien dans leurs armes et leurs
institutions qui les distinguât des légions ; seulement

il paraît que leur discipline était moins rigide et leur extérieur plus pompeux (1).

Marine. La marine des empereurs répondait peu à la grandeur de Rome; mais elle suffisait pour remplir toutes les vues du gouvernement. L'ambition des Romains ne s'étendait point au-delà du continent : ce peuple guerrier n'était pas animé de cet esprit entreprenant des Tyriens, des Carthaginois et des habitans de Marseille, qui avait porté ces hardis navigateurs à reculer les bornes du monde, et à découvrir les côtes les plus éloignées. L'Océan était plutôt pour les Romains un objet de terreur que de curiosité (2). Après la ruine de Carthage et la destruction des pirates, toute l'étendue de la Méditerranée se trouva renfermée dans leur empire. La politique des empereurs n'avait pour but que de conserver en paix la souveraineté de cette mer, et de protéger le commerce de leurs sujets. Guidé par ces principes de modération, Auguste établit à demeure deux flottes dans les ports les plus commodes de l'Italie : l'une à Ravenne, sur la mer Adriatique; l'autre à Misène, dans la baie de Naples. L'expérience semblait enfin avoir convaincu les an-

---

(1) Tacite (*Annal.*, IV, 5) nous a donné un état des légions sous Tibère, et Dion (l. LV, p. 794) sous Alexandre-Sévère. J'ai tâché de m'arrêter à un juste milieu entre ce qu'ils nous apprennent de ces deux périodes. *Voyez* aussi Juste-Lipse, *de Magnitudine romanâ*, l. 1, c. 4, 5.

(2) Les Romains essayèrent de cacher leur ignorance et leur terreur sous le voile d'un respect religieux. *Voyez* Tacite, *Mœurs des Germains*, c. 34.

ciens que leurs galères, lorsqu'elles excédaient deux ou tout au plus trois rangs de rames, devenaient plus propres à une vaine pompe qu'à un service réel. Auguste lui-même, dans la bataille d'Actium, s'était aperçu de la supériorité de ses frégates légères, appelées *liburniennes*, sur les citadelles élevées et massives de son rival (1). Ces liburniennes lui servirent à former les deux flottes de Ravenne et de Misène, destinées à commander, l'une la partie orientale, l'autre l'occident de la Méditerranée; et à chacune de ces escadres il attacha un corps de plusieurs milliers de marins. Outre ces deux ports, où les Romains avaient établi la plus grande partie de leurs forces maritimes, ils entretenaient encore un grand nombre de vaisseaux à Fréjus, sur les côtes de Provence. Le Pont-Euxin était gardé par quarante voiles et par trois mille soldats. A toutes ces forces, il faut ajouter la flotte qui assurait la communication entre la Gaule et la Bretagne, et une infinité de bâtimens qui couvraient le Rhin et le Danube, pour harasser les pays ennemis, et intercepter le passage des Barbares (2). En récapitulant cet état général des forces de l'empire sur mer et sur terre, tant des troupes employées dans les lé-

Énumération de toutes les forces de l'empire.

---

(1) Plutarque, *Vie de Marc-Antoine*; et cependant, si nous en croyons Orose, ces énormes citadelles ne s'élevaient pas de plus de dix pieds au-dessus de l'eau, VI, 19.

(2) *Voyez* Juste-Lipse, *de Magnitudine romanâ*, l. 1, c. 5. Les seize derniers chapitres de Végèce ont rapport à la marine.

gions, que des auxiliaires, des gardes du palais et de la marine nous verrons que le nombre total des troupes n'excédait pas quatre cent cinquante mille hommes. Quelque formidable que paraisse cette puissance, le dernier siècle a vu avec étonnement des forces semblables entretenues par un monarque dont les États étaient renfermés dans une seule province de l'empire romain (1).

<small>Vue des provinces de l'empire.</small>

Nous avons essayé de faire connaître et l'esprit de modération qui mettait des bornes à la puissance d'Adrien et des Antonins, et les forces qui servaient à la soutenir; tâchons maintenant de décrire, avec clarté et précision, ces mêmes provinces, réunies autrefois sous un seul chef, et maintenant divisées en un si grand nombre d'États indépendans et ennemis les uns des autres.

<small>Espagne.</small>

Située à l'extrémité de l'empire, de l'Europe et de l'ancien monde, l'Espagne a conservé d'âge en âge ses limites naturelles : les monts Pyrénées, la Méditerranée et l'océan Atlantique. Cette grande péninsule, aujourd'hui partagée si inégalement entre deux souverains, avait été divisée par Auguste en trois provinces : la Lusitanie, la Bétique et la Tarragonaise. Les belliqueux Lusitaniens occupaient la contrée qui compose aujourd'hui le royaume de Portugal : ce royaume a gagné vers le nord le terrain qui lui

---

(1) Voltaire, *Siècle de Louis* XIV, c. 19. Il ne faut cependant pas oublier que la France se ressent encore de cet effort extraordinaire.

avait été enlevé du côté de l'orient. La Grenade et l'Andalousie ont à peu près les mêmes confins que l'ancienne Bétique; le reste de l'Espagne, la Galice, les Asturies, la Biscaye, la Navarre, le royaume de Léon, les deux Castilles, la Murcie, le royaume de Valence, la Catalogne et l'Aragon, formaient la troisième province romaine : c'était en même temps la plus considérable ; et on l'appelait Tarragonaise, du nom de sa capitale (1). Parmi les naturels du pays, les Celtibériens étaient les plus puissans : une opiniâtreté invincible distinguait surtout les Asturiens et les Cantabres. Sûrs de trouver un asile dans leurs montagnes, ces peuples furent les derniers qui se soumirent aux armes de Rome; et, quelques siècles après, ils secouèrent les premiers le joug des Arabes.

L'ancienne Gaule, qui comprenait tout le pays situé entre les Pyrénées, les Alpes, le Rhin et l'Océan, était beaucoup plus étendue que la France moderne. Aux domaines de cette puissante monarchie, et à l'acquisition récente qu'elle a faite de la Lorraine et de l'Alsace, il faut encore ajouter le duché de Savoie, les cantons de la Suisse, les quatre électorats du Rhin,

Gaule.

---

(1) *Voyez* Strabon, l. II. Il est assez naturel de supposer qu'*Aragon* vient de *Tarraconensis* : plusieurs auteurs modernes, qui ont écrit en latin, se servent de ces deux mots comme synonymes; il est cependant certain que l'Aragon, petite rivière qui tombe des Pyrénées dans l'Ebre, donna d'abord son nom à une province, et ensuite à un royaume. *Voy.* d'Anville, *Géographie du moyen âge*, p. 181.

le pays de Liége, le Luxembourg, le Hainaut, la Flandre et le Brabant. Après la mort de César, Auguste eut égard, dans la division de la Gaule, à l'établissement des légions, au cours des rivières et aux distinctions de provinces déjà connues dans ce pays, qui renfermait plus de cent États indépendans avant que les Romains s'en fussent rendus maîtres (1). La colonie de Narbonne donna son nom au Languedoc, à la Provence et au Dauphiné. Le gouvernement d'Aquitaine s'étendait depuis les Pyrénées jusqu'à la Loire. Entre ce fleuve et la Seine, était située la Gaule celtique, qui reçut bientôt une nouvelle dénomination de la fameuse colonie de *Lugdunum*, Lyon. Au-delà de la Seine était la Belgique, bornée d'abord seulement par le Rhin; mais, quelque temps avant le siècle de César, les Germains, profitant de la supériorité que donne la bravoure, s'étaient emparés d'une partie considérable de la Belgique. Les empereurs romains saisirent avec empressement une occasion favorable aux prétentions de leur vanité, et la frontière du Rhin, qui s'étendait depuis Leyde jusqu'à Bâle, fut décorée du nom pompeux de Haute et Basse-Germanie (2). Telles étaient, sous les Antonins, les six provinces de la Gaule, la Narbonnaise, l'Aquitaine,

---

(1) Cent quinze *cités* paraissent dans la *Notice de la Gaule*: on sait que ce nom était donné, non-seulement à la ville capitale, mais encore au territoire entier de chaque État. Plutarque et Appien font monter le nombre des tribus à trois ou quatre cents.

(2) D'Anville, *Notice de l'ancienne Gaule*.

la Celtique ou Lyonnaise, la Belgique et les deux Germanies.

 Nous avons déjà parlé de l'étendue et des bornes de la province romaine en Bretagne : elle renfermait toute l'Angleterre, le pays de Galles, et le pays plat d'Écosse jusqu'au passage de Dunbritton et d'Édimbourg. Avant que la Bretagne eût perdu sa liberté, elle était inégalement divisée en trente tribus de Barbares, dont les plus considérables étaient les Belges à l'occident, les Brigantes au nord, les Silures au midi du pays de Galles, et les Icéniens dans les comtés de Norfolk et de Suffolk (1). Autant qu'il est possible de s'en rapporter à la ressemblance des mœurs et des langues, il est probable que l'Espagne, la Gaule et la Bretagne, avaient été peuplées par une même et vigoureuse race de sauvages. Ils disputèrent souvent le champ de bataille aux Romains, et ils ne furent subjugués qu'après avoir livré une infinité de combats. Enfin, lorsque ces provinces eurent été soumises, elles formèrent la division occidentale de l'empire en Europe, qui s'étendait depuis le mur d'Antonin jusqu'aux colonnes d'Hercule, et depuis l'embouchure du Tage jusqu'aux sources du Rhin et du Danube. Bretagne.

 Avant les conquêtes des Romains, la Lombardie n'était point regardée comme partie de l'Italie. Des Gaulois avaient fondé une colonie puissante le long des rives du Pô, depuis le Piémont jusque dans la Romagne : ils avaient porté leurs armes et leurs noms Italie.

---

(1) *Histoire de Manchester*; par Whitaker, vol. 1, c. 3.

dans les plaines bornées par les Alpes et les Apennins. Les Liguriens habitaient les rochers où s'est élevée la république de Gênes. Venise n'existait point encore; mais la partie de cet État située à l'orient de l'Adige, était occupée par les Vénètes (1). Le milieu de l'Italie, qui compose maintenant le duché de Toscane et l'État ecclésiastique, était l'ancienne patrie des Étrusques et des Ombriens; des Étrusques à qui l'Italie était redevable des premiers germes de la civilisation (2). Le Tibre roulait ses ondes au pied des superbes collines de Rome; et depuis cette rivière jusqu'aux frontières de Naples, le pays des Sabins, des Latins et des Volsques, fut le théâtre des succès naissans de la république. Ce fut dans cette contrée si renommée, que les premiers consuls méritèrent des triomphes; que leurs successeurs s'occupèrent à décorer des palais, et leur postérité à élever des couvens. (3). Capoue et la Campanie possédaient le territoire propre de la ville de Naples; le reste de ce royaume était habité par plusieurs nations belliqueuses; les Marses, les Samnites, les Apuliens et les Lucaniens. Enfin, les côtes de la mer étaient couvertes des colonies florissantes des Grecs. Il faut remarquer

---

(1) Les Vénètes d'Italie, quoique souvent confondus avec les Gaulois, étaient probablement Illyriens d'origine. *Voyez* M. Fréret; *Mémoires de l'Académie des Inscript.*, t. XVIII.

(2) *Voyez* Maffei, *Verona illustrata*; l. 1.

(3) Le premier de ces constrastes avait été observé par les anciens (*voyez* Florus, 1, 11). Le second doit frapper tout voyageur moderne.

que lorsque Auguste partagea l'Italie en onze régions, la petite province d'Istrie fut comprise dans le nombre, et se trouva jointe au siége de la souveraineté romaine (1).

Les provinces de l'empire en Europe étaient défendues par le Rhin et le Danube. Ces deux beaux fleuves prennent leur source à la distance de trente milles l'un de l'autre. Le Danube, dans un cours de plus de treize cents milles de long, presque toujours vers le sud-est, reçoit le tribut de soixante rivières navigables, et se jette ensuite par six embouchures dans le Pont-Euxin, qui paraît à peine assez vaste pour recevoir une telle masse d'eau (2). Les provinces qu'arrose le Danube furent bientôt désignées sous le nom général d'Illyrie ou de frontière illyrienne (3); et regardées comme les plus guerrières de l'empire; mais elles méritent bien que nous les considérions dans leurs principales divisions : la Rhétie, la Norique, la Pannonie, la Dalmatie, la Mœsie, la Thrace, la Macédoine et la Grèce. *Le Danube et la frontière d'Illyrie.*

La province de Rhétie, habitée autrefois par les Vindéliciens, s'étendait depuis les Alpes jusqu'aux *Rhétie.*

---

(1) Pline (*Hist. nat.*, l. III) suit la division d'Italie par l'empereur Auguste.

(2) Tournefort, *Voyage en Grèce et en Asie-Mineure*, lettre XVIII. *Voyez* M. de Buffon, *Hist. nat.*, t. 1, p. 411.

(3) Le nom d'Illyrie appartenait originairement aux côtes de la mer Adriatique; les Romains l'étendirent par degrés depuis les Alpes jusqu'au Pont-Euxin. Voyez *Severini Pannonia*, l. 1, c. 3.

rives du Danube, et depuis la source de ce fleuve jusqu'à sa jonction avec l'Inn. La plus grande partie du plat pays obéit à l'électeur de Bavière : la ville d'Augsbourg est protégée par la constitution de l'empire germanique; les Grisons vivent en sûreté dans leurs montagnes, et le Tyrol est au rang des nombreux États qui appartiennent à la maison d'Autriche.

<small>Norique et Pannonie.</small> Toute l'étendue de pays comprise entre le Danube, l'Inn et la Save, l'Autriche, la Styrie, la Carinthie, la Carniole, la Basse-Hongrie et l'Esclavonie, étaient connues par les anciens sous les noms de Norique et de Pannonie. Dans leur premier état d'indépendance, les fiers habitans de ces provinces étaient étroitement liés entre eux; ils se trouvèrent fréquemment unis sous le gouvernement des Romains, et de nos jours ils sont devenus le patrimoine d'une seule famille. Leur souverain est un prince d'Allemagne, qui prend le titre d'empereur des Romains, et dont les États forment le centre et la force de la puissance autrichienne. Si nous en exceptons la Bohême, la Moravie, l'extrémité septentrionale de l'Autriche, et cette partie de la Hongrie qui est située entre le Theiss et le Danube, les autres domaines de la maison d'Autriche étaient renfermés dans les limites de l'empire romain.

<small>Dalmatie.</small> La Dalmatie, ou Illyrie proprement dite, était ce pays long, mais étroit, qui se trouve entre la Save et la mer Adriatique. La plus grande partie de la côte a conservé son nom : c'est une province de la dépendance de Venise et le siége de la petite république

de Raguse. Les provinces de l'intérieur ont pris les noms esclavons de Croatie et de Bosnie. La Croatie est soumise à un gouverneur autrichien, et la Bosnie obéit à un pacha turc: mais toutes ces régions sont sans cesse ravagées par des hordes de Barbares, dont la sauvage indépendance marque d'une manière irrégulière les limites incertaines des puissances chrétiennes et mahométanes (1).

Après avoir reçu les eaux du Theiss et de la Save, le Danube prenait le nom d'Ister; c'était du moins celui que lui donnaient les Grecs (2). Il séparait autrefois la Mœsie de la Dacie, province conquise par Trajan, et la seule qui fût située au-delà de ce fleuve. Si nous voulons jeter les yeux sur l'état présent de ces contrées, nous trouverons, sur la rive gauche du Danube, Temeswar et la Transylvanie, annexés à la couronne de Hongrie après un grand nombre de révolutions, tandis que les principautés de Moldavie et de Valachie reconnaissent la souveraineté de la Porte ottomane. Sur la rive droite, la Mœsie qui, durant le moyen âge, se divisa en deux royaumes

Mœsie et Dacie.

---

(1) Un voyageur vénitien, l'abbé Fortis, nous a donné récemment une description de ces contrées peu connues; mais nous ne pouvons attendre la géographie et les antiquités de l'Illyrie occidentale que de la munificence de l'empereur, souverain de cette contrée.

(2) La Save prend sa source près des confins de l'Istrie: les Grecs des premiers âges regardaient cette rivière comme la principale branche du Danube.

barbares, la Servie et la Bulgarie, est maintenant réunie sous le despotisme des Turcs.

<small>Thrace, Macédoine et Grèce.</small>

Les Turcs, en donnant le nom de Romélie à la Macédoine, à la Thrace et à la Grèce, semblent reconnaître que ces contrées faisaient partie de l'empire romain. La Thrace, habitée par des nations belliqueuses, était devenue, sous les Antonins, une province qui s'étendait depuis le mont Hémus et le Rhodope jusqu'au Bosphore et l'Hellespont. Malgré le changement de maîtres et celui de la religion, la nouvelle Rome, bâtie par Constantin sur les rives du Bosphore, est toujours la capitale d'une grande monarchie. La Macédoine avait retiré moins d'avantages des brillantes conquêtes d'Alexandre que de la politique des deux Philippe. L'Épire et la Thessalie étaient sous sa dépendance. Ainsi ce royaume comprenait tout le pays situé entre la mer Égée et la mer d'Ionie. Lorsque nous pensons à la réputation immortelle de Thèbes, d'Argos, de Sparte et d'Athènes, nous avons peine à nous persuader que tant de républiques si célèbres aient été confondues dans une seule province de l'empire romain. L'influence supérieure de la ligue achéenne fit donner à cette province le nom d'Achaïe.

<small>Asie-Mineure.</small>

Tel était l'état de l'Europe sous les empereurs romains. Les provinces d'Asie, sans en excepter les conquêtes passagères de Trajan, se trouvent toutes renfermées dans les limites de la puissance des Turcs; mais au lieu de suivre les divisions arbitraires, imaginées par l'ignorance et par le despotisme, prenons une route plus sûre et en même temps plus agréable pour nous : observons les caractères ineffaçables de la nature. On appelle Asie-Mineure cette péninsule qui, bornée par l'Euphrate du côté de l'orient, s'avance vers l'Europe entre le Pont-Euxin et la Méditerranée. Les Romains avaient donné le titre exclusif d'Asie au vaste et fertile pays situé à l'occident du mont Taurus et du fleuve Halys. Cette province renfermait les anciennes monarchies de Troie, de Lydie et de Phrygie, les contrées maritimes des Lyciens, des Pamphiliens et des Cariens, et les colonies grecques fondées en Ionie, qui, non dans la guerre, mais dans les arts, égalaient la gloire de leur métropole. Les royaumes de Pont et de Bithynie occupaient tout le nord de la péninsule, depuis Constantinople jusqu'à Trébisonde. A l'extrémité opposée, la Cilicie était bornée par les montagnes de Syrie. Les provinces intérieures, séparées de l'Asie romaine par le fleuve Halys, et de l'Arménie par l'Euphrate, avaient autrefois formé le royaume indépendant de Cappadoce. La souveraineté des empereurs s'étendait sur les côtes septentrionales du Pont-Euxin, en Asie, jusque par-delà Trébisonde; en Europe, jusqu'au-delà du Danube. Les habitans de ces contrées sauvages, connues maintenant sous les noms de Budziack, de Tartarie-Crimée, de Circassie et de Mingrélie, recevaient de leurs mains ou des princes tributaires ou des garnisons romaines (1).

<small>Syrie, Phénicie et Palestine.</small>

Sous les successeurs d'Alexandre, la Syrie devint le

---

(1) *Voyez* le Périple d'Arrien. Cet auteur avait examiné les

siége de l'empire des Séleucides, qui régnèrent sur toute la Haute-Asie, jusqu'à ce que la révolte des Parthes eût resserré les domaines de ces monarques entre l'Euphrate et la Méditerranée. Lorsque cette province fut soumise par les Romains, elle servit de frontière à leur empire, du côté de l'orient : ses limites étaient, au nord, les montagnes de la Cappadoce, et vers le midi, l'Égypte et la mer Rouge. La Phénicie et la Palestine se trouvèrent quelquefois annexées au gouvernement de la Syrie ; dans d'autres temps elles en furent séparées. La première de ces deux provinces est une suite de rochers, une lisière étroite entre la mer et les montagnes ; l'autre ne peut guère être mise au-dessus du pays de Galles pour l'étendue et pour la fertilité (1). Cependant leur nom passera d'âge en

---

côtes du Pont-Euxin lorsqu'il était gouverneur de la Cappadoce.

(1) Cette comparaison est exagérée, dans l'intention sans doute d'attaquer l'autorité de la Bible, qui vante la fertilité de la Palestine. Gibbon n'a pu se fonder que sur un passage de Strabon, l. xvi, p. 1104, ed. Almelov., et sur l'état actuel du pays ; mais Strabon ne parle que des environs de Jérusalem, qu'il dit infructueux et arides à soixante stades autour de la ville : il rend ailleurs un témoignage avantageux à la fertilité de plusieurs parties de la Palestine ; ainsi il dit : « Auprès de Jéricho, il y a un bois de palmiers, et une contrée de cent stades, pleine de sources et fort peuplée. » D'ailleurs, Strabon n'avait jamais vu la Palestine ; il n'en parlait que d'après des rapports qui ont fort bien pu être inexacts comme ceux d'après lesquels il avait fait cette description de la Germanie, où Cluvier a relevé tant d'erreurs.

âge jusqu'à la postérité la plus reculée, puisque l'Europe et le Nouveau-Monde doivent à la Palestine leur

---

(Cluv., *Germ. ant.*, l. III, c. 1.) Enfin, son témoignage est contredit et réfuté par celui des autres auteurs anciens et des médailles. Tacite dit, en parlant de la Palestine : « Les hommes y sont sains et robustes, les pluies rares, *le sol fertile.* » (Tac., *Hist.*, l. v, c. 6.) Ammien-Marcellin dit aussi : « La dernière des Syries est la Palestine, pays d'une grande étendue, *rempli de bonnes terres et bien cultivées,* et où l'on trouve quelques belles villes, qui ne le cèdent point l'une à l'autre, mais qui sont dans une espèce d'égalité qui les rend rivales. » (L. xiv, c. 8.) *Voyez* aussi l'historien Josèphe, l. vi, c. 1, p. 367. Procope de Césarée, qui vivait au sixième siècle, dit que Chosroès, roi de Perse, avait eu une extrême envie de s'emparer de la Palestine, *à cause de sa fertilité extraordinaire, de son opulence, et du grand nombre de ses habitans.* Les Sarrasins pensaient de même, et craignaient qu'Omar, qui était allé à Jérusalem, charmé de la fertilité du pays et de la pureté de l'air, ne voulût jamais retourner à Médine. (Ockley, *Hist. des Sarrasins,* p. 279.) L'importance que mirent les Romains à la conquête de la Palestine, et les obstacles qu'ils eurent à vaincre, prouvent encore la richesse et la population du pays. Vespasien et Titus firent frapper des médailles avec des trophées dans lesquels la Palestine est représentée par une femme sous un palmier, pour témoigner la bonté du pays, avec cette inscription : *Judæa capta.* D'autres médailles indiquent encore cette fertilité : par exemple, celle d'Hérode tenant une grappe de raisin, et celle du jeune Agrippa étalant des fruits. Quant à l'état actuel du pays, on sent qu'on n'en doit tirer aucun argument contre son ancienne fertilité ; les désastres à travers lesquels il a passé, le gouvernement auquel il appartient, la disposition des habitans, expliquent assez l'aspect sauvage et inculte de cette terre, où l'on trouve cepen-

religion, et à la Phénicie la connaissance des lettres (1). Depuis l'Euphrate jusqu'à la mer Rouge, un désert sablonneux, presque dépourvu d'arbres et d'eau, forme les limites incertaines de la Syrie. La vie errante des Arabes était inséparablement liée à leur indépendance : toutes les fois qu'ils voulurent former des établissemens sur un terrain moins stérile que le reste de leurs habitations, ils devinrent aussitôt esclaves des Romains (2).

Égypte.

Les géographes de l'antiquité ont souvent hésité sur la partie du globe dans laquelle ils devaient faire entrer l'Égypte (3). Située dans la péninsule immense de l'Afrique, elle n'est accessible que du côté de l'Asie, dont elle a reçu la loi dans presque toutes les

---

dant encore des cantons fertiles et cultivés, comme l'attestent les voyageurs, entre autres Shaw, Maundrell, de La Rocque, etc. (*Note de l'Éditeur.*)

(1) Le progrès de la religion est bien connu. L'usage des lettres s'introduisit parmi les sauvages de l'Europe environ quinze cents ans avant Jésus-Christ; et les Européens les portèrent en Amérique environ quinze siècles après la naissance du Sauveur; mais l'alphabet phénicien fut considérablement altéré, dans une période de trois mille ans, en passant par les mains des Grecs et des Romains.

(2) Dion, l. LVIII, p. 1131.

(3) Selon Ptolémée, Strabon et les géographes modernes, l'isthme de Suez est la borne de l'Asie et de l'Afrique. Denys, Mela, Pline, Salluste, Hirtius et Solin, en étendant les limites de l'Asie jusqu'à la branche occidentale du Nil, ou même jusqu'à la grande cataracte, renferment dans cette partie du monde, non-seulement l'Égypte, mais encore presque toute la Libye.

révolutions de l'histoire. Un préfet romain occupait le trône pompeux des Ptolémées; maintenant le sceptre de fer des mameluks est entre les mains d'un pacha turc. Le Nil arrose cette contrée dans un espace de deux cents lieues, depuis le tropique du Cancer jusqu'à la Méditerranée : les inondations périodiques de ce fleuve font toute la richesse du pays, et leur élévation en est la mesure. Cyrène, située vers l'occident et sur la côte de la mer, avait été d'abord une colonie grecque; elle devint ensuite une province d'Égypte : elle est aujourd'hui ensevelie dans les déserts de Barca (1).

---

(1) *Cyrène* fut fondée par les Lacédémoniens sortis de Théra, île de la mer Égée. Crinus, roi de cette île, avait un fils, nommé Aristée, et surnommé Battus (du grec Βάττος), parce qu'il était, selon les uns, muet, ou, selon les autres, bègue et embarrassé dans sa prononciation. Crinus consulta l'oracle de Delphes sur la maladie de son fils : l'oracle répondit qu'il ne recouvrerait l'usage libre de la parole que lorsqu'il irait fonder une ville en Afrique. La faiblesse de l'île de Théra, le petit nombre de ses habitans, se refusaient aux émigrations; Battus ne partit point. Les Théréens, affligés de la peste, consultèrent de nouveau l'oracle, qui leur rappela sa réponse. Battus partit alors; aborda en Afrique, et effrayé, selon Pausanias, par la vue d'un lion, il reprit soudain, en poussant un cri, l'usage de la parole. Il s'empara du mont Cyra, et y fonda la ville de Cyrène. Cette colonie parvint bientôt à un haut degré de splendeur; son histoire et les médailles qui nous en restent, attestent sa puissance et ses richesses. (*Voyez* Eckhel, *de Doctrinâ nummorum veterum*, t. IV, p. 117.) Elle tomba dans la suite au pouvoir des Ptolémées, lorsque les Macédoniens s'empa-

Afrique.   De Cyrène jusqu'à l'Océan, la côte d'Afrique a plus de quinze cents milles de long; elle est cependant si resserrée entre la Méditerranée et les déserts de Sahara, que sa largeur excède rarement cent milles. C'était à la partie orientale que les Romains avaient principalement donné le nom de province d'Afrique. Avant l'arrivée des colonies phéniciennes, cette fertile contrée était habitée par les Libyens, les plus sauvages de tous les peuples de la terre : elle devint le centre d'un commerce et d'un empire très-étendus, lorsqu'elle fut gouvernée par les Carthaginois. Les faibles États de Tunis et de Tripoli se sont élevés sur les ruines de cette république fameuse. Le royaume de Massinissa et de Jugurtha est soumis à la puissance militaire des Algériens. Du temps d'Auguste, les limi-

---

rèrent de l'Égypte. Le premier Ptolémée-Lagus, dit Soter, s'empara de la Cyrénaïque, qui appartint à ses successeurs, jusqu'à ce que Ptolémée-Apion la donnât par testament aux Romains, qui la réunirent avec la Crète pour en former une province. Le port de Cyrène se nommait *Apollonia*; il s'appelle aujourd'hui *Marza-Susa* ou *Sosush*; d'où d'Anville conjecture que c'est la ville qui portait le nom de *Sozusa* dans le temps du bas-empire. Il reste quelques débris de Cyrène, sous le nom de Curin. L'histoire de cette colonie, obscurcie dans son origine par les fables de l'antiquité, est racontée avec détail dans plusieurs auteurs anciens et modernes. *Voyez*, entre autres, Hérodote, l. IV, c. 150; Callimaque (qui était lui-même Cyrénéen), *Hymn. ad Apoll.*, et les notes de Spanheim; Diodore de Sicile, IV, 83; Justin, XIII, 7; d'Anville, *Géogr. anc.*, t. III, p. 43, etc. (*Note de l'Éditeur.*)

tes de la Numidie avaient été fort resserrées, et les deux tiers au moins de cette contrée avaient pris le nom de Mauritanie césarienne. La véritable Mauritanie, ou la patrie des Maures, s'appelait Tingitane, de l'ancienne ville de Tingi ou Tangier : elle forme aujourd'hui le royaume de Fez. Salé sur l'Océan, cette retraite de pirates, était la dernière ville de l'empire romain. Les connaissances géographiques des anciens s'étendaient à peine au-delà. On aperçoit encore des vestiges d'une cité romaine, près de Méquinez, résidence d'un Barbare que nous voulons bien appeler l'empereur de Maroc : mais il ne paraît pas que les États méridionaux de ce monarque, ni même Maroc et Segelmessa, aient jamais été compris dans la province romaine. L'occident de l'Afrique est coupé par différentes chaînes du mont Atlas, nom devenu célèbre par les fictions des poëtes (1), mais que l'on donne maintenant à l'immense océan qui roule ses eaux entre le Nouveau-Monde et l'ancien continent (2).

Après avoir parcouru toutes les provinces de l'em-

Mer Méditerranée ; avec les îles qu'elle renferme.

---

(1) La longue étendue, la hauteur modérée, et la pente douce du mont Atlas (*voyez les Voyages de Shaw*, p. 5), ne s'accordent pas avec l'idée d'une montagne isolée qui cache sa tête dans les nues, et qui paraît supporter le ciel. Le pic de Ténériffe, au contraire, s'élève à plus de deux mille deux cents toises au-dessus du niveau de la mer; et comme il était fort connu des Phéniciens, il aurait pu attirer l'attention des poëtes grecs. *Voyez* Buffon, *Hist. nat.*, t. I, p. 312; *Hist. des Voyages*, tome II.

(2) M. de Voltaire (t. XIV, p. 297), sans y être autorisé

pire romain, nous pouvons observer que l'Afrique est séparée de l'Espagne par un détroit de douze milles environ, qui sert de communication à la Méditerranée avec la mer Atlantique. Les colonnes d'Hercule, si fameuses parmi les anciens, étaient deux montagnes qui paraissent avoir été séparées avec violence dans quelque convulsion de la nature. La forteresse de Gibraltar est bâtie au pied de celle qui est située en Europe. Toute la Méditerranée, ses côtes et ses îles, étaient renfermées dans les vastes domaines de l'empire. Des grandes îles, les Baléares, aujourd'hui Majorque et Minorque, ainsi nommées à cause de leur étendue respective, appartiennent, l'une aux Espagnols, et l'autre à la Grande-Bretagne. Il serait plus facile de déplorer le sort des Corses, que de décrire leur condition actuelle. La Sardaigne et la Sicile ont été érigées en royaumes en faveur de deux princes d'Italie. Crète ou Candie, Chypre, et la plupart des petites îles de la Grèce ou de l'Asie, obéissent aux Turcs, tandis que le petit rocher de Malte brave toute la puissance ottomane, et est devenu un pays riche, célèbre, sous le gouvernement d'un ordre religieux et militaire.

<small>Idée générale de l'empire romain.</small> Cette longue énumération des provinces d'un empire dont les débris ont formé tant de royaumes si puissans, rendrait presque excusable à nos yeux la vanité ou l'ignorance des anciens. Éblouis par l'im-

---

par aucun fait ou par aucune probabilité, donne généreusement aux Romains les îles Canaries.

mense domination, la puissance irrésistible, la modération réelle ou affectée des empereurs, ils se croyaient permis de mépriser ces contrées éloignées, qu'ils avaient laissées jouir d'une indépendance barbare ; souvent même ils affectaient d'en méconnaître le nom : insensiblement ils s'accoutumèrent à confondre la monarchie romaine avec le globe de la terre (1). Mais ces idées vagues et peu exactes ne conviennent pas à un historien moderne : guidé par des connaissances plus sûres, il est en état de présenter à ses lecteurs un tableau mieux proportionné, en leur faisant observer que l'empire avait plus de deux mille milles de large depuis le mur d'Antonin et les limites septentrionales de la Dacie jusqu'au mont Atlas et jusqu'au tropique du Cancer, et qu'il s'étendait en longueur dans un espace de plus de trois mille milles depuis l'Euphrate jusqu'à l'Océan occidental. Il était situé dans les plus beaux lieux de la zone tempérée, entre le 24ᵉ et le 56ᵉ degré de latitude nord. Enfin, on évaluait son étendue à peu près à six cent mille milles carrés, dont la plus grande partie consistait en terres fertiles et très-bien cultivées (2).

---

(1) Bergier, *Hist. des grands chemins*, l. III, c. 1, 2, 3, 4 ; ouvrage rempli de recherches très-utiles.

(2) *Voyez* la *Description du globe*, par Templeman ; mais je ne me fie ni à l'érudition ni aux cartes de cet écrivain.

CHAPITRE II.

De l'union et de la prospérité intérieure de l'empire romain dans le siècle des Antonins.

<small>Principes du gouvernement.</small>

Ce n'est pas seulement par l'étendue et par la rapidité des conquêtes que nous devons juger de la grandeur de Rome. Le souverain des déserts de la Russie donne des lois à une partie du globe bien plus considérable. Sept ans après son départ de Macédoine, Alexandre avait érigé des trophées sur les rives de l'Hyphase (1). En moins d'un siècle, l'invincible Zin-

---

(1) Ils furent érigés entre Lahore et Delhi, environ à égale distance de ces deux villes. Les conquêtes d'Alexandre dans l'Indostan se bornèrent au Pendj-ab, contrée arrosée par les cinq grandes branches de l'Indus (*).

(*) L'Hyphase est un des cinq fleuves qui se jettent dans l'Indus ou le *Sinde*, après avoir traversé la province du Pendj-ab, nom qui, en persan, signifie *cinq rivières*. De ces cinq fleuves, quatre sont connus dans l'histoire de l'expédition d'Alexandre : ce sont l'Hydaspes, l'Acésines, l'Hydraotes, l'Hyphasis. Les géographes ne sont pas d'accord sur la correspondance qu'il faut établir entre ces noms et les noms modernes. Selon d'Anville, l'Hydaspes est aujourd'hui le *Shantrow*; l'Acésines est la rivière qui passe à Lahore, ou le *Rauvee*; l'Hydraotes s'appelle *Biah*, et l'Hyphasis *Caul*. Rennell, dans les cartes de sa *Géographie de l'Indostan*, donne à l'Hydaspes le nom de *Behat* ou *Chelum*, à l'Acésines celui de *Chunaub*, à l'Hydraotes celui de *Rauvee*, à l'Hyphasis celui de *Beyah*. *Voy.* d'Anville, *Géogr. anc.*, t. II, p. 340, et la *Description de l'Indostan*, par James Rennell, t. II, p. 230, avec la carte. Un An-

gis et les princes mongols, ses descendans, étendirent leurs cruelles dévastations et leur empire passager, depuis la mer de la Chine jusqu'aux confins de l'Égypte et de l'Allemagne (1). Mais le solide édifice de la puissance romaine avait été l'ouvrage de la sagesse de plusieurs siècles. Les contrées soumises à Trajan et aux Antonins étaient étroitement unies entre elles par les lois, et embellies par les arts. Il pouvait arriver qu'elles eussent à souffrir occasionnellement de quelques abus du pouvoir confié aux délégués du souverain; mais, en général le principe du gouvernement était sage, simple, et établi pour le bonheur des peuples. Les habitans des provinces exerçaient paisiblement le culte de leurs ancêtres, et, confondus avec les conquérans, ils jouissaient des mêmes avantages, et parcouraient d'un pas égal la carrière des honneurs.

I. La politique du sénat et des souverains de Rome fut heureusement secondée, dans tout ce qui concernait la religion, par les lumières de quelques-uns de leurs sujets, et par la superstition aveugle des autres. Les différens cultes admis dans l'empire étaient considérés par le peuple comme également vrais, par le philosophe comme également faux, et par le ma-

Tolérance universelle.

---

(1) *Voyez* M. de Guignes, *Hist. des Huns*, l. xv; xvi et xvii.

glais, M. Vincent, a traité depuis toutes ces questions avec étendue; et les ressources qui ont aidé ses recherches, le soin qu'il y a apporté, ne laissent, dit-on, rien à désirer. Je ne puis parler de ses travaux, ne les connaissant que par la réputation que l'auteur s'est acquise. (*Note de l'Éditeur.*)

gistrat comme également utiles. Ainsi la tolérance entretenait une indulgence réciproque et même une pieuse concorde.

Du peuple. La superstition du peuple n'était ni irritée par l'aigreur théologique, ni renfermée dans les chaînes d'un système spéculatif. Fidèlement attaché aux cérémonies de son pays, le polythéiste recevait avec une foi implicite les différentes religions de la terre (1). La crainte, la reconnaissance, la curiosité, un songe, un présage, un accident extraordinaire, un voyage entrepris dans des régions éloignées, étaient autant de causes qui l'engageaient perpétuellement à multiplier les articles de sa foi, et à augmenter le nombre de ses dieux tutélaires. Le frêle tissu de la mythologie païenne était composé d'une foule de matériaux différens, à la vérité, mais non mal assortis. Dès qu'il était reconnu que les héros et les sages dont la vie ou la mort avait été utile à leur patrie, étaient revêtus

---

(1) Hérodote est celui de tous les anciens qui a le mieux peint le véritable génie du polythéisme. Le plus excellent commentaire de ce qu'il nous a laissé sur ce sujet se trouve dans l'*Histoire naturelle de la Religion*, de M. Hume; et M. Bossuet, dans son *Histoire universelle*, nous présente le contraste le plus frappant. On aperçoit dans la conduite des Égyptiens quelques faibles restes d'intolérance (*voyez* Juvénal, sat. xv). Les juifs et les chrétiens qui vécurent sous les empereurs forment aussi une exception bien importante, et si importante même, que nous nous proposons d'en examiner les causes dans un chapitre particulier de cet ouvrage.

d'une puissance immortelle, on ne pouvait se dispenser d'avouer qu'ils méritaient, sinon des adorations, du moins la vénération du genre humain. Les divinités d'un millier de bocages, d'un millier de sources, jouissaient en paix de leur influence locale; et lorsque le Romain conjurait la colère du Tibre, il ne pouvait mépriser l'habitant de l'Égypte enrichissant de ses offrandes la bienfaisante divinité du Nil. Les puissances visibles de la nature, les planètes et les élémens, étaient les mêmes dans tout l'univers : les gouverneurs invisibles du monde moral ne pouvaient être représentés que par des fictions et des allégories entièrement semblables. Toutes les vertus, tous les vices, devinrent autant de divinités. Chaque art, chaque profession, reconnut parmi les habitans du ciel un protecteur dont les attributs, dans les siècles et les contrées les plus éloignées, tenaient au caractère particulier de ses adorateurs. Une république de dieux, si opposés de caractère et d'intérêt, avait besoin, dans tous les systèmes, de la main régulatrice d'un magistrat suprême : c'est ce magistrat que les progrès des connaissances et de l'adulation revêtirent graduellement des perfections et des titres sublimes de père éternel, de monarque tout-puissant (1). La douceur de l'esprit de l'antiquité était telle, que les nations fai-

---

(1) Les droits, la puissance et les prétentions du souverain de l'Olympe, sont très-nettement décrits dans le quinzième livre de *l'Iliade*; j'entends dans l'original grec : car Pope, sans y penser, a fort amélioré la théologie d'Homère.

saient moins d'attention aux différences qu'aux rapports de leur croyance religieuse. Souvent le Grec, le Romain, le Barbare, venaient offrir leur encens dans les mêmes temples : malgré la diversité de leurs cérémonies, ils se persuadaient aisément que, sous des noms différens, ils invoquaient la même divinité. Les chants d'Homère embellirent la mythologie, et ce poëte donna le premier une forme presque régulière au polythéisme de l'ancien monde (1).

Des philosophes. Les philosophes de la Grèce avaient puisé leur morale dans la nature de l'homme plutôt que dans celle de l'Être suprême. La Divinité était cependant à leurs yeux l'objet d'une méditation profonde et très-importante : ils développèrent dans leurs sublimes recherches la force et la faiblesse de l'esprit humain (2). On distinguait parmi eux quatre sectes principales. Les stoïciens et les platoniciens s'efforcèrent de concilier les intérêts opposés de la raison et de la piété. Ils nous ont laissé les preuves les plus sublimes de l'existence et des perfections d'une cause première ; mais comme il leur était impossible de concevoir la créa-

---

(1) *Voyez* pour exemple César, *de Bello gallico*, VI, 17. Dans le cours d'un ou de deux siècles, les Gaulois eux-mêmes donnèrent à leurs divinités les noms de Mercure, Mars, Apollon, etc.

(2) L'admirable ouvrage de Cicéron, sur la nature des dieux, est le meilleur guide que nous puissions suivre au milieu de ces ténèbres et dans un abîme si profond. Cet écrivain représente sans déguisement et réfute avec habileté les opinions des philosophes.

tion de la matière, l'ouvrier, dans la philosophie de Zénon, n'est pas assez distingué de l'ouvrage. D'un autre côté, le dieu intellectuel de Platon et de ses disciples ressemble plutôt à une pure conception idéale qu'à une substance réellement existante. Les opinions des épicuriens et des académiciens étaient au fond moins religieuses : la science modeste des derniers ne leur permettait pas de prononcer; ils doutaient d'une Providence que l'ignorance positive des premiers leur faisait entièrement rejeter. Un esprit d'examen, excité par l'émulation et nourri par la liberté, avait divisé les écoles publiques de la philosophie en autant de sectes se combattant les unes les autres; mais toutes s'accordaient à n'ajouter aucune foi aux superstitions du peuple. Ce grand principe leur servait de base commune, et elles s'empressaient de le communiquer aux jeunes élèves qui, remplis d'une noble émulation, accouraient en foule à Athènes et dans les autres contrées de l'empire où l'on cultivait les sciences. En effet, comment un philosophe aurait-il pu reconnaître l'empreinte de la Divinité dans les contes puérils des poëtes et dans les traditions informes de l'antiquité? Pouvait-il adorer comme dieux ces êtres imparfaits, qu'il aurait méprisés comme mortels? Cicéron se servit des armes de la raison et de l'éloquence pour combattre les systèmes absurdes du paganisme; mais la satire de Lucien était bien plus faite pour les détruire : aussi ses traits eurent-ils plus de succès. Un écrivain répandu dans le monde ne se serait pas hasardé à jeter du ridicule sur des divinités qui n'auraient pas déjà été secrètement un objet de mépris aux yeux des classes éclairées de la société (1).

Malgré l'esprit d'irréligion qui s'était introduit dans le siècle des Antonins, on respectait encore l'intérêt des prêtres et la crédulité du peuple. Les philosophes, dans leurs écrits et dans leurs discours, soutenaient la dignité de la raison, mais ils soumettaient en même temps leurs actions à l'empire des lois et de la coutume. Remplis d'indulgence pour ces erreurs qui excitaient leur pitié, ils pratiquaient avec soin les cérémonies de leurs ancêtres; et on les voyait fréquenter les temples des dieux; quelquefois même ils ne dédaignaient pas de jouer un rôle sur le théâtre de la superstition; et la robe d'un pontife cachait souvent un athée.

Avec de pareilles dispositions, les sages de l'antiquité étaient bien éloignés de vouloir s'engager dans aucune dispute sur les dogmes et les différens cultes du vulgaire. Ils voyaient avec la plus grande indifférence les formes variées que prenait l'erreur pour en imposer à la multitude; et ils s'approchaient avec le même respect apparent et le même mépris secret des autels du Jupiter Libyen, de ceux du Jupiter Olympien, ou de ceux du Jupiter qu'on adorait au Capitole (2).

---

(1) Je ne prétends pas assurer que, dans ce siècle irréligieux, la superstition eût perdu son empire, et que les songes, les présages, les apparitions, etc., n'inspirassent plus de terreur.

(2) Socrate, Épicure, Cicéron et Plutarque, ont toujours

Il est difficile d'imaginer comment l'esprit de persécution aurait pu s'introduire dans l'administration de l'empire : les magistrats ne pouvaient se laisser entraîner par les prestiges d'un zèle aveugle, bien que sincère, puisqu'ils étaient eux-mêmes philosophes, et que l'école d'Athènes avait donné des lois au sénat de Rome : ils ne pouvaient être guidés ni par l'ambition ni par l'avarice, dans un État où la juridiction ecclésiastique était réunie à la puissance temporelle. Les plus illustres sénateurs remplissaient les fonctions augustes du sacerdoce, et les souverains furent constamment revêtus de la dignité de grand pontife. Ils reconnaissaient les avantages d'une religion unie au gouvernement civil ; ils encourageaient les fêtes publiques instituées pour adoucir les mœurs des peuples ; ils sentaient combien l'art des augures était un instrument utile dans les mains de la politique, et ils entretenaient, comme le plus solide lien de la société, cette utile opinion, que, soit dans cette vie, soit dans l'autre, le crime de parjure ne pouvait échapper au châtiment que lui réservait l'inévitable vengeance des dieux (1). Persuadés ainsi des avantages généraux de la religion, ils croyaient que les différentes espèces

Du magistrat.

---

montré le plus grand respect pour la religion de leur pays. Épicure montra même une dévotion exemplaire et une grande assiduité dans les temples. Diogène-Laërce, x, 10.

(1) Polybe, l. vi, c. 53, 54. Juvénal se plaint (sat. xiii) de ce que, de son temps, cette appréhension était devenue presque sans effet.

de culte contribuaient également au bonheur de l'empire : des institutions consacrées dans chaque pays par le temps et par l'expérience, leur paraissaient pouvoir seules convenir au climat et aux habitans. Il est vrai que les statues des dieux et les ornemens des temples devenaient souvent la proie de l'avarice et de la cupidité (1); mais les nations vaincues éprouvaient, dans l'exercice de la religion de leurs ancêtres, l'indulgence et même la protection des vainqueurs. La Gaule seule semble avoir été exceptée de cette tolérance universelle : sous le prétexte spécieux d'abolir les sacrifices humains, Tibère et Claude détruisirent l'autorité dangereuse des druides (2); mais ces prêtres, leurs dieux et leurs autels, subsistèrent en paix dans l'obscurité jusqu'à la destruction du paganisme (3).

<small>Dans les provinces.</small>

Rome était sans cesse remplie d'étrangers qui se rendaient en foule de toutes les parties du monde dans cette capitale de l'empire (4), et qui tous y introduisaient et y pratiquaient les superstitions de leur patrie (5). Chaque ville avait le droit de maintenir son ancien culte dans sa pureté : le sénat romain usait quelquefois de ce privilége commun pour opposer

<small>Rome.</small>

---

(1) *Voyez* le sort de Syracuse, de Tarente, d'Ambracie, de Corinthe, etc., la conduite de Verrès, dans Cicéron (act. II, or. 4), et la pratique ordinaire des gouverneurs, dans la VIIIe satire de Juvénal.

(2) Suétone, *Vie de Claude*; Pline, *Hist. nat.*, XXX, 1.

(3) Pelloutier, *Hist. des Celtes*, tome VI, p. 230-252.

(4) Sén., *Consol. ad Helviam*, p. 74; édit. de Juste-Lipse.

(5) Denys d'Halicarnasse, *Antiquités romaines*, l. II.

une digue à l'inondation de tant de cérémonies ridicules. De toutes les religions, celle des Égyptiens était la plus vile et la plus méprisable; aussi l'exercice en fut-il souvent défendu : on démolissait les temples d'Isis et de Sérapis, et leurs adorateurs étaient bannis de Rome et de l'Italie. (1). Mais que peuvent les faibles efforts de la politique contre le zèle ardent du fanatisme? Bientôt les exilés reparaissaient ; on voyait s'augmenter en même temps le nombre des prosélytes ; les temples étaient rebâtis avec encore plus de magnificence; enfin Isis et Sérapis prirent place parmi les divinités romaines. (2). Cette indulgence n'avait

---

(1) Dans l'année de Rome 701, le temple d'Isis et de Sérapis fut démoli en vertu d'un ordre du sénat (Dion, l. XL, p. 252), et par les mains mêmes du consul. (Valère-Maxime, 1, 3.) Après la mort de César, il fut rebâti aux dépens du public. (Dion, XLVII, p. 501.) Auguste, dans son séjour en Égypte, respecta la majesté de Sérapis (l. LI, p. 647.); mais il défendit le culte des dieux égyptiens dans le *pomœrium* de Rome, et à un mille aux environs. (Dion, l. LIII, p. 679; l. LIV, p. 735.) Ces divinités furent assez en vogue sous son règne (Ovide, *de Arte amandi*, l. 1) et sous celui de son successeur, jusqu'à ce que la justice de Tibère eût obligé ce prince à quelques actes de sévérité. *Voyez* Tacite, *Annal.*, II, 85; Josèphe, *Antiquit.*, l. XVIII, c. 3. (*)

(2) Tertullien, *Apolog.*, c. 6, p. 74, édit. Havere. II.me

(*) Gibbon fait ici un seul événement de deux événemens éloignés l'un de l'autre de cent soixante-six ans. Ce fut l'an de Rome 535 que le sénat ayant ordonné la destruction des temples d'Isis et de Sérapis, aucun ouvrier ne voulut y mettre la main, et que le consul L. Æmilius-Paulus prit lui-même une hache pour porter le premier coup. (Valère-Maxime, l. 1, c. 3.) Gibbon attribue cette circonstance à la seconde démolition, qui eut lieu en 701, et qu'il regarde comme la première. (*Note de l'Éditeur.*)

rien de contraire aux anciennes maximes du gouvernement. Dans les plus beaux siècles de la république, Cybèle et Esculape avaient été invités, par des ambassades solennelles (1), à venir prendre séance dans le Capitole; et, pour séduire les divinités tutélaires des villes assiégées, on avait coutume de leur promettre des honneurs plus distingués que ceux dont elles jouissaient dans leur patrie (2). Insensiblement Rome devint le temple général de ses sujets, et le droit de bourgeoisie fut accordé à tous les dieux de l'univers (3).

Liberté de Rome.

II. Les anciennes républiques de la Grèce avaient cru devoir conserver sans aucun mélange le sang de leurs premiers citoyens : cette fausse politique arrêta la fortune et hâta la ruine d'Athènes et de Lacédémone; mais le génie entreprenant de Rome sacrifia l'orgueil à l'ambition; il jugea plus prudent et plus honorable à la fois d'adopter pour siens le mérite et la vertu partout où il les pourrait découvrir, fût-ce parmi les esclaves, les étrangers, les ennemis ou les Barbares (4). Durant l'époque la plus florissante de la

---

semble que l'on peut attribuer cet établissement à la dévotion de la famille Flavienne.

(1) *Voyez* Tite-Live, l. XI et XXXIX.

(2) Macrobe, *Saturnales*, l. III, c. 9. Cet auteur nous donne une formule d'évocation.

(3) Minutius-Felix, *in Octavio*, page 54; Arnobe, l. VI, page 115.

(4) Tacite, *Annal.*, XI, 24. L'*Orbis romanus* du savant Spanheim est une histoire complète de l'admission progres-

république d'Athènes, trente mille (1) citoyens furent insensiblement réduits au nombre de vingt-un mille (2). Rome nous présente dans ses accroissemens un tableau bien différent : le premier cens de Servius-Tullius ne se montait qu'à quatre-vingt-trois mille citoyens ; ce nombre s'augmenta rapidement, malgré des guerres perpétuelles et les colonies que l'on envoyait souvent au dehors : enfin, avant la guerre des alliés, on comptait quatre cent soixante-trois mille citoyens en état de porter les armes (3). Les alliés demandèrent avec hauteur à être compris dans la distribution des honneurs et des priviléges ; mais le sénat aima mieux recourir aux armes que de se déshonorer par une concession forcée. Les Samnites et les Lucaniens furent punis sévèrement de leur témérité. La république ouvrit son sein aux autres États de l'Italie, à mesure qu'ils rentrèrent dans leur devoir (4), et bientôt la liberté publique fut anéantie. Dans un gouvernement démocratique, les citoyens exercent

---

sive du Latium, de l'Italie et des provinces, à la liberté de Rome.

(1) Hérodote, v, 97. Ce nombre paraît considérable ; on serait tenté de croire que l'auteur s'en est rapporté à des bruits populaires.

(2) Athénée, *Deipnosophist.*, l. VI, p. 272, édit. de Casaubon ; Meursius, *de Fortuna attica*, c. 4.

(3) *Voyez*, dans M. de Beaufort, *Rep. rom.*, l. IV, c. 4, un recueil fait avec soin des résultats de chaque cens.

(4) Appien, *de Bell. civil.*, l. I ; Velleius-Paterculus, l. II, c. 15, 16, 17.

l'autorité souveraine : entre les mains d'une multitude immense, incapable de suivre la même direction, cette autorité est une source d'abus, et finit par s'évanouir. Mais lorsque les empereurs eurent supprimé les assemblées populaires, les vainqueurs se trouvèrent confondus avec les autres nations; seulement ils tenaient le premier rang parmi les sujets. Leur accroissement, quoique rapide, n'était plus accompagné des mêmes dangers; cependant les princes qui adoptèrent les sages maximes d'Auguste maintinrent avec le plus grand soin la dignité du nom romain, et ils furent très-réservés à accorder le droit de cité (1).

Italie. Avant que les priviléges des Romains se fussent étendus à tous les habitans de l'empire, l'Italie, bien différente des autres provinces, était le centre du gouvernement et la base la plus solide de la constitution : elle se vantait d'être le berceau, ou du moins la résidence des sénateurs et des Césars (2). Les terres des Italiens étaient exemptes d'impositions, et leurs personnes, de la juridiction arbitraire des gouverneurs.

---

(1) Mécène lui avait conseillé, dit-on, de donner, par un édit, à tous ses sujets le titre de citoyens; mais nous soupçonnons, à juste titre, Dion d'être l'auteur d'un conseil si bien adapté à l'esprit de son siècle, et si peu à celui du temps d'Auguste.

(2) Les sénateurs étaient obligés d'avoir le tiers de leurs biens en Italie (*voyez* Pline, l. VI, *ep.* 19); Marc-Aurèle leur permit de n'en avoir que le quart. Depuis le règne de Trajan, l'Italie commença à n'être plus distinguée des autres provinces.

Formées d'après le modèle parfait de la capitale, leurs villes jouissaient de la puissance exécutive sous l'inspection immédiate de l'autorité souveraine. Depuis les Alpes jusqu'à l'extrémité de la Calabre, les naturels du pays naissaient tous citoyens de Rome. Ils avaient oublié leurs anciennes divisions, et insensiblement ils étaient parvenus à former une grande nation, réunie par la langue, les mœurs et les institutions civiles, et capable de soutenir le poids d'un puissant empire. La république se glorifiait de cette noble politique ; elle en était souvent récompensée par le mérite et les services des enfans qu'elle avait adoptés. Si la distinction du nom romain, renfermée dans les murs de la ville, n'eût été le partage que des anciennes familles, ce nom immortel aurait été privé de ses plus riches ornemens. Mantoue est devenue célèbre par la naissance de Virgile. Horace ne sait s'il doit être appelé Lucanien ou citoyen de l'Apulie. Ce fut à Padoue que le peuple romain trouva un historien digne de retracer la suite majestueuse de ses triomphes. Les Catons étaient venus de Tusculum déployer dans Rome toutes les vertus du patriotisme ; et la petite ville d'Arpinum eut l'honneur d'avoir produit deux illustres citoyens : Marius, qui mérita, après Romulus et Camille, le titre glorieux de fondateur de Rome ; et Cicéron, qui, arrachant sa patrie aux fureurs de Catilina, la mit en état de disputer à la Grèce la palme de l'éloquence (1).

---

(1) La première partie de la *Verona illustrata* du mar-

Provinces.   Les provinces de l'empire, dont nous avons déjà donné la description, étaient dépourvues de toute force politique et de tous les avantages d'une liberté constitutionnelle. Dans la Grèce (1), en Étrurie et dans la Gaule (2), le premier soin du sénat fut de détruire des confédérations dangereuses et capables d'apprendre à l'univers que si les Romains avaient su profiter de la division de leurs ennemis, l'union pouvait arrêter les progrès de leurs armes. Souvent leur ambition prenait le masque de la générosité ou de la reconnaissance. Des souverains devaient, pendant quelque temps, leurs sceptres à ces fausses vertus; mais aussitôt qu'ils avaient rempli la tâche qui leur avait été imposée, de façonner au joug les nations vaincues, ils étaient précipités du trône. Les États libres qui avaient embrassé la cause de Rome, admis d'abord en apparence au rang d'alliés, furent ensuite insensiblement réduits en servitude. Des ministres nommés par le sénat et par les empereurs exerçaient une autorité absolue et sans bornes. Mais les maximes salutaires du gouvernement, qui avaient assuré la

---

quis de Maffei, donne la description la plus claire et la plus étendue de l'état de l'Italie sous les Césars.

(1) *Voyez* Pausan., l. VII. Lorsque ces assemblées ne furent plus dangereuses, les Romains consentirent à en rétablir les noms.

(2) César en fait souvent mention. L'abbé Dubos n'a pu réussir à prouver que les Gaulois aient continué, sous les empereurs, à tenir des assemblées. *Hist. de l'Établ. de la Monarchie franç.*, l. I, c. 4.

paix et la soumission de l'Italie, pénétrèrent dans les contrées les plus éloignées. L'établissement des colonies et le droit de bourgeoisie accordé aux sujets distingués par leur mérite et leur fidélité, formèrent bientôt une nation de Romains sur toute la surface de l'empire.

« Partout où le Romain porte ses conquêtes, il établit son habitation, » dit très-bien Sénèque (1); l'histoire et l'expérience ont confirmé cette observation. Les habitans de l'Italie, attirés par l'attrait du plaisir et de l'intérêt, se hâtaient de jouir des fruits de la victoire. Quarante ans après la réduction de l'Asie, quatre-vingt mille Romains furent massacrés en un seul jour par les ordres du cruel Mithridate (2). Ces exilés volontaires consentaient à vivre loin de leur patrie pour se livrer au commerce, à l'agriculture, et à la perception des revenus publics. Dans la suite, lorsque sous les empereurs les légions eurent été rendues permanentes, toutes les provinces se peuplèrent de familles de soldats; les vétérans, après avoir reçu la récompense de leurs services, en argent ou en terres, avaient coutume de s'établir avec leurs familles dans le pays qui avait été le théâtre de leurs exploits. Dans tout l'empire, mais principalement

Colonies et villes municipales.

―――――

(1) Sénèque, *in Consol. ad Helviam*, c. 6.
(2) Memnon, *apud Photium*, c. 33; Valère-Maxime, ix, 2. Plutarque et Dion-Cassius font monter le massacre à cent cinquante mille citoyens; mais je pense que le moindre de ces deux nombres est plus que suffisant.

dans la partie occidentale, on réservait les terrains les plus fertiles et les positions les plus avantageuses pour les colonies ; dont les unes étaient d'institution civile, et les autres d'une nature militaire. Dans leurs mœurs et dans l'administration intérieure, elles présentaient une image parfaite de la métropole. Elles contribuaient à faire respecter le nom romain ; les habitans du pays où elles étaient situées, unis bientôt avec elles par des alliances et par les nœuds de l'amitié, ne manquaient pas d'aspirer, dans l'occasion favorable, aux mêmes honneurs et aux mêmes avantages, et manquaient rarement de les obtenir (1). Les villes municipales parvinrent insensiblement au rang et à la splendeur des colonies. Sous Adrien, l'on disputait pour savoir quel sort devait être préféré, ou celui de ces sociétés que Rome avait tirées de son sein, ou celui des peuples qu'elle y avait reçus (2).

---

(1) Vingt-cinq colonies furent établies en Espagne (*voyez* Pline, *Hist. nat.*; III, 3, 4; IV, 35), et neuf en Bretagne, parmi lesquelles Londres, Colchester, Lincoln, Chester, Glocester et Bath, sont encore des villes considérables. *Voyez* Richard de Cirencester, p. 36, et l'*Histoire de Manchester*, par Whitaker, l. 1, c. 3.

(2) Aulu-Gelle, *Noctes atticæ*, XVI, 13. L'empereur Adrien était étonné que les villes d'Utique, de Cadix et d'Italica, qui jouissaient déjà des priviléges attachés aux villes *municipales*, sollicitassent le titre de *colonies* : leur exemple fut cependant bientôt suivi, et l'empire se trouva rempli de colonies honoraires. *Voyez* Spanheim, *de Usu numismat.*, dissert. XIII.

Le droit de *Latium* était d'une espèce particulière : dans les villes qui jouissaient de cette faveur, les magistrats seulement prenaient, à l'expiration de leurs offices, la qualité de citoyen romain ; mais comme ils étaient annuels, les principales familles se trouvaient bientôt revêtues de cette dignité (1). Ceux des habitans des provinces à qui on permettait de porter les armes dans les légions (2), ceux qui exerçaient quelque emploi civil ; en un mot, tous ceux qui avaient servi l'État d'une manière quelconque, ou déployé quelque talent personnel, recevaient pour récompense un présent dont le prix diminuait tous les jours par la libéralité excessive des empereurs. Cependant, dans le siècle des Antonins, ce titre était encore accompagné d'avantages réels, quoiqu'il eût été alors accordé à un très-grand nombre de sujets. Il procurait aux gens du peuple le bénéfice des lois romaines, particulièrement dans les mariages, les successions et les testamens ; et il ouvrait une carrière brillante à ceux dont les prétentions étaient secondées par la faveur ou par le mérite. Les petits-fils de ces Gaulois qui avaient assiégé Jules-César dans Alesia (3), commandaient des légions, gouvernaient des

---

(1) Spanheim, *Orb. rom.*, c. 8, p. 62.

(2) Aristide, *in Romæ Encomio*, tome 1, page 218, édit. Jebb.

(3) *Alesia* était près de Semur en Auxois, en Bourgogne. Il est resté une trace de ce nom dans celui de l'*Auxois*, nom de la contrée. La victoire de César à Alesia peut servir d'é-

provinces, et étaient admis dans le sénat de Rome (1); leur ambition, au lieu de troubler la tranquillité publique, se trouvait étroitement liée à la grandeur et à la sûreté de l'État.

<small>Division des provinces grecques et latines.</small> Les Romains n'ignoraient pas l'influence du langage sur les mœurs; aussi s'occupèrent-ils sérieusement des moyens d'étendre avec leurs conquêtes l'usage de la langue latine (2). Il ne resta aucune trace des différens dialectes de l'Italie : l'étrusque, le sabin et le vénète, disparurent. Les provinces de l'Orient ne furent pas aussi dociles à la voix d'un maître victorieux. L'empire se trouva ainsi partagé en deux parties entièrement différentes. Cette distinction se perdit dans l'éclat de la prospérité; mais elle devint plus sensible à mesure que les ombres de l'adversité s'abaissèrent sur l'univers romain. Les contrées de l'Occident furent civilisées par les mains qui les avaient soumises. Lorsque les Barbares commencèrent à porter avec moins de répugnance le joug de la servitude, leurs esprits s'ouvrirent aux impressions nouvelles des sciences et de la civilisation. La langue de Virgile et de Cicéron fut universellement adoptée en Afrique, en Espagne, dans la Gaule, en Bretagne et dans la

---

poque, dit d'Anville, à l'asservissement de la Gaule au pouvoir de Rome. (*Note de l'Éditeur.*)

(1) Tacite, *Annal.*, XI, 23, 24; *Hist.*, IV, 74.
(2) Pline, *Hist. nat.*, III, 5; saint Augustin, *de Civit. Dei*, XIX, 7; Juste-Lipse, *de Pronunciatione linguæ latinæ*, c. 3.

Pannonie (1) : il est vrai qu'elle y perdit de sa pureté. Les paysans seuls conservèrent dans leurs montagnes de faibles vestiges des idiomes celtique et punique (2). L'étude et l'éducation répandirent insensiblement les opinions romaines parmi les habitans de ces contrées, et les provinces reçurent de l'Italie leurs coutumes aussi bien que leurs lois. Elles sollicitèrent avec plus d'ardeur, et obtinrent avec plus de facilité le titre et les honneurs de la cité; elles soutinrent la dignité de la république dans les armes aussi bien que dans les lettres (3); enfin, elles produisirent dans la personne de Trajan un empereur que les Scipions n'auraient pas désavoué pour leur compatriote. La situation des Grecs était bien différente de celle des Barbares. Il s'était écoulé plusieurs siècles depuis que ce peuple célèbre avait été civilisé et corrompu : il avait trop

---

(1) Apulée et saint Augustin répondront pour l'Afrique; Strabon, pour l'Espagne et la Gaule; Tacite, dans la *Vie d'Agricola*, pour la Bretagne; et Velleius-Paterculus, pour la Pannonie. A tous ces témoignages nous pouvons ajouter celui que nous fournit le langage employé dans les inscriptions.

(2) Le celtique fut conservé dans les montagnes du pays de Galles, de Cornouailles et de l'Armorique. Apulée reproche à un jeune Africain qui vivait avec la populace, de se servir de la langue punique tandis qu'il avait presque oublié le grec, et qu'il ne pouvait ou ne voulait pas parler latin (*Apolog.*, p. 596). Saint Augustin ne s'exprima que très-rarement en punique dans ses Congrégations.

(3) L'Espagne seule produisit Columelle, les deux Sénèque, Lucain, Martial et Quintilien.

de goût pour abandonner sa langue nationale, et trop
de vanité pour adopter des institutions étrangères.
Constamment attaché aux préjugés de ses ancêtres,
après en avoir oublié les vertus, il affectait de mépriser les mœurs grossières des Romains, dont il était
forcé d'admirer la haute sagesse, et de respecter la
puissance supérieure (1). Les mœurs et la langue des
Grecs n'étaient pas renfermées dans les limites étroites de cette contrée jadis si fameuse ; leurs armes et
leurs colonies en avaient répandu l'influence depuis
la mer Adriatique jusqu'au Nil et à l'Euphrate. L'Asie
était remplie de villes grecques, et la longue domination des princes de Macédoine avait, sans éclat,
opéré une révolution dans les mœurs de la Syrie et
de l'Égypte. Ces monarques réunissaient dans leur
extérieur pompeux l'élégance d'Athènes et le luxe de
l'Orient, et les plus riches d'entre leurs sujets suivaient
à une distance convenable l'exemple de la cour. Telle
était la division générale de l'empire romain, relativement aux langues grecque et latine. On peut renfermer dans une troisième classe les naturels de Syrie,
et surtout ceux de l'Égypte. Attachés à leurs anciens
dialectes, qui leur interdisaient tout commerce avec
le genre humain, ils restèrent plongés dans une ignorance profonde (2). La vie molle et efféminée des

---

(1) Depuis Denys jusqu'à Libanius, aucun critique grec, je
crois, ne fait mention de Virgile ni d'Horace : ils paraissaient
tous ignorer que les Romains eussent de bons écrivains.

(2) Le lecteur curieux peut voir, dans la *Bibliothèque ec-*

uns les exposait au mépris, la sombre férocité des autres leur attira la haine des vainqueurs (1). Ils s'étaient soumis à la puissance romaine, mais ils cherchèrent rarement à se rendre dignes du titre de citoyen romain; et l'on a remarqué qu'après la chute des Ptolémées, il s'écoula plus de deux cent trente ans avant qu'un Égyptien eût été admis dans le sénat de Rome (2).

C'est une observation devenue commune, et qui n'en est pas moins vraie, que Rome triomphante fut subjuguée par les arts de la Grèce. Ces écrivains immortels, qui font encore les délices de l'Europe savante, furent bientôt connus en Italie et dans les provinces occidentales : ils furent lus avec transport, et devinrent l'objet de l'admiration publique; mais les occupations agréables des Romains n'avaient rien de commun avec les maximes profondes de leur politique. Quoique séduits par les chefs-d'œuvre de la Grèce, ils surent conserver la dignité de leur langue, qui seule était en usage dans tout ce qui regardait l'administration civile et le gouvernement militaire (3).

<small>Usage général des deux langues.</small>

---

clésiastique de Dupin (tome XIX, p. 1, c. 8), à quel point s'était conservé l'usage des langues syriaque et égyptienne.

(1) *Voyez* Juvénal, sat. III et XV; Ammien-Marcellin, XXII, 16.

(2) Dion-Cassius, l. LXXVII, p. 1275. Ce fut sous le règne de Septime-Sévère qu'un Égyptien fut admis pour la première fois dans le sénat.

(3) Valère-Maxime, l. II, c. 2, n. 2. L'empereur Claude dégrada un habile Grec, parce qu'il n'entendait pas le la-

Le grec et le latin exerçaient en même temps dans l'empire une juridiction séparée : l'un comme l'idiome naturel des sciences, l'autre comme le dialecte légal de toutes les transactions publiques. Ces deux langues étaient également familières à ceux qui au maniement des affaires unissaient la culture des lettres ; et parmi les sujets de Rome, ayant reçu une éducation libérale, il était presque impossible d'en trouver qui ignorassent l'une et l'autre de ces langues universelles.

<small>Esclaves.</small>

Ce fut par de semblables institutions que les nations de l'empire se confondirent insensiblement dans ce même nom et ce même peuple romain ; mais il existait toujours au centre de toutes les provinces et dans le sein de chaque famille, une classe d'hommes infortunés, destinés à supporter toutes les charges de

<small>Leur traitement.</small>

la société sans en partager les avantages. Dans les États libres de l'antiquité, les esclaves domestiques étaient exposés à toute la rigueur capricieuse du despotisme. L'établissement complet de l'empire romain avait été précédé par des siècles de violences et de rapines. Les esclaves étaient, pour la plupart, des Barbares captifs, que le sort des armes faisait tomber par milliers entre les mains du vainqueur (1), et que

---

tin ; il était probablement revêtu de quelque charge publique. *Vie de Claude*, c. 16.

(1) C'est là ce qui rendait les guerres si meurtrières et les combats si acharnés : l'immortel Robertson, dans un excellent discours sur l'état de l'univers lors de l'établissement du christianisme, a tracé un tableau des funestes effets de

l'on vendait à vil prix (1). Impatiens de briser leurs fers, ils ne respiraient que la vengeance, et regret-

---

l'esclavage, où l'on retrouve la profondeur de ses vues et la solidité de son esprit; j'en opposerai successivement quelques passages aux réflexions de Gibbon : on ne verra pas sans intérêt des vérités que Gibbon paraît avoir méconnues ou volontairement négligées, développées par un des meilleurs historiens modernes; il importe de les rappeler ici pour rétablir les faits et leurs conséquences avec exactitude; j'aurai plus d'une fois occasion d'employer à cet effet le discours de Robertson.

« Les prisonniers de guerre, dit-il, furent probablement soumis les premiers à une servitude constante : à mesure que les besoins ou le luxe rendirent un plus grand nombre d'esclaves nécessaire, on le compléta par de nouvelles guerres, en condamnant toujours les vaincus à cette malheureuse situation. De là naquit l'esprit de férocité et de désespoir qui présidait aux combats des anciens peuples. Les fers et l'esclavage étaient le sort des vaincus : aussi livrait-on les batailles et défendait-on les villes avec une rage, une opiniâtreté que l'horreur d'une telle destinée pouvait seule inspirer. Lorsque les maux de l'esclavage disparurent, le christianisme étendit sa bienfaisante influence sur la manière de faire la guerre; et cet art barbare, adouci par l'esprit de philanthropie que dictait la religion, perdit de sa force dévastatrice. Tranquille, dans tous les cas, sur sa liberté personnelle, le vaincu résista avec moins de violence, le triomphe du vainqueur fut moins cruel : ainsi l'humanité fut introduite dans les camps, où elle paraissait étrangère; et si de nos jours les victoires sont souillées de moins de cruautés et de moins de sang, c'est aux principes bienveillans de la religion chrétienne plutôt qu'à toute autre cause que nous devons l'attribuer. »

(*Note de l'Éditeur.*)

(1) Dans le camp de Lucullus, on vendit un bœuf une

taient sans cesse cette vie indépendante à laquelle ils avaient été accoutumés. Le désespoir leur donna souvent des armes, et leur soulèvement mit plus d'une fois la république sur le penchant de sa ruine (1). On établit contre ces ennemis dangereux de sévères réglemens (2) et des châtimens cruels, que la nécessité

---

drachme, et un esclave quatre drachmes (environ 3 schellings). Plutarque, *Vie de Lucullus*, p. 580.

(1) Diodore de Sicile, *in Eglog. hist.*, l. xxxiv et xxxvi; Florus, iii, 19, 20.

(2) *Voyez* un exemple remarquable de sévérité dans Cicéron, *in Verrem*, v, 3. (*).

(*) Voici cet exemple : on verra si le mot de *sévérité* est ici à sa place.

Dans le temps que L. Domitius était préteur en Sicile, un esclave tua un sanglier d'une grosseur extraordinaire. Le préteur, frappé de l'adresse et de l'intrépidité de cet homme, désira de le voir. Ce pauvre malheureux, extrêmement satisfait de cette distinction, vint en effet se présenter au préteur, espérant sans doute une récompense et des applaudissemens; mais Domitius, en apprenant, qu'il ne lui avait fallu qu'un épieu pour vaincre et tuer le sanglier, ordonna qu'il fût crucifié sur-le-champ, sous le barbare prétexte que la loi interdisait aux esclaves l'usage de cette arme, ainsi que de toutes les autres. Peut-être la cruauté de Domitius est-elle encore moins étouffante que l'indifférence avec laquelle l'orateur romain raconte ce trait, qui l'affecte si peu, que voici ce qu'il en dit : *Durum hoc fortasse videatur, neque ego in ullam partem disputo.* « Cela paraîtra peut-être dur ; quant à moi, je ne prends aucun parti. » Cic., *in Verr.*, act. 2, 5, 3. — Et c'est le même orateur qui dit dans la même harangue : *Facinus est vincire civem romanum; scelus verberare; prope parricidium necare : quid dicam in crucem tollere?* « C'est un délit de jeter dans les fers un citoyen romain; c'est un crime de le frapper, presque un parricide de le tuer : que dirai-je de l'action de le mettre en croix ? »

En général, ce morceau de Gibbon, sur l'esclavage, est plein non-seulement d'une indifférence blâmable, mais encore d'une exa-

seule pouvait justifier. Mais lorsque les principales nations de l'Asie, de l'Europe et de l'Afrique, eurent

gération d'impartialité, qui ressemble à de la mauvaise foi. Il s'applique à atténuer ce qu'il y avait d'affreux dans la condition des esclaves et dans les traitemens qu'ils essuyaient ; il fait considérer ces traitemens cruels comme pouvant être *justifiés par la nécessité*. Il relève ensuite, avec une exactitude minutieuse, les plus légers adoucissemens d'une condition si déplorable ; il attribue à *la vertu* ou à *la politique des souverains* l'amélioration progressive du sort des esclaves, et il passe entièrement sous silence la cause la plus efficace, celle qui, après avoir rendu les esclaves moins malheureux, a contribué à les affranchir ensuite tout-à-fait de leurs souffrances et de leurs chaînes, le christianisme. Il serait aisé d'accumuler ici les détails les plus effrayans, les plus déchirans, sur la manière dont les anciens Romains traitaient leurs esclaves ; des ouvrages entiers ont été consacrés à la peindre ; je me borne à l'indiquer : quelques réflexions de Robertson, tirées du discours que j'ai déjà cité, feront sentir que Gibbon, en faisant remonter l'adoucissement de la destinée des esclaves à une époque peu postérieure à celle qui vit le christianisme s'établir dans le monde, n'eût pu se dispenser de reconnaître l'influence de cette cause bienfaisante, s'il n'avait pris d'avance le parti de n'en point parler.

« A peine, dit Robertson, une souveraineté illimitée se fut-elle introduite dans l'empire romain, que la tyrannie domestique fut portée à son comble : sur ce sol fangeux crûrent et prospérèrent tous les vices que nourrit chez les grands l'habitude du pouvoir, et que fait naître chez les faibles celle de l'oppression...... Ce n'est pas le respect inspiré par un précepte particulier de l'Évangile, c'est l'esprit général de la religion chrétienne, qui, plus puissant que toutes les lois écrites, a banni l'esclavage de la terre. Les sentimens que dictait le christianisme étaient bienveillans et doux ; ses préceptes donnaient à la nature humaine une telle dignité, un tel éclat, qu'ils l'arrachèrent à l'esclavage déshonorant où elle était plongée. »

C'est donc vainement que Gibbon prétend attribuer uniquement au désir d'entretenir toujours le nombre des esclaves la conduite plus douce que les Romains commencèrent à adopter à leur égard du temps des empereurs. Cette cause avait agi jusque-là en sens contraire : par quelle raison aurait-elle eu tout à coup une influence opposée ? « Les maîtres, dit-il, favorisèrent les mariages entre leurs esclaves ; ... et les sentimens de la nature, les habitudes de

été réunies sous un seul gouvernement, les sources étrangères de l'abondance des esclaves commencèrent à se tarir; et pour en entretenir toujours le même nombre, les Romains furent obligés d'avoir recours à des moyens plus doux, mais moins prompts (1) : ils encouragèrent les mariages entre leurs nombreux esclaves, et surtout à la campagne. Les sentimens de la nature, les habitudes de l'éducation, la possession d'une sorte de propriété dépendante, contribuèrent

---

(1) Les Romains permettaient à leurs esclaves une espèce de mariage (*contubernium*) aussi bien dans les premiers siècles de la république que plus tard; et malgré cela, le luxe rendit bientôt nécessaire un plus grand nombre d'esclaves (Strabon, l. XIV, p. 668) : l'accroissement de leur population n'y put suffire, et l'on eut recours aux achats d'esclaves, qui se faisaient même dans les provinces d'Orient soumises aux Romains. On sait d'ailleurs que l'esclavage est un état peu favorable à la population. *Voyez* les *Essais* de Hume, et l'*Essai sur le principe de population*, de Malthus, t. 1, p. 334. (*Note de l'Éditeur.*)

l'éducation, contribuèrent à adoucir les peines de la servitude. Les enfans des esclaves étaient la propriété du maître, qui pouvait en disposer et les aliéner comme ses autres biens : est-ce dans une pareille situation, sous une telle dépendance, que les sentimens de la nature peuvent se développer, que les habitudes de l'éducation deviennent douces et fortes ? Il ne faut pas attribuer à des causes peu efficaces ou même sans énergie, des effets qui ont besoin, pour s'expliquer, d'être rapportés à des causes plus puissantes; et lors même que les petites causes auraient eu une influence évidente, il ne faut pas oublier qu'elles étaient elles-mêmes l'effet d'une cause première, plus haute et plus étendue, qui, en donnant aux esprits et aux caractères une direction plus désintéressée, plus humaine, disposait les hommes à seconder, à amener eux-mêmes, par leur conduite, par le changement de leurs mœurs, les heureux résultats qu'elle devait produire. (*Note de l'Éditeur.*)

à adoucir les peines de la servitude (1). L'existence d'un esclave devint un objet plus précieux; et quoique son bonheur tînt toujours au caractère et à la fortune de celui dont il dépendait, la crainte n'étouffait plus la voix de la pitié, et l'intérêt du maître lui dictait des sentimens plus humains. La vertu ou la politique des souverains accéléra le progrès des mœurs; et, par les édits d'Adrien et des Antonins, la protection des lois s'étendit jusque sur la classe la plus abjecte de la société. Après bien des siècles, le droit de vie et de mort sur les esclaves fut enlevé aux particuliers, qui en avaient si souvent abusé; il fut réservé aux magistrats seuls. L'usage des prisons souterraines fut aboli, et dès qu'un esclave se plaignait d'avoir été maltraité injustement, il obtenait sa délivrance ou un maître moins cruel (2).

L'espérance, le plus consolant appui de notre imparfaite existence, n'était pas refusée à l'esclave romain. S'il trouvait quelque occasion de se rendre utile ou agréable, il devait naturellement s'attendre qu'après un petit nombre d'années, son zèle et sa fidélité seraient récompensés par le présent inestima-

Affranchissement.

---

(1) Gruter et les autres compilateurs rapportent un grand nombre d'inscriptions adressées par les esclaves à leurs femmes, leurs enfans, leurs compagnons, leurs maîtres, etc., et qui, selon toute apparence, sont du siècle des empereurs.

(2) *Voyez* l'*Histoire Auguste*, et une dissertation de M. de Burigny sur les esclaves romains, dans le xxxve volume de l'Académie des Belles-Lettres.

ble de la liberté. Souvent les maîtres n'étaient portés à ces actes de générosité que par la vanité et par l'avarice : aussi les lois crurent-elles plus nécessaire de restreindre que d'encourager une libéralité prodigue et aveugle, qui aurait pu dégénérer en un abus très-dangereux (1). Selon la jurisprudence ancienne, un esclave n'avait point de patrie; mais dès qu'il était libre, il était admis dans la société politique dont son patron était membre. En vertu de cette maxime, la dignité de citoyen serait devenue indistinctement le partage de la multitude : on jugea donc à propos d'établir d'utiles exceptions; et cette distinction honorable fut accordée seulement, et avec l'approbation du magistrat, aux esclaves qui s'en étaient rendus dignes, et qui avaient été solennellement et légalement affranchis : encore n'obtenaient-ils que les droits privés des citoyens, et ils étaient rigoureusement exclus des emplois civils et du service militaire. Leurs fils étaient pareillement incapables de prendre séance dans le sénat; quels que pussent être leur mérite et leur fortune; les traces d'une origine servile ne s'effaçaient entièrement qu'à la troisième ou quatrième génération (2). C'est ainsi que, sans confondre les rangs, on faisait entrevoir, dans une perspective éloignée, un état libre et des honneurs à ceux que l'or-

---

(1) *Voyez* une autre dissertation de M. de Burigny sur les affranchis romains, dans le XXXVIIe vol. de la même Académie.

(2) Spanheim, *Orb. rom.*, l. 1, c. 16, p. 124, etc.

gueil et le préjugé mettaient à peine au rang de l'espèce humaine.

On avait proposé de donner aux esclaves un habit particulier qui les distinguât; mais on s'aperçut combien il était dangereux de leur faire connaître leur propre nombre (1). Sans interpréter à la rigueur les mots de légions et de myriades (2), nous pouvons avancer que la proportion des esclaves regardés comme propriété, était bien plus considérable que celle des domestiques, qu'on ne doit regarder que comme une dépense (3). On cultivait l'esprit des jeunes esclaves qui montraient de la disposition pour les sciences; leur prix était réglé sur leurs talens et sur leur habileté (4). Presque tous les arts libéraux (5) et méca-

Nombre des esclaves.

---

(1) Sénèque, *de la Clémence*, l. 1, c. 24. L'original est beaucoup plus fort : *Quantum periculum immineret, si servi nostri numerare nos cœpissent.*

(2) *Voy.* Pline, *Hist. nat.*, l. xxxiii; et Athénée, *Deipnos*, l. vi, p. 272; celui-ci avance hardiment qu'il a connu plusieurs (Παμπολλοι) Romains qui possédaient, non pour l'usage, mais pour l'ostentation, dix et même vingt mille esclaves.

(3) Dans Paris, on ne compte pas plus de quarante-trois mille sept cents domestiques de toute espèce; ce qui ne fait pas un douzième des habitans de cette ville. (Messange, *Recherches sur la population*, p. 186.)

(4) Un esclave instruit se vendait plusieurs centaines de liv. sterl. Atticus en avait toujours qu'il élevait, et auxquels il donnait lui-même des leçons. (Cornel. Nep., *Vie d'Atticus*, c. 13.)

(5) La plupart des médecins romains étaient esclaves. *Voy.* la dissertation et la défense du docteur Middleton.

niques étaient exercés dans la maison des sénateurs opulens. Les bras employés aux objets de luxe et de sensualité étaient multipliés à un point qui surpasse de beaucoup les efforts de la magnificence moderne (1). Le marchand ou le fabricant trouvait plus d'avantage à acheter ses ouvriers qu'à les louer. Dans les campagnes, les esclaves étaient employés comme les instrumens les moins chers et les plus utiles de l'agriculture. Quelques exemples viendront à l'appui de ces observations générales, et nous donneront une idée de la multitude de ces malheureux condamnés à un état si humiliant. Un triste événement fit connaître qu'un seul palais à Rome renfermait quatre cents esclaves (2). On en comptait un pareil nombre dans une terre en Afrique, qu'une veuve d'une condition très-peu relevée cédait à son fils, tandis qu'elle se réservait des biens beaucoup plus considérables (3). Sous le règne d'Auguste, un affranchi, dont la fortune avait été fort diminuée dans les guerres civiles, laissa après sa mort trois mille six cents paires de bœufs, deux cent cinquante mille têtes de menu bétail, et, ce qui était presque compté parmi les animaux, quatre mille cent seize esclaves (4).

---

(1) Pignorius, *de Servis*, fait une énumération très-longue de leurs rangs et de leurs emplois.

(2) Tacite, *Annal.*, XIV, 43. Ils furent exécutés pour n'avoir pas empêché le meurtre de leur maître.

(3) Apulée, *in Apolog.*, p. 548, édit. Delph.

(4) Pline, *Hist. nat.*, l. XXXIII, 47.

Nous ne pouvons fixer avec le degré d'exactitude que demanderait l'importance du sujet, le nombre de ceux qui reconnaissaient les lois de Rome, citoyens, esclaves, ou habitans des provinces. Le dénombrement fait par l'empereur Claude, lorsqu'il exerça la fonction de censeur, était de six millions neuf cent quarante-cinq mille citoyens romains; ce qui pourrait se monter environ à vingt millions d'âmes, en comprenant les femmes et les enfans. Le nombre des sujets d'un rang inférieur était incertain et sujet à varier; mais, après avoir pesé avec attention tout ce qui peut entrer dans la balance, il est problable que, du temps de Claude, il existait à peu près deux fois autant de provinciaux que de citoyens de tout âge, de l'un et de l'autre sexe. Les esclaves étaient au moins égaux en nombre aux habitans libres de l'empire (1). Le résultat de ce calcul imparfait serait donc d'environ cent vingt millions d'âmes; population qui excède peut-être celle de l'Europe moderne (2), et

<small>Population de l'empire romain.</small>

---

(1) Selon Robertson, il y avait deux fois autant d'esclaves que de citoyens libres. (*Note de l'Éditeur.*)

(2) Si l'on compte vingt millions d'âmes en France, vingt-deux en Allemagne, quatre en Hongrie, dix en Italie et dans les îles voisines, huit dans la Grande-Bretagne et en Irlande, huit en Espagne et en Portugal, dix ou douze dans la Russie européenne, six en Pologne, six en Grèce et en Turquie, quatre en Suède, trois en Danemarck et en Norwège, et quatre dans les Pays-Bas, le total se montera à cent cinq ou cent sept millions. *Voyez l'Histoire générale* de M. de Voltaire.

qui forme la société la plus nombreuse que l'on ait jamais vue réunie sous un seul gouvernement.

<small>Union et obéissance.</small> La tranquillité et la paix intérieure étaient les suites naturelles de la modération des Romains et de leur politique éclairée. Si nous jetons les yeux sur les monarchies de l'Orient, nous voyons le despotisme au centre, et la faiblesse aux extrémités; la perception des revenus ou l'administration de la justice soutenue par la présence d'une armée; des Barbares en état de guerre établis dans le pays même; des satrapes héréditaires usurpant la domination des provinces; des sujets portés à la rebellion, mais incapables de jouir de la liberté : tels sont les objets qui frappent nos regards. L'obéissance qui régnait dans tout le monde romain, était volontaire, uniforme et permanente. Les nations vaincues ne formaient plus qu'un grand peuple : elles avaient perdu l'espoir, le désir même de recouvrer leur indépendance, et elles séparaient à peine leur propre existence de celle de Rome. L'autorité des empereurs pénétrait, sans le moindre obstacle, dans toutes les parties de leurs vastes domaines; et elle était exercée sur les bords de la Tamise ou du Nil, avec la même facilité que sur les rives mêmes du Tibre. Les légions étaient destinées à servir contre l'ennemi de l'État, et le magistrat civil avait rarement recours à la force militaire (1). Dans ces jours de tran-

---

(1) Josèphe, *de Bello judaico*, l. II, c. 16. Le discours d'Agrippa, ou plutôt celui de l'historien, est une belle description de l'empire de Rome.

quillité et de sécurité générale, le prince et ses sujets employaient leur loisir et leurs richesses à l'embellissement et à la grandeur de l'empire.

Parmi les nombreux monumens d'architecture que construisirent les Romains, combien ont échappé aux recherches de l'histoire, et qu'il en est peu qui aient résisté aux ravages des temps et de la barbarie! Et cependant les ruines majestueuses éparses dans l'Italie et dans les provinces, prouvent assez que ces contrées ont été le siège d'un illustre et puissant empire. La grandeur et la beauté de ces superbes débris mériteraient seules toute notre attention; mais deux circonstances les rendent encore plus dignes d'attirer nos regards. La plupart de ces magnifiques ouvrages avaient été élevés par des particuliers; et tous étaient consacrés à l'utilité publique : considération importante, qui unit l'histoire agréable des arts à l'histoire bien plus instructive des mœurs et de l'esprit humain.

Monumens romains.

Il est naturel d'imaginer que le plus grand nombre et les plus considérables des édifices romains ont été bâtis par les empereurs, qui pouvaient disposer de tant de bras et de trésors si immenses. Auguste avait coutume de répéter avec orgueil : « J'ai trouvé ma capitale en briques, et je la laisse en marbre à mes successeurs (1). » La sévère économie de Vespasien fut

La plupart élevés par des particuliers.

---

(1) Suétone, *Vie d'Auguste*, c. 28. Auguste bâtit à Rome le temple et la place de Mars Vengeur; le temple de Jupiter Tonnant dans le Capitole; celui d'Apollon Palatin, avec des bibliothèques publiques; le portique et la basilique

la source de sa magnificence. Les ouvrages de Trajan portent l'empreinte de son génie. Les monumens publics dont Adrien orna toutes les provinces de l'empire, furent exécutés, non-seulement par ses ordres, mais encore sous son inspection immédiate. Ce prince était lui-même artiste, et il aimait surtout les arts comme faisant la gloire d'un monarque. Les Antonins les encouragèrent, parce qu'ils les crurent propres à contribuer au bonheur de leurs sujets. Mais si les souverains donnèrent l'exemple, ils furent bientôt imités. Les principaux citoyens ne craignirent pas de montrer qu'ils avaient assez de hardiesse pour former les plus grands desseins, et assez de richesses pour les exécuter. Rome se vantait à peine de son magnifique Colisée, que les villes de Capoue et de Vérone (1) avaient fait élever, à leurs dépens, des édifices moins vastes à la vérité, mais construits sur les mêmes plans et avec les mêmes matériaux. L'inscription trouvée à Alcantara, prouve que ce pont merveilleux avait été jeté sur le Tage aux frais de quelques communes de la Lusitanie. Lorsque Pline fut nommé gouverneur de la Bithynie et du Pont, provinces qui n'étaient ni les plus riches ni les plus considérables de l'empire, il

---

de Caius et Lucius; les portiques de Livie et d'Octavie, et le théâtre de Marcellus. L'exemple du souverain fut imité par ses ministres et par ses généraux; et son ami Agrippa a fait élever le Panthéon, un des plus beaux monumens qui nous soient restés de l'antiquité.

(1) *Voyez* Maffei, *Verona illustrata*, l. IV, p. 68.

trouva les villes de son département s'efforçant à l'envi d'élever des monumens utiles et magnifiques, qui pussent attirer la curiosité des étrangers, et mériter la reconnaissance des citoyens. Il était du devoir d'un proconsul de suppléer à ce qui pouvait leur manquer de moyens, de diriger leur goût, quelquefois même de modérer leur émulation (1). A Rome, et dans toutes les contrées de l'empire, les sénateurs opulens croyaient devoir contribuer à la splendeur de leur siècle et de leur patrie. Souvent l'influence de la mode suppléait au manque de goût ou de générosité. Entre cette foule de particuliers qui se signalèrent par des monumens publics, nous distinguerons Hérode-Atticus, citoyen d'Athènes, qui vivait dans le siècle des Antonins. Quel que pût être le motif de sa conduite, sa magnificence était digne des plus grands monarques.

Lorsque la famille d'Hérode se trouva dans l'opulence, elle compta parmi ses ancêtres Cimon et Miltiade, Thésée et Cécrops, Éaque et Jupiter. Mais la postérité de tant de dieux et de héros était bien déchue de son antique grandeur. L'aïeul d'Hérode avait été livré entre les mains de la justice, et Julius-Atticus son père aurait fini ses jours dans la pauvreté et

Exemple d'Hérode-Atticus.

---

(1) *Voyez* le xe liv. des *Lettres de Pline*. Parmi les ouvrages entrepris aux frais des citoyens, l'auteur parle de ceux qui suivent : à Nicomédie, une nouvelle place, un aqueduc et un canal, qu'un des anciens rois avait laissé imparfait; à Nicée, un gymnase et un théâtre qui avait déjà coûté près de deux millions; des bains à Pruse et à Claudiopolis; et un aqueduc de seize milles de long, à l'usage de Sinope.

le mépris s'il n'eût pas découvert un trésor immense dans une vieille maison, seul resté de son patrimoine. Selon la loi, une partie de ces richesses appartenait à l'empereur : Atticus prévint prudemment, par un libre aveu, le zèle des délateurs. Le trône était alors occupé par l'équitable Nerva, qui ne voulut rien accepter, et fit répondre à Atticus qu'il pouvait jouir sans scrupule du présent que lui avait fait la fortune. L'Athénien poussa plus loin la circonspection : il représenta que le trésor était trop considérable pour un sujet, et qu'il ne savait comment en user. « Abuses-en donc, car il t'appartient (1), » répliqua l'empereur avec un mouvement d'impatience qui marquait la bonté de son naturel. Atticus pourra passer dans l'esprit de bien des gens pour avoir obéi littéralement à ce dernier ordre de l'empereur; car sa fortune s'étant trouvée bientôt après fort augmentée par un mariage avantageux, il en consacra la plus grande partie à l'utilité publique. Il avait obtenu pour son fils Hérode la préfecture des villes libres de l'Asie. Le jeune magistrat, voyant que celle de Troade était mal fournie d'eau, reçut d'Adrien, pour la construction d'un nouvel aqueduc, trois cents myriades de drachmes (environ cent mille livres sterling). Mais l'exécution de l'ouvrage se monta à plus du double de l'évaluation; et les officiers publics commençaient à

---

(1) Adrien fit ensuite un règlement très-équitable, qui partageait tout trésor trouvé, entre le droit de la propriété et celui de la découverte, *Hist. Aug.*, p. 9.

murmurer lorsque le généreux Atticus mit fin à leurs plaintes, en leur demandant la permission de prendre sur lui le surplus de la dépense (1).

Attirés par de grandes récompenses, les maîtres les plus habiles de la Grèce et de l'Asie avaient présidé à l'éducation du jeune Hérode. Leur élève devint bientôt un célèbre orateur, du moins selon la vaine rhétorique de ce siècle, où l'éloquence, renfermée dans l'école, dédaignait de se montrer au sénat ou au barreau. Il reçut à Rome les honneurs du consulat, mais il passa la plus grande partie de sa vie à Athènes, ou dans différens palais situés aux environs de cette ville : c'était là qu'il se livrait à l'étude de la philosophie, au milieu d'une foule de sophistes qui reconnaissaient sans peine la supériorité d'un rival riche et généreux (2). Les monumens de son génie ont disparu ; quelques vestiges servent encore à faire connaître son goût et sa magnificence. Des voyageurs modernes ont mesuré les ruines du stade qu'il avait fait bâtir à Athènes ; sa longueur était de six cents pieds : il était entièrement de marbre blanc, et il pouvait contenir tout le peuple. Ce bel ouvrage fut achevé en quatre ans, lorsque Hérode était président des jeux athéniens. Il dédia à la mémoire de sa femme Regilla, un théâtre qui pouvait difficilement trouver son égal dans tout l'empire : on n'avait employé à cet édifice

Sa réputation.

---

(1) Philostrate, *in Vitâ sophist.*, l. II, p. 548.
(2) Aulu-Gelle, *Nuits attiques*, I, 2 ; IX, 2 ; XVIII, 10 ; XIX, 12. Philostr., p. 564.

que du cèdre, chargé des plus précieuses sculptures. L'Odéon, destiné par Périclès à donner des concerts publics, et à la répétition des tragédies nouvelles, était un trophée de la victoire remportée par les arts sur la grandeur asiatique; des mâts de vaisseaux perses en composaient presque toute la charpente. Ce monument avait été déjà réparé par un roi de Cappadoce; mais il était encore sur le point de tomber en ruine. Hérode lui rendit sa beauté et sa magnificence (1). La générosité de cet illustre citoyen n'était pas renfermée dans les murs d'Athènes; un théâtre à Corinthe, les plus riches ornemens du temple de Neptune dans l'isthme, un stade à Delphes, des bains aux Thermopyles, et un aqueduc à Canusium en Italie, ne purent épuiser ses vastes trésors. L'Épire, la Thessalie, l'Eubée, la Béotie et le Péloponèse, partagèrent ses bienfaits (2); et la reconnaissance des villes de l'Asie et de la Grèce a donné à Hérode-Atticus, dans

---

(1) L'Odéon servait à la répétition des comédies nouvelles, aussi bien qu'à celle des tragédies; elles y étaient lues d'avance ou répétées, mais sans musique, sans décorations, etc. Aucune pièce ne pouvait être représentée sur le théâtre si elle n'avait été préalablement approuvée sur l'Odéon par des juges *ad hoc*. Le roi de Cappadoce qui rétablit l'Odéon livré aux flammes par Sylla, était Ariobarzanès. *Voy.* Martini, *Dissertation sur les Odéons des anciens.* Leipzig, 1767, p. 10-91. (*Note de l'Éditeur.*)

(2) *Voyez* Philostr., l. II, p. 548, 566; Pausanias, l. I et VII, 10; la *Vie d'Hérode*, dans le XXXe vol. des *Mém. de l'Académie*.

plusieurs inscriptions, le titre de leur patron et de leur bienfaiteur.

Dans les républiques d'Athènes et de Rome, la modestie et la simplicité des maisons particulières annonçaient l'égalité des conditions, tandis que la souveraineté du peuple brillait avec éclat dans la majesté des édifices publics (1). L'introduction des richesses et l'établissement de la monarchie n'éteignirent pas tout-à-fait cet esprit républicain. Ce fut dans les ouvrages destinés à la gloire et à l'utilité de la nation, que les plus vertueux empereurs déployèrent leur magnificence. Le palais d'or de Néron avait excité à juste titre l'indignation; mais cette vaste étendue de terrain envahie par un luxe effréné, servit bientôt à de plus nobles usages. On y admira, sous les règnes suivans, le Colisée, les bains de Titus, le portique Claudien, et les temples élevés à la déesse de la Paix et au Génie de Rome (2). Ces monumens étaient l'ou-

La plupart des monumens romains consacrés au public; temples, théâtres, aqueducs, etc.

---

(1) Cette remarque est principalement applicable à la république d'Athènes par Dicæarque, *de Statu Græciæ*, p. 8, *inter Geographos minores*; édit. Hudson.

(2) Donat, *de Româ veteri*, l. III, c. 4, 5, 6; Nardini, *Roma antica*, l. II, 3, 12, 13, et un manuscrit qui contient une description de l'ancienne Rome, par Bernard Oricellarius ou Rucellai, dont j'ai obtenu une copie de la bibliothèque du chanoine Ricardi, à Florence. Pline parle de deux célèbres tableaux de Timanthe et de Protogène, placés, à ce qu'il paraît, dans le temple de la Paix (*). Le Laocoon fut trouvé dans les bains de Titus.

(*) L'empereur Vespasien, qui avait fait construire le temple

vrage des Romains; mais ils étaient remplis des chefs-d'œuvre de la Grèce en peinture et en sculpture. Les savans trouvaient dans le temple de la Paix une bibliothèque curieuse. A quelque distance était située la place de Trajan ; elle était environnée d'un portique élevé, et formait un carré dont quatre arcs de triomphe faisaient les vastes et nobles entrées ; au milieu s'élevait une colonne de marbre, haute de cent dix pieds, et qui marquait ainsi l'élévation de la colline qu'il avait fallu couper. Cette colonne n'a rien perdu de sa beauté ; on y voit encore une représentation exacte des exploits de son fondateur dans la Dacie. Le vétéran contemplait l'histoire de ses campagnes ; et, séduit par l'illusion de la vanité nationale, le paisible citoyen partageait les honneurs du triomphe. Les autres parties de la capitale, et toutes les provinces de l'empire, se ressentaient de ce généreux esprit de magnificence publique ; des amphithéâtres, des théâtres, des temples, des portiques, des arcs de triomphe, des bains et des aqueducs, servaient, chacun selon leur destination, à la santé, à la religion et aux plaisirs du moindre des citoyens. Parmi ces divers édifices, les derniers méritent surtout notre attention ; leur utilité, la hardiesse de l'en-

---

de la Paix, y avait fait transporter la plus grande partie des tableaux, statues, et autres ouvrages de l'art qui avaient échappé aux troubles civils : c'était là que se rassemblaient chaque jour les artistes et les savans de Rome ; et c'est aussi dans l'emplacement de ce temple qu'ont été déterrés une foule d'antiques. *Voyez* les Notes de Reimar sur Dion-Cassius, l. LXVI ; 15 ; p. 1083. (*Note de l'Éditeur.*)

treprise et la solidité de l'exécution, mettent les aqueducs au rang des plus beaux monumens du génie et de la puissance de Rome. Ceux de la capitale méritent à tous égards la préférence ; mais le voyageur curieux qui examinerait les aqueducs de Spolète, de Metz et de Ségovie, sans être éclairé par le flambeau de l'histoire, croirait que ces villes ont été autrefois la résidence d'un grand monarque. Les déserts de l'Asie et de l'Afrique étaient autrefois remplis de cités florissantes, qui ne devaient leur population, leur existence même, qu'à ces courans artificiels d'une eau salubre, et toujours prête à fournir à leurs besoins (1).

Nous avons fait l'énumération des habitans de l'empire, et nous venons de contempler le spectacle pompeux de ses ouvrages publics : un coup d'œil sur le nombre et la grandeur des villes confirmera nos observations sur le premier point, et nous donnera occasion sur le second d'en faire de nouvelles; mais, en rassemblant quelques faits, il ne faut pas oublier que la vanité des nations et la disette des langues ont fait donner indifféremment le nom vague de ville à Rome et à Laurentum.

Nombre et grandeur des villes de l'empire.

I. On prétend que l'ancienne Italie renfermait onze cent quatre-vingt-dix-sept villes : et à quelque époque de l'antiquité que puisse se rapporter ce calcul (2), il

Italie.

---

(1) Montfaucon, *Antiq. expliquée*, tome IV, p. 2, l. 1, c. 9. Fabretti a composé un traité fort savant sur les aqueducs de Rome.

(2) Ælien ; *Hist. var.*, l. IX, c. 16 : cet auteur vivait sous

n'existe aucune raison pour croire que dans le siècle des Antonins le nombre de ses habitans ait été moins considérable qu'au temps de Romulus. Attirés par une influence supérieure, les petits États du Latium furent insensiblement compris dans la métropole de l'empire. Ces mêmes contrées, qui ont langui si long-temps sous le gouvernement faible et tyrannique des prêtres et des vice-rois, n'avaient éprouvé alors que les malheurs plus supportables de la guerre; et les premiers symptômes de décadence qu'elles éprouvèrent furent amplement compensés par les rapides progrès qui se firent remarquer dans la prospérité de la Gaule cisalpine. La splendeur de Vérone paraît encore par ses ruines; et cependant Vérone était moins illustre que les villes d'Aquilée, de Padoue, de Milan ou de Ravenne.

Dans la Gaule et en Espagne.

II. L'esprit d'amélioration avait passé au-delà des Alpes, dans les forêts mêmes de la Bretagne, dont l'épaisseur s'éclaircissait par degrés pour faire place à des habitations commodes et élégantes. York était le siège du gouvernement; déjà Londres s'enrichissait par le commerce, et Bath était célèbre pour les effets

---

Alexandre-Sévère. *Voyez* Fabric., *Biblioth. græca*, l. IV, c. 21 (*).

(*) Comme Ælien dit que l'Italie avait *autrefois* ce nombre de villes, on peut en conjecturer que de son temps elle n'en avait plus autant : rien n'oblige d'ailleurs à appliquer ce nombre au temps de Romulus; il est même probable qu'Ælien voulait parler des siècles postérieurs. La décadence de la population à la fin de la république, sous les empereurs, semble reconnue même par les écrivains romains. *Voyez* Tite-Live, l. VI, c. 12. (*Note de l'Éditeur.*)

salutaires de ses eaux médicinales. Douze cents villes faisaient la gloire de la Gaule (1). Dans les parties septentrionales, elles n'offraient guère pour la plupart, sans en excepter Paris même, que les lieux de rassemblement informes et grossiers d'un peuple naissant. Mais les provinces du midi imitaient l'élégance (2) et la pompe de l'Italie (3) : Marseille, Nîmes, Arles, Narbonne, Toulouse, Bordeaux, Autun, Vienne, Lyon, Langres et Trèves, étaient déjà célèbres; et leur ancienne condition pourrait être comparée à leur état présent, si même ces villes n'étaient pas alors plus florissantes. L'Espagne, si brillante dans les

---

(1) Josèphe, *de Bello judaico*, II, 16 : ce nombre s'y trouve rapporté; peut-être ne doit-il pas être pris à la rigueur (*).

(2) Cela ne peut se dire que de la province romaine; car le reste de la Gaule méridionale était loin de cet état florissant. Un passage de Vitruve montre combien l'architecture était encore dans l'enfance, en Aquitaine, sous le règne d'Auguste. (Vitruve, l. II, c. 1.) En parlant de la misérable architecture des peuples étrangers, il cite les Gaulois aquitains, qui bâtissent encore leurs maisons de bois et de paille. (*Note de l'Editeur.*)

(3) Pline, *Hist. nat.*, III, 5.

(*) Cela ne paraît pas douteux; on ne peut se fier au passage de Josèphe : l'historien fait donner par le roi Agrippa des avis aux Juifs sur la puissance des Romains; et ce discours est plein de déclamations dont on ne doit rien conclure pour l'histoire. En énumérant les peuples soumis aux Romains, il dit des Gaulois, qu'ils obéissent à douze cents soldats romains (ce qui est faux; car il y avait en Gaule huit légions. Tac., *Ann.*, l. IV, c. 5), tandis qu'*ils ont presque plus de douze cents villes*. (Note de l'Éditeur.)

temps qu'elle n'était qu'une simple province, est bien déchue depuis qu'elle a été érigée en monarchie. L'abus de ses forces, la superstition et la découverte de l'Amérique, l'ont entièrement épuisée. Son orgueil ne serait-il pas confondu, si nous lui demandions ce que sont devenues ces trois cent soixante villes, dont Pline a parlé sous le règne de Vespasien (1)?

En Afrique.

III. Trois cents villes en Afrique avaient été soumises à Carthage (2): il n'est pas probable que ce nombre ait diminué sous l'administration des empereurs. Carthage elle-même sortit de sa cendre avec un nouvel éclat; et cette ville, aussi bien que Capoue et Corinthe, recouvra bientôt tous les avantages qui ne sont pas incompatibles avec la dépendance.

En Asie.

IV. L'Orient présente le contraste le plus frappant entre la magnificence romaine et la barbarie des Turcs. Des campagnes incultes offrent de tous côtés des ruines superbes, que l'ignorance regarde comme l'ouvrage d'un pouvoir surnaturel. Ces restes précieux de l'antiquité offrent à peine un asile au paysan opprimé ou à l'Arabe vagabond. Sous les Césars, l'Asie proprement dite contenait seule cinq cents villes (3)

---

(1) Pline, *Hist. nat.*, III, 3, 4; IV, 35. La liste paraît authentique et exacte. La division des provinces et la condition différente des villes sont marquées avec les plus grands détails.

(2) Strabon, *Géogr.*, l. XVII, p. 1189.

(3) Josèphe, *de Bello judaico*, II, 16; Philostrate, *Vies des Sophist.*, l. II, p. 548, édit. Olear.

riches, peuplées, comblées de tous les dons de la
nature, et embellies par les arts. Onze d'entre elles se
disputèrent l'honneur de dédier un temple à Tibère,
et leur mérite respectif fut examiné dans le sénat de
Rome (1). Il y en eut quatre dont la proposition fut
rejetée, parce qu'on ne les crut pas en état de fournir
aux dépenses nécessaires pour une si grande entreprise. De ce nombre était Laodicée, dont la splendeur
paraît encore dans ses ruines (2) : elle retirait des
revenus immenses de la vente de ses moutons, renommés pour la finesse de leur laine; et peu de temps
avant la dispute dont nous venons de parler, un
citoyen généreux lui avait laissé plus de 400 mille
liv. sterl. par son testament (3). Telle était la pauvreté
de Laodicée : elle peut nous faire juger des richesses
des villes qui avaient obtenu la préférence, et prin-

------

(1) Tacite, *Annal.*, iv, 55. J'ai pris quelque peine à consulter et à comparer les voyageurs modernes, pour connaître
le sort de ces onze villes asiatiques. Sept ou huit sont entièrement détruites, Hypæpe, Tralles, Laodicée, Ilion, Halicarnasse, Milet, Éphèse, et nous pouvons ajouter Sardes.
Des trois qui subsistent encore, Pergame est un village isolé,
contenant deux ou trois mille habitans. Magnésie, sous le
nom de Guzel-Hissar, est une ville assez considérable, et
Smyrne est une grande ville peuplée de cent mille âmes;
mais à Smyrne, tandis que les Francs soutenaient le commerce, les Turcs ont ruiné les arts.

(2) Le *Voyage* de Chandler *dans l'Asie-Mineure*, p. 225, etc.,
contient une description agréable et fort exacte des ruines
de Laodicée.

(3) Strabon, l. xii, p. 866; il avait étudié à Tralles.

cipalement de Pergame, de Smyrne et d'Éphèse, qui se disputèrent long-temps le premier rang en Asie (1). Les capitales de la Syrie et de l'Égypte étaient d'un ordre encore supérieur dans l'empire : Antioche et Alexandrie regardaient avec dédain une foule de villes de leur dépendance (2), et le cédaient à peine à la majesté de Rome elle-même.

<small>Chemins de l'empire.</small> Toutes ces villes étaient unies entre elles, et avec la capitale de l'empire, par de grands chemins qui partaient du milieu de la place de Rome, traversaient l'Italie, pénétraient dans les provinces, et ne se terminaient qu'à l'extrémité de cette vaste monarchie. Depuis le mur d'Antonin jusqu'à Jérusalem, la grande chaîne de communication s'étendait du nord-est au sud-est, dans une longueur de quatre mille quatre-vingts milles romains (3). Toutes les routes étaient

---

(1) *Voyez* une dissertation de M. de Boze, *Mémoires de l'Académie*, tome XVIII. Il existe encore un discours d'Aristide, qu'il prononça pour recommander la concorde à ces villes rivales.

(2) Le nombre des Égyptiens, sans compter les habitans d'Alexandrie, se montait à sept millions et demi. (Josèphe, *de Bello jud.*, II, 16.) Sous le gouvernement militaire des mameluks, la Syrie était censée renfermer soixante mille villages. *Histoire de Timur-Bec*, l. V, c. 20.

(3) L'itinéraire suivant peut nous donner une idée de la direction de la route et de la distance entre les principales villes : 1.re depuis le mur d'Antonin jusqu'à York, deux cent vingt-deux milles romains ; 2e Londres, deux cent vingt-sept ; 3e Rhutupiæ ou Sandwich, soixante-sept ; 4e trajet jusqu'à Boulogne, quarante-cinq ; 5e Reims, cent soixante-qua-

exactement divisées par des bornes militaires; on les tracait en droite ligne d'une ville à l'autre, sans avoir égard aux droits de propriété, ni aux obstacles de la nature; on perçait les montagnes, et des arches hardies bravaient l'impétuosité des fleuves les plus larges et les plus rapides (1). Le milieu du chemin, qui s'élevait en terrasse au-dessus de la campagne voisine, était composé de plusieurs couches de sable, de gravier et de ciment; on se servait de larges pierres pour paver; et dans quelques endroits près de Rome, on avait employé le granit (2). Telle était la construction solide des grands chemins de l'empire, qui n'ont pu être entièrement détruits par l'effort de quinze siècles. Ils procuraient aux habitans des provinces les plus éloignées, les moyens d'entretenir une cor-

---

torze; 6ᵉ Lyon, trois cent trente; 7ᵉ Milan, trois cent vingt-quatre; 8ᵉ Rome, quatre cent vingt-six; 9ᵉ Brindes, trois cent soixante; 10ᵉ trajet jusqu'à Dyrrachium, quarante; 11ᵉ Byzance, sept cent onze; 12ᵉ Ancyre, deux cent quatre-vingt-trois; 13ᵉ Tarse, trois cent un; 14ᵉ Antioche, cent quarante-un; 15ᵉ Tyr, deux cent cinquante-deux; 16ᵉ Jérusalem, cent soixante-huit; en tout quatre mille quatre-vingts milles romains, qui sont un peu plus que trois mille sept cent quarante milles anglais. *Voyez* les Itinéraires publiés par Wesseling, avec ses notes. *Voy.* aussi Gale et Stukeley, pour la Bretagne, et M. d'Anville pour la Gaule et l'Italie.

(1) Montfaucon (*Antiquité expliquée*, tome IV, part. 2, liv. 1, c. 5) a décrit les ponts de Narni, d'Alcantara, de Nîmes, etc.

(2) Bergier, *Histoire des grands chemins de l'empire*, l. II, c. 1, 28.

respondance aisée; mais leur premier objet avait été de faciliter la marche des légions. Les Romains ne se croyaient entièrement maîtres d'une contrée, que lorsqu'elle était devenue, dans toutes ses parties, accessible aux armes et à l'autorité du vainqueur. Des postes régulières, établies dans les provinces, instruisaient en peu de temps le souverain de ce qui se passait dans ses vastes domaines, et portaient de tous côtés ses ordres avec promptitude (1). On avait distribué, à des distances seulement de cinq ou six milles, des maisons où l'on avait soin d'entretenir quarante chevaux; et au moyen de ces relais, on pouvait faire environ cent milles par jour sur quelque route que ce fût (2). Pour voyager ainsi, il fallait être autorisé par l'empereur; mais quoique ces postes n'eussent été instituées que pour le service public, on permettait quelquefois aux citoyens d'en faire usage pour leurs affaires particulières (3).

<small>Postes.</small>

---

(1) Procope, *in Hist. arcana*, c. 30; Bergier, *Hist. des grands chemins*, l. IV; *Code Théodosien*, l. VIII, tit. V; vol. II, p. 506-563, avec le savant commentaire de Godefroi.

(2) Du temps de Théodose, Cæsarius, magistrat d'un rang élevé, se rendit en poste d'Antioche à Constantinople: il se mit en route le soir, passa le lendemain au soir en Cappadoce, à cinquante-cinq lieues d'Antioche, et arriva le sixième jour à Constantinople, vers le milieu de la journée. Le chemin était de sept cent vingt-cinq milles romains, environ six cent soixante-cinq milles anglais. *Voyez* Libanius, *orat.* XXI; et les Itinéraires, p. 572-581.

(3) Pline, quoique ministre et favori de l'empereur, s'ex-

La communication n'était pas moins libre par mer; *Navigation.*
la Méditerranée se trouvait renfermée dans les provinces de l'empire, et l'Italie s'avançait en forme de promontoire au milieu de ce grand lac. En général les côtes de l'Italie ne présentent aux vaisseaux aucun abri assuré; mais l'industrie humaine avait réparé ce défaut de la nature. Le port artificiel d'Ostie, creusé par les ordres de l'empereur Claude, à l'embouchure du Tibre, était un des monumens les plus utiles de la grandeur romaine (1). Il n'était éloigné de Rome que de seize milles, et, avec un vent favorable, on pouvait parvenir en sept jours aux colonnes d'Hercule, et aborder en neuf ou dix dans la ville d'Alexandrie en Égypte (2).

Quelques inconvéniens que, soit avec justice, soit *Perfection de l'agriculture dans les contrées occidentales de l'empire.*
par un simple goût de déclamation, on ait voulu attribuer à la trop grande étendue des empires, on ne peut disconvenir que la puissance de Rome n'ait eu, sous quelques rapports, des effets avantageux au bonheur du genre humain; et cette même liberté de communications qui propageait les vices, propageait avec une égale rapidité les perfectionnemens de la vie sociale. Dans une antiquité plus reculée, le globe présentait sur sa surface des parties bien différentes: l'Orient, depuis un temps immémorial, était en pos-

---

cuse de ce qu'il avait fait donner des chevaux de poste à sa femme pour une affaire très-pressée, l. x, lett. 121, 122.
(1) Bergier, *Hist. des grands chemins*, l. IV, c. 49.
(2) Pline, *Hist. nat.*, XIX, 1.

session du luxe et des arts, tandis que l'Occident était habité par des Barbares grossiers et belliqueux qui ou dédaignaient l'agriculture ou n'en avaient pas même la moindre idée. A l'abri d'un gouvernement fixe et assuré, les productions dont la nature avait enrichi des climats plus fortunés, et les arts d'industrie connus parmi des nations plus civilisées, furent portés dans les contrées occidentales de l'Europe, et les habitans de ces contrées, encouragés par un commerce libre et profitable, apprirent à multiplier les unes et à perfectionner les autres. Il serait presque impossible de faire l'énumération de toutes les plantes et de tous les animaux qui furent transportés en Europe de l'Asie et de l'Égypte (1) : nous ne parlerons que des principaux, persuadé que ce sujet peut être utile, et qu'il n'est pas indigne de la majesté de l'histoire.

Introduction des fruits, etc.

I. Les fleurs, les herbes et les fruits, qui croissent aujourd'hui dans nos jardins, sont, pour la plupart, d'extraction étrangère, comme il paraît souvent par le nom qui leur a été conservé. La pomme était une production naturelle de l'Italie ; et lorsque les Romains eurent connu le goût plus délicat de la pêche, de l'abricot, de la grenade, du citron et de l'orange, ils donnèrent le nom de pomme à tous ces nouveaux fruits, et ne les distinguèrent que par le nom du pays d'où ils avaient été transplantés.

---

(1) Selon toutes les apparences, les Grecs et les Phéniciens

II. Du temps d'Homère, la vigne croissait sans culture en Sicile, et vraisemblablement dans le continent voisin; mais l'art ne l'avait pas perfectionnée, et les habitans de ces pays, alors Barbares (1), ne savaient point en extraire une liqueur agréable. Mille ans après, l'Italie pouvait se vanter de produire plus des deux tiers des vins les plus renommés, dont on comptait quatre-vingts espèces différentes (2). Cette denrée précieuse passa bientôt dans la Gaule narbonnaise; mais du temps de Strabon, le froid était si excessif au nord des Cévennes, que l'on croyait impossible d'y faire mûrir le raisin (3); cependant on surmonta par degrés cet obstacle, et il y a lieu de penser que la culture des vignes en Bourgogne (4) est aussi ancienne que le siècle des Antonins (5).

---

portèrent de nouveaux arts et des productions nouvelles dans le voisinage de Cadix et de Marseille.

(1) *Voyez* Homère, *Odyss.*, l. IX, v. 358.

(2) Pline, *Hist. nat.*, l. XIV.

(3) Strabon, *Géogr.* l. IV, p. 223. Le froid excessif d'un hiver gaulois était presque proverbial parmi les anciens (*).

(4) Cela est prouvé par un passage de Pline l'Ancien, où il parle d'une certaine espèce de raisin (*vitis picata, vinum picatum*) qui croît naturellement dans le district de Vienne, et qui, dit-il, a été transportée depuis peu dans le pays des Arvernes (l'Auvergne), des Helviens (le Vivarais), et des Séquaniens (la Bourgogne et la Franche-Comté). Pline écrivait cela l'an de J.-C., 77. *Histoire nat.*, l. XIV, c. 3. (*Note de l'Éditeur.*)

(5) Dans le commencement du quatrième siècle, l'orateur

(*) Strabon dit seulement que le raisin ne mûrit pas facilement

Olive.

III. Dans l'Occident, la culture de l'olivier suivit les progrès de la paix dont il était le symbole. Deux siècles après la fondation de Rome, l'Italie et l'Afrique ne connaissaient point cet arbre utile. L'olivier fut bientôt naturalisé dans ces contrées, et enfin planté dans l'intérieur de la Gaule et de l'Espagne. Les anciens s'imaginaient qu'il ne pouvait croître qu'à un certain degré de chaleur, et seulement dans le voisinage de la mer; mais cette erreur fut insensiblement détruite par l'industrie et par l'expérience (1).

Lin.

IV. La culture du lin passa de l'Égypte dans la Gaule, et fit la richesse de tout le pays, quoique cette plante pût appauvrir les terres particulières dans lesquelles elle était semée (2).

Prairies artificielles.

V. Les prairies artificielles devinrent communes dans l'Italie et dans les provinces, particulièrement la luzerne, qui tirait son nom et son origine de la Médie (3). Des provisions assurées d'une nourriture

---

Eumène (*Panegyr. veter.*, VIII, 6, édit. Delph.) parle des vignes d'Autun, qui avaient perdu de leur qualité par la vétusté; et l'on ignorait alors entièrement le temps de leur première plantation dans le territoire de cette ville. D'Anville place le *pagus Arebrignus* dans le district de Beaune, célèbre, même à présent, pour la bonté de ses vins.

(1) Pline, *Hist. nat.*, l. XV.
(2) Pline, *Hist. nat.*, l. XIX.
(3) *Voy.* les agréables *Essais sur l'Agriculture*, de M. Harte,

(η αμπελος ου ραδιως τελεσφορει). On avait déjà fait des essais, au temps d'Auguste, pour naturaliser la vigne dans le nord de la Gaule; mais il y faisait trop froid. Diod. de Sicile, ed. Rhodomann, p. 304. (*Note de l'Éditeur.*)

saine et abondante pour le bétail, pendant l'hiver, multiplièrent le nombre des troupeaux, qui, de leur côté, contribuèrent à la fertilité du sol. A tous ces avantages l'on peut ajouter une attention particulière pour la pêche et pour l'exploitation des mines. Ces travaux employaient une multitude de sujets, et servaient également aux plaisirs du riche et à la subsistance du pauvre. Columelle nous a donné, dans son excellent ouvrage, la description de l'état florissant de l'agriculture en Espagne sous le règne de Tibère, et l'on peut observer que ces famines, qui désolaient si souvent la république dans son enfance, se firent à peine sentir lorsque Rome donna des lois à un vaste empire : s'il arrivait qu'une province éprouvât quelque disette, elle trouvait aussitôt des secours prompts dans l'abondance d'un voisin plus fortuné.

Abondance générale.

L'agriculture est la base des manufactures, puisque l'art ne peut mettre en œuvre que les productions naturelles. Chez les Romains, un peuple entier d'ouvriers industrieux était sans cesse employé à servir, de mille façons différentes, les gens riches. Dans leurs habits, leurs tables, leurs maisons et leurs meubles, les favoris de la fortune réunissaient tous les raffinemens de l'élégance, de l'utilité et de la magnificence ; on voyait briller autour d'eux tout ce qui pouvait flatter leur vanité et satisfaire leur sen-

Arts de luxe.

---

qui a rassemblé dans cet ouvrage tout ce que les anciens et les modernes ont dit de la luzerne.

sualité. Ce sont ces raffinemens si connus sous le nom odieux de luxe, qui ont excité dans tous les siècles l'indignation des moralistes. Peut-être la société serait-elle plus parfaite et plus heureuse, si tous les hommes possédaient le nécessaire, et que personne ne jouît du superflu; mais, dans l'état actuel, le luxe, quoique né du vice ou de la folie, paraît seul pouvoir corriger la distribution inégale des biens. L'ouvrier laborieux, l'artiste adroit, ne possèdent aucune terre; mais ceux qui les ont en partage consentent à leur payer une taxe, et les propriétaires sont portés, par leur intérêt, à cultiver avec plus de soin des productions dont l'échange leur fournit de nouveaux moyens de plaisir. Cette réaction, dont toute société éprouve des effets particuliers, se fit sentir avec une énergie bien plus puissante dans l'univers romain. Les provinces auraient bientôt été épuisées, si les manufactures et le commerce de luxe n'eussent rendu à des sujets industrieux les richesses que leur avaient enlevées les armes et la puissance de Rome. Tant que la circulation ne s'étendit pas au-delà des limites de l'empire, elle imprima un degré d'activité à la machine politique, et ses effets, souvent utiles, ne furent jamais pernicieux.

Commerce étranger. Mais rien n'est peut-être plus difficile que de renfermer le luxe dans les bornes d'un État. Les contrées les plus éloignées furent mises à contribution pour fournir de nouveaux alimens au faste et à la pompe de la capitale. Les forêts de la Scythie donnaient des fourrures précieuses. On transportait l'ambre par terre, depuis les rives de la Baltique jusqu'au Danube; et les Barbares étaient étonnés du prix qu'ils recevaient en échange pour une production de si peu d'utilité (1). Les tapis de Babylone et les autres ouvrages de l'Orient étaient fort recherchés ; mais c'était avec l'Arabie et avec l'Inde que se faisait le commerce le plus considérable et le moins approuvé. Tous les ans, vers le solstice d'été, une flotte de cent vingt vaisseaux partait de Myos-Hormos, port d'Égypte situé sur la mer Rouge. A l'aide des moussons, elle traversait l'Océan en quarante jours : la côte de Malabar et l'île de Ceylan (2) étaient le terme ordinaire de cette navigation ; et les marchands des régions de l'Asie les plus éloignées s'y rendaient pour y attendre l'arrivée des sujets de Rome. Le retour de la flotte d'Égypte était fixé au mois de décembre ou de janvier : aussitôt ses riches cargaisons, transportées sur des chameaux depuis la mer Rouge jusqu'au Nil, descendaient ce fleuve et abordaient au port d'Alexandrie ; de là elles affluaient dans la capitale de l'em-

---

(1) Tacite, *German.*, c. 45; Pline, *Hist. nat.*, xxxviii, 11. Celui-ci observe assez plaisamment que même la mode n'avait pu trouver à l'ambre un usage quelconque. Néron envoya un chevalier romain sur les côtes de la mer Baltique, pour acheter une grande quantité de cette denrée précieuse.

(2) Appelée Taprobane par les Romains, et Serendib par les Arabes. Cette île fut découverte sous le règne de Claude, et devint insensiblement le principal lieu de commerce de l'Orient.

pire (1). Les objets du commerce de l'Orient étaient brillans, mais au fond de peu d'utilité : ils consistaient en soies, qui se vendaient au poids de l'or (2), en pierres précieuses, parmi lesquelles la perle tenait le premier rang après le diamant (3), et en différentes espèces d'aromates que l'on brûlait dans les temples et dans les pompes funèbres. Un profit presque incroyable dédommageait des peines et des fatigues du voyage ; mais c'était sur des sujets romains que se faisait ce gain exorbitant, et un très-petit nombre de particuliers s'enrichissaient aux dépens du public. Comme les Arabes et les Indiens se contentaient des marchandises et des productions de leur pays ; l'argent était, du côté des Romains, sinon le seul, du moins le principal objet d'échange (4). La gravité du

Or et argent.

---

(1) Pline, *Hist. nat.*, l. vi; Strabon, l. xvii.

(2) *Histoire Aug.*, p. 224. Une robe de soie était regardée comme un ornement pour une femme, et comme indigne d'un homme.

(3) Les deux grandes pêches de perles étaient les mêmes qu'à présent; Ormuz et le cap Comorin. Autant que nous pouvons comparer la géographie ancienne avec la moderne, Rome tirait ses diamans de la mine de Jumelpur, dans le Bengale, dont on trouve une description au tome ii des *Voyages* de Tavernier, p. 281.

(4) Les Indiens n'étaient pas si peu curieux des denrées européennes : Arrien fait une longue énumération de celles qu'on leur donnait en échange contre les leurs; comme des vins d'Italie, du plomb, de l'étain, du corail, des vêtemens, etc. *Voy.* le *Peripl. maris Erythræi*, dans les *Geogr. minor.* de Hudson, t. 1, p. 27, seqq. (*Note de l'Éditeur.*)

sénat pouvait être blessée de ce que les richesses de l'État, employées à la parure des femmes, passaient sans retour entre les mains des nations étrangères et ennemies (1). Un écrivain connu par un esprit de recherche, mais naturellement porté à la censure, fait monter la perte annuelle à plus de huit cent mille liv. sterl. (2); mais c'était le cri d'un esprit inquiet, qui, livré à la mélancolie, croyait sans cesse voir approcher la pauvreté; et si nous comparons la proportion qui existait entre l'or et l'argent, du temps de Pline et sous le règne de Constantin, nous trouverons à cette dernière époque le numéraire considérablement augmenté (3). Rien ne nous porte à croire que l'or fût devenu plus rare; il est donc évident que l'argent était plus commun. Ainsi, quelles qu'aient été les sommes exportées dans l'Arabie et dans l'Inde, elles furent bien loin d'épuiser les richesses de l'empire, et les mines fournirent toujours au commerce des ressources immenses.

Malgré le penchant qu'ont tous les hommes à vanter le passé et à se plaindre du présent, les Romains et les habitans des provinces sentaient vivement et

Félicité générale.

---

(1) Tacite, *Ann.*, III, 52, dans un discours de Tibère.

(2) Pline, *Hist. nat.*, XII, 18. Dans un autre endroit, il calcule la moitié de cette somme; *quingenties H. S.* pour l'Inde, sans comprendre l'Arabie.

(3) La proportion, qui était de un à dix et à douze et demi, s'éleva jusqu'à quatorze et deux cinquièmes, par une loi de Constantin. *Voyez* les Tables d'Arbuthnot, sur les anciennes monnaies, c. 5.

reconnaissaient de bonne foi l'état heureux et tranquille dont ils jouissaient. « Ils conviennent tous que les vrais principes de la loi sociale, les lois, l'agriculture, les sciences, enseignées d'abord dans la Grèce par les sages Athéniens, ont pénétré dans toute la terre avec la puissance de Rome, dont l'heureuse influence sait enchaîner, par les liens d'une langue commune et d'un même gouvernement, les Barbares les plus féroces. Ils affirment que le genre humain, éclairé par les arts, leur est redevable de son bonheur et d'un accroissement visible : ils célèbrent la beauté majestueuse des villes et l'aspect riant de la campagne, ornée et cultivée comme un jardin immense : ils chantent ces jours de fêtes, où tant de nations oublient leurs anciennes animosités au milieu des douceurs de la paix, et ne sont plus exposées à aucun danger (1). » Quelque doute que puisse faire naître le ton de rhéteur et l'air de déclamation que l'on aperçoit dans ce passage, ces descriptions sont entièrement conformes à la vérité historique.

Décadence du courage. Il était presque impossible que l'œil des contemporains découvrît dans la félicité publique des semences cachées de décadence et de destruction. Une longue paix, un gouvernement uniforme, introduisirent un poison lent et secret dans toutes les parties de l'empire : toutes les âmes se trouvèrent insensi-

---

(1) Parmi plusieurs autres passages, *voyez* Pline, *Hist. nat.*, III, 5; Aristides, *de Urbe Româ*, et Tertull., *de Animâ*, c. 30.

blement réduites à un même niveau; le feu du génie disparut; l'on vit même s'évanouir l'esprit militaire. Les Européens étaient braves et robustes. Les provinces de la Gaule, de l'Espagne, de la Bretagne et de l'Illyrie, donnaient aux légions d'excellens soldats, et constituaient la force réelle de la monarchie. Les habitans de ces provinces conservèrent toujours leur valeur personnelle; mais ils cessèrent d'être animés de ce courage public qu'inspirent l'honneur national, l'amour de la liberté, la vue des dangers et l'habitude du commandement. Leurs lois et leurs gouverneurs dépendaient de la volonté du souverain, et leur défense était confiée à une troupe de mercenaires. Les descendans de ces chefs invincibles qui avaient combattu pour leur patrie, se contentaient du rang de citoyens et de sujets; les plus ambitieux se rendaient à la cour des empereurs, et les provinces, abandonnées, sans force et sans union, tombèrent enfin dans la froide langueur de la vie domestique.

L'amour des lettres est presque inséparable de la paix et de l'opulence : elles furent cultivées sous le règne d'Adrien et des deux Antonins, princes instruits eux-mêmes et jaloux de le devenir davantage. Ce goût se répandit dans toute l'étendue de l'empire : la rhétorique était connue dans le nord de la Bretagne : les rives du Rhin et du Danube retentissaient des chants d'Homère, de Virgile; et les plus faibles lueurs du mérite littéraire étaient magnifiquement (1) récom-

Du génie.

---

(1). Hérode-Atticus donna au sophiste Polémon plus de

pensées (1) : la médecine et l'astronomie étaient cultivées par les Grecs avec succès; les observations de Ptolémée et les ouvrages de Galien sont encore étudiés aujourd'hui par ceux même qui ont perfectionné leurs systèmes et corrigé leurs erreurs ; mais, si nous en exceptons l'inimitable Lucien, ce siècle indolent ne produisit aucun écrivain de génie, aucun même qui ait excellé dans le genre des productions simplement agréables (2). L'autorité de Platon et d'Aristote,

---

huit mille livres sterling pour trois déclamations. *Voy.* Philostrate, l. 1, p. 558. Les Antonins fondèrent à Athènes une école dans laquelle on entretenait des professeurs pour apprendre aux jeunes gens la grammaire, la rhétorique, la politique et les principes des quatre grandes sectes de philosophie. Les appointemens que l'on donnait à un philosophe étaient de dix mille drachmes (entre trois et quatre cents livres sterling) par an. On forma de semblables établissemens dans les autres grandes villes de l'empire. *Voy.* Lucien, dans l'*Eunuque*, tome II, p. 353, édit. Reitz; Philostr., l. II, p. 566; *Hist. Aug.*, p. 21 ; Dion-Cassius, l. LXXI, p. 1195. Juvénal lui-même, dans une de ses plus mordantes satires, où l'envie et l'humeur d'une espérance trompée se trahissent à chaque ligne, est cependant obligé de dire :

O juvenes, circumspicit et stimulat vos,
Materiamque sibi ducis indulgentia quærit. Sat. VII, 20.

(1) Ce fut Vespasien qui commença à donner un traitement aux professeurs : il donnait à chaque professeur d'éloquence, grec ou romain, *centena sestertia*. Il récompensait aussi les artistes et les poëtes. (Suétone, *in Vespas.*, c. 18.) Adrien et les Antonins furent moins prodigues, quoique très-libéraux encore. (*Note de l'Éditeur.*)

(2) Ce jugement est un peu sévère : outre les médecins,

de Zénon et d'Épicure, était constamment suivie dans les écoles : leurs systèmes, transmis d'âge en âge par leurs disciples avec une déférence aveugle, étouffaient les efforts du génie, qui auraient pu corriger les erreurs ou reculer les bornes de l'esprit humain : les beautés des poëtes et des orateurs n'inspirèrent que des imitations froides et serviles, au lieu d'allumer dans l'âme du lecteur ce feu sacré dont ces hommes divins étaient embrasés ; et ceux qui osaient s'écarter de ces excellens modèles, perdaient bientôt de vue la route de la raison et du bon sens.

A la renaissance des lettres, le génie de l'Europe parut tout à coup : une imagination active et pleine de force, l'émulation nationale, une religion nouvelle, de nouvelles langues, un nouvel univers, tout l'invitait à sortir de l'engourdissement où il était enseveli ; mais dans l'empire de Rome, les habitans des provinces, subordonnés au système uniforme d'une éducation étrangère, ne pouvaient entrer en lice avec ces fiers anciens, qui, jouissant de l'avantage d'exprimer dans leur langue naturelle la hardiesse de leurs pensées, s'étaient emparés des premiers rangs. Le nom

---

les astronomes, les grammairiens, parmi lesquels étaient des hommes fort distingués, on voyait encore, sous Adrien, Suétone, Florus, Plutarque ; sous les Antonins, Arrien, Pausanias, Appien, Marc-Aurèle lui-même, Sextus-Empiricus, etc. La jurisprudence gagna beaucoup par les travaux de Salvius-Julianus, de Julius-Celsus, de Sex.-Pomponius, de Caïus et autres. (*Note de l'Éditeur.*)

de poëte était presque oublié; les sophistes avaient usurpé celui d'orateur; une nuée de critiques, de compilateurs et de commentateurs, obscurcissait le champ des sciences, et la corruption du goût suivit de près la décadence du génie.

Dépravation. Un peu plus tard, on vit paraître à la cour d'une reine de Syrie un homme qui, élevé en quelque sorte au-dessus de son siècle, fit revivre l'esprit de l'ancienne Athènes. Le sublime Longin observe et déplore cette dépravation qui avilissait ses contemporains, énervait leur courage, et étouffait les talens. « Comme on voit, dit-il, les enfans dont les membres ont été trop comprimés, demeurer toujours des pygmées, ainsi, lorsque nos âmes ont été enchaînées par le préjugé et par la servitude, elles sont incapables de s'élever. Jamais elles ne connaîtront cette véritable grandeur si admirée dans les anciens, qui, vivant sous un gouvernement républicain, écrivaient avec la même liberté qui dirigeait leurs actions (1). » Pour suivre cette métaphore, disons que le genre humain éprouva de jour en jour une dégradation sensible; et réellement l'empire romain n'était peuplé que de pygmées, lorsque les fiers géans du Nord ac-

---

(1) Longin, *Traité du Sublime*, c. 45, p. 229, édit. Toll. Ne pouvons-nous pas dire de Longin qu'il appuie ses allégations par son propre exemple? Au lieu de proposer ses sentimens avec hardiesse, il les insinue avec la plus grande réserve; il les met dans la bouche d'un ami; et, autant que nous en pouvons juger d'après un texte corrompu, il veut paraître lui-même chercher à les réfuter.

coururent sur la scène, et firent disparaître cette race
abâtardie. Ils firent renaître les mâles sentimens de
la liberté ; et après une révolution de dix siècles, la
liberté enfanta le goût et la science.

CHAPITRE III.

De la constitution de l'empire romain dans le siècle des Antonins.

Idée d'une monarchie.

UNE monarchie, selon la définition la plus générale, est un État dans lequel une seule personne, quelque nom qu'on lui donne, est chargée de l'exécution des lois, de la direction des revenus, et du commandement des armées; mais, à moins que des protecteurs vigilans et intrépides ne veillent à la liberté publique, l'autorité d'un magistrat aussi formidable dégénère bientôt en despotisme. Dans le siècle de la superstition, le genre humain, pour assurer ses droits, aurait pu tirer parti de l'influence du clergé; mais il existe une union si intime entre le trône et l'autel, que l'on a vu bien rarement la bannière de l'Église flotter du côté du peuple : une noblesse belliqueuse et des communes inflexibles, attachées à leur propriété, prêtes à la défendre les armes à la main, et réunies dans des assemblées régulières, sont la seule digue qui puisse sauver une constitution libre des attaques d'un prince entreprenant.

Situation d'Auguste.

La constitution de la république romaine n'existait plus; la vaste ambition du dictateur l'avait renversée; la main cruelle du triumvir lui porta les derniers coups. Après la victoire d'Actium, le destin de l'univers dépendit de cet Octave, surnommé César en vertu de l'adoption de son oncle, et décoré ensuite du titre d'Auguste par la flatterie du sénat. Le vainqueur était à la tête de quarante-quatre légions (1), toutes composées de vétérans (2), pleines du sentiment de leurs forces, méprisant la faiblesse de la constitution, accoutumées, pendant vingt ans de guerre, à répandre des flots de sang et à commettre toutes sortes de violences ; enfin, passionnément dévouées à la maison de César, dont elles avaient déjà reçu et dont elles attendaient encore des récompenses excessives. Les provinces, long-temps opprimées par les ministres de la république, soupiraient après le gouvernement d'un seul homme, qui fût le maître et non le complice de cette foule de petits tyrans. Le peuple de Rome, triomphant en secret de la chute de l'aristocratie, ne demandait que du pain et des spectacles ; et il était séduit par la libéralité d'Auguste, qui s'empressait de satisfaire ses désirs. Les plus riches habitans de l'Italie avaient presque tous embrassé la philosophie d'Épicure ; ils jouissaient des douceurs de la paix et d'une heureuse tranquillité, sans se livrer aux idées de cette ancienne liberté si tumultueuse, dont le souvenir aurait pu troubler le songe agréable d'une vie

---

(1) Orose, vi, 18.

(2) Dion dit vingt-cinq (l. LV, c. 20) : les triumvirs réunis, selon Appien, n'en avaient que quarante-trois. Le témoignage d'Orose est de peu de valeur quand il en existe de plus sûrs. (*Note de l'Éditeur.*)

entièrement consacrée au plaisir. Avec sa puissance, le sénat avait perdu sa dignité; un grand nombre des plus nobles familles étaient éteintes; ce qui restait de républicains utiles et zélés, avait péri dans les proscriptions ou les armes à la main, et cette assemblée, ouverte à dessein à une multitude sans choix, était actuellement composée de plus de mille personnes, qui déshonoraient leur rang, au lieu d'en être honorées (1).

<small>Il réforme le sénat.</small>

Lorsque Auguste n'eut plus d'ennemis, il montra, par le soin qu'il prit de réformer le sénat, qu'il ne voulait pas être le tyran de sa patrie, mais qu'il aspirait à en être le père. Élu censeur, de concert avec son fidèle Agrippa, il examina la liste des sénateurs; il en chassa un petit nombre, dont les vices ou l'opiniâtreté exigeaient un exemple public. Près de deux cents, à sa persuasion, prévinrent, par une retraite volontaire, la honte d'une expulsion. Il fut ordonné que l'on ne pourrait entrer dans le sénat sans posséder environ dix mille livres sterling. De nouvelles familles patriciennes remplirent le vide qu'avaient occasioné les fureurs des guerres civiles. Enfin Auguste se fit nommer prince du sénat, titre honorable, que les censeurs n'avaient jamais donné qu'au citoyen le plus distingué par son crédit et par ses services (2).

---

(1) Jules-César introduisit dans le sénat des soldats, des étrangers et des hommes encore à demi barbares. (Suétone, *Vie de César*, c. 77, 80.) Après sa mort, cet abus devint encore plus scandaleux.

(2) Dion-Cassius, l. III, p. 693; Suétone; *Vie d'Aug.*; c. 55.

Mais en même temps qu'il rétablissait la dignité de ce corps respectable, il en détruisait l'indépendance. Les principes d'une constitution libre sont perdus à jamais lorsque l'autorité législative est créée par le pouvoir exécutif (1).

Devant cette assemblée, ainsi préparée et formée selon ses vues, Auguste prononça un discours étudié, où l'ambition était cachée sous le voile du patriotisme. Il déplorait, mais cherchait à excuser sa conduite passée. « La piété filiale avait exigé qu'il vengeât le meurtre de son père; son humanité s'était trouvée quelquefois obligée de céder aux lois cruelles de la nécessité; il s'était vu forcé de s'unir à d'indignes collègues. Tant qu'Antoine avait vécu, il avait dû défendre la république de la domination d'un Romain dégénéré et d'une reine barbare. Libre maintenant de satisfaire à la fois à son devoir, à son inclination, il rendait solennellement au sénat et au peuple leurs anciens droits. Son seul désir était de

Il résigne son pouvoir.

---

(1) Auguste, qui alors se nommait encore Octave, était censeur; et, comme tel, il avait le droit de réformer le sénat, d'en bannir les membres indignes, de nommer le *princeps senatûs*, etc. : c'était là ce qu'on appelait *senatum legere*. Il n'était pas rare non plus, du temps de la république, de voir un censeur nommé lui-même *prince du sénat*. (Tite-Live, l. XXVII, c. 11, et l. XL, c. 51.) Dion affirme que cela fut fait conformément à l'ancien usage (p. 496). Quant à l'admission d'un certain nombre de familles dans les rangs des patriciens, il y fut autorisé par un sénatus-consulte exprès : Βουλης επιτρεψασης, dit Dion. (*Note de l'Éditeur.*)

se mêler dans la foule de ses concitoyens, et de partager avec eux le bonheur qu'il avait obtenu à sa patrie (1). »

<small>On l'engage à le reprendre sous le titre d'empereur et de général.</small>

Si Tacite avait été présent à cette séance, il n'eût appartenu qu'à ce grand écrivain d'exprimer l'agitation du sénat. Sa plume seule aurait pu décrire les sentimens cachés des uns et le zèle affecté des autres. Il était dangereux d'ajouter foi aux paroles d'Auguste; paraître douter de sa sincérité aurait pu devenir encore plus funeste. Les avantages respectifs de la monarchie et du gouvernement républicain ont souvent été balancés par des écrivains spéculatifs. En cette circonstance, la grandeur de Rome, la corruption des mœurs, la licence des soldats, ajoutaient beaucoup de force aux raisons qui pouvaient faire pencher du côté de la monarchie; à ces principes généraux de gouvernement se trouvaient mêlées les espérances et les craintes de chaque particulier. Au milieu de cette incertitude, la réponse des sénateurs fut unanime et décisive : ils refusèrent d'accepter la résignation d'Auguste; ils le conjurèrent de ne pas abandonner la république qu'il avait sauvée. Après une feinte résistance, l'habile tyran se soumit aux ordres du sénat. Il consentit à recevoir le gouvernement des provinces, et le commandement général des

---

(1) Dion-Cassius, l. LIII, p. 698, met à cette occasion dans la bouche d'Auguste un discours prolixe et enflé. J'ai emprunté de Tacite et de Suétone les expressions qui pouvaient convenir à ce prince.

armées romaines, sous les titres si connus de proconsul et d'empereur (1); mais il déclara qu'il n'acceptait ce pouvoir que pour dix ans. Il se flattait, disait-il, qu'avant l'expiration de ce terme, les blessures faites à l'État par les discordes civiles seraient entièrement fermées, et que la république, rendue à son ancienne splendeur, n'aurait plus besoin de la dangereuse interposition d'un magistrat si extraordinaire. Cette comédie fut jouée plusieurs fois pendant la vie d'Auguste, et l'on en conserva la mémoire jusqu'aux derniers âges de l'empire : les monarques perpétuels de Rome célébrèrent toujours, avec une pompe solennelle, la dixième année de leur règne (2).

Le général des armées romaines pouvait, sans enfreindre en aucune manière les principes de la constitution, recevoir et exercer une autorité presque despotique sur les soldats, sur les ennemis et sur les sujets de la république : quant aux soldats, dès les premiers temps de Rome, le jaloux sentiment de la liberté avait fait place parmi eux à l'espoir des conquêtes, et à une juste idée de la discipline militaire.

<small>Pouvoir des généraux romains.</small>

---

(1) *Imperator*, d'où nous avons tiré le mot *empereur*, ne signifiait, sous la république, que *général*; et les soldats donnaient solennellement ce titre sur le champ de bataille à leur chef victorieux lorsqu'ils l'en jugeaient digne. Lorsque les *empereurs* romains le prenaient dans ce sens, ils le plaçaient après leur nom, et ils désignaient combien de fois ils en avaient été revêtus.

(2) Dion, l. LIII, p. 703, etc.

Le dictateur ou le consul pouvait exiger de tout jeune Romain qu'il portât les armes. Ceux qui, par lâcheté ou par opiniâtreté, refusaient d'obéir, s'exposaient aux châtimens les plus sévères et les plus ignominieux. Le coupable était retranché de la liste des citoyens, ses biens confisqués, sa personne vendue pour l'esclavage (1). Les droits les plus sacrés de la liberté, confirmés par la loi Porcia et la loi Sempronia, étaient absolument suspendus par l'engagement militaire. Le général avait droit de vie et de mort dans son camp : son autorité n'était soumise à aucune forme légale; il jugeait en dernier ressort; et l'exécution suivait de près la sentence (2). L'autorité législative désignait l'ennemi que la république avait à combattre. Dans les occasions les plus importantes, le sénat décidait de la guerre et de la paix, et ses résolutions devaient être solennellement ratifiées par le peuple; mais dans les régions situées à une grande distance de l'Italie, les généraux n'attendaient pas d'ordre supérieur pour déclarer la guerre à une nation; ils agissaient de la manière qui leur paraissait la plus avantageuse au bien public.

Ce n'était point sur la justice de leurs entre-

---

(1) Tite-Live, *Epit.*, l. xiv; Valère-Maxime, vi, 3.
(2) *Voyez* dans le huitième livre de Tite-Live la conduite de Manlius-Torquatus et de Papirius-Cursor : ils violèrent les lois de la nature et de l'humanité, mais ils assurèrent celles de la discipline militaire; et le peuple, qui abhorrait l'action, fut obligé de respecter le principe.

prises qu'ils s'appuyaient pour demander l'honneur du triomphe ; le succès était leur seul titre. Ils usaient de la victoire en despotes, et ils exerçaient une autorité sans bornes, principalement lorsqu'ils n'étaient plus retenus par la présence des commissaires du sénat. Pompée, dans son gouvernement de l'Asie, récompensa les légions et les alliés de l'État, détrôna des princes, démembra des royaumes, fonda des colonies, et distribua les trésors de Mithridate : à son retour à Rome, il obtint, par un seul acte du sénat et du peuple, la ratification générale de tout ce qu'il avait fait (1). Tel était le pouvoir dont jouissaient, légalement ou par usurpation, les généraux des armées romaines sur les soldats et sur les ennemis de la république. Ils étaient en même temps gouverneurs, ou plutôt souverains, des provinces conquises ; ils réunissaient l'autorité civile et militaire, administraient la justice, étaient chargés de la direction des finances, et exerçaient la puissance exécutive et législative de l'État.

D'après ce que nous avons déjà rapporté dans le

Lieutenans de l'empereur.

―――――――――――

(1) Pompée obtint, par les suffrages inconsidérés, mais libres, du peuple, un commandement militaire à peine inférieur à celui d'Auguste. Parmi plusieurs actes extraordinaires de l'autorité exercée par le vainqueur de l'Asie, on peut remarquer la fondation de vingt-neuf villes, et l'emploi de trois ou quatre millions sterling qu'il distribua à ses troupes : la ratification de ces actes souffrit des délais et quelques oppositions dans le sénat. *Voyez* Plutarque, Appien, Dion-Cassius, et le premier livre des *Lettres à Atticus*.

premier chapitre de cet ouvrage, on peut se former une idée des armées et des provinces de l'empire, lorsque Auguste prit en main les rênes du gouvernement. Comme il eût été impossible à ce prince de commander en personne les légions répandues sur des frontières éloignées, il obtint, comme Pompée, la premission de confier son autorité à des lieutenans. Ces officiers paraissent avoir eu le même rang et le même pouvoir que les anciens proconsuls; mais leur commandement était subordonné et précaire : ils tenaient leur commission des mains d'un chef suprême, qui s'attribuait la gloire de leurs exploits; ils n'agissaient que sous ses auspices (1) ; en un mot, ils étaient les représentans de l'empereur, seul général de la république, et dont l'autorité civile et militaire s'étendait sur tous les domaines de Rome. Le sénat avait la satisfaction de voir que ses membres jouissaient seuls de ces dignités importantes. Les lieutenans de l'empire étaient choisis parmi les anciens consulaires ou les anciens préteurs; les légions avaient à leur tête des sénateurs; et de tous les gouvernemens de pro-

---

(1) Sous la république, le triomphe n'était accordé qu'au général autorisé à prendre les auspices au nom du peuple. Par une conséquence juste, tirée de ce principe de religion et de politique, le triomphe fut réservé à l'empereur; et ses lieutenans, au milieu des emplois les plus éclatans, se contentèrent de quelques marques de distinction, qui, sous le titre de dignités triomphales, furent imaginées en leur faveur.

vinces, il n'y eut que la préfecture d'Égypte qui fut confiée à un chevalier romain.

Auguste venait d'être élevé au premier rang; six jours après, il résolut de satisfaire, par un sacrifice aisé, la vanité des sénateurs. Il leur représenta que son pouvoir s'étendait même au-delà des bornes qu'il avait été nécessaire de tracer, pour remédier aux maux de l'État. « On ne lui avait pas permis, disait-il, de refuser le commandement pénible des armées et des frontières, mais il insistait pour avoir la liberté de faire passer les provinces plus tranquilles sous la douce administration du magistrat civil. » Dans la division des provinces, Auguste consulta également son intérêt personnel et la dignité de la république. Les proconsuls nommés par le sénat, et principalement ceux de l'Asie, de la Grèce et de l'Afrique, jouissaient d'une distinction plus honorable que les lieutenans de l'empereur, qui commandaient dans la Gaule ou en Syrie. Les premiers étaient accompagnés de licteurs, ceux-ci avaient à leur suite des soldats (1). Il fut cependant statué par une loi que la

Division des provinces entre l'empereur et le sénat.

---

(1) Cette distinction est sans fondement. Les lieutenans de l'empereur, qui se nommaient *pro-préteurs*, soit qu'ils eussent été préteurs ou consuls, étaient accompagnés de six licteurs : ceux qui avaient le droit de l'épée portaient aussi un habit militaire (*paludamentum*) et une épée. Les intendans envoyés par le sénat, qui s'appelaient tous *proconsuls*, soit qu'ils eussent ou non été consuls auparavant, avaient douze licteurs quand ils avaient été consuls, et six seulement quand ils n'avaient été que préteurs. Les provinces d'A-

présence de l'empereur suspendrait, dans chaque département, l'autorité ordinaire du gouverneur. Les nouvelles conquêtes devinrent une portion du domaine impérial, et l'on s'aperçut bientôt que la puissance du prince, dénomination favorite d'Auguste, était la même dans toutes les parties de l'empire.

<small>L'empereur conserve le commandement militaire, et se fait accompagner de gardes au milieu même de Rome.</small>

En retour de cette concession imaginaire, Auguste obtint un privilége important, qui le rendait maître de Rome et de l'Italie. Il fut autorisé à retenir le commandement militaire, et à conserver auprès de sa personne une garde nombreuse, même en temps de paix et dans le centre de la capitale; prérogative dangereuse, qui renversait les anciennes maximes. Il n'avait réellement d'autorité que sur les citoyens engagés dans le service par le serment militaire; mais les Romains étaient si portés à l'esclavage, que les magistrats, les sénateurs et l'ordre équestre, s'empressèrent de prêter ce serment. Enfin, l'hommage de la flatterie fut converti insensiblement en une protestation de fidélité, qui se renouvelait tous les ans avec une pompe solennelle.

<small>Puissance consulaire et tribunitienne.</small>

Auguste regardait la force militaire comme la base la plus solide du gouvernement; mais il ne pouvait se dissimuler combien un pareil instrument devait

---

frique et d'Asie n'étaient données qu'à des ex-consuls. *Voy.* des détails sur l'organisation des provinces, dans Dion (l. L, III, 12-16), et dans Strabon (l. XVII, p. 840); le texte grec, car la traduction latine est fautive.

(*Note de l'Éditeur.*)

paraître odieux. Son caractère et sa politique lui firent adopter des mesures plus sages ; il aima mieux régner sous les titres respectables de l'ancienne magistrature, et rassembler sur sa tête tous les rayons épars de l'autorité civile. Dans cette vue, il permit au sénat de lui donner pour sa vie le consulat (1) et la puissance tribunitienne (2). Tous les empereurs imitèrent son exemple. Les consuls avaient succédé aux premiers rois de Rome ; ils représentaient la nation, avaient l'inspection sur les cérémonies de la religion, levaient et commandaient les armées, donnaient audience aux ambassadeurs étrangers, et présidaient aux assemblées du sénat et du peuple. L'administration des finances leur était confiée ; et quoiqu'il leur fût rarement possible de rendre la justice en personne, la nation voyait en eux les défenseurs suprêmes des lois, de la paix et de l'équité. Telles étaient leurs fonctions ordinaires ; mais ce premier magistrat se trouvait au-dessus de toute juridiction, dès que le sénat lui enjoignait de veiller à la

---

(1) Cicéron (*de Legibus*, III, 3) donne à la dignité consulaire le nom de *regia potestas* ; et Polybe (l. VI, c. 3) observe trois pouvoirs dans la constitution romaine. Le pouvoir monarchique était représenté et exercé par les consuls.

(2) Comme la puissance tribunitienne, différente de l'emploi annuel de tribun, fut inventée pour le dictateur César (Dion, l. XLIV, p. 384), elle lui fut probablement donnée comme une récompense, pour avoir si généreusement assuré par les armes les droits sacrés des tribuns et du peuple. *Voyez* ses Commentaires ; *de Bello civili*, l. 1.

sûreté de la république : alors, pour conserver la liberté, il exerçait un despotisme momentané (1).

Les tribuns s'offraient à tous égards sous un aspect différent de celui que présentait la dignité de consul : leur apparence extérieure était humble et modeste, mais leur personne était sacrée ; ils avaient moins de force pour agir que pour repousser. Chargés par leur institution de défendre les opprimés, de pardonner les offenses et d'accuser les ennemis du peuple, ils pouvaient, lorsqu'ils le jugeaient à propos, arrêter d'un seul mot toute la machine du gouvernement. Tant que la république subsista, l'on n'eut rien à redouter du crédit que des citoyens auraient pu retirer de ces places importantes. Elles étaient entourées de plusieurs barrières : l'autorité qu'elles donnaient expirait au bout d'un an ; on élisait deux consuls, les tribuns étaient au nombre de dix ; et comme les vues publiques et particulières de ces différens magistrats se trouvaient diamétralement opposées, cette diversité d'intérêts, loin de détruire la constitution, contribuait à en maintenir la balance toujours égale (2) ;

---

(1) Auguste exerça neuf fois de suite le consulat annuel ; ensuite il refusa artificieusement cette dignité aussi bien que la dictature ; et, s'éloignant de Rome, il attendit que les suites funestes du tumulte et de l'esprit de faction eussent forcé le sénat à le revêtir du consulat pour toute sa vie. Ce prince et ses successeurs affectèrent cependant de cacher un titre qui pouvait leur attirer la haine de leurs sujets.

(2) Cette égalité fut le plus souvent illusoire ; l'institution des tribuns fut loin d'avoir tous les effets qu'on devait en

mais lorsque les puissances consulaire et tribunitienne furent réunies, lorsqu'une seule personne s'en trouva revêtue pour toute sa vie, lorsque le général de l'armée devint en même temps le ministre du sénat et le représentant du peuple, il fut impossible de résister à l'autorité impériale; on eût même entrepris difficilement d'en tracer les limites.

A cette accumulation d'honneurs, la politique d'Auguste ajouta bientôt les brillantes et importantes dignités de grand pontife et de censeur : l'une lui donnait le droit de veiller à la religion, l'autre une inspection légale sur les mœurs et sur les fortunes du

Prérogatives impériales.

---

attendre et qu'on aurait pu en obtenir : il y avait, dans la manière même dont elle fut organisée, des obstacles qui l'empêchèrent souvent de servir utilement le peuple et de contrebalancer le pouvoir, parfois oppressif, du sénat. Le peuple, en ne leur donnant que le droit de *délibérer*, pour se réserver celui de *ratifier* leurs décisions, avait cru conserver une apparence de souveraineté, et n'avait fait que renverser l'appui qu'il venait de se donner. « Les sénateurs, dit de Lolme, les consuls, les dictateurs, les grands personnages qu'il avait la prudence de craindre et la simplicité de croire, continuaient à être mêlés avec lui et à déployer leur savoir-faire; ils le haranguaient encore; ils changeaient encore le lieu des assemblées;... ils les dissolvaient ou les dirigeaient; et les tribuns, lorsqu'ils avaient pu parvenir à se réunir, avaient le désespoir de voir échouer, par des ruses misérables, des projets suivis avec les plus grandes peines et même les plus grands périls. » De Lolme, *Constitut. d'Angleterre*, chap. 7, tome II, p. 11.

On trouve dans Valère-Maxime un exemple frappant de

peuple romain. Si la nature particulière de tant de pouvoirs distincts, et jusqu'alors séparés l'un de l'autre, apportait quelque obstacle à leur réunion dans une même main, la complaisance du sénat était prête à faire disparaître ces inconvéniens et à remplir tous les intervalles par les concessions les plus étendues. Les empereurs étaient les premiers ministres de la république : comme tels, ils furent dispensés de l'obligation et de la peine de plusieurs lois incommodes. Ils pouvaient convoquer le sénat, proposer dans le même jour plusieurs questions, présenter les candidats destinés aux grandes charges, étendre les limites de la ville, disposer à leur gré des revenus de l'État, faire la paix et la guerre, ratifier les traités : enfin, en vertu d'un pouvoir encore plus étendu,

---

l'influence que les grands exerçaient souvent sur le peuple, malgré les tribuns et contre leurs propositions : dans un temps de disette, les tribuns ayant voulu proposer des arrangemens au sujet des blés, Scipion-Nasica contint l'assemblée en leur disant : « Silence, Romains ; je sais mieux que vous ce qui convient à la république : *Tacete, quæso, Quirites; plus enim ego quàm vos quid reipublicæ expediat, intelligo.* » — *Quâ voce auditâ, omnes pleno venerationis silentio, majorem ejus autoritatis quàm suorum alimentorum curam egerunt.* Cette influence fut telle, que les tribuns furent souvent les victimes de la lutte qu'ils engagèrent avec le sénat, bien qu'en plusieurs occasions ils soutinssent les vrais intérêts du peuple : tel fut le sort des deux Gracchus si injustement calomniés par les grands, et si lâchement abandonnés par ce peuple dont ils avaient embrassé la cause.

(*Note de l'Éditeur.*)

il leur était permis d'exécuter ce qui leur paraissait être le plus avantageux à l'empire, et convenir le mieux à la majesté des lois, du gouvernement et de la religion (1).

Lorsque toutes les différentes branches de la puissance exécutive eurent été remises à un seul chef, les autres magistrats languirent dans l'obscurité. Dépouillés de leur autorité, à peine même leur laissait-on la connaissance de quelques affaires. Auguste conserva avec le plus grand soin le nom et les formes de l'ancienne administration. On élisait tous les ans, avec les cérémonies ordinaires, le même nombre de consuls, de préteurs et de tribuns (2), qui tous conti-

Magistrats.

---

(1) *Voyez* un fragment d'un décret du sénat, qui conférait à l'empereur Vespasien tous les pouvoirs accordés à ses prédécesseurs, Auguste, Tibère et Claude. Ce monument curieux et important se trouve dans les inscriptions de Gruter, n° CCXLII (*).

(2) On élisait deux consuls aux calendes de janvier; mais dans le cours de l'année on leur en substituait d'autres, jusqu'à ce que le nombre des consuls annuels se montât au moins à douze. On choisissait ordinairement seize ou dix-huit préteurs (Juste-Lipse, *in excurs. D. ad Tacit. Annal.*, l. 1). Je n'ai point parlé des édiles ni des questeurs : de simples magistrats chargés de la police ou des revenus, se prêtent aisément à toutes les formes de gouvernement. Sous le règne de Néron, les tribuns possédaient légalement le droit

(*) Il se trouve aussi dans les éditions que Ryck (*Animad.*, p. 420; 421) et Ernesti (*Excurs. ad* l. IV, c. 6) ont données de Tacite; mais ce fragment renferme tant d'irrégularités, et dans le fond et dans la forme, qu'on peut élever des doutes sur son authenticité. (*Note de l'Éditeur.*)

nuaient à exercer quelques-unes des fonctions les moins importantes de leur charge. Ces honneurs excitaient encore la frivole ambition des Romains. Les empereurs mêmes, quoique revêtus pour toute leur vie du consulat, se mettaient souvent sur les rangs pour obtenir ce titre, et ils ne dédaignaient pas de le partager avec les plus illustres d'entre leurs concitoyens (1). Durant le règne d'Auguste on souffrit que le peuple, dans l'élection de ces magistrats, offrît le spectacle de tous les inconvéniens qui accompagnent la plus turbulente démocratie. Loin de laisser apercevoir le moindre signe d'impatience, ce prince adroit sollicitait humblement pour lui, ou pour ses amis, les suffrages du peuple, et il remplissait avec la dernière exactitude tous les devoirs d'un candidat ordinaire (2). Mais, selon toutes les apparences, son successeur n'agit que par ses conseils, lorsque, pour

---

d'*intercessione*, quoiqu'il eût été dangereux d'en faire usage. (Tacite, *Ann.*, XVI, 26.) Du temps de Trajan, on ignorait si le tribunat était une charge ou un nom. *Lettres de Pline*, I, 23.

(1) Les tyrans eux-mêmes briguèrent le consulat. Les princes vertueux demandèrent cette dignité avec modération et l'exercèrent avec exactitude. Trajan renouvela l'ancien serment, et jura devant le tribunal du consul qu'il observerait les lois. Pline, *Panégyr.*, c. 64.

(2) *Quoties magistratuum comitiis interesset, tribus cum candidatis suis circuibat, supplicabatque more solemni. Ferebat et ipse suffragium in tribubus, ut unus è populo.* Suétone, *Vie d'Auguste*, c. 56.

première mesure de son règne, il transporta le droit d'élection au sénat de Rome (1). Les assemblées du peuple furent abolies pour jamais; et les souverains n'eurent plus à redouter les caprices d'une multitude dangereuse, qui, sans rétablir la liberté, aurait pu troubler la nouvelle administration, et peut-être y porter des atteintes mortelles.

Marius et César, en se déclarant les protecteurs du peuple, avaient renversé la constitution de leur patrie: mais dès que le sénat eut été humilié, et qu'il eut perdu toute sa force, cette assemblée, composée de cinq ou six cents personnes, devint entre les mains du despotisme un instrument utile et flexible. Ce fut principalement sur la dignité du sénat qu'Auguste et ses successeurs fondèrent leur nouvel empire; ils affectèrent, en toute occasion, d'adopter le langage et les principes des patriciens. Dans l'exercice de leur puissance, ils consultaient le souverain conseil de la nation, et ils paraissaient se conformer à ses décisions pour les grands intérêts de la paix et de la guerre. Rome, l'Italie et les provinces intérieures, étaient

Le sénat.

---

(1) *Tum primum comitia e campo ad patres translata sunt.* Tacite, *Ann.*, 1, 15. Le mot *primum* semble faire allusion à quelques faibles et inutiles efforts qui furent faits pour rendre au peuple le droit d'élection (*).

(*) L'empereur Caligula avait fait lui-même cette tentative; il rendit au peuple les comices, et les lui ôta de nouveau peu après. (Suétone, *in Caio*, c. 16; Dion, l. LIX, 9, 20.) Cependant, du temps de Dion, on conservait encore une ombre des comices. Dion, l. VIII, 20. (*Note de l'Éditeur.*)

sous le gouvernement direct du sénat. Ce tribunal décidait en dernier ressort de toutes les affaires civiles : quant au criminel, il connaissait des prévarications commises par les hommes en place, et des délits qui intéressaient la tranquillité ou la majesté du peuple romain. L'exercice du pouvoir judiciaire devint la plus habituelle et la plus sérieuse des occupations du sénat. Les causes importantes ouvraient une carrière brillante aux grands orateurs : c'était le dernier asile où venait se réfugier l'ancien génie de l'éloquence. Comme conseil de la nation et comme cour de justice, le sénat jouissait de prérogatives très-considérables ; tandis qu'en sa qualité de corps législatif, il était supposé représenter le peuple, et paraissait avoir conservé les droits de la souveraineté. Les lois recevaient leur sanction de ses décrets : toute puissance était dérivée de son autorité. Il s'assemblait régulièrement trois fois par mois, aux calendes, aux nones et aux ides. On discutait les affaires avec une honnête liberté ; et les empereurs, qui se glorifiaient du titre de sénateur, prenaient séance, donnaient leur voix, et se confondaient avec leurs égaux.

Idées générales du système impérial. Résumons en peu de mots le système du gouvernement impérial institué par Auguste et maintenu par ceux de ses successeurs qui connurent leurs véritables intérêts et ceux du peuple : c'était une monarchie absolue, revêtue de toute la forme d'une république. Les souverains de ce vaste État plaçaient leur trône au milieu des nuages. Soigneux de dérober aux yeux de leurs sujets leur force irrésistible, ils faisaient profession d'être les ministres du sénat, et obéissaient aux décrets suprêmes qu'ils avaient eux-mêmes dictés (1).

L'aspect de la cour répondait aux formes de l'administration. Si nous en exceptons ces tyrans qui, emportés par leurs folles passions, foulaient aux pieds toutes les lois de la nature et de la décence, les empereurs dédaignèrent une pompe dont l'éclat aurait pu offenser leurs concitoyens, sans rien ajouter à leur puissance réelle. Dans tous les détails de la vie, ils semblaient oublier la supériorité de leur rang : souvent ils visitaient leurs sujets, et les invitaient à venir partager leurs plaisirs; leurs habits, leur table, leur palais, n'avaient rien qui les distinguât d'un sénateur opulent : leur maison, quoique nombreuse et brillante, n'était composée que d'esclaves et d'affranchis (2). Auguste ou Trajan aurait rougi d'abaisser le dernier des citoyens à ces emplois domestiques

Cour des empereurs.

---

(1) Dion (l. LIII, p. 703-714) a tracé d'une main partiale une bien faible esquisse du gouvernement impérial. Pour l'éclaircir, souvent même pour le corriger, j'ai médité Tacite, examiné Suétone, et consulté parmi les modernes les auteurs suivans : l'abbé de La Bletterie, *Mém. de l'Acad.*, t. XIX, XXI, XXIV, XXV, XXVII; Beaufort, *Rép. rom.*; t. I, p. 255-275; deux dissertations de Noodt et de Gronovius, *de Lege regiâ*, imprimées à Leyde en 1731; Gravina, *de Imperio romano*, p. 479-544 de ses opuscules; Maffei, *Verona illustrata*, part. 1, p. 245, etc.

(2) Un prince faible sera toujours gouverné par ses domestiques. Le pouvoir des esclaves aggrava la honte des Ro-

que les nobles les plus fiers de la Grande-Bretagne sont aujourd'hui si ambitieux d'obtenir dans la maison et dans le service personnel du chef d'une monarchie limitée.

Déification. Si les empereurs peuvent être accusés d'avoir passé les bornes de la prudence et de la modestie qu'ils avaient eux-mêmes tracées, c'est lorsqu'ils ont voulu être mis au rang des dieux (1). Ce culte impie, et dicté par une basse adulation, fut institué dans l'Asie en l'honneur des successeurs d'Alexandre (2). Des monarques il fut aisément transféré aux gouverneurs

---

mains, et les sénateurs firent leur cour à un Pallas, à un Narcisse. Il peut arriver qu'un favori moderne soit de naissance honnête.

(1) *Voyez* un traité de Van-Dale, *de Consecratione principum*. Il me serait plus aisé de copier, qu'il ne me l'a été de vérifier les citations de ce savant Hollandais.

(2) Cela est inexact. Les successeurs d'Alexandre ne furent point les premiers souverains déifiés ; les Égyptiens avaient déifié et adoré plusieurs de leurs rois ; l'Olympe des Grecs était peuplé de divinités qui avaient régné sur la terre; enfin, Romulus lui-même avait reçu les honneurs de l'apothéose (Tite-Live, l. 1, c. 16) long-temps avant Alexandre et ses successeurs. C'est aussi une inexactitude que de confondre les hommages rendus dans les provinces aux gouverneurs romains, par des temples et des autels, avec la véritable apothéose des empereurs : ce n'était pas un culte religieux, car il n'y avait ni prêtres ni sacrifices. Auguste fut sévèrement blâmé pour avoir permis qu'on l'adorât comme un dieu dans les provinces (Tac., *Annal.*, l. 1, c. 10) ; il n'eût pas encouru ce blâme s'il n'eût fait que ce que faisaient les gouverneurs. (*Note de l'Éditeur.*)

de cette contrée ; bientôt les magistrats romains, adorés comme des divinités de la province, eurent des temples où brillait la pompe des fêtes et des sacrifices (1). Il était bien naturel que les empereurs acceptassent ce que de simples proconsuls n'avaient pas refusé. Ces honneurs divins, rendus dans les provinces, attestaient plutôt le despotisme que la servitude de Rome : mais les nations vaincues enseignèrent à leurs maîtres l'art de la flatterie. Le génie impérieux du premier des Césars l'engagea trop facilement à recevoir pendant sa vie une place parmi les divinités tutélaires de la république. Le caractère modéré de son successeur lui fit rejeter ce dangereux hommage ; et même par la suite tous les princes, excepté Caligula et Domitien, renoncèrent à cette folle ambition. Auguste, il est vrai, permit à quelques villes de province de lui élever des temples ; mais il exigea que l'on célébrât le culte de Rome avec celui du souverain. Il tolérait une superstition particulière dont il était l'objet (2), tandis que, satisfait des hommages du sénat et du peuple, il laissait sagement à son successeur le soin de sa déification. De là s'introduisit, à la mort des empereurs, la coutume constante de les placer au nombre des dieux. Le sénat accor-

---

(1). *Voyez* une dissertation de l'abbé de Mongault, dans le premier volume de l'*Académie des Inscriptions*.

(2) *Jurandasque tuum per nomen ponimus aras*, dit Horace à l'empereur lui-même; et ce poëte courtisan connaissait bien la cour d'Auguste.

dait, par un décret solennel, cet honneur à tous ceux de ses princes dont la conduite et la mort n'avaient point été celles des tyrans ; et les cérémonies de l'apothéose (1) accompagnaient la pompe des funérailles. Cette profanation légale, mais si contraire à la nature, si opposée à nos principes, n'excita qu'un faible murmure (2) dans un siècle où le polythéisme avait tant multiplié les objets sacrés. Elle fut d'ailleurs reçue plutôt comme institution politique que comme institution religieuse. Ce serait dégrader les Antonins que de mettre leurs vertus en parallèle avec les vices de Jupiter ou d'Hercule : le caractère même de César ou d'Auguste était bien supérieur à celui des divinités populaires. Ces princes d'ailleurs vivaient dans un siècle trop éclairé, et leurs actions avaient trop d'éclat pour que l'histoire de leur vie fût mêlée de ces fables et de ces mystères qu'exige la dévotion du peuple : à peine leur divinité eut-elle été établie par les lois, qu'elle tomba dans l'oubli, sans contribuer à leur réputation, ou à la dignité de leurs successeurs.

---

(1) Les bons princes ne furent pas les seuls qui obtinssent les honneurs de l'apothéose; on les déféra à plusieurs tyrans. *Voyez* un excellent traité de Schœpflin, *de Consecratione imperatorum romanorum*, dans ses *Commentationes historicæ et criticæ*. Bâle, 1741, p. 1, 84. (*Note de l'Éditeur.*)

(2) *Voyez* Cicéron, *Philipp.* 1, 6; Julien, *in Cæsaribus*:

Inque Deum templis jurabit Roma per umbras,

s'écrie Lucain indigné; mais cette indignation est celle d'un patriote, et non d'un dévot.

Lorsque nous avons examiné toutes les parties qui composaient l'édifice de la puissance impériale, nous avons souvent désigné sous le nom bien connu d'Auguste celui qui en avait jeté les fondemens avec tant d'art : cependant il ne reçut ce nom qu'après avoir mis la dernière main à son ouvrage. Né d'une famille obscure (1), dans la petite ville d'Aricie, il s'appelait Octave, nom souillé par tout le sang versé dans les proscriptions. Lorsqu'il eut asservi la république, il désira pouvoir effacer le souvenir de ses premières actions. Comme fils adoptif du dictateur, il avait pris le surnom glorieux de César; mais il avait trop de jugement pour espérer d'être jamais confondu avec ce grand homme, pour désirer même de lui être comparé. On proposa dans le sénat de donner un nouveau titre au chef de l'État. Après une discussion sérieuse, celui d'Auguste fut choisi parmi plusieurs autres, et parut rendre d'une manière convenable le caractère de paix et de piété qu'il affectait constam-

Titre d'Auguste et de César.

---

(1) Octave n'était point issu d'une famille obscure, mais d'une famille considérable de l'ordre équestre : son père, C. Octavius, qui possédait de grands biens, avait été préteur, gouverneur de la Macédoine, décoré du titre d'*imperator*, et sur le point de devenir consul lorsqu'il mourut. Sa mère Attia était fille de M. Attius-Balbus, qui avait aussi été préteur. Marc-Antoine fit à Octave le reproche d'être né dans Aricie, qui était cependant une ville municipale assez grande; mais Cicéron le réfuta très-fortement. *Philipp.* iii, c. 6. (*Note de l'Éditeur.*)

ment (1). Ainsi le nom d'Auguste était une distinction personnelle ; celui de César indiquait la famille illustre qui s'était frayé un chemin au trône. Il semblait que le premier dût expirer avec le prince qui l'avait reçu ; l'autre pouvait se transmettre par adoption, et passer avec les femmes dans une nouvelle branche. Néron aurait donc été le dernier prince qui eût eu le droit de réclamer une si noble extraction : cependant, à sa mort, ces titres se trouvaient déjà liés, par une pratique constante, avec la dignité impériale ; et depuis la chute de la république jusqu'à nos jours, ils ont été conservés par une longue suite d'empereurs romains, grecs, francs et allemands. Il s'introduisit bientôt cependant une distinction entre ces deux titres. Le monarque se réservait le nom sacré d'Auguste, tandis que ses parens étaient plus communément appelés Césars. Tel fut, au moins depuis le règne d'Adrien, le titre donné à l'héritier présomptif de l'empire (2).

---

(1) Dion, l. LIII ; p. 710, avec les notes curieuses de Reimarus.

(2) Les princes qui, par leur naissance ou leur adoption, appartenaient à la famille des Césars, prenaient le nom de César. Après la mort de Néron, ce nom désigna la dignité impériale elle-même, et ensuite le successeur choisi. On ne peut assigner avec certitude l'époque à laquelle il fut employé pour la première fois dans ce dernier sens. Bach (*Hist. jurispr. rom.*, p. 304) affirme, d'après Tacite (*Hist.*, l. 1, c. 15) et Suétone (*Galba*, c. 17), que Galba donna à Pison-Licinianus le titre de César, et que ce fut là l'origine

Les égards respectueux d'Auguste pour une constitution libre qu'il avait lui-même renversée, ne peuvent être expliqués que par une connaissance approfondie du caractère de ce tyran subtil. Une tête froide, un cœur insensible, une âme timide, lui firent prendre, à l'âge de dix-neuf ans, le masque de l'hypocrisie, qu'il ne quitta jamais. Il signa de la même main, et probablement dans le même esprit, la mort de Cicéron et le pardon de Cinna. Ses vertus, ses vices même, étaient artificiels : son intérêt seul le rendit d'abord l'ennemi de la république romaine; il le porta dans la suite à en être le père (1). Lorsque ce

Caractère et politique d'Auguste.

---

de l'emploi de ce mot; mais les deux historiens disent simplement que Galba adopta Pison pour successeur, et ne font nulle mention du nom de César. Aurelius-Victor (*in Traj.*, p. 348, édit. Arntzen) dit qu'Adrien reçut le premier ce titre lors de son adoption; mais comme l'adoption d'Adrien est encore douteuse, et que d'ailleurs Trajan, à son lit de mort, n'eût probablement pas créé un nouveau titre pour un homme qui allait lui succéder, il est plus vraisemblable qu'Ælius-Verus fut le premier qu'on appela César, lorsque Adrien l'eut adopté. (Spart., *in Ælio-Vero*, c. 1 et 2.).

(*Note de l'Éditeur.*)

(1) « Alors survint Auguste, qui, changeant de couleur comme un caméléon, paraissait tantôt pâle, tantôt rougé, tantôt avec un visage sombre et refrogné, et au même instant avec un visage riant et plein de charmes. » (*Césars* de Julien, trad. Spanheim.) Cette image, que Julien emploie dans son ingénieuse fiction, est juste et agréable; mais lorsqu'il considère ce changement de caractère comme réel, et qu'il l'attribue au pouvoir de la philosophie, il fait trop d'honneur à la philosophie et à Octave:

prince éleva le système ingénieux de l'administration impériale; ses alarmes lui dictèrent la modération qu'il affectait; il cherchait à en imposer au peuple, en lui présentant une ombre de liberté civile, et à tromper les armées par une image du gouvernement civil.

<small>Image de liberté pour le peuple.</small>

I. La mort de César se présentait sans cesse à ses yeux. Auguste avait comblé ses partisans de biens et d'honneurs; mais les plus intimes amis de son oncle avaient été au nombre des conspirateurs. Si la fidélité des légions le rassurait contre les efforts impuissans d'une rebellion ouverte, la vigilance des troupes pouvait-elle mettre sa personne à l'abri du poignard d'un républicain déterminé? Les Romains qui révéraient la mémoire de Brutus (1), auraient applaudi à l'imitation de sa vertu. César avait provoqué son destin, autant par l'ostentation de sa puissance que par sa puissance elle-même. Le consul ou le tribun eût peut-être régné en paix : le titre seul de roi arma les Romains contre sa vie. Auguste savait que le genre humain se laisse gouverner par des noms. Il ne fut pas trompé dans son attente, lorsqu'il s'imagina que le sénat et le peuple se soumettraient à l'esclavage, pourvu qu'on les assurât respectueusement qu'ils jouissaient toujours de leur ancienne liberté. Un sénat faible et un peuple énervé chérirent cette illusion agréable, tant qu'elle fut soutenue par la vertu ou

---

(1) Deux cents ans après l'établissement de la monarchie, l'empereur Marc-Aurèle vante le caractère de Brutus comme un modèle parfait de la vertu romaine.

par la prudence des successeurs d'Auguste. Ce fut un motif de défense personnelle, et non un principe de liberté, qui anima les meurtriers de Caligula, de Néron et de Domitien: Ils attaquèrent le tyran, sans diriger leurs coups contre l'autorité de l'empereur.

L'histoire nous présente cependant une époque mémorable où le sénat, après un silence de soixante-dix ans, s'éleva tout à coup, et fit de vains efforts pour réclamer des droits si long-temps oubliés. Les consuls convoquèrent cette respectable assemblée dans le Capitole, lorsque le trône devint vacant par le meurtre de Caligula : ils condamnèrent la mémoire des Césars, et donnèrent le mot de liberté pour mot de ralliement au petit nombre de cohortes qui paraissaient vouloir suivre leurs étendards. Enfin, pendant quarante-huit heures, ils agirent comme les chefs indépendans d'une constitution libre ; mais tandis qu'ils délibéraient, les gardes prétoriennes avaient pris leur résolution. L'imbécile Claude, frère de Germanicus, était déjà dans leur camp, revêtu de la pourpre impériale, et disposé à soutenir son élection les armes à la main. Cette lueur de liberté disparut, et le sénat n'aperçut de tous côtés que les horreurs d'une servitude inévitable. Abandonnée par le peuple, menacée par les troupes, cette faible assemblée fut forcée de ratifier le choix des prétoriens, trop heureuse de pouvoir profiter d'une amnistie que Claude eut la prudence d'offrir, et la générosité d'observer (1).

Tentative du sénat après la mort de Caligula.

---

(1) Nous ne pouvons trop regretter l'endroit de Tacite qui

Image du gouvernement pour les armées.

II. L'insolence des armées inspirait à l'empereur Auguste des alarmes beaucoup plus vives. Le désespoir des citoyens ne pouvait que tenter ce que la puissance des soldats était capable d'exécuter en tout temps. Quelle pouvait être l'autorité de ce prince sur des hommes sans principes, auxquels il avait appris lui-même à violer toutes les lois de la société? Il avait entendu leurs clameurs séditieuses; il redoutait les momens calmes de la réflexion. Une révolution avait été achetée par des récompenses immenses: une autre révolution pouvait promettre des récompenses nouvelles. Quoique les troupes témoignassent un attachement inviolable à la maison de César, était-il possible de se fier à une multitude inconstante et capricieuse? Auguste sut tirer parti de ce qui restait encore d'idées romaines dans ces esprits indociles. Il apposa le sceau des lois à la rigueur de la discipline; et, faisant briller la majesté du sénat entre l'empereur et l'armée, il osa bien exiger une obéissance qu'il prétendait lui être due comme au premier magistrat de la république (1).

---

traitait de cet événement, et qui a été perdu: nous sommes forcés de nous contenter des bruits populaires rapportés par Josèphe, et des notions imparfaites que nous donnent à cet égard Dion et Suétone.

(1) Auguste rétablit la sévérité de l'ancienne discipline. Après les guerres civiles, il ne se servit plus du nom chéri de *camarades* en parlant à ses troupes; et il les appela simplement *soldats*. (Suétone, dans *Auguste*, c. 25). *Voyez* com-

Durant une période de deux cent vingt ans, qui s'écoulèrent depuis l'établissement de cet adroit système jusqu'à la mort de l'empereur Commode, l'État n'éprouva que très-peu les malheurs attachés à un gouvernement militaire : le danger était encore éloigné. Le soldat eut rarement occasion alors de connaître sa propre force et la faiblesse de l'autorité civile; découverte fatale qui, dans la suite, enfanta de si terribles maux. Caligula et Domitien furent assassinés dans leur palais par leurs domestiques (1). Les secousses qui agitèrent la ville de Rome à la mort du premier de ces princes, ne s'étendirent point au-delà de l'enceinte de cette capitale. A la vérité, Néron enveloppa tout l'empire dans sa ruine. Dans l'espace de dix-huit mois, quatre princes furent massacrés; et le choc des armées rivales ébranla l'univers. Mais cet orage violent, formé par la licence des soldats, fut bientôt dissipé. Les deux siècles qui suivirent la mort d'Auguste ne furent point ensanglantés par des guerres civiles, ni troublés par aucune révolution. L'empereur était élu par l'autorité du sénat et par le consentement des troupes (2). Les légions respectaient leur serment de fidélité; et les recherches les plus

Leur obéissance.

---

ment. Tibère se servit du sénat pour apaiser la révolte des légions de Pannonie. Tacite, *Annal.*, 1.

(1) Caligula périt par une conjuration qu'avaient formée les officiers des prétoriens, et Domitien n'eût peut-être pas été assassiné sans la part que les deux chefs de cette garde prirent à sa mort. (*Note de l'Éditeur.*)

(2) Ces mots l'*autorité* du sénat et le *consentement* des trou-

minutieuses dans les annales romaines ne nous font découvrir qu'avec peine trois rebellions (1) peu importantes, étouffées au bout de quelques mois, sans même que l'on eût été obligé d'en venir au hasard d'une bataille (2).

---

pes, semblent avoir été le langage consacré pour cette cérémonie. *Voyez* Tacite, *Ann.*, XIII, 14.

(1) Le premier de ces rebelles fut Camillus-Scribonianus, qui prit les armes en Dalmatie contre Claude, et qui fut abandonné par ses troupes en cinq jours; le second, Lucius-Antonius, dans la Germanie, qui se révolta contre Domitien; et le troisième, Avidius-Cassius, sous le règne de Marc-Aurèle. Les deux derniers ne se soutinrent que peu de mois, et ils furent mis à mort par leurs propres partisans. Camillus et Cassius colorèrent leur ambition du projet de rétablir la république; entreprise, disait Cassius, principalement réservée à son nom et à sa famille.

(2) Cet éloge des soldats est un peu exagéré. Claude fut obligé d'acheter leur consentement à son couronnement : les présens qu'il leur fit, et ceux que reçurent en diverses autres occasions les prétoriens, causèrent aux finances un notable dommage. Cette garde redoutable favorisa d'ailleurs souvent les cruautés des tyrans. Les révoltes lointaines furent plus fréquentes que ne le pense Gibbon : déjà, sous Tibère, les légions de la Germanie voulaient séditieusement contraindre Germanicus à revêtir la pourpre impériale. Lors de la révolte de Claudius-Civilis, sous Vespasien, les légions de la Gaule massacrèrent leur général, et promirent leur assistance aux Gaulois, qui s'étaient soulevés. Julius-Sabinus se fit déclarer empereur, etc. Les guerres, le mérite et la discipline sévère de Trajan, d'Adrien et des deux Antonins, établirent quelque temps plus de subordination. (*Note de l'Éditeur.*)

Dans les monarchies électives, la mort du souverain est un moment de crise et de danger. Les empereurs romains, témoins de l'esprit séditieux de ces légions, craignirent qu'elles ne profitassent de ces momens où toute autorité est suspendue. Pour leur épargner la tentation de faire un choix irrégulier, celui qui était désigné pour succéder à l'empire, était revêtu par l'empereur lui-même d'un pouvoir si considérable, qu'à la mort du prince, déjà puissant, il montait paisiblement sur le trône; à peine même l'empire s'apercevait-il qu'il changeait de maître. Ainsi l'empereur Auguste tourna ses regards vers Tibère, lorsque des pertes réitérées eurent fait évanouir des espérances plus douces. Il obtint pour ce fils adoptif la censure et le tribunat; et il l'associa, par une loi formelle, au commandement des armées et au gouvernement des provinces (1). Ainsi Vespasien sut enchaîner l'âme généreuse de l'aîné de ses fils. Titus était l'idole des légions de l'Orient, qui venaient d'achever sous ses ordres la conquête de la Judée. Sa puissance devenait redoutable; et comme les passions de la jeunesse jetaient un voile sur ses vertus, on se défiait de ses projets. Loin de se livrer à d'indignes soupçons, le prudent monarque associa son fils à toute la puissance et à la dignité impériale. Titus, pénétré de reconnaissance, se conduisit toujours

Successeur désigné.

Tibère.

Titus.

---

(1) Velleius-Paterculus, l. II, c. 121; Suétone, *Vie de Tibère*, c. 20.

comme le ministre respectueux et fidèle d'un père si indulgent (1).

<small>La race des Césars et la famille Flavienne.</small>

Le sage Vespasien prit toutes les mesures nécessaires pour confirmer son élévation récente et peu assurée. Depuis un siècle, le serment militaire et la fidélité des troupes semblaient appartenir au nom et à la famille des Césars. Quoique cette famille ne se fût soutenue que par adoption, le peuple respectait toujours dans la personne de Néron le petit-fils de Germanicus et le successeur direct de l'empereur Auguste. Les prétoriens n'avaient abandonné qu'à regret la cause du tyran : cette désertion avait excité leurs remords (2). La chute rapide de Galba, d'Othon, de Vitellius, apprit aux armées à regarder les empereurs comme leurs créatures et comme l'instrument de leur licence. Vespasien, né dans l'obscurité, ne tirait aucun lustre de ses ancêtres : son aïeul avait été soldat, et son père possédait un emploi médiocre dans les fermes de l'État (3). Le mérite de ce prince l'avait fait parvenir à l'empire dans un âge avancé : ses talens avaient plus de solidité que d'éclat, ses

---

(1) Suétone, *Vie de Titus*, c. 6; Pline, préface de l'*Hist. nat.*

(2) Cette idée est souvent et fortement exprimée dans Tacite. Voyez *Hist.*, I, 5, 16; II, 76.

(3) L'empereur Vespasien, avec son bon sens ordinaire, se moquait des généalogistes qui faisaient descendre sa famille de Flavius, fondateur de Réate (son pays natal), et l'un des compagnons d'Hercule. Suétone, *Vie de Vespasien*, c. 12.

vertus même étaient obscurcies par une sordide parcimonie. Il importait donc à l'intérêt de ce monarque de s'associer un fils dont le caractère aimable et brillant pût détourner les regards du public de l'obscure origine de la maison Flavienne pour les reporter sur la gloire qu'elle semblait promettre. Sous le règne de Titus, l'univers goûta les douceurs d'une félicité passagère; et le souvenir de ce prince adorable fit supporter, pendant plus de quinze ans, les vices de son frère Domitien.

Dès que Nerva eut été revêtu de la pourpre que lui offrirent les meurtriers de Domitien, il s'aperçut que son grand âge le rendait incapable d'arrêter le torrent des désordres publics, qui s'étaient multipliés sous la longue tyrannie de son prédécesseur. Les gens de bien respectaient sa vertu; mais les Romains dégénérés avaient besoin d'un caractère ferme, dont la justice imprimât la terreur dans le cœur des coupables. Nerva ne fut point déterminé dans son choix par des vues personnelles. Quoique environné de parens, il adopta un étranger, Trajan, âgé pour lors de quarante ans, et qui commandait une grande armée dans la Basse-Germanie. Ce général fut aussitôt déclaré par le sénat collègue et successeur du prince (1). Quand l'histoire nous a fatigués du récit des crimes et des fureurs de Néron, combien devons-nous regretter de n'avoir, pour connaître les actions brillantes de Trajan, que le récit obscur d'un abrégé, où la

Adoption et caractère de Trajan.

Ann. 96.

Ann. 98.

---

(1) Dion, l. LXVIII, p. 1121; Pline, *Panégyr.*

lumière douteuse d'un panégyrique! Il existe cependant à la gloire de ce prince un autre panégyrique que la flatterie n'a point dicté : deux cent cinquante ans environ après sa mort, le sénat, au milieu des acclamations ordinaires qui retentissaient à l'avénement d'un nouvel empereur, lui souhaita de passer, s'il était possible, Auguste en bonheur, et Trajan en vertus (1).

D'Adrien.
Ann. 117.

Selon toutes les apparences, un monarque qui chérissait si tendrement sa patrie dut long-temps hésiter à revêtir de la puissance souveraine son neveu Adrien, dont le caractère singulier ne lui était pas inconnu. Mais l'artifice de l'impératrice Plotine sut fixer l'irrésolution de Trajan dans ses derniers momens : peut-être supposa-t-elle hardiment une fausse adoption (2). Quoi qu'il en soit, il eût été dangereux d'approfondir la vérité : ainsi Adrien fut reconnu paisiblement dans tout l'empire. Nous avons déjà parlé de la prospérité de l'État sous son règne. Ce prince encouragea les arts, réforma les lois, resserra les liens de la discipline militaire, et parcourut lui-même toutes les provinces. Son génie vaste et actif embrassait égale-

---

(1) *Felicior Augusto, melior Trajano.* Eutrope, VIII, 5.

(2) Dion (l. LXIX, p. 1249) regarde le tout comme une fiction, d'après l'autorité de son père, qui, étant gouverneur de la province où Trajan mourut, devait avoir eu de favorables occasions pour démêler ce mystère. Cependant Dodwell (*Prælect.* Cambden, XVII) a soutenu qu'Adrien fut désigné successeur de Trajan pendant la vie de ce prince.

ment les vues les plus étendues et les plus petits détails de l'administration; mais la vanité et la curiosité furent ses passions dominantes. Comme elles étaient sans cesse excitées par une foule d'objets différens, on aperçut tour à tour dans Adrien un prince excellent, un sophiste ridicule, et un tyran jaloux de son autorité. En général sa conduite avait pour base une modération et une équité bien recommandables. Cependant il fit mourir, dans les premiers jours de son règne, quatre sénateurs consulaires, ses ennemis personnels, et qui avaient paru dignes de l'empire. Tourmenté sur la fin de sa vie par une maladie longue et douloureuse, il devint farouche et cruel; le sénat ne savait même s'il devait le placer au rang des dieux, ou le confondre parmi les tyrans; et les honneurs rendus à sa mémoire ne furent accordés qu'aux vives sollicitations d'Antonin le Pieux (1).

Adrien ne consulta d'abord qu'un caprice aveugle pour le choix de son successeur. Après avoir jeté les yeux sur plusieurs citoyens d'un mérite distingué, qu'il estimait et qu'il haïssait, il adopta Ælius-Verus, jeune seigneur livré au plaisir, dont la grande beauté était une recommandation puissante auprès de l'amant d'Antinoüs (2). Mais tandis que l'empereur s'applau-

Adoption des deux Verus.

―――――――――

(1) Dion, l. LXX; p. 1171; Aurelius-Victor.

(2) La déification, les médailles, les statues, les temples, les villes, les oracles et la constellation d'Antinoüs, sont bien connus, et déshonorent, aux yeux de la postérité, la mémoire de l'empereur Adrien. Cependant nous pouvons remar-

dissait de son choix et des acclamations des soldats dont il avait obtenu le consentement par des libéralités excessives, une mort prématurée vint tout à coup arracher de ses bras le nouveau César (1). Ælius-Verus laissait un fils; Adrien le confia à la reconnaissance des Antonins. Ce jeune prince fut adopté par Antonin le Pieux, et partagea dans la suite avec Marc-Aurèle la dignité impériale. Parmi tous ses vices, il possédait une seule vertu ; c'était une déférence aveugle pour la sagesse de son collègue : il lui abandonna volontairement les soins pénibles du gouvernement. L'empereur philosophe ferma les yeux sur la conduite de Verus, pleura sa mort, et jeta un voile sur sa mémoire.

Adoption des deux Antonins. Adrien venait de satisfaire sa passion. Lorsque toutes ses espérances furent évanouies, il résolut de mériter la reconnaissance de la postérité, en plaçant sur le trône de Rome le mérite le plus éminent : son œil pénétrant démêla facilement, dans la foule de ses sujets, un sénateur âgé de cinquante ans environ, dont toute la vie avait été irréprochable, et un jeune homme de dix-sept ans, dont la sagesse annonçait le germe des vertus qui devaient se développer, dans la suite, avec tant d'éclat. Le premier fut déclaré fils et successeur d'Adrien, à condition toutefois qu'il adop-

---

quer que, des quinze premiers Césars, Claude fut le seul dont les amours n'aient pas fait rougir la nature. Pour les honneurs rendus à Antinoüs, *voyez* Spanheim, *Commentaires sur les Césars* de Julien, p. 80.

(1) *Hist. Aug.*; p. 13; Aurelius-Victor, *in Epitom.*

terait aussitôt le plus jeune ; et les deux Antonins (car c'est d'eux que nous parlons) gouvernèrent le monde pendant quarante-deux ans avec le même esprit de modération et de sagesse.

Antonin le Pieux avait deux fils (1); mais il préférait Rome à sa famille (2). Après avoir donné sa fille Faustine en mariage au jeune Marcus, il engagea le sénat à lui accorder les dignités de proconsul et de tribun ; enfin, s'élevant noblement au-dessus de toute jalousie, ou plutôt incapable d'en ressentir, il l'associa, par un noble désintéressement, à tous les travaux de l'administration. De son côté, Marc-Aurèle respecta son bienfaiteur, le chérit comme un père, et lui obéit comme à son souverain (3); et lorsqu'il

138-180.

---

(1) Sans le secours des médailles et des inscriptions, nous ignorerions cette action d'Antonin le Pieux, qui fait tant d'honneur à sa mémoire.

(2) Gibbon attribue à Antonin le Pieux un mérite qu'il n'eut pas, ou que, du moins, il ne fut pas dans le cas de montrer : 1° il n'avait été adopté que sous la condition qu'il adopterait à son tour Marc-Aurèle et L. Verus; 2° ses deux fils moururent enfans, et l'un d'eux, M. Galerius, paraît seul avoir survécu de quelques années au couronnement de son père. Gibbon se trompe aussi lorsqu'il dit (note 1) que sans le secours des médailles et des inscriptions, nous ignorerions qu'Antonin avait deux fils. Capitolin dit expressément (c. 1) : *Filii mares duo, duæ fæminæ* : nous ne devons aux médailles que leurs noms. *Pagi Critic. Baron.*, ad. A. C. 161, tome 1, p. 33, éd. Paris.

(*Note de l'Éditeur.*)

(3) Pendant les vingt-trois années du règne d'Antonin,

tint seul les rênes de l'État, il s'empressa de marcher sur ses traces, et d'adopter les maximes d'un si grand prince. Ces deux règnes sont peut-être la seule période de l'histoire, dans laquelle le bonheur d'un peuple immense ait été l'unique objet du gouvernement.

Caractère et règne d'Antonin le Pieux.

C'est avec raison que Titus-Antonin a été nommé un second Numa. Le même zèle pour la religion, la justice et la paix, caractérisait ces deux princes; mais la situation de l'empereur ouvrait un champ bien plus vaste à ses vertus. Les soins de Numa se bornaient à empêcher les habitans grossiers de quelques villages de piller les campagnes et de détruire la récolte de leurs voisins. Antonin maintenait l'ordre et la tranquillité dans la plus grande partie de la terre. Son règne a le rare avantage de ne fournir qu'un très-petit nombre de matériaux à l'histoire, ce tableau effrayant des crimes, des forfaits et des malheurs du genre humain. C'était un homme aimable autant que bon dans sa vie privée; sa vertu simple et naturelle fuyait la vanité et l'affectation. Il jouissait avec modération des avantages attachés à son rang, et, au milieu des plaisirs innocens (1) qu'il partageait avec ses concitoyens, la sensibilité de cette âme bienfaisante se peignait,

---

Marc-Aurèle ne fut que deux nuits absent du palais, et même à deux fois différentes. *Hist. Aug.*, p. 25.

(1) Ce prince aimait les spectacles, et n'était point insensible aux charmes du beau sexe. Marc-Aurèle, 1, 16; *Hist. Aug.*, p. 20, 21; Julien, dans *les Césars*.

avec une douce majesté, sur un front toujours serein.

La vertu de Marc-Aurèle Antonin paraissait plus austère et plus travaillée (1). Elle était le fruit de l'éducation, d'une étude profonde et d'un travail infatigable. A l'âge de douze ans, il embrassa le système rigide des stoïciens, dont les préceptes lui apprirent à soumettre son corps à son esprit, à faire usage de sa raison pour enchaîner ses passions, à considérer la vertu comme le bien suprême, le vice comme le seul mal, et tous les objets extérieurs comme des choses indifférentes (2). Les *Méditations* de Marc-Aurèle, ouvrage composé dans le tumulte des camps, sont venues jusqu'à nous. Il a même daigné quelquefois donner des leçons de philosophie avec plus de publicité peut-être qu'il ne convenait à la modestie d'un

De Marc-Aurèle.

---

(1) Marc-Aurèle a été accusé d'hypocrisie, et ses ennemis lui ont reproché de n'avoir point eu cette simplicité qui caractérisait Antonin le Pieux, et même Verus (*Hist. Aug.*, 6, 34). Cet injuste soupçon nous fait voir combien les talens personnels l'emportent, aux yeux des hommes, sur les vertus sociales. Marc-Aurèle lui-même est qualifié d'hypocrite; mais le sceptique le plus outré ne dira jamais que César fut peut-être un poltron, où Cicéron un imbécile. L'esprit et la valeur se manifestent d'une manière bien plus incontestable que l'humanité et l'amour de la justice.

(2) Tacite a peint en peu de mots les principes de l'école du Portique : *Doctores sapientiæ secutus est, qui sola bona quæ honesta, mala tantùm quæ turpia; potentiam, nobilitatem, cæteraque extra animum, neque bonis, neque malis adnumerant.* Hist., IV, 5.

sage et à la dignité d'un empereur (1); mais en général sa vie est le commentaire le plus noble qui ait jamais été fait des principes de Zénon. Sévère pour lui-même, Marc-Aurèle était rempli d'indulgence pour les faiblesses des autres ; il distribuait également la justice, et se plaisait à répandre ses bienfaits sur tout le genre humain ; il déplora la perte d'Avidius-Cassius qui avait excité une révolte en Syrie, et dont la mort volontaire lui enlevait le plaisir de se faire un ami ; il montra combien ses regrets étaient sincères, par le soin qu'il prit de modérer le zèle du sénat contre les partisans de ce traître (2). La guerre était à ses yeux le fléau de la nature humaine ; cependant, lorsque la nécessité d'une juste défense le forçait de prendre les armes, il ne craignait pas d'exposer sa personne, et de paraître à la tête des troupes. On le vit pendant huit hivers rigoureux camper sur les bords glacés du Danube. Tant de fatigues portèrent enfin le dernier coup à la faiblesse de sa constitution. Sa mémoire fut long-temps chère à la postérité ; et plus d'un siècle encore après sa mort, plusieurs personnes plaçaient l'image de Marc-Aurèle parmi celle de leurs dieux domestiques (3).

---

(1) Avant sa seconde expédition contre les Germains, il donna, pendant trois jours, des leçons de philosophie au peuple romain. Il en avait déjà fait autant dans les villes de Grèce et d'Asie. *Hist. Aug.*, *in Cassio*, c. 3.

(2) Dion, l. LXXI, p. 1190; *Hist. Aug.*, *in Avid. Cassio.*

(3) *Hist. Aug.*, *in Marc. Anton.*, c. 18.

S'il fallait déterminer dans quelle période de l'histoire du monde le genre humain a joui du sort le plus heureux et le plus florissant, ce serait sans hésiter qu'on s'arrêterait à cet espace de temps qui s'écoula depuis la mort de Domitien jusqu'à l'avénement de Commode. Un pouvoir absolu gouvernait alors l'étendue immense de l'empire, sous la direction immédiate de la sagesse et de la vertu. Les armées furent contenues par la main ferme de quatre empereurs successifs, dont le caractère et la puissance imprimaient un respect involontaire, et qui savaient se faire obéir, sans avoir recours à des moyens violens. Les formes de l'administration civile furent soigneusement observées par Nerva, Trajan, Adrien et les deux Antonins, qui, chérissant l'image de la liberté, se glorifiaient de n'être que les dépositaires et les ministres de la loi. De tels princes auraient été dignes de rétablir la république, si les Romains de leur temps eussent été capables de jouir d'une liberté raisonnable.

Bonheur des Romains.

Une incalculable récompense surpayait ces monarques de leurs travaux, toujours accompagnés du succès: ce prix, c'était l'estimable orgueil de la vertu, et le plaisir inexprimable qu'ils éprouvaient à la vue de la félicité générale dont ils étaient les auteurs. Cependant une réflexion juste, mais bien triste, venait troubler pour eux les plus nobles jouissances. Ils devaient avoir souvent réfléchi sur l'instabilité d'un bonheur qui dépendait d'un seul homme. Le moment fatal approchait peut-être, où le pouvoir absolu dont ils ne faisaient usage que pour rendre leurs sujets

Sa nature incertaine.

heureux, allait devenir un instrument de destruction entre les mains d'un jeune prince emporté par ses passions, où de quelque tyran jaloux de son autorité. Le frein idéal du sénat et des lois pouvait bien servir à développer les vertus des empereurs; mais il était trop faible pour corriger leurs vices : une force aveugle et irrésistible faisait des troupes un sûr moyen d'oppression; et les mœurs des Romains étaient si corrompues, qu'il se présentait sans cesse des flatteurs empressés à applaudir aux déréglemens du souverain, et des ministres disposés à servir ses cruautés, son avarice ou ses crimes.

<small>Souvenir de Tibère, Caligula, Néron et Domitien.</small>

L'expérience des Romains avait déjà justifié ces sombres alarmes. Les fastes de l'empire nous offrent un riche et énergique tableau de la nature humaine; que nous chercherions vainement dans les caractères faibles et incertains de l'histoire moderne; on trouve tour à tour dans la conduite des empereurs romains les extrêmes de la vertu et du vice; la perfection la plus sublime, et la dégradation la plus basse de notre espèce. L'âge d'or de Trajan et des Antonins avait été précédé par un siècle de fer. Il serait inutile de parler des indignes successeurs d'Auguste : s'ils ont été sauvés de l'oubli, ils en sont redevables à l'excès de leurs vices et à la grandeur du théâtre sur lequel ils ont paru. Le sombre et implacable Tibère, le furieux Caligula, l'imbécile Claude, le cruel et débauché Néron, le brutal Vitellius (1), le lâche et sanguinaire

---

(1) Vitellius dépensa, pour sa table, au moins six millions

Domitien, sont condamnés à une immortelle ignominie. Pendant près de quatre-vingts ans, Rome ne respira que sous Vespasien et sous Titus : si l'on en excepte ces deux règnes, qui durèrent peu, l'empire (1), dans ce long intervalle, gémit sous les coups redoublés d'une tyrannie qui extermina les anciennes familles de la république, et se déclara l'ennemie de la vertu et du talent.

Tant que ces monstres tinrent les rênes de l'État, deux circonstances particulières vinrent encore augmenter la servitude des Romains, et rendirent leur position bien plus affreuse que celle des victimes de la tyrannie dans tout autre siècle et dans toute autre contrée : l'une était le souvenir de leur ancienne liberté, l'autre l'étendue de la monarchie. Ces causes produisirent la sensibilité excessive des opprimés, et l'impossibilité où ils se trouvaient d'échapper aux poursuites de l'oppresseur.

Misère particulière aux Romains sous le règne des tyrans.

I. Lorsque la Perse était gouvernée par les descen-

Insensibilité des Orientaux.

---

sterling en sept mois environ. Il serait difficile d'exprimer les vices de ce prince avec dignité, ou même avec décence. Tacite l'appelle un pourceau ; mais c'est en substituant à ce mot grossier une très-belle image : *At Vitellius, umbraculis hortorum abditus, ut ignava animalia, quibus si cibum suggeras, jacent, torpentque, præterita, instantia, futura, pari oblivione dimiscrat; atque illum nemore Aricino desidem et marcentem*, etc. Tacite, *Hist.*, III, 36; II, 95; Suétone, *in Vitell.*, c. 13; Dion, l. LXV, p. 1062.

(1) L'exécution d'Helvidius-Priscus et de la vertueuse Éponine déshonorent le règne de Vespasien.

dans de Sefi, princes barbares, qui faisaient leurs délices de la cruauté, et dont le divan, le lit et la table, étaient tous les jours teints du sang de leurs favoris, on rapporte le mot d'un jeune seigneur, qui disait ne sortir jamais de la présence du monarque sans essayer si sa tête était encore sur ses épaules. Une expérience journalière justifiait le scepticisme de Rustan (1); cependant il paraît que la vue de l'épée fatale ne troublait point son sommeil, et n'altérait en aucune manière sa tranquillité : il savait que le regard du souverain pouvait le faire rentrer dans la poussière ; mais un éclat de la foudre, une maladie subite, n'étaient pas moins funestes ; et c'était se conduire en homme sage, que d'oublier les maux inévitables attachés à la vie humaine pour jouir des heures fugitives. Rustan se glorifiait d'être appelé l'esclave du roi. Vendu peut-être par des parens obscurs dans un pays qu'il n'avait jamais connu, il avait été élevé dans la discipline sévère du sérail (2) ; son nom, ses richesses, ses honneurs, étaient autant de présens d'un maître qui pouvait, sans injustice, les lui retirer. L'éducation qu'il avait reçue, loin de détruire ses préjugés, les imprimait plus fortement dans son âme ; la langue qu'il parlait n'avait de mot pour exprimer une constitution,

---

(1) *Voyages* de Chardin *en Perse*, vol. III, p. 293.

(2) L'usage d'élever des esclaves aux premières dignités de l'État est encore plus commun chez les Turcs que chez les Perses : les misérables contrées de Géorgie et de Circassie donnent des maîtres à la plus grande partie de l'Orient.

que celui de monarchie absolue. Il lisait dans l'histoire de l'Orient, que cette forme de gouvernement était la seule que les hommes eussent jamais connue (1). L'Alcoran et les commentaires sacrés de ce livre divin lui enseignaient que le sultan descendait du grand prophète, et tenait son autorité du ciel même; que la patience était la première vertu d'un musulman, et qu'un sujet devait à son souverain une obéissance sans bornes.

C'était d'une manière bien différente que les Romains avaient été préparés pour l'esclavage : courbés sous le poids de leur propre corruption, asservis par la violence militaire, ils conservèrent long-temps les sentimens ou du moins les idées de leurs libres ancêtres. L'éducation d'Helvidius et de Thrasea, de Pline et de Tacite, était la même que celle de Cicéron et de Caton. Les sujets de l'empire avaient puisé dans la philosophie des Grecs les notions les plus justes et les plus sublimes sur la dignité de la nature humaine et sur l'origine de la société civile. L'histoire de leur pays leur inspirait une vénération profonde pour cette république dont la liberté, les vertus et les triomphes, avaient été si célèbres. Pouvaient-ils ne pas frémir au récit des forfaits heureux de César et d'Auguste? Comment n'auraient-ils pas méprisé

Esprit éclairé des Romains. Souvenir de leur première liberté.

---

(1) Chardin prétend que les voyageurs européens ont répandu parmi les Perses quelques idées de la liberté et de la douceur du gouvernement de leur patrie : ils leur ont rendu un très-mauvais office.

intérieurement ces tyrans, auxquels ils étaient obligés de prostituer l'encens le plus vil? Comme magistrats et comme sénateurs, ils étaient admis dans ce conseil auguste qui avait autrefois donné des lois à l'univers; qui jouissait du privilége de confirmer les décrets du monarque, et qui faisait indignement servir sa puissance aux entreprises méprisables du despotisme. Tibère et les empereurs qui marchèrent sur ses traces, cherchèrent à couvrir leurs forfaits du voile de la justice : peut-être goûtaient-ils un plaisir secret à rendre le sénat complice aussi bien que victime de leur cruauté. On vit dans ce sénat les derniers des Romains, condamnés pour des crimes imaginaires et pour des vertus réelles : leurs infâmes accusateurs prenaient le langage de zélés patriotes, qui auraient cité devant le tribunal de la nation un citoyen dangereux. Un service aussi important était récompensé par les richesses et par les honneurs (1). Des juges serviles prétendaient ainsi rendre hommage à la majesté de la république, violée dans la per-

---

(1) Ils alléguaient l'exemple de Scipion et de Caton (Tacite, *Annal.*, III, 66). Marcellus-Epirus et Crispus-Vibius gagnèrent, sous le règne de Néron, deux millions et demi sterling. Leurs richesses, qui aggravaient leurs crimes, les protégèrent sous Vespasien. *Voyez* Tacite, *Hist.*, IV, 43, *Dialog. de Orat.*, c. 8. Regulus, l'objet des justes satires de Pline, reçut du sénat, pour une seule accusation, les ornemens consulaires et un présent de soixante mille livres sterling.

sonne de son premier magistrat (1).: ils vantaient la clémence de ce chef suprême au moment où ils redoutaient le plus les suites de sa fureur et de son inexorable cruauté. (2). Le tyran regardait cette bassesse avec un juste mépris, et, loin de déguiser ses sentimens, il répondait à l'aversion secrète qu'il inspirait, par une haine ouverte pour le sénat et pour le corps entier de la nation.

II. L'Europe est maintenant partagée en différens États indépendans les uns des autres, mais cependant liés entre eux par les rapports généraux de la religion, du langage et des mœurs : cette division est un avantage bien précieux pour la liberté du genre humain. Aujourd'hui un tyran qui ne trouverait de résistance ni dans son propre cœur ni dans la force de son peuple, se trouverait encore enchaîné par une

L'étendue de l'empire ne laisse aucun asile aux Romains.

---

(1) L'accusation du crime de lèse-majesté s'appliquait originairement au crime de haute trahison contre le peuple romain : comme tribuns du peuple, Auguste et Tibère l'appliquèrent aux offenses contre leurs personnes, et ils y donnèrent une extension infinie (*).

(2) Lorsque Agrippine, cette vertueuse et infortunée veuve de Germanicus, eut été mise à mort, le sénat rendit des actions de grâces à Tibère pour sa clémence : elle n'avait pas été étranglée publiquement, et son corps n'avait point été traîné aux Gémonies, où l'on exposait ceux des malfaiteurs ordinaires. *Voyez* Tacite, *Ann.*, VI, 25; Suétone, *Vie de Tibère*, c. 53.

(*) C'est Tibère et non Auguste qui prit le premier dans ce sens les mots de *crime de lèse-majesté. Voy.* Hist. Aug., *Bachii Trajanus*, 27, seqq (*Note de l'Éditeur.*)

foule de liens. Le soin de sa propre gloire, l'exemple de ses égaux, les représentations de ses alliés, la crainte des puissances ennemies, tout contribuerait à le retenir. Après avoir franchi sans obstacles les limites étroites d'un royaume peu étendu, un sujet opprimé trouverait facilement dans un climat plus heureux un asile assuré, une fortune proportionnée à ses talens, la liberté d'élever la voix, peut-être même les moyens de se venger. Mais l'empire romain remplissait l'univers; et lorsqu'il fut gouverné par un seul homme, le monde entier devint une prison sûre et terrible, d'où l'ennemi du souverain ne pouvait échapper. L'esclave du despotisme luttait en vain contre le désespoir : soit qu'il fût obligé de porter une chaîne dorée à la cour des empereurs, ou de traîner dans l'exil sa vie infortunée, il attendait son destin en silence à Rome, dans le sénat, sur les rochers affreux de l'île de Sériphos ou sur les rives glacées du Danube (1). La résistance eût été fatale, la fuite impossible; partout une vaste étendue de terres et de mers s'opposait à son passage; il courait à tout moment le danger inévitable d'être découvert, saisi et livré à un

---

(1) Sériphos, île de la mer Égée, était un petit rocher dont on méprisait les habitans, plongés dans les ténèbres de l'ignorance. Ovide, dans ses plaintes fort justes, mais indignes d'un homme, nous a bien fait connaître le lieu de son exil. Il paraît que ce poëte reçut simplement ordre de quitter Rome en tant de jours, et de se rendre à Tomes. Les gardes ni les geoliers n'étaient pas nécessaires.

maître irrité. Au-delà des frontières, de quelque côté qu'il tournât ses regards inquiets, il ne rencontrait que le redoutable Océan; des contrées désertes, des peuples ennemis, un langage barbare, des mœurs féroces, ou enfin des rois dépendans, disposés à acheter la protection de l'empereur par le sacrifice d'un malheureux fugitif (1). « Partout où vous serez, disait Cicéron à Marcellus, n'oubliez pas que vous vous trouverez également à la portée du bras du vainqueur (2). »

---

(1) Sous le règne de Tibère, un chevalier romain entreprit de fuir chez les Parthes, il fut arrêté dans le détroit de Sicile; mais cet exemple parut si peu dangereux, que le plus inquiet des tyrans dédaigna de punir le coupable. Tacite, *Ann.*, VI, 14.

(2) Cicéron, *ad Familiares*, IV, 7.

CHAPITRE IV.

Cruautés, folies, et meurtre de Commode. Élection de Pertinax. Ce prince entreprend de réformer le sénat : il est assassiné par les gardes prétoriennes.

<small>Indulgence de Marc-Aurèle.</small>

MARC-AURÈLE, élevé dans l'école du Portique, n'y avait pas puisé toute la rudesse des stoïciens : la douceur naturelle qui rendait ce prince si cher à ses peuples, était peut-être le seul défaut de son caractère; la droiture de son jugement était souvent égarée par la confiante bonté de son cœur. Il était sans cesse entouré de ces hommes dangereux, qui savent déguiser leurs passions et étudier celles des souverains, et qui, paraissant devant lui revêtus du manteau de la philosophie, obtenaient des honneurs et des richesses en affectant de les mépriser (1). Son indulgence excessive pour son frère (2), sa femme et son fils, passa les bornes de la vertu domestique, et devint un véritable tort public par la contagion de leur exemple et les funestes conséquences de leurs vices.

---

(1) *Voyez* les reproches d'Avidius-Cassius, *Hist. Aug.*, page 45 : ce sont, il est vrai, les reproches d'un rebelle; mais l'esprit de parti exagère plutôt qu'il n'invente.

(2) C'est-à-dire son *frère d'adoption*, L. Vérus, aussi son collègue : Marc-Aurèle n'avait point d'autre frère.

(*Note de l'Éditeur.*)

Faustine, fille d'Antonin et femme de Marc-Aurèle, ne s'est pas rendue moins célèbre par sa beauté que par ses galanteries. La grave simplicité du philosophe était un mérite peu propre à charmer une femme légère et frivole, et peu capable de satisfaire ce besoin désordonné de changement qui l'entraînait sans cesse, et qui souvent lui faisait apercevoir un mérite personnel dans le dernier de ses sujets (1). L'amour chez les anciens était en général une divinité fort sensuelle ; et une souveraine obligée par son rang aux avances les plus claires, put difficilement conserver dans ses intrigues une grande délicatesse de sentiment. Dans tous les siècles, les préjugés ont toujours attaché l'honneur des maris à la conduite de leurs femmes ; mais Marc-Aurèle paraissait insensible aux désordres de Faustine. Peut-être était-il le seul dans l'empire qui les ignorât. Il éleva plusieurs de ses amans à des emplois considérables (2) ; et, pendant trente ans que dura leur union, il ne cessa de lui donner des preuves de la confiance la plus intime ; enfin, il eut pour elle une vénération et une tendresse qu'il conserva jusqu'au tombeau. Marc-Aurèle remercie les dieux, dans ses *Méditations*, de lui avoir accordé une femme si fidèle, si douce, et d'une sim-

Pour sa femme Faustine.

---

(1) *Faustinam satis constat apud Cayetam, conditiones sibi et nauticas et gladiatorias elegisse.* Hist. Aug., p. 30. Lampride explique l'espèce de mérite dont Faustine faisait choix, et les conditions qu'elle exigeait. Hist. Aug., p. 102.

(2) Hist. Aug., p. 34.

plicité de mœurs si admirable (1). Le sénat complaisant la déclara déesse à sa sollicitation; elle était représentée dans ses temples avec les attributs de Junon, de Vénus et de Cérès. Les jeunes gens de l'un et de l'autre sexe avaient ordre de s'y rendre le jour de leur mariage, et d'offrir leurs vœux aux autels de cette chaste divinité (2).

<small>Pour son'fils Commode.</small>

Les vices monstrueux du fils ont affaibli, aux yeux de la postérité, l'éclat des vertus du père : on a reproché à Marc-Aurèle d'avoir sacrifié le bonheur de plusieurs millions d'hommes à une tendresse excessive pour un enfant indigne, et d'avoir choisi un successeur dans sa famille plutôt que dans la république. Cependant la sollicitude de ce tendre père, et les hommes célèbres par leur mérite et par leurs vertus, qu'il appela à partager ses soins, ne négligèrent rien pour étendre l'esprit étroit du jeune Commode, étouffer ses vices naissans, et le rendre digne du trône qu'il devait un jour occuper. En général, le pouvoir de l'éducation est peu de chose, excepté dans ces cas heureux où il est presque inutile. Les insinuations

---

(1) *Méditations*, l. 1. Le monde a raillé la crédulité de Marc-Aurèle; mais madame Dacier nous assure (et nous devons en croire une femme) que les maris seront toujours trompés quand leurs femmes voudront prendre la peine de dissimuler.

(2) Dion, l. LXXI, p. 1195; *Hist. Aug.*, p. 33; *Commentaire* de Spanheim *sur les Césars*, p. 289. La déification de Faustine est le seul sujet de blâme que le satirique Julien ait pu découvrir dans le caractère accompli de Marc-Aurèle.

d'un favori débauché faisaient oublier en un moment au jeune César les leçons peu séduisantes d'un philosophe. Marc-Aurèle perdit lui-même le fruit de tous ses soins, en partageant la dignité impériale avec son fils, âgé de treize ou quatorze ans. Ce père trop indulgent mourut quatre ans après; mais il vécut assez pour se repentir d'une démarche inconsidérée, qui affranchissait un jeune prince si impétueux du joug de la raison et de l'autorité.

Les lois nécessaires, mais inégales, de la propriété ont été établies pour mettre des bornes à la cupidité du genre humain; mais en donnant à quelques personnes ce que le grand nombre recherche avec le plus d'ardeur, elles sont devenues la source de la plupart des crimes qui troublent l'intérieur de la société. La soif du pouvoir est, de toutes nos passions, la plus impérieuse et la plus insociable, puisqu'elle amène l'orgueil d'un seul à exiger la soumission de tous. Dans le tumulte des discordes civiles, les lois de la société perdent toute leur force, et rarement celles de l'humanité en prennent la place : l'animosité des partis, l'orgueil de la victoire, le désespoir du succès, le souvenir des injures reçues, et la crainte de nouveaux dangers, enflamment l'esprit, et contribuent à étouffer le cri de la pitié : de là ces scènes cruelles qui ensanglantent les pages de l'histoire. Ce n'est pas à des motifs de ce genre qu'on peut attribuer les cruautés gratuites de Commode, qui, jouissant de tout, n'avait rien à désirer. Le fils chéri de Marc-Aurèle succéda à son père au milieu des acclamations

Avènement de l'empereur Commode.

Ann. 180.

du sénat et de l'armée (1); et cet heureux prince, lorsqu'il monta sur le trône, n'avait autour de lui ni rival à combattre, ni ennemis à punir : dans cette haute et tranquille situation, il devait naturellement préférer l'amour de ses sujets à leur haine, et la douce gloire des cinq empereurs qui l'avaient précédé, au sort ignominieux de Néron et de Domitien.

<small>Caractère de ce prince.</small>

Cependant Commode n'était pas, comme on nous l'a représenté (2), un tigre né avec la soif insatiable du sang humain, et capable, dès ses premières années, de se porter aux excès les plus cruels (3); la nature l'avait formé plutôt faible que méchant : sa simplicité et sa timidité le rendirent l'esclave de ses courtisans, qui le corrompirent par degrés. Sa cruauté fut d'abord l'effet d'une impulsion étrangère; elle dégénéra bientôt en habitude, et devint enfin la passion dominante de son âme (4).

<small>Il retourne à Rome.</small>

Commode, à la mort de son père, se trouva chargé du commandement pénible d'une grande armée contre les Quades et les Marcomans (5), et de la con-

---

(1) Commode est le premier *Porphyrogénète* (né depuis l'avénement de son père au trône). Par un nouveau raffinement de flatterie, les médailles égyptiennes datent des années de sa vie comme si elles n'étaient pas différentes de celles de son règne. Tillemont, *Hist. des Empereurs*, t. II, page 752.

(2) *Voyez* Lampride, *in Commod.*, c. 1. (*Note de l'Édit.*)

(3) *Hist. Aug.*, p. 46.

(4) Dion, l. LXXII, p. 1203.

(5) Les Quades occupaient ce qu'on appelle la Moravie:

duite d'une guerre difficile (1). Une foule de jeunes
débauchés, vils flatteurs que Marc-Aurèle avait bannis
de sa cour, regagnèrent bientôt auprès du jeune empereur leur rang et leur influence. Ils exagérèrent
les fatigues et les dangers d'une campagne dans des
contrées sauvages, situées au-delà du Danube, et
assurèrent ce prince indolent, que la terreur de son
nom et les armes de ses lieutenans suffiraient pour
réduire des Barbares effrayés, ou pour leur imposer
des conditions plus avantageuses qu'une conquête.
Ils flattaient adroitement ses goûts et sa sensualité :
on les entendait sans cesse comparer la tranquillité,
la magnificence et les agrémens de Rome, au tumulte d'un camp de Pannonie, où l'on ne connaissait ni le luxe ni les plaisirs (2). Commode prêta l'o-
reille à des avis si agréables : tandis qu'il était partagé
entre sa propre inclination et le respect qu'il conservait pour les vieux conseillers de son père, insensi-

---

les Marcomans habitaient d'abord les rives du Rhin et du
Mein; ils s'en éloignèrent sous le règne d'Auguste, et chas-
sèrent les Boïens de la Bohême, *Boïohemum*; ceux-ci allèrent
habiter la Boïoarie, aujourd'hui la Bavière. Les Marcomans
furent chassés à leur tour de la Bohême par les Sarmates ou
Slavons, qui l'occupent actuellement. *Voyez* d'Anville,
Géogr. anc., t. 1, p. 131. (*Note de l'Éditeur.*)

(1) Selon Tertullien (*Apolog.*, c. 25), il mourut à Sirmium ; mais la situation de Vienne, *Vindobona*, où les
deux Victor placent sa mort, s'accorde mieux avec les opérations de la guerre contre les Quades et les Marcomans.

(2) Hérodien, l. 1, p. 12.

blement l'été s'écoula ; il ne fit son entrée dans Rome que l'automne suivant. Ses grâces naturelles (1), son air populaire, et les vertus qu'on lui supposait, lui attirèrent la bienveillance publique. La paix honorable qu'il venait d'accorder aux Barbares inspirait une joie universelle (2) : on attribuait à l'amour de la patrie l'impatience qu'il avait montrée de revoir Rome, et à peine condamnait-on dans un jeune prince de dix-neuf ans les amusemens dissolus auxquels il se livrait.

Marc-Aurèle avait laissé auprès de son fils des conseillers dont la sagesse et l'intégrité inspiraient à Commode une estime mêlée d'éloignement. Pendant les trois premières années de son règne, ils conservèrent les formes, l'esprit même de l'ancienne administration. Entouré des compagnons de ses débauches, le jeune empereur se livrait aux plaisirs avec toute la liberté que donne la puissance souveraine ; mais ses mains n'étaient point encore teintes de sang ; il avait même déployé une générosité de sentimens qui pouvait, en se développant, devenir une vertu solide (3) : un incident fatal détermina ce caractère incertain.

---

(1) Hérodien, l. 1, p. 16.

(2) Cette joie universelle est bien décrite par M. Wotton, d'après les médailles et les historiens. *Histoire de Rome*, p. 192, 193.

(3) Manilius, secrétaire particulier d'Avidius-Cassius, fut découvert, après avoir été caché plusieurs années. L'empereur dissipa noblement l'inquiétude publique, en refusant de

L'empereur, retournant un soir à son palais, comme il passait sous un des portiques étroits et obscurs de l'amphithéâtre (1), un assassin fondit sur lui l'épée à la main, en criant à haute voix : « Voici ce que t'envoie le sénat. » La menace fit manquer le coup ; l'assassin fut pris, et aussitôt il révéla ses complices. Cette conspiration avait été tramée dans l'enceinte du palais. Lucilla, sœur de Commode, et veuve de Lucius-Verus, s'indignait de n'occuper que le second rang. Jalouse de l'impératrice régnante, elle avait armé le meurtrier contre la vie de son frère. Claudius-Pompeianus, son second mari, sénateur distingué par ses talens et par une fidélité inviolable, ignorait ses noirs complots : cette femme ambitieuse n'aurait pas osé les lui découvrir ; mais, dans la foule de ses amans (car elle imitait en tout la conduite de Faustine), elle avait trouvé des hommes perdus, déterminés à tout entreprendre, et prêts à servir les mouvemens que lui inspiraient tour à tour la fureur et l'amour. Les conspirateurs éprouvèrent les rigueurs de la justice ; Lucilla fut d'abord punie par l'exil et ensuite par la mort (2).

Il est blessé par un assassin. Ann. 180.

Les paroles de l'assassin laissèrent dans l'âme de Commode des traces profondes. Ce prince, sans cesse

Haine de Commode pour le sénat

---

le voir, et en brûlant ses papiers sans les ouvrir. Dion, l. LXXII, p. 1209.

(1) *Voyez* Maffei, *degli Anfiteatri*, p. 126.
(2) Dion, l. LXXII, p. 1205 ; Hérodien, l. I, p. 16 ; *Hist. Aug.*; p. 46.

alarmé, conçut une haine implacable contre le corps entier du sénat (1); ceux qu'il avait d'abord redoutés comme des ministres importuns, lui parurent tout à coup des ennemis secrets. Les délateurs avaient été découragés sous les règnes précédens, on les croyait presque anéantis; ils parurent de nouveau dès qu'ils s'aperçurent que l'empereur cherchait partout des crimes et des complots. Cette assemblée, que Marc-Aurèle regardait comme le grand conseil de la nation, était composée des plus vertueux Romains, et bientôt le mérite devint un crime. Le zèle des délateurs, excité par l'attrait puissant des richesses, cherchait partout de nouvelles victimes: une vertu rigide passait pour une censure tacite de la conduite irrégulière du prince, et des services importans décelaient une supériorité dangereuse; enfin l'amitié du père suffisait pour encourir toute la haine du fils. Le soupçon tenait lieu de preuve, et il suffisait d'être accusé pour être aussitôt condamné. La mort d'un sénateur entraînait la perte de tous ceux qui auraient pu la pleurer ou la venger; et lorsqu'une fois Commode eut goûté du sang humain, son cœur devint inaccessible aux remords ou à la pitié.

{Cruautés de ce prince.}

{Les frères Quintiliens.}

Parmi les victimes innocentes qui tombèrent sous les coups de la tyrannie, il n'y en eut pas de plus regrettées que Maximus et Condianus, de la famille Quin-

---

(1) Les conjurés étaient sénateurs, et entre autres l'assassin lui-même, Quintien. Hérodien, l. 1, c. 8.

(*Note de l'Éditeur.*)

tilienne. Leur amour fraternel a sauvé leur nom de l'oubli, et l'a rendu cher à la postérité. Leurs études, leurs occupations, leurs emplois, leurs plaisirs, étaient les mêmes : jouissant tous deux d'une fortune considérable, ils ne conçurent jamais l'idée de séparer leurs intérêts. Il existe encore des fragmens d'un ouvrage qu'ils ont composé ensemble (1); enfin, dans toutes les actions de leur vie, leurs corps paraissaient n'être animés que par une seule âme. Les Antonins, qui chérissaient leurs vertus et se plaisaient à voir leur union, les élevèrent dans la même année à la dignité de consul. Marc-Aurèle leur donna dans la suite le gouvernement de la Grèce, et leur confia le commandement d'une armée, à la tête de laquelle ils remportèrent une victoire signalée sur les Germains. La cruauté propice de Commode les unit enfin dans une même mort (2).

Après avoir porté la désolation dans le sein des premières familles de la république, le tyran tourna toute sa rage contre le principal instrument de ses

<small>Perennis, ministre.</small>

---

(1) Cet ouvrage traitait de l'agriculture, et a souvent été cité par les écrivains postérieurs. *Voyez* P. Needham, *Prolegomena ad Geoponica.* Cambridge, 1704, in-8°, p. 17, *seqq.*
(*Note de l'Éditeur.*)

(2) Casaubon a rassemblé dans une note sur l'*Histoire Auguste*, beaucoup de particularités concernant ces illustres frères. *Voyez* son savant Commentaire, p. 94 (*).

(*) Philostrate, dans la Vie du sophiste Hérode, dit que les Quintiliens n'étaient pas d'anciens citoyens romains, mais qu'ils étaient d'origine troyenne. *Voyez* le Comm. de Casaubon, précité. (*Note de l'Éditeur.*)

fureurs. Tandis que, renfermé dans son palais, Commode se plongeait dans le sang et dans la débauche, l'administration de l'empire était entre les mains de Perennis, ministre vil et ambitieux qui avait assassiné son prédécesseur pour en occuper la place, mais qui possédait de grands talens et beaucoup de fermeté. Il avait amassé une fortune immense par ses exactions, et en s'emparant des biens des nobles sacrifiés à son avarice. Les cohortes prétoriennes lui obéissaient comme à leur chef. Son fils, déjà connu dans la carrière des armes, commandait les légions d'Illyrie. Perennis aspirait au trône; ou, ce qui paraissait également criminel aux yeux de Commode, il pouvait y aspirer, s'il n'eût été prévenu, surpris et mis à mort. La chute d'un ministre est un événement de peu d'importance dans l'histoire générale de l'empire; mais la ruine de Perennis fut accélérée par une circonstance extraordinaire, qui fit voir combien la discipline était déjà relâchée. Les légions de Bretagne, mécontentes du gouvernement de ce ministre, formèrent une ambassade de quinze cents hommes choisis, et les envoyèrent à Rome, avec ordre d'exposer leurs plaintes à l'empereur. Ces députés militaires, en fomentant les divisions des prétoriens, en exagérant la force des troupes britanniques, et en alarmant le timide Commode, exigèrent et obtinrent, par la fermeté de leur conduite, la mort de Perennis (1). L'audace d'une

Ann. 186.

---

(1) Dion, l. LXXII, p. 1210; Hérodien, l. 1, p. 22; *Hist. Aug.*, page 48. Dion donne à Perennis un caractère moins

armée si éloignée de la capitale; et la découverte fatale qu'elle fit de la faiblesse du gouvernement, présageaient les plus terribles convulsions.

Un nouveau désordre, dont on avait négligé d'arrêter les faibles commencemens, trahit bientôt la négligence de l'administration. Les désertions devenaient fréquentes parmi les troupes : après avoir abandonné leurs drapeaux, les soldats, au lieu de se cacher et de fuir, infestèrent les grands chemins. Maternus, simple soldat, mais d'une hardiesse et d'une valeur extraordinaires, rassembla ces bandes de voleurs, et en composa une petite armée. Il ouvrit en même temps les prisons; invita les esclaves à briser leurs fers, et ra-

Révolte de Maternus.

---

odieux que ne le font les autres historiens : sa modération est presque un gage de sa véracité (*).

(*) Gibbon loue Dion de la modération avec laquelle il parle de Perennis, et suit cependant, dans son propre récit, Hérodien et Lampride. Ce n'est pas seulement avec modération, c'est avec admiration que Dion parle de Perennis : il le représente comme un grand homme qui vécut vertueux et mourut innocent; peut-être est-il suspect de partialité : mais ce qu'il y a de singulier, c'est que Gibbon, après avoir adopté sur ce ministre le jugement d'Hérodien et de Lampride, se conforme à la manière peu vraisemblable dont Dion rapporte sa mort. Quelle probabilité, en effet, que quinze cents hommes aient traversé la Gaule et l'Italie, et soient arrivés à Rome sans s'être entendus avec les prétoriens, ou sans que Perennis, préfet du prétoire, en ait été informé et s'y soit opposé ? Gibbon, prévoyant peut-être cette difficulté, a ajouté que les *députés militaires fomentèrent les divisions des prétoriens* ; cependant Dion dit expressément qu'ils ne vinrent pas jusqu'à Rome, mais que l'empereur alla au devant d'eux ; il lui fait même un reproche de ne leur avoir pas opposé les prétoriens, qui leur étaient supérieurs en nombre. Hérodien rapporte que Commode, ayant appris d'un soldat les projets ambitieux de Perennis et de son fils, les fit attaquer et massacrer de nuit. (*Note de l'Éditeur.*)

vagea impunément les villes opulentes, et sans défense de la Gaule et de l'Espagne. Les gouverneurs de ces provinces avaient été pendant long-temps spectateurs tranquilles de ces déprédations ; peut-être même en avaient-ils profité ; ils furent enfin arrachés à leur indolence par les ordres menaçans de l'empereur. Environné de tous côtés, Maternus prévit qu'il ne pouvait échapper ; le désespoir était sa dernière ressource : il ordonne tout à coup aux compagnons de sa fortune de se disperser, de passer les Alpes par pelotons et sous différens déguisemens, et de se rassembler à Rome pendant la fête tumultueuse de Cybèle (1). Il n'aspirait à rien moins qu'à massacrer Commode, et à s'emparer du trône vacant. Une pareille ambition n'est point celle d'un brigand ordinaire. Les mesures étaient si bien prises, que déjà ses troupes cachées remplissaient les rues de Rome : la jalousie d'un complice découvrit cette singulière entreprise, et la fit manquer au moment que tout était prêt pour l'exécution (2).

---

(1) Durant la seconde guerre punique, les Romains apportèrent de l'Asie le culte de la mère des dieux. Sa fête, *Megalesia*, commençait le 4 avril, et durait six jours : les rues étaient remplies de folles processions ; les spectateurs se rendaient en foule aux théâtres, et l'on admettait aux tables publiques toutes sortes de convives. L'ordre et la police étaient suspendus, et le plaisir devenait la seule occupation sérieuse de toute la ville. *Voyez* Ovide, *de Fastis*, l. IV, 189, etc.

(2) Hérodien, l. 1, p. 23, 28.

Les princes soupçonneux donnent souvent leur confiance aux derniers de leurs sujets, dans cette fausse persuasion que des hommes sans appui, et tirés tout à coup d'un état vil, seront entièrement dévoués à la personne de leur bienfaiteur. Cléandre, successeur de Perennis, avait pris naissance en Phrygie; il était d'une nation dont le caractère vil et intraitable ne pouvait être soumis que par les traitemens les plus durs (1). Envoyé à Rome comme esclave, il servit d'abord dans le palais impérial, et s'y rendit bientôt nécessaire à son maître en flattant ses passions. Enfin, il monta rapidement au premier rang de l'empire; son influence sur l'esprit de Commode fut encore plus grande que celle de son prédécesseur. En effet, Cléandre n'avait aucun de ces talens capables d'exciter la jalousie de l'empereur, ou de lui inspirer de la méfiance. L'avarice était la passion dominante de cette âme vile, et le grand principe de son administration. On vendait publiquement les dignités de consul, de patricien et de sénateur. Un citoyen sacrifiait la plus grande partie de sa fortune pour obtenir ces vains honneurs (2). Son refus de les acheter aurait été interprété comme une marque secrète de mécontentement. Dans les provinces, le ministre partageait avec les gouverneurs les dépouilles du peuple; l'ad-

Cléandre, ministre.

Son avarice et sa cruauté.

---

(1) Cicéron, *pro Flacco*, c. 2.
(2) Une de ces promotions si dispendieuses donna lieu à un bon mot : on disait que Julius-Solon était exilé dans le sénat.

ministration de la justice était vénale et arbitraire. Non-seulement un criminel opulent obtenait avec facilité la révocation de la sentence qui le condamnait, mais il pouvait aussi faire retomber la peine sur l'accusateur, les témoins et le juge, et ordonner même de leur supplice.

Dans l'espace de trois ans, Cléandre amassa des trésors immenses : on n'avait point encore vu d'affranchi posséder tant de richesses (1). Commode, séduit par les présens magnifiques que l'habile courtisan déposait à propos au pied du trône, fermait les yeux sur sa conduite. Cléandre crut aussi pouvoir imposer silence à l'envie. Il fit élever, au nom de l'empereur, des bains, des portiques, et des places destinées aux exercices publics (2). Il se flattait que les Romains, trompés par cette libéralité apparente, seraient moins touchés des scènes sanglantes qui frappaient tous les jours leurs regards; il espérait qu'ils oublieraient la mort de Byrrhus, sénateur d'un mérite éclatant, et gendre du dernier empereur, et qu'ils perdraient le souvenir de l'exécution d'Arius-Antoninus, le dernier qui eût hérité du nom et de la vertu

---

(1) Dion-Cassius (l. LXXII, p. 1213) observe qu'aucun affranchi n'avait encore possédé autant de richesses que Cléandre : la fortune de Pallas se montait cependant à plus de cinq cent vingt mille livres sterl., *ter millies*, H. S.

(2) Dion, l. LXXII, p. 1213; Hérodien, l. 1, p. 29; *Hist. Aug.*, p. 52 : ces bains étaient situés près de la porte Capène. *Voyez* Nardini, *Roma antica*, p. 79.

des Antonins. L'un, plus vertueux que prudent, avait essayé de découvrir à son beau-frère le véritable caractère du favori. Le crime de l'autre était d'avoir prononcé, lorsqu'il commandait en Asie, une sentence équitable contre une des indignes créatures de Cléandre (1). Après la chute de Pérennis, les terreurs de Commode s'étaient montrées sous les apparences d'un retour à la vertu. On l'avait vu casser les actes les plus odieux de ce ministre, livrer sa mémoire à l'exécration publique, et attribuer à ses conseils pernicieux les fautes d'une jeunesse sans expérience. Ce repentir ne dura que trente jours, et la tyrannie de Cléandre fit souvent regretter l'administration de Pérennis.

La peste et la famine vinrent mettre le comble aux calamités de Rome (2). Le premier de ces maux pouvait être imputé à la juste colère des dieux : on crut s'apercevoir que le second prenait sa source dans un monopole de blés soutenu par les richesses et par l'autorité du ministre. On se plaignit d'abord en secret; enfin le mécontentement public éclata dans une assemblée du cirque. Le peuple quitta ses amusemens favoris pour goûter le plaisir plus délicieux de la vengeance. Il courut en foule vers un palais situé dans un des faubourgs de la ville, et l'une des maisons de plaisance de l'empereur. L'air reten-

Sédition. Mort de Cléandre.

---

(1) *Hist. Aug.*, p. 48.

(2) Hérodien, l. 1, p. 28; Dion, l. LXXII, p. 1215 : celui-ci prétend que, pendant long-temps, il mourut par jour à Rome deux mille personnes.

tit aussitôt de clameurs séditieuses. L'on demandait à haute voix la tête de l'ennemi public. Cléandre, qui commandait les gardes prétoriennes (1), fit sortir un corps de cavalerie pour dissiper les mutins. La multitude prit la fuite avec précipitation du côté de la ville. Plusieurs personnes restèrent sur la place; d'autres, en plus grand nombre, furent mortellement blessées : mais lorsque la cavalerie prétorienne voulût s'avancer dans les rues, elle fut arrêtée par les pierres et les dards que les habitans faisaient pleuvoir du haut de leurs maisons. Les gardes à pied (2), ja-

---

(1) *Tuncque primum tres præfecti prætorio fuére : inter quos libertinus.* Quelques restes de modestie empêchèrent Cléandre de prendre le titre de préfet du prétoire, tandis qu'il en avait toute l'autorité. Les autres affranchis étant appelés, selon leurs différentes fonctions, *à rationibus, ab epistolis,* Cléandre se qualifiait *à pugione,* comme chargé de défendre la personne de son maître. Saumaise et Casaubon ont fait des commentaires très-vagues sur ce passage (*).

(2) Οι της πολεως πεζοι στρατιωται, Hérodien, l. 1, p. 31. On ne sait si cet auteur veut parler de l'infanterie prétorienne ou des cohortes de la ville, composées de six mille hommes, mais dont le rang et la discipline ne répondaient pas à leur nombre. Ni M. de Tillemont ni Wotton n'ont voulu décider cette question (**).

(*) Le texte de Lampride ne fournit aucune raison de croire que Cléandre ait été celui des trois préfets du prétoire qui se qualifiait *à pugione* : Saumaise et Casaubon ne paraissent pas non plus le penser. *Voyez* Hist. Aug., pag. 48; le Comm. de Saumaise, p. 116; le Comm. de Casaubon, p. 95. (*Note de l'Éditeur.*)

(**) Il me semble que ce n'en est pas une : le passage d'Hérodien est clair, et désigne les cohortes de la ville. Comparez Dion, p. 797.
(*Note de l'Éditeur.*)

louses depuis long-temps des prérogatives et de l'insolence de la cavalerie prétorienne, embrassèrent le parti du peuple. Le tumulte devint une action régulière, et fit craindre un massacre général. Enfin les prétoriens, forcés de céder au nombre, lâchèrent pied, et les flots de la populace en fureur vinrent de nouveau se briser, avec une violence redoublée, contre les portes du palais. Commode, plongé dans la débauche, ignorait seul les périls qui le menaçaient. C'était s'exposer à la mort que de lui annoncer de fâcheuses nouvelles. Ce prince aurait été victime de son indolente sécurité, sans le courage de deux femmes de sa cour. Fadilla, sa sœur aînée, et Marcia, la plus chérie de ses concubines, se hasardèrent à paraître en sa présence. Les cheveux épars, et baignées de larmes, elles se jetèrent à ses pieds, et, animées par cette éloquence forte qu'inspire le danger, elles peignirent vivement la fureur du peuple, les crimes du ministre, et l'orage prêt à l'écraser sous les ruines de son palais. L'empereur, effrayé, sort tout à coup de l'ivresse du plaisir, et fait exposer la tête du ministre aux regards avides de la multitude. Ce spectacle si désiré apaisa le tumulte. Le fils de Marc-Aurèle pouvait encore regagner le cœur et la confiance de ses sujets (1).

Mais tout sentiment de vertu et d'humanité était

Plaisirs dissolus de Commode.

---

(1) Dion, l. LXXII, p. 1215; Hérodien, l. I, p. 32; *Hist. Aug.*, p. 48.

éteint dans l'âme de Commode. Laissant flotter les rênes de l'empire entre les mains d'indignes favoris, il n'estimait de la puissance souveraine que la liberté de pouvoir se livrer, sans aucune retenue, à toutes ses passions. Il passait sa vie dans un sérail rempli de trois cents femmes remarquables par leur beauté, et d'un pareil nombre de jeunes garçons de tout rang et de tout état. Lorsqu'il ne pouvait réussir par la voie de la séduction, cet indigne amant avait recours à la violence. Les anciens historiens (1) n'ont point rougi de décrire avec une certaine étendue ces scènes honteuses de prostitution, qui révoltent également la nature et la pudeur; mais il serait difficile de traduire leurs passages; la décence de nos langues modernes ne nous permet pas d'exposer des peintures si fidèles. Commode employait dans les plus viles occupations les momens qui n'étaient point consacrés à la débauche. L'influence d'un siècle éclairé et les soins vigilans de l'éducation n'avaient pu inspirer à cette âme grossière le moindre goût pour les sciences. Jusqu'alors aucun empereur romain n'avait paru tout-à-fait insensible aux plaisirs de l'imagination. Néron lui-même excellait ou cherchait à exceller dans la musique et dans la poésie; et nous serions bien loin de l'en blâmer, si des études qui ne de-

Son ignorance et ses vils amusemens.

---

(1) *Sororibus suis constupratis, ipsas concubinas suas sub oculis suis stuprari jubebat. Nec irruentium in se juvenum carebat infamiâ, omni parte corporis atque ore in sexum utrumque pollutus.* Hist. Aug., p. 47.

vaient être pour lui qu'un délassement agréable, ne fussent point devenues à ses yeux une affaire sérieuse et l'objet le plus vif de son ambition. Mais Commode, dès ses premières années, montra de l'aversion pour toute occupation libérale ou raisonnable : il ne se plaisait que dans les amusemens de la populace; les jeux du cirque et de l'amphithéâtre, les combats de gladiateurs et la chasse des bêtes sauvages. Marc-Aurèle avait placé auprès de son fils les maîtres les plus habiles dans toutes les parties des sciences. Leurs leçons inspiraient le dégoût, et étaient à peine écoutées, tandis que les Maures et les Parthes, qui enseignaient au jeune prince à lancer le javelot et à tirer de l'arc, trouvaient un élève appliqué, et qui bientôt égala ses plus habiles instituteurs dans la justesse du coup d'œil et dans la dextérité de la main.

De vils courtisans, dont la fortune tenait aux vices de leurs maîtres, applaudissaient à ces talens si peu dignes d'un souverain. La voix perfide de la flatterie ne cessait de le comparer aux plus grands hommes de l'antiquité. C'était, disait-on, par des exploits de cette nature, c'était par la défaite du lion de Némée et par la mort du sanglier d'Érymanthe, que l'Hercule des Grecs avait mérité d'être mis au rang des dieux, et s'était acquis sur la terre une réputation immortelle. On oubliait seulement d'observer que dans l'enfance des sociétés, lorsque les plus féroces animaux disputent souvent à l'homme la possession d'un pays inculte, une guerre terminée heureusement contre

Chasse des bêtes sauvages.

ces cruels ennemis, est l'entreprise la plus digne d'un héros, et la plus utile au genre humain. Lorsque l'empire romain se fut élevé sur les débris de tant d'États déjà civilisés, depuis long-temps les bêtes farouches fuyaient l'aspect de l'homme, et s'étaient retirées loin des grandes habitations : il fallait traverser des déserts pour les surprendre dans leurs retraites ; et on les transportait ensuite, à grands frais, dans Rome, où elles tombaient, avec une pompe solennelle, sous les coups d'un empereur. De pareils exploits ne pouvaient que déshonorer le prince et opprimer le peuple (1). Ces considérations échappèrent à Commode : il saisit avidement une ressemblance glorieuse, et s'appela lui-même l'Hercule romain. Ce nom paraît encore aujourd'hui sur quelques-unes de ses médailles (2). On voyait auprès du trône, parmi les autres marques de la souveraineté, la massue et la peau de lion. Enfin l'empereur eut des statues où il était représenté dans l'attitude et avec les attributs de ce dieu dont il s'efforçait tous les jours, dans le cours de

---

(1) Les lions d'Afrique, lorsqu'ils étaient pressés par la faim, infestaient avec impunité les villages ouverts et les campagnes cultivées. Ces animaux étaient réservés pour les plaisirs de l'empereur et de la capitale, et le malheureux paysan qui en tuait un, même pour sa défense, était sévèrement puni. Cette loi cruelle fut adoucie par Honorius, et annulée par Justinien. *Code Théod.*, tome v, p. 92; et *Comment. Gothofred.*

(2) Spanheim, *de Numismat.*, dissertation xii, tome ii, page 493.

ses amusemens féroces, d'imiter l'adresse et le courage (1).

Enivré par ces louanges qui étouffaient en lui par degrés tout sentiment de respect humain, Commode résolut de donner au peuple romain un spectacle dont jusqu'alors quelques favoris avaient seuls été témoins dans l'enceinte du palais. Au jour fixé, la flatterie, la crainte, la curiosité, attirèrent à l'amphithéâtre une multitude innombrable. D'abord on admira l'adresse merveilleuse du prince : qu'il visât au cœur ou à la tête de l'animal, le coup était également sûr et mortel. Armé de flèches dont la pointe se terminait en forme de croissant, Commode arrêtait souvent la course rapide de l'autruche, et coupait en deux le long cou de cet oiseau.(2). Une panthère venait d'être lâchée ; déjà elle se jetait sur un criminel tremblant : aussitôt le trait vole, la bête tombe, et l'homme échappe à la mort. Cent lions remplissent à la fois l'amphithéâtre ; cent dards, partis de la main assurée de Commode, les percent à mesure qu'ils parcourent l'arène. Ni la masse énorme de l'éléphant ni la peau impénétrable du rhinocéros ne peuvent garantir ces animaux du coup fatal. L'Inde et l'Éthiopie avaient fourni leurs animaux les plus rares ; et, de tous ceux qui parurent dans l'amphithéâtre, plusieurs n'étaient connus que par les ouvrages des peintres et

Commode déploie son adresse dans l'amphithéâtre.

----

(1) Dion, l. LXXII, p. 1216 ; *Hist. Aug.*, p. 49.
(2) Le cou de l'autruche est long de trois pieds, et composé de dix-sept vertèbres. *Voyez* Buffon, *Hist. nat.*

les descriptions des poëtes (1). Dans tous ces jeux, on prenait toutes les précautions imaginables pour ne pas exposer la personne de l'Hercule romain à quelque coup désespéré de la part d'un de ces sauvages animaux, qui aurait bien pu conserver peu d'égards pour la dignité de l'empereur ou la sainteté du dieu (2).

<small>Il joue le rôle de gladiateur.</small>

Mais le dernier de la populace ne put voir sans indignation son souverain entrer en lice comme gladiateur, et se glorifier d'une profession déclarée infâme, à si juste titre, par les lois et par les mœurs des Romains (3). Commode choisit l'habillement et les

---

(1) Commode tua une girafe (Dion, l. LXXII, p. 1211). Cet animal singulier, le plus grand, le plus doux et le moins utile des grands quadrupèdes, ne se trouve que dans l'intérieur de l'Afrique. On n'en avait point encore vu en Europe depuis la renaissance des lettres; et M. de Buffon, en décrivant la girafe (*Hist. nat.*, tome XIII), n'avait point osé la faire dessiner (*).

(2) Hérodien, l. 1, p. 37; *Hist. Aug.*, p. 50.

(3) Les princes sages et vertueux défendirent aux sénateurs et aux chevaliers d'embrasser cette indigne profession, sous peine d'infamie, ou, ce qui semblait encore plus redoutable à ces misérables débauchés, sous peine d'exil. Les tyrans, au contraire, employèrent pour les déshonorer des menaces et des récompenses: Néron fit paraître une fois sur l'arène quarante sénateurs et soixante chevaliers. Juste-Lipse, *Saturnalia*, l. II, c. 2. Ce savant a heureusement corrigé un passage de Suétone, *in Nerone*, c. 12.

(*) La girafe a été vue et dessinée plusieurs fois en Europe depuis cette époque. Le cabinet d'histoire naturelle du Jardin des Plantes en possède une bien conservée. (*Note de l'Éditeur.*)

armes du *sécuteur*, dont le combat avec le *rétiaire* formait une des scènes les plus vives dans les jeux sanglans de l'amphithéâtre. Le *sécuteur* était armé d'un casque, d'une épée et d'un bouclier. Son antagoniste, nu, tenait d'une main un filet qui lui servait à envelopper son ennemi, et de l'autre un trident pour le percer. S'il manquait le premier coup, il était forcé de fuir et d'éviter la poursuite du *sécuteur*, jusqu'à ce qu'il fût de nouveau préparé à jeter son filet (1). L'empereur combattit sept cent trente-cinq fois comme gladiateur. On avait soin d'inscrire ces exploits glorieux dans les fastes de l'empire; et Commode, pour mettre le comble à son infamie, se fit payer, sur les fonds des gladiateurs, des gages si exorbitans, qu'ils devinrent pour le peuple romain une taxe nouvelle autant qu'ignominieuse (2). On supposera facilement que le maître du monde sortait toujours vainqueur de ces sortes de combats. Dans l'amphithéâtre, ses victoires n'étaient pas toujours sanglantes; mais lorsqu'il exerçait son adresse dans l'école des gladiateurs ou dans son propre palais, ses infortunés antagonistes recevaient souvent une blessure mortelle de la main du prince, forcés ainsi d'ap-

---

(1) Juste-Lipse, l. 11, c. 7, 8; Juvénal, dans la huitième satire, donne une description pittoresque de ce combat.

(2) *Hist. Aug.*, p. 50; Dion, l. LXXII, p. 1220. L'empereur recevait pour chaque fois *decies*, H. S., environ huit mille livres sterl.

puyer du témoignage de leur sang l'hommage que leur adulation rendait à sa supériorité (1).

Son infamie et son extravagance. Commode dédaigna bientôt le nom d'Hercule; celui de Paulus, *sécuteur* célèbre, fut désormais le seul qui flattât son oreille : il fut gravé sur des statues colossales, et répété avec des acclamations redoublées (2) par un sénat consterné, et forcé d'applaudir aux extravagances du prince (3). Claudius-Pompeianus, cet époux vertueux de la coupable Lucilla, osa seul soutenir la dignité de son rang. Comme père, il permit à ses fils de pourvoir à leur sûreté en se rendant à l'amphithéâtre; comme Romain, il déclara que sa vie était entre les mains de l'empereur, mais que pour lui, il ne pourrait jamais se résoudre à voir le fils de Marc-Aurèle prostituer ainsi sa personne et sa dignité. Malgré son noble courage, Pompeianus n'éprouva point la colère du tyran; il fut assez heureux pour conserver sa vie avec honneur (4).

---

(1) Victor rapporte que Commode ne donnait à ses antagonistes qu'une lame de plomb, redoutant, selon toutes les apparences, les suites de leur désespoir.

(2) Les sénateurs furent obligés de répéter six cent vingt-six fois : *Paulus, premier des sécuteurs,* etc.

(3) Dion, l. LXXII, p. 1221 : il parle de sa propre bassesse, et du danger qu'il courut.

(4) L'intrépide Pompeianus usa cependant de quelque prudence, et il passa la plus grande partie de son temps à la campagne, donnant pour motif de sa retraite son âge avancé et la faiblesse de ses yeux. « Je ne l'ai jamais vu dans le sénat, dit Dion, excepté pendant le peu de temps que régna

Commode était parvenu au dernier degré du vice *Conspira-*
et de l'infamie. Au milieu des acclamations d'une *tion de ses*
cour avilie, il ne pouvait se dissimuler à lui-même *domesti-*
qu'il méritait le mépris et la haine de tout ce qu'il y *ques.*
avait d'hommes sages et vertueux : cette conviction,
l'envie qu'il portait à toute espèce de mérite, des
alarmes bien fondées, l'habitude de répandre le sang,
qu'il avait contractée au milieu de ses plaisirs jour-
naliers, tout irritait son caractère féroce. L'histoire
nous a laissé une longue liste de consulaires sacrifiés
à ses soupçons. Il recherchait avec un soin particulier ceux qui étaient assez malheureux pour avoir des
relations, même éloignées, avec la famille des Antonins ; il n'épargna pas les ministres de ses crimes
et de ses plaisirs (1). Enfin sa cruauté lui devint funeste. Il avait versé impunément le sang des premiers
citoyens de Rome ; il périt dès qu'il se rendit redoutable à ses propres domestiques. Marcia, sa favorite,
Eclectus, chambellan du palais, et Lætus, préfet du
prétoire, alarmés du sort de leurs compagnons et
de leurs prédécesseurs, résolurent de prévenir leur
perte, qui semblait inévitable ; ils tremblaient sans

Pertinax. « Toutes ses infirmités disparurent alors subitement, et elles revinrent soudain dès que cet excellent prince
eut été massacré. Dion, l. LXXIII, p. 1227. »

(1) Les préfets étaient changés tous les jours, et même
presque à toute heure. Le caprice de Commode devint souvent fatal à ceux des officiers de sa maison qu'il chérissait le
plus. *Hist. Aug.*, p. 46, 51.

cesse d'être les victimes du caprice aveugle de l'empereur (1), ou de l'indignation subite du peuple.

Mort de Commode. Ann. 192, 31 décemb.

Un jour que Commode revenait de la chasse très-fatigué, Marcia profita de cette occasion pour lui présenter une coupe remplie de vin. Ce prince voulut ensuite se livrer au sommeil; mais tandis qu'il était tourmenté par la violence du poison et les effets de l'ivresse, un jeune homme robuste, lutteur de profession, entra dans sa chambre, et l'étrangla sans résistance. Le corps fut porté secrètement hors du palais avant que l'on eût eu le moindre soupçon dans la ville, ni même à la cour, de la mort de l'empereur. Ainsi périt le fils de Marc-Aurèle, et ainsi fut abattu, sans la moindre peine, un tyran détesté, qui, défendu par les moyens artificiels de l'autorité, avait opprimé pendant treize ans plusieurs millions d'hommes, dont chacun en particulier avait reçu de la nature une force semblable et des talens égaux à ceux du prince (2).

Pertinax choisi pour empereur.

Les mesures des conspirateurs furent conduites avec le sang-froid et la célérité que demandait la grandeur de l'entreprise. Résolus de placer sur le trône un empereur dont la conduite les justifiât, ils firent

---

(1) Commode avait déjà résolu de les faire massacrer la nuit suivante, et c'est de cette résolution qu'ils voulurent prévenir l'effet. *Voyez* Hérodien, l. 1, c. 17. (*Note de l'Éditeur.*)

(2) Dion, l. LXXII, p. 1222; Hérodien, l. 1, p. 43; *Hist. Aug.*, p. 52.

choix de Pertinax, sénateur consulaire, dont le mérite éclatant avait fait oublier la naissance obscure, et qui était parvenu aux premières dignités de l'État. Il avait commandé successivement la plupart des provinces de l'empire, et, par son intégrité, par sa prudence et sa fermeté, il avait obtenu dans tous ses emplois, civils et militaires, l'estime de ses concitoyens (1). Il était alors resté presque seul des amis et des ministres de Marc-Aurèle; et lorsqu'on vint l'éveiller au milieu de la nuit, pour lui apprendre, que le chambellan et le préfet du prétoire l'atten-

---

(1) Pertinax était fils d'un charpentier : il naquit à Alba-Pompeïa, dans le Piémont. L'ordre de ses emplois, que Capitolin nous a conservé, mérite d'être rapporté; il nous donnera une idée des mœurs et de la forme du gouvernement dans ce siècle. Pertinax fut : 1° centurion; 2° préfet d'une cohorte en Syrie et en Bretagne; 3° il obtint un escadron de cavalerie dans la Mœsie; 4° il fut commissaire pour les provisions sur la voie Émilienne; 5° il commanda la flotte du Rhin; 6° il fut intendant de la Dacie, avec des appointemens d'environ 1600 liv. st. par an; 7° il commanda les vétérans d'une légion; 8° il obtint le rang de sénateur; 9° de préteur; 10° il y joignit le commandement de la première légion dans la Rhétie et la Norique; 11° il fut consul vers l'année 175; 12° il accompagna Marc-Aurèle en Orient; 13° il commanda une armée sur le Danube; 14° il fut légat consulaire de Mœsie; 15° de Dacie; 16° de Syrie; 17° de Bretagne; 18° il fut chargé des provisions publiques à Rome; 19° il fut proconsul d'Afrique; 20° préfet de la cité. Hérodien (l. 1, p. 48) rend justice à son désintéressement; mais Capitolin, qui rassemblait tous les bruits populaires, l'accuse d'avoir amassé une grande fortune en se laissant corrompre.

daient à sa porte, il les reçut avec une ferme résignation, et les pria d'exécuter les ordres de leur maître. Au lieu de la mort, ils lui offrirent le trône du monde : Pertinax refusa d'ajouter foi à leurs paroles ; enfin, convaincu que le tyran n'existait plus, il accepta la pourpre avec la sincère répugnance d'un homme instruit des devoirs et des dangers du rang suprême. (1).

<small>Il est reconnu par les gardes prétoriennes.</small>

Les momens étaient précieux. Lætus conduisit son nouvel empereur au camp des prétoriens. Il répandit en même temps dans la ville le bruit qu'une apoplexie avait enlevé subitement Commode, et que déjà le vertueux Pertinax était monté sur le trône. Les gardes apprirent avec plus d'étonnement que de joie la mort suspecte d'un prince dont ils avaient seuls éprouvé l'indulgence et les libéralités ; mais l'urgence de la circonstance, l'autorité du préfet et les clameurs du peuple, les déterminèrent à dissimuler leur mécontentement. Ils acceptèrent les largesses promises par le nouvel empereur, consentirent à lui jurer fidélité ; et, tenant à leurs mains des branches de laurier, ils le conduisirent avec acclamations dans l'assemblée du sénat, afin que l'autorité civile ratifiât le consentement des troupes.

<small>Et par le sénat. Ann. 193, 1er janvier.</small>

La nuit était déjà fort avancée ; le lendemain, qui se trouvait le premier jour de l'an, le sénat devait être convoqué de grand matin pour assister à une

---

(1) Selon Julien (dans *les Césars*), il fut complice de la mort de Commode.

cérémonie ignominieuse. En dépit de toutes les remontrances, en dépit même des prières de ceux des courtisans qui conservaient encore quelque idée de prudence et d'honneur, Commode avait résolu de passer la nuit dans une école de gladiateurs, et de venir ensuite à la tête de cette vile troupe, revêtu des mêmes habits, prendre possession du consulat. Tout à coup, avant la pointe du jour, les sénateurs reçoivent ordre de s'assembler dans le temple de la Concorde, où ils doivent trouver les gardes, et ratifier l'élection du nouvel empereur (1). Ils restèrent assis pendant quelque temps en silence, ne pouvant croire un événement qu'ils auraient à peine osé espérer, et redoutant les artifices cruels de Commode; mais lorsqu'ils furent assurés de la mort du tyran, ils se livrèrent aux transports de la joie la plus vive, et laissèrent en même temps éclater toute leur indignation. Pertinax représenta modestement la médiocrité de sa naissance, et désigna plusieurs nobles sénateurs plus dignes de monter sur le trône : mais, obligé de céder aux vœux de l'assemblée et aux protestations les plus sincères d'une fidélité inviolable, il reçut tous les titres attachés à la puissance impériale. La mémoire de Commode fut dévouée à un opprobre éternel : les

La mémoire de Commode déclarée infâme.

---

(1) Le sénat se rassemblait toujours au commencement de l'année, dans la nuit du 1ᵉʳ janvier (*voyez* Savaron, sur Sid. Apoll., l. VIII, epit. 6); et cela arriva, sans aucun ordre particulier, cette année comme à l'ordinaire. (*Note de l'Éditeur.*)

voûtes du temple retentissaient des noms de tyran, de gladiateur, d'ennemi public. On ordonna tumultuairement (1) que les dignités du dernier empereur fussent annulées, ses titres effacés des monumens publics, ses statues renversées, et que son corps fût traîné avec un crochet dans la salle des gladiateurs, pour y assouvir la fureur du peuple : les sénateurs voulaient même sévir contre des serviteurs zélés, qui avaient déjà prétendu dérober à la justice du sénat les

---

(1). Ce que Gibbon appelle improprement, ici et dans la note, *des décrets* tumultuaires, n'était autre chose que les applaudissemens ou acclamations qui reviennent si souvent dans l'histoire des empereurs. L'usage en passa du théâtre dans le Forum, et du Forum dans le sénat. On commença sous Trajan à introduire les applaudissemens dans l'adoption des décrets impériaux. (Pline le Jeune, *Panegyr.*, c. 75.) Un sénateur lisait la formule du décret, et tous les autres répondaient par des acclamations accompagnées d'un certain chant ou rhythme. Voici quelques-unes des acclamations adressées à Pertinax, et contre la mémoire de Commode : *Hosti patriæ honores detrahantur. — Parricidæ honores detrahantur. — Ut salvi simus; Jupiter, optime, maxime, serva nobis Pertinacem.* — Cet usage existait non-seulement dans les conseils d'État proprement dits, mais dans les assemblées quelconques du sénat. Quelque peu conforme qu'il nous paraisse à la majesté d'une réunion sainte, les premiers chrétiens l'adoptèrent, et l'introduisirent même dans leurs synodes; malgré l'opposition de quelques pères de l'Église, entre autres, de saint Jean Chrysostôme. *Voyez* la Collection de Franc. Bern. *Ferrarius, de veterum Acclamatione, et Plausu, in Grævii Thesaur. antiquit. roman.,* t. 6. (*Note de l'Editeur.*)

restes de leur maître; mais Pertinax fit rendre au fils de Marc-Aurèle des honneurs qu'il ne pouvait refuser au souvenir des vertus du père, ni aux larmes de son premier protecteur, Claudius-Pompeianus. Ce citoyen respectable, déplorant le sort cruel de son beau-frère, gémissait encore plus sur les crimes qui le lui avaient attiré (1).

Ces efforts d'une rage impuissante contre un empereur mort, auquel le sénat, quelques heures auparavant, avait prostitué l'encens le plus vil, décelaient un esprit de vengeance plus conforme à la justice qu'à la générosité. La légitimité de ces décrets était fondée cependant sur les principes de la constitution impériale. De tout temps les sénateurs romains avaient eu le droit incontestable de censurer, de déposer ou de punir de mort le premier magistrat de la république, lorsqu'il avait abusé de son autorité (2) : mais

Juridiction légale du sénat contre les empereurs.

---

(1) Capitolin nous a dépeint la manière dont furent portés ces décrets tumultuaires, proposés d'abord par un sénateur, et répétés ensuite, comme en chœur, par l'assemblée entière. *Hist. Aug.*, p. 52.

(2) Le sénat condamna Néron à être mis à mort, *more majorum*. Suétone, c. 49 (*).

(*) Aucune loi spéciale n'autorisait ce droit du sénat; on le déduisait des anciens principes de la république. Gibbon paraît entendre, par le passage de Suétone, que le sénat, d'après son ancien droit, *more majorum*, punit Néron de mort; tandis que ces mots (*more majorum*) se rapportent, non au décret du sénat, mais au genre de mort qui fut tiré d'une ancienne loi de Romulus. *Voyez* Victor, *Epitom.*, édit. Arntzen., p. 484, n. 7. (*Note de l'Éditeur.*)

cette faible assemblée était maintenant réduite à se contenter d'infliger au tyran, après sa mort, des peines dont l'arme redoutable du despotisme militaire l'avait mis à l'abri pendant son règne.

<small>Vertus de Pertinax.</small> Pertinax trouva un moyen bien plus noble de condamner la mémoire de son prédécesseur : il fit briller ses vertus auprès des vices de Commode. Le jour même de son avénement, il abandonna sa fortune particulière à son fils et à sa femme, pour leur ôter tout prétexte de solliciter des faveurs aux dépens de l'État. L'épouse de l'empereur n'eut jamais le titre d'Augusta, et Pertinax craignit de corrompre la jeunesse de son fils en l'élevant à la dignité de César : sachant distinguer les devoirs d'un père de ceux d'un souverain, il lui donna une éducation simple à la fois et sévère, qui, ne lui donnant pas l'espérance certaine d'arriver au trône, pouvait le rendre un jour plus digne d'y monter. En public, la conduite de Pertinax était grave et en même temps affable. Tandis qu'il n'était encore que simple particulier, il avait étudié le véritable caractère des sénateurs : les plus vertueux approchèrent seuls de sa personne lorsqu'il fut sur le trône : il vivait avec eux sans orgueil et sans jalousie ; il les considérait comme des amis et des compagnons dont il avait partagé les dangers pendant la vie du tyran, et avec lesquels il désirait jouir des douceurs d'un temps plus fortuné. Souvent il les invitait à venir goûter, dans l'intérieur de son palais, des plaisirs sans faste, dont la simplicité paraissait

ridicule à ceux qui se rappelaient le luxe effréné de Commode (1).

Guérir, autant que cela était possible, les blessures faites à l'État par la main de la tyrannie, devint la tâche douce, mais triste, que s'imposa Pertinax. Les victimes innocentes qui respiraient encore, furent rappelées de leur exil, tirées de leur prison, et remises en possession de leurs biens et de leurs dignités. Loin d'être assouvie par la mort de ses ennemis, la cruauté de Commode s'étendait jusque dans le tombeau : plusieurs sénateurs massacrés par ses ordres n'avaient point eu les honneurs de la sépulture ; leurs cendres furent rendues au tombeau de leurs ancêtres, leur mémoire fut réhabilitée, et l'on n'épargna rien pour consoler leurs familles ruinées et plongées dans l'affliction. La consolation la plus douce à leurs yeux était le supplice des délateurs, ces ennemis dangereux de la vertu, du souverain et de la patrie : cependant, même dans la poursuite de ces assassins armés du glaive de la loi, Pertinax usa d'une modération ferme qui donnait tout à l'équité, et ne laissait rien à la vengeance ni aux préjugés du peuple.

Il entreprend la réforme de l'État.

Les finances de l'État exigeaient une attention particulière. Quoique l'on eût épuisé toutes les ressources de l'injustice et de l'exaction pour faire entrer les

Ses réglemens.

---

(1) Dion (l. LXXIII, p. 1223) parle de ces divertissemens comme un sénateur qui avait soupé avec le prince, et Capitolin (*Hist. Aug.*; p. 58), comme un esclave qui avait reçu ses informations d'un valet de chambre.

biens des sujets dans les coffres du prince, l'avidité insatiable de Commode n'avait pu suffire à son extravagance. A sa mort, il ne se trouva dans le trésor que cent huit mille livres sterling; somme bien modique (1) pour fournir aux dépenses ordinaires du gouvernement, et pour remplir les obligations contractées par le nouvel empereur, qui avait été forcé de promettre aux prétoriens des largesses considérables. Cependant, malgré son embarras, Pertinax eut le généreux courage de remettre au peuple les impôts onéreux créés par son prédécesseur, et de révoquer toutes les demandes injustes des trésoriers de l'empire. Il déclara dans un décret du sénat, « qu'il aimait mieux gouverner avec équité une république pauvre, que d'acquérir des richesses par des voies tyranniques et déshonorantes. » Persuadé que les véritables et les plus pures sources de l'opulence sont l'économie et l'industrie, il se trouva bientôt en état, par ces sages moyens, de satisfaire abondamment aux besoins publics. La dépense du palais fut d'abord réduite de moitié : l'empereur méprisait tous les objets de luxe; il fit vendre publiquement (2) la vaisselle d'or et d'argent, des chars d'une construction singulière; des

---

(1) *Decies*, H. S. Antonin le Pieux, par une sage économie, avait laissé à ses successeurs un trésor de *vicies septies millies*, H. S., environ vingt-deux millions sterling. Dion, l. LXXIII, p. 1231.

(2) Outre le dessein de convertir en argent ces ornemens inutiles, Pertinax (selon Dion, l. LXXIII, p. 1229) fut encore guidé par deux motifs secrets : il voulait exposer en pu-

habits brodés, des étoffes de soie, et un très-grand nombre de beaux esclaves de l'un et de l'autre sexe; il en excepta seulement, avec une humanité attentive, ceux qui, nés libres, avaient été arrachés d'entre les bras de leurs parens éplorés.

En même temps qu'il obligeait les indignes favoris du tyran à restituer une partie de leurs biens acquis par des voies illégitimes, il satisfaisait les véritables créanciers de l'État, et payait les arrérages accumulés des sommes accordées aux citoyens qui avaient rendu des services à leur patrie; il rétablit la liberté du commerce; enfin, il céda toutes les terres incultes de l'Italie et des provinces à ceux qui voudraient les défricher; et il les exempta en même temps de toute imposition pendant dix ans (1).

Une conduite si sage assurait à Pertinax la récompense la plus noble pour un souverain, l'amour et l'estime de son peuple. Ceux qui n'avaient point perdu le souvenir des vertus de Marc-Aurèle contemplaient avec plaisir dans le nouvel empereur les traits de ce brillant modèle : ils espéraient pouvoir jouir long-temps de l'heureuse influence de son administration. Trop de précipitation dans son zèle à réformer les abus d'un État corrompu, devint fatal à

Sa popularité.

---

blic les vices de Commode, et découvrir, par les acquéreurs, ceux qui ressemblaient le plus à ce prince.

(1) Quoique Capitolin ait rempli de plusieurs contes puérils la vie privée de Pertinax, il se joint à Dion et à Hérodien pour admirer sa conduite publique.

Pertinax et à l'empire : l'âge et l'expérience auraient dû lui inspirer plus de ménagement. Sa vertueuse imprudence souleva contre lui cette foule d'hommes perdus et avilis qui trouvaient leur intérêt particulier dans les désordres publics, et qui préféraient la faveur d'un tyran à l'équité inexorable de la loi (1).

Mécontentement des prétoriens.

Au milieu de la joie universelle, la contenance sombre et farouche des prétoriens laissait apercevoir leur mécontentement secret. Ils ne s'étaient soumis à Pertinax qu'avec répugnance ; et, redoutant la sévérité de l'ancienne discipline que ce prince se disposait à rétablir, ils regrettaient la licence du dernier règne. Ces dispositions étaient fomentées en secret par Lætus, préfet du prétoire, qui s'aperçut trop tard que l'empereur consentait à récompenser les services d'un sujet, mais qu'il ne voulait point être gouverné par un favori. Le troisième jour du règne de Pertinax, les prétoriens se saisirent d'un sénateur, dans l'intention de le mener à leur camp et de le revêtir de la pourpre : loin d'être ébloui à la vue de ces honneurs dangereux, la victime tremblante s'échappe des mains des soldats et vient se réfugier aux pieds de l'empereur.

Conspiration prévenue.

Quelque temps après, Socius-Falco, l'un des consuls de l'année, se laissa entraîner par l'ambition : jeune, sorti d'une famille ancienne et opulente, et déjà connu par son audace (2), il profita de l'absence

---

(1) *Leges, rem surdam, inexorabilem esse.* Tite-Live ; II, 3.

(2) Si l'on peut ajouter foi au récit de Capitolin, Falco se conduisit envers Pertinax avec la dernière indécence le jour

de Pertinax pour tramer une conspiration que déjouèrent tout à coup le retour précipité du prince et la fermeté de sa conduite. Falco allait être condamné à mort comme un ennemi public : il fut sauvé par les instances réitérées et sincères de l'empereur, qui, malgré l'insulte faite à sa personne, conjura le sénat de ne pas permettre que le sang d'un sénateur, même coupable, souillât la pureté de son règne.

Le peu de succès de ces diverses entreprises ne servit qu'à enflammer la rage des prétoriens. Le 28 mars, quatre-vingt-six jours seulement après la mort de Commode, une sédition générale éclata dans le camp, malgré les représentations des officiers, qui manquaient de pouvoir ou de volonté pour apaiser le tumulte. Deux ou trois cents soldats des plus déterminés, les armes à la main et la fureur peinte dans leurs regards, marchèrent sur le midi vers le palais impérial. Les portes furent aussitôt ouvertes par ceux de leurs camarades qui montaient la garde, et par les domestiques attachés à l'ancienne cour, qui avaient déjà conspiré en secret contre la vie d'un empereur trop vertueux. A la nouvelle de leur approche, Pertinax, dédaignant de se cacher ou de fuir, s'avance au devant des conjurés : il leur rappelle sa propre innocence et la sainteté de leurs sermens. Ces paroles, l'aspect vénérable du souverain et sa noble fermeté, en imposent un moment aux séditieux ; ils se repré-

Meurtre de Pertinax par les prétoriens. Ann. 193, 28 mars.

---

de son avénement : le sage empereur l'avertit seulement de sa jeunesse et de son inexpérience. *Hist. Aug.*, p. 55.

sentent toute l'horreur de leur forfait, et restent pendant quelque temps en silence. Enfin le désespoir du pardon rallume leur fureur. Un Barbare, né dans le pays de Tongres (1), porte le premier coup à Pertinax, qui tombe couvert de blessures mortelles : sa tête est à l'instant coupée et portée en triomphe au bout d'une lance jusqu'au camp des prétoriens, à la vue d'un peuple affligé et rempli d'indignation. Les Romains, pénétrés de la perte de cet excellent prince, regrettaient surtout le bonheur passager d'un règne dont le souvenir devait encore augmenter le poids des malheurs qui allaient bientôt fondre sur la nation (2).

---

(1) Aujourd'hui l'évêché de Liége. Ce soldat appartenait probablement à la compagnie des gardes à cheval bataves, qu'on levait, pour la plupart, dans le duché de Gueldre et dans les environs, et qui étaient distingués par leur valeur et par la hardiesse avec laquelle, montés sur leurs chevaux, ils traversaient les fleuves les plus larges et les plus rapides. Tacite, *Hist.*, IV, 12; Dion, l. LV, p. 797; Juste-Lipse, *de Magnitudine romanâ*, l. 1, c. 4.

(2) Dion, l. LXXIII, p. 1232; Hérodien, l. II, p. 60; *Hist. Aug.*, p. 58; Victor, *in Epitom. et in Cæsaribus*; Eutrope, VIII, 16.

CHAPITRE V.

Les prétoriens vendent publiquement l'empire à Didius-Julianus. Clodius-Albinus en Bretagne, Pescennius-Niger en Syrie, et Septime-Sévère en Pannonie, se déclarent contre les meurtriers de Pertinax. Guerres civiles et victoires de Sévère sur ses trois rivaux. Nouvelles maximes de gouvernement.

L'INFLUENCE de la puissance militaire est beaucoup plus marquée dans une monarchie étendue que dans une petite société. Les plus habiles politiques ont calculé le nombre de bras que l'on peut employer au service des armes : selon eux, un État serait bientôt épuisé, s'il laissait ainsi dans l'oisiveté de l'état militaire plus de la cinquième partie des sujets qui le composent ; mais, quelque uniforme que puisse être cette proportion relative, l'influence de la puissance militaire sur le reste du corps social sera toujours en raison de la force positive de l'armée. Les avantages de la discipline et d'une tactique éclairée sont perdus, si les soldats ne forment point un seul corps, si ce corps n'est pas animé par une seule âme. Il est surtout essentiel de déterminer leur nombre. Ce n'est point avec une petite troupe que l'on peut tirer parti d'une semblable union ; dans une armée trop considérable, l'harmonie nécessaire pour les grandes entreprises ne saurait subsister : l'extrême délicatesse des ressorts ne contribue pas moins que leur pesanteur

Proportion de la force militaire avec la population d'un État.

excessive à détruire la puissance de la machine. Une seule réflexion suffit pour démontrer la vérité de cette remarque. En vain la nature, l'art et l'expérience, donneraient à un homme une force extraordinaire, des armes excellentes, une adresse merveilleuse; malgré sa supériorité, il ne sera jamais en état de tenir perpétuellement dans la soumission une centaine de ses semblables. Le tyran d'une seule ville ou d'un domaine borné s'apercevra bientôt que cent soldats armés sont une bien faible défense contre dix mille paysans ou citoyens ; mais cent mille hommes de troupes réglées et bien disciplinées commanderont avec un pouvoir despotique dix millions de sujets, et un corps de dix ou quinze mille gardes imprimera la terreur à la populace la plus nombreuse d'une capitale immense.

<small>Gardes prétoriennes ; leur institution.</small>

Tel était à peine le nombre de ces gardes prétoriennes (1), dont l'extrême licence fut une des principales causes et le premier symptôme de la décadence de l'empire. Leur institution remontait à l'empereur Auguste. Ce tyran astucieux, persuadé que les lois pouvaient colorer une autorité usurpée, mais que les

---

(1) Leur nombre était originairement de neuf ou dix mille hommes (car Dion et Tacite ne sont pas d'accord à cet égard) divisés en autant de cohortes. Vitellius le porta à seize mille; et, autant que les inscriptions peuvent nous en instruire, ce nombre, par la suite, ne fut jamais beaucoup moins considérable. Voyez Juste-Lipse, *de Magnitudine romanâ*, 1, 4.

armes seules la soutiendraient, avait formé par degrés ce corps redoutable de gardes prêts à défendre sa personne, à en imposer au sénat, et à prévenir ou étouffer les premiers mouvemens d'une rebellion. Il leur accorda une double paye et des prérogatives supérieures à celles des autres troupes. Comme leur aspect formidable pouvait à la fois alarmer et irriter le peuple romain, ce prince n'en laissa que trois cohortes dans la capitale; les autres étaient dispersées (1) en Italie dans les villes voisines. Mais après cinquante ans de paix et de servitude, Tibère crut pouvoir hasarder une mesure décisive qui rivât pour jamais les fers de son pays. Sous le prétexte spécieux de délivrer l'Italie de la charge des quartiers militaires, et d'introduire parmi les gardes une discipline plus rigoureuse, il appela le corps entier auprès de lui. Les prétoriens restèrent toujours dans le même camp (2), que l'on avait fortifié avec le plus grand soin (3), et qui, par sa situation avantageuse, dominait sur toute la ville. (4).

Leur camp.

---

(1) Suétone, *Vie d'Auguste*, c. 49.

(2) Tacite, *Ann.*, IV, 2; Suétone, *Vie de Tibère*, c. 37; Dion-Cassius; l. LVII, p. 867.

(3) Dans la guerre civile entre Vespasien et Vitellius, le camp des prétoriens fut attaqué et défendu avec toutes les machines que l'on employait au siége des villes les mieux fortifiées. Tacite, *Hist.*, III, 84.

(4) Près des murs de la ville, sur le sommet des monts Quirinal et Viminal. *Voyez* Nardini, *Roma antica*, p. 174; Donatus, *de Româ antiquâ*, p. 45.

<small>Leur force et leur confiance.</small>

Des serviteurs si redoutables, toujours nécessaires au despotisme, lui deviennent souvent funestes. En introduisant les gardes du prétoire dans le palais et dans le sénat, les empereurs leur apprirent à connaître leurs propres forces et la faiblesse de l'administration. Bientôt ces soldats envisagèrent avec un mépris familier les vices de leurs maîtres, et ils n'eurent plus pour la puissance souveraine cette vénération profonde que la distance et le mystère peuvent seuls inspirer dans un gouvernement arbitraire. Au milieu des plaisirs d'une ville opulente, leur orgueil se nourrissait du sentiment de leur irrésistible force : il eût été impossible de leur cacher que la personne du monarque, l'autorité du sénat, le trésor public, et le siége de l'empire, étaient entre leurs mains. Dans la vue de les détourner de ces idées dangereuses, les princes les plus fermes et les mieux établis se trouvaient forcés de mêler les caresses aux ordres et les récompenses aux châtimens. Il fallait flatter leur vanité, leur procurer des plaisirs, fermer les yeux sur l'irrégularité de leur conduite, et acheter leur fidélité chancelante par des libéralités excessives. Depuis l'élévation de Claude, ils exigèrent ces présens comme un droit légitime à l'avénement de chaque nouvel empereur (1).

---

(1) Claude, que les soldats avaient élevé à l'empire, fut le premier qui leur fit des largesses : il leur donna à chacun *quina dena*, H. S.; cent vingt liv. sterl. (Suétone, *Vie de Claude*, c. 10.) Lorsque Marc-Aurèle monta paisible-

On s'efforça de justifier par des argumens une puissance soutenue par les armes ; et l'on prétendait que, suivant les premiers principes de la constitution, le consentement des gardes était essentiellement nécessaire à la nomination d'un empereur. L'élection des consuls, des magistrats et des généraux, quoique usurpée par le sénat, avait autrefois appartenu incontestablement au peuple romain (1). Mais qu'était devenu ce peuple si célèbre ? on ne pouvait certainement pas le retrouver dans cette foule d'esclaves et d'étrangers qui remplissaient les rues de Rome ; multitude avilie et aussi méprisable par sa misère que par la bassesse de ses sentimens. Les défenseurs de l'État, composés de jeunes guerriers (2) nés au sein de l'Italie, et élevés dans l'exercice des armes et de la vertu, étaient les véritables représentans du peuple, et les

Leurs droits spécieux.

---

ment sur le trône avec son collègue Lucius-Verus, il donna à chaque prétorien *vicena*, H. S., cent soixante liv. sterl. (*Hist. Aug.*, p. 25 ; Dion, l. LXXIII ; p. 1231.) Nous pouvons nous former une idée de ces exorbitantes libéralités par les plaintes d'Adrien sur ce que, lorsqu'il fit un César, la promotion lui avait coûté *ter millies*, H. S., deux millions et demi sterling.

(1) Cicéron, *de Legibus*, III, 3. Le premier livre de Tite-Live et le second de Denys d'Halicarnasse, montrent l'autorité du peuple, même dans l'élection des rois.

(2) Les levées se faisaient originairement dans le Latium, l'Étrurie et les anciennes colonies (Tacite, *Ann.*; IV, V). L'empereur Othon flatte la vanité des gardes en leur donnant les titres d'*Italiæ alumni, romana vere juventus.* (Tacite, *Hist.*; I, 84.)

seuls qui eussent le droit d'élire le chef militaire de la république. Ces raisonnemens n'étaient que spécieux ; il fut impossible d'y répondre, lorsque les indociles prétoriens, semblables au général gaulois, eurent rompu tout équilibre en jetant leurs épées dans la balance (1).

Ils mettent l'empire à l'enchère.
Ils avaient violé la sainteté du trône par le meurtre atroce de Pertinax ; ils en avilirent ensuite la majesté par l'indignité de leur conduite. Le camp n'avait point de chef ; ce Lætus, qui avait excité la tempête, s'était dérobé prudemment à l'indignation publique. Dans cette confusion, Sulpicianus, gouverneur de la ville, que l'empereur, son beau-père, avait envoyé au camp à la première nouvelle de la sédition, s'efforçait de calmer la fureur de la multitude, lorsqu'il fut tout à coup interrompu par les clameurs des assassins, qui portaient au bout d'une lance la tête de l'infortuné Pertinax. Quoique l'histoire nous ait accoutumés à voir l'ambition étouffer tout principe et subjuguer les autres passions, l'on a peine à concevoir que dans ces momens d'horreur Sulpicianus ait désiré de monter sur le trône fumant encore du sang d'un prince si recommandable, et qui lui tenait de si près. Il avait déjà fait valoir le seul argument propre à émouvoir les gardes, et il commençait à traiter de la dignité impériale ; mais les plus prudens d'entre les prétoriens, craignant de ne pas obtenir, dans un contrat

―――――――――――――――――――――――

(1) Dans le siége de Rome par les Gaulois. *Voyez* Tite-Live, v, 48 ; Plutarque, *Vie de Camille*, p. 143.

particulier, un prix convenable pour un effet de si
grande valeur, coururent sur les remparts, et annoncèrent à haute voix que l'univers romain serait adjugé dans une vente publique au dernier enchérisseur (1).

Cette proclamation ignominieuse était le comble
de la licence militaire; elle répandit par toute la ville
une douleur, une honte et une indignation universelles; enfin elle parvint jusqu'aux oreilles de Didius-Julianus; sénateur opulent, qui, sans égard pour les
malheurs de l'État, se livrait aux plaisirs de la table (2).
Sa femme, sa fille, ses affranchis et ses parasites, lui
persuadèrent aisément qu'il méritait le trône; et le
conjurèrent de ne pas laisser échapper une occasion si
favorable. Séduit par leurs représentations, le vaniteux vieillard se rendit en diligence dans le camp des
prétoriens, où Sulpicianus, au milieu des gardes, était
toujours en traité avec eux. Du pied du rempart, Julianus commença à enchérir sur lui. Cette indigne
négociation se traitait par des émissaires, qui, passant alternativement d'un côté à l'autre, instruisaient
fidèlement chaque candidat des offres de son rival.
Déjà Sulpicianus avait promis à chaque soldat un don

Il est acheté par Julianus.
Ann. 193,
28 mars.

---

(1) Dion, l. LXXIII, p. 1234; Hérodien, l. II, p. 63; *Hist.
Aug.*, p. 60. Quoique tous ces historiens s'accordent à dire
que ce fut réellement une vente publique, Hérodien seul assure qu'elle fut proclamée comme telle par les soldats.

(2) Spartien adoucit ce qu'il y avait de plus odieux dans
le caractère et l'élévation de Julianus.

de cinq mille drachmes (environ cent soixante livres sterl.), lorsque Julianus, ardent à l'emporter, proposa tout à coup six mille deux cent cinquante drachmes, ou une somme de deux cents livres sterl. Aussitôt les portes du camp s'ouvrirent devant lui; l'acquéreur fut revêtu de la pourpre, et reçut le serment de fidélité des troupes. Les soldats conservèrent en ce moment assez d'humanité pour stipuler qu'il pardonnerait à Sulpicianus, et qu'il oublierait quelles avaient été ses prétentions (1).

<small>Julianus est reconnu par le sénat.</small>

Il restait aux prétoriens à remplir les conditions de leur traité avec un souverain qu'ils se donnaient et qu'ils méprisaient : ils le placèrent au milieu de leurs rangs; l'environnèrent de tous côtés de leurs boucliers, et, serrés autour de lui, le conduisirent en ordre de bataille à travers les rues désertes de la ville. Le sénat convoqué reçut ordre de s'assembler; ceux d'entre les sénateurs que Pertinax avait honorés de son amitié, ou qui se trouvaient être les ennemis personnels de Julianus, jugèrent devoir affecter plus de joie que les autres sur l'événement de cette heureuse révolution (2). Après avoir rempli le sénat de gens armés, Julianus prononça un discours fort étendu sur

---

(1) Une des principales causes de la préférence accordée par les soldats à Julianus, fut l'adresse qu'il eut de leur dire que Sulpicianus ne manquerait pas de venger sur eux la mort de son gendre. *Voyez* Dion, p. 1234; Hérodien, l. II, c. 6. (*Note de l'Éditeur.*)

(2) Dion-Cassius, alors préteur, était ennemi personnel de Julianus, l. LXXIII, p. 1235.

la liberté de son élection, sur ses qualités éminentes, et sur sa confiance dans l'affection de ses concitoyens. Sa harangue fut universellement applaudie ; toute l'assemblée vanta son bonheur et celui de la nation, promit au prince de lui être à jamais fidèle, et le revêtit de tous les pouvoirs attachés à la dignité impériale (1).

Du sénat, Julianus, accompagné du même cortége militaire, alla prendre possession du palais : les premiers objets qui frappèrent ses regards, furent le corps sanglant de Pertinax, et le repas frugal préparé pour son souper. Il regarda l'un avec indifférence, l'autre avec mépris. Il ordonna une fête magnifique, et il s'amusa jusque bien avant dans la nuit à jouer aux dés et à voir les danses du célèbre Pylades. Cependant, lorsque la foule des courtisans se fut retirée, l'on observa que ce prince, laissé en proie à de terribles réflexions dans les ténèbres et dans la solitude, ne put goûter les douceurs du sommeil ; il repassait probablement dans son esprit sa folle démarche, le sort de son vertueux prédécesseur, et ne se dissimulait pas combien était incertaine la possession d'un sceptre que l'argent et non le mérite lui avait mis entre les mains. (2).

Il prend possession du palais.

---

(1) *Hist. Aug.*, p. 61. Nous apprenons par là une circonstance assez curieuse : un empereur, quelle que fût sa naissance, était reçu immédiatement après son élection au nombre des patriciens.

(2) Dion, l. LXXIII, p. 1235 ; *Hist. Aug.*, p. 61. J'ai

Mécontentement public.

Il avait raison de trembler : assis sur le trône du monde, il se trouvait sans amis et même sans partisans; les prétoriens rougissaient eux-mêmes d'un souverain que l'avarice seule avait créé; il n'était aucun citoyen qui n'envisageât son élévation avec horreur, et comme la dernière insulte faite au nom romain. Les nobles, à qui des possessions immenses et un état brillant imposaient la plus grande circonspection, dissimulaient leurs sentimens, et recevaient les égards

---

cherché à concilier les contradictions apparentes de ces historiens (*).

(*) Ces contradictions ne sont point conciliées et ne peuvent l'être, car elles sont réelles. Voici le passage de l'*Histoire Auguste* :

Etiam hi primum qui Julianum odisse cœperant, disseminarunt, primâ statim sic Pertinacis cœnâ despectâ, luxuriosum parasse convivium ostreis et alitibus et piscibus adornatum, quod falsum fuisse constat; nam Julianus tantæ parcimoniæ fuisse perhibetur ut per triduum porcellum, per triduum leporem divideret, si quis ei forte misisset: sæpe autem, nullâ existente religione, oleribus, leguminibusque contentus, sine carne cœnaverit. Deinde neque cœnavit priusquam sepultus esset Pertinax et tristissimus cibum ob ejus necem sumpsit, et primam noctem vigiliis continuavit de tantâ necessitate sollicitus. Hist. Aug., p. 61.

Voici la traduction latine des paroles de Dion-Cassius :

Hoc modo quum imperium senatûs consultis stabilivisset, in palatium proficiscitur: ubi quum invenisset cœnam paratam Pertinaci, derisit illam vehementer, et arcessitis, undè et quoquo modo tum potuit, pretiosissimis quibusque rebus, mortuo adhuc intus jacente, semet ingurgitavit, lusit aleis et Pyladem saltatorem cum aliis quibusdam adsumpsit. Dion, l. LXXIII, p. 1255.

Ajouter au récit de Dion la dernière phrase de celui de Spartien, ce n'est point concilier les deux passages; c'est ce qu'a fait Gibbon. Reimarus n'a pas essayé de faire disparaître une contradiction si évidente; il a discuté la valeur des deux autorités, et préféré celle de Dion, que confirme d'ailleurs Hérodien, II, 7, 1. *Voyez* son Commentaire sur le passage précité de Dion. (*Note de l'Éditeur.*)

affectés de l'empereur, avec une satisfaction apparente et avec des protestations de fidélité ; mais parmi le peuple, les citoyens qui trouvaient un abri sûr dans leur nombre et dans leur obscurité, donnaient un libre cours à leur indignation ; les rues et les places publiques de Rome retentissaient de clameurs et d'imprécations ; la multitude furieuse insultait la personne de Julianus, rejetait ses libéralités, et, trop faible pour entreprendre une révolution, elle appelait à grands cris les légions des frontières, et les invitait à venir venger la majesté de l'empire.

Le mécontentement public passa bientôt du centre aux extrémités de l'État. Les armées de Bretagne, de Syrie et d'Illyrie, déplorèrent la mort de Pertinax, avec lequel elles avaient tant de fois combattu, et qui les avait si souvent menées à la victoire. Elles apprirent avec surprise, avec indignation, peut-être même avec jalousie, cette étrange nouvelle, que l'empire avait été publiquement mis à l'enchère par les prétoriens, et elles refusèrent avec hauteur de ratifier cet indigne marché. Leur révolte prompte et unanime entraîna la perte de Julianus et troubla la tranquillité de l'État. Clodius-Albinus, Pescennius-Niger et Septime-Sévère, qui commandaient ces différentes armées, furent plus empressés de succéder à Pertinax que de venger sa mort. Les forces de ces trois rivaux étaient égales ; ils se trouvaient chacun à la tête de trois légions et d'un corps nombreux d'auxiliaires (1) ;

Les armées de Bretagne, de Syrie et de Pannonie, se déclarent contre Julianus.

---

(1). Dion, l. LXXIII, p. 1235.

et, quoique d'un caractère différent, ils joignaient tous à la valeur du soldat les talens et l'expérience du général.

Clodius-Albinus en Bretagne.

Clodius-Albinus, gouverneur de la Grande-Bretagne, l'emportait sur ses deux compétiteurs par la noblesse de son extraction : il comptait parmi ses ancêtres plusieurs des citoyens les plus illustres de l'ancienne république (1); mais la branche dont il descendait, persécutée par la fortune, avait été transplantée dans une province éloignée. Il est difficile de se former une idée juste de son véritable caractère. On lui reproche d'avoir caché sous le manteau d'un philosophe austère la plupart des vices qui dégradent la nature humaine (2); mais ses accusateurs étaient des écrivains mercenaires, adorateurs de la fortune de Sévère, et qui foulaient aux pieds les cendres de son rival malheureux. La vertu d'Albinus ou des apparences de vertu lui avaient attiré l'estime et la confiance de Marc-Aurèle; et s'il conserva la même influence sur l'esprit du fils, on en pourrait conclure au moins qu'il était doué d'un caractère très-flexible. La faveur d'un tyran ne suppose pas toujours un dé-

---

(1) Les Posthumiens et les Céjoniens. Un citoyen de la famille posthumienne fut élevé au consulat dans la cinquième année après son institution.

(2) Spartien, dans son indigeste compilation, fait un mélange de toutes les vertus et de tous les vices qui composent la nature humaine, et il en charge un seul individu. C'est dans cet esprit qu'ont été dessinés la plupart des portraits de l'*Histoire Auguste*.

faut de mérite dans celui qui en est l'objet : souvent le hasard, le caprice, la nécessité des affaires publiques, ont porté des princes à récompenser des talens et des vertus qu'ils étaient bien éloignés eux-mêmes de posséder.

Il ne paraît pas qu'Albinus ait jamais été le ministre des cruautés de Commode, ni même le compagnon de ses débauches. Il était revêtu d'un commandement honorable loin de la capitale, lorsqu'il reçut une lettre particulière de l'empereur, qui lui faisait part des complots de quelques officiers mécontens, et qui l'autorisait à se déclarer défenseur du trône et successeur à l'empire, en prenant le titre et la dignité de César(1). Le gouverneur de Bretagne refusa sagement d'accepter un honneur dangereux qui l'aurait exposé à la jalousie, et qui pouvait l'envelopper dans la ruine prochaine de Commode. Albinus employa, pour s'élever, des moyens plus nobles, ou au moins plus imposans. Sur un bruit prématuré de la mort de l'empereur, il assembla ses troupes, et, après avoir déploré les maux inévitables du despotisme, il leur représenta, dans un discours éloquent, le bonheur et la gloire dont leurs ancêtres avaient joui sous le gouvernement consulaire, et déclara qu'il était fermement résolu de rendre au peuple et au sénat leur autorité légitime.

Cette harangue populaire fut reçue par les légions britanniques avec des acclamations redoublées ; à

---

(1) *Hist. Aug.*, p. 80-84.

Rome, elle excita des applaudissemens secrets. Tranquille possesseur d'une province séparée du continent et à la tête d'une armée moins célèbre, il est vrai, par la discipline que par le nombre et la valeur des soldats (1), le gouverneur de Bretagne brava les menaces de Commode, opposa une conduite équivoque à l'autorité de Pertinax, et leva l'étendard contre Julianus, dès que ce prince eut usurpé la couronne. Les convulsions de la capitale donnaient encore plus d'autorité aux sentimens patriotiques d'Albinus, ou plutôt à ses professions de patriotisme. La décence lui défendit de prendre les titres pompeux d'Auguste et d'empereur. Il voulut peut-être imiter l'exemple de Galba, qui, dans une circonstance pareille, s'était fait appeler le lieutenant du sénat et du peuple (2).

Pescennius-Niger en Syrie.

Le mérite personnel de Pescennius-Niger avait fait oublier sa naissance obscure, et l'avait élevé d'un emploi médiocre au gouvernement de la Syrie, poste important et très-lucratif, qui, dans des temps de guerre civile, pouvait lui frayer le chemin au trône. Cependant il paraissait plus fait pour briller au second rang que pour occuper le premier. Incapable de commander en chef, il aurait été le meilleur lieu-

---

(1) Pertinax, qui gouvernait la Bretagne quelques années auparavant, avait été laissé pour mort dans un soulèvement des soldats. (*Hist. Aug.*, p. 54.) Cependant les troupes le chérissaient, et elles le regrettèrent ; *admirantibus eam virtutem, cui irascebantur.*

(2) Suétone, *Vie de Galba*, c. 10.

tenant de Sévère, qui eut dans la suite assez de grandeur d'âme pour adopter plusieurs institutions utiles d'un ennemi vaincu (1).

Niger, dans son gouvernement, gagna l'estime des troupes et l'amour de la province. Sa discipline rigide affermissait la valeur et fixait l'obéissance des soldats, tandis que les voluptueux Syriens se laissaient charmer, moins par la douce fermeté de son administration, que par l'affabilité de ses manières, et le goût qu'il paraissait prendre à leurs fêtes splendides et nombreuses (2).

Dès que l'on apprit à Antioche le meurtre atroce de Pertinax, toute l'Asie se tourna vers Niger pour l'inviter à venger la mort de ce prince, et le désigna comme son successeur au trône. Les légions de l'Orient embrassèrent sa cause. Depuis les frontières d'Éthiopie (3) jusqu'à la mer Adriatique, les provinces riches, mais désarmées, de cette partie de l'empire, se soumirent avec joie à son obéissance. Enfin les rois dont les États étaient situés au-delà du Tigre et

---

(1) *Hist. Aug.*, p. 76.

(2) Hérodien, l. II, p. 68. On voit dans la Chronique de Jean Malala, d'Antioche, combien ses compatriotes étaient attachés à leurs fêtes, qui satisfaisaient à la fois leur superstition et leur amour pour le plaisir.

(3) L'*Hist. Auguste* parle d'un roi de Thèbes, en Égypte, allié et ami personnel de Niger. Si Spartien ne s'est pas trompé, ce que j'ai beaucoup de peine à croire, il a fait paraître une dynastie de princes tributaires entièrement inconnus aux historiens.

de l'Euphrate, le félicitèrent sur son élection et lui offrirent leurs services.

Niger, comblé tout à coup des biens de la fortune, n'avait point l'âme assez forte pour soutenir une révolution si subite. Il se flatta qu'il ne se présenterait aucun rival; et que son avénement au trône ne serait pas souillé par le sang des citoyens; mais en s'occupant des vains honneurs du triomphe, il négligea de s'assurer de la victoire. Au lieu d'entrer en négociation avec les puissantes armées de l'Occident, dont les démarches devaient décider, ou au moins balancer le destin de l'empire; au lieu de marcher sans délai à Rome, où il était attendu avec impatience (1), Niger perdit dans les plaisirs d'Antioche des momens précieux, dont le génie actif de Sévère profita habilement et d'une manière décisive (2).

Pannonie et Dalmatie. Le pays des Pannoniens et des Dalmates, situé entre le Danube et l'extrémité de la mer Adriatique, était une des dernières conquêtes des Romains et celle qui leur avait coûté le plus de sang. Deux cent mille de ces Barbares avaient pris à la fois les armes pour la défense de leur liberté, avaient alarmé la vieillesse d'Auguste, et exercé l'activité de Tibère, qui com-

---

(1) Dion, l. LXXIII, p. 1238; Hérodien, l. II, p. 67. Un vers qui était alors dans la bouche de tout le monde, semble exprimer l'opinion générale que l'on avait des trois rivaux :

Optimus est *Niger*, bonus *Afer*, pessimus *Albus*.

Hist. Aug., p. 75.

(2) Hérodien, l. II, p. 71.

battit contre eux à la tête de toutes les forces de l'empire (1). Les Pannoniens se soumirent à la fin aux armes et aux lois de Rome. Cependant le souvenir récent de leur indépendance, le voisinage et même le mélange des tribus qui n'avaient point été conquises, peut-être aussi l'influence d'un climat où l'on prétend que la nature donne aux hommes de grands corps et peu d'intelligence (2); tout contribuait à entretenir leur férocité primitive; et sous le maintien uniforme et soumis de sujets romains, on démêlait encore les traits hardis des premiers habitans de ces contrées barbares. Leur jeunesse belliqueuse fournissait sans cesse des recrues aux légions campées sur les bords du Danube, et qui, perpétuellement aux prises avec les Germains et avec les Sarmates, étaient regardées, à juste titre, comme les meilleures troupes de l'empire.

Septime-Sévère commandait alors l'armée de Pannonie. Ce général, né en Afrique, avait passé par tous les grades militaires. Il avait parcouru lentement la carrière des honneurs, nourrissant en secret une ambition démesurée; qui, ferme et inébranlable dans sa marche, ne fut jamais détournée ni par l'attrait du plaisir, ni par la crainte des dangers, ni par

Septime-Sévère.

---

(1) *Voyez* la relation de cette guerre mémorable dans Velleius-Paterculus (II, 110, etc.), qui servait dans l'armée de Tibère.

(2) Telle est la réflexion d'Hérodien, l. II, p. 74. Les Autrichiens modernes admettront-ils l'influence?

aucun sentiment d'humanité (1). A la première nouvelle de la mort de Pertinax, il assembla ses troupes, leur peignit avec les couleurs les plus vives le crime, l'insolence et la faiblesse des prétoriens; et il excita les légions à voler aux armes et à la vengeance. La péroraison de son discours était surtout extrêmement éloquente. Il promettait à chaque soldat une somme de quatre cents livres sterl., présent considérable et double de celui que le lâche Julianus avait offert pour acheter l'empire (2). Les troupes conférèrent aussitôt à leur général le nom d'Auguste, de Pertinax et d'empereur. Ce fut ainsi que Sévère parvint à ce poste élevé, où il était appelé par le sentiment de son propre mérite, et par une longue suite de songes et de présages qu'avait enfantés sa politique ou sa superstition (3).

<small>Déclaré empereur par les légions de Pannonie. Ann. 193, 13 avril.</small>

---

(1) Commode, dans une lettre à Albinus, dont nous avons déjà parlé, représente Sévère comme un des généraux ambitieux qui censuraient la conduite de leur prince, et qui désiraient d'en occuper la place. *Hist. Aug.*, p. 80.

(2) La Pannonie était trop pauvre pour fournir tant d'argent. Cette somme fut probablement promise dans le camp, et payée à Rome après la victoire : j'ai adopté, pour la fixer, la conjecture de Casaubon. *Voyez* Hist. Aug., p. 66; Comm., page 115.

(3) Hérodien, l. II, p. 78. Sévère fut déclaré empereur sur les bords du Danube, soit à Carnuntum (*), selon Spartien (*Hist. Aug.*, p. 65); soit à Sabaria, selon Victor.

(*) *Carnuntum*, vis-à-vis de l'embouchure de la Morava : on hésite, pour sa position, entre Pétronel et Haimburg. Un petit village intermédiaire paraîtrait indiquer un ancien emplacement

Ce nouveau prétendant, à l'empire sentit les avan- *Il marche en Italie.*
tages particuliers de sa situation, et il sut en profi-
ter: Son gouvernement, qui s'étendait jusqu'aux Alpes juliennes, lui facilitait les moyens de pénétrer en
Italie. Auguste avait dit qu'une armée pannonienne
pouvait paraître dans dix jours à la vue de Rome (1).
Ces paroles mémorables vinrent se présenter à l'esprit de Sévère: Par une promptitude proportionnée
à l'importance de l'objet, il pouvait raisonnablement
espérer de venger Pertinax, de punir Julianus, et de
recevoir l'hommage du sénat et du peuple, comme
empereur légitime, avant que ses compétiteurs, séparés de l'Italie par une immense étendue de terre et
de mer, eussent été informés de ses exploits, ou même
de son élection. Pendant sa marche, il se permit à
peine le repos ou la nourriture; toujours à pied, couvert de ses armes et marchant à la tête de ses légions,
il s'insinuait dans l'amitié et la confiance des soldats,
redoublait leur activité, relevait leur courage, animait leurs espérances, et consentait avec joie à par-

---

M. Hume, en avançant que la naissance et la dignité de Sévère étaient trop au-dessous de la pourpre impériale, et qu'il
marcha en Italie seulement comme général, n'a pas examiné ce fait avec son exactitude ordinaire. *Ess. sur le Contrat primitif.*

(1) Velleius-Paterculus, l. II, c. 3: En partant des confins
les plus rapprochés de la Pannonie, et en établissant que
Rome s'aperçoit à deux cents milles de distance.

par son nom d'*Altenburg* (vieux bourg.) D'Anville, *Géogr. anc.*,
t. I, p. 154. *Sabaria*, aujourd'hui Sarvar. (*Note de l'Éditeur.*)

tager avec le moindre d'entre eux des fatigues dont il avait toujours devant les yeux l'immense récompense.

Il s'avance jusqu'à Rome.

Le malheureux Julianus s'était attendu, et se croyait préparé à disputer l'empire au gouverneur de Syrie; mais lorsqu'il apprit la marche rapide des légions invincibles de Pannonie, sa perte lui parut inévitable. L'arrivée précipitée de chaque courrier redoublait ses justes alarmes. On lui vint annoncer successivement que Sévère avait passé les Alpes; que les villes d'Italie, disposées en sa faveur, ou incapables d'arrêter ses progrès, l'avaient reçu avec des transports de joie et des protestations de fidélité; que l'importante place de Ravenne s'était rendue sans résistance; et enfin que la flotte de la mer Adriatique obéissait au vainqueur. Déjà l'ennemi n'était plus éloigné de Rome que de deux cent cinquante milles; chaque instant resserrait le cercle étroit de la vie et de l'empire du prince.

Détresse de Julianus.

Cependant Julianus entreprit de prévenir sa perte, ou du moins de la reculer. Il implora la foi vénale des prétoriens, remplit la capitale de vains préparatifs de guerre, tira des lignes autour des faubourgs de la ville, et se fortifia dans le palais, comme s'il eût été possible, sans espoir de secours, de défendre ces derniers retranchemens contre un ennemi victorieux. La honte et la crainte empêchèrent les prétoriens de l'abandonner; mais ils tremblaient au nom des légions pannoniennes, commandées par un général expérimenté, et accoutumées à vaincre les Barbares sur les glaces du Danube (1). Ils quittaient, en soupirant, les bains et les spectacles, pour prendre des armes dont le poids les accablait, et qu'ils avaient perdu l'habitude de manier. On se flattait que l'aspect terrible des éléphans jetterait la terreur dans les armées du Nord; mais ces animaux indociles ne reconnaissaient plus la main de leurs conducteurs. La populace insultait aux évolutions ridicules des soldats de marine tirés de la flotte de Misène, tandis que les sénateurs jouissaient secrètement de l'embarras et de la faiblesse de l'usurpateur (2).

Toutes les démarches de Julianus décelaient ses alarmes et sa perplexité. Tantôt il exigeait du sénat que Sévère fût déclaré l'ennemi de l'État, tantôt il désirait qu'on l'associât à l'empire. Il envoyait publiquement à son rival des sénateurs consulaires, pour négocier avec lui comme ambassadeurs, tandis qu'il chargeait en particulier des assassins de lui arracher la vie. Il ordonna aux vestales et aux prêtres de sortir en pompe solennelle, revêtus de leurs habits sacerdotaux, portant devant eux les gages sacrés de la religion, et de s'avancer ainsi à la rencontre des légions. *Sa conduite incertaine.*

---

(1) Ceci n'est point une vaine figure de rhétorique; c'est une allusion à un fait rapporté par Dion (l. LXXI, p. 1181), et qui probablement arriva plus d'une fois.

(2) Dion, l. LXXIII, p. 1233; Hérodien, l. II, p. 81. Une des plus fortes preuves de l'habileté des Romains dans l'art de la guerre, c'est d'avoir d'abord surmonté la vaine terreur qu'inspirent les éléphans, et d'avoir ensuite dédaigné le dangereux secours de ces animaux.

pannoniennes. Il s'efforçait en même temps d'interroger ou d'apaiser les destins par des cérémonies magiques et par d'indignes sacrifices (1).

<small>Il est abandonné par les prétoriens.</small>

Sévère, qui ne craignait ni ses armes ni ses conjurations, n'avait à redouter que des complots secrets. Pour éviter ce danger, il se fit accompagner, pendant toute sa route, de six cents hommes choisis, qui, toujours armés de leur cuirasse, ne quittaient sa personne ni jour ni nuit. Rien ne l'arrêta dans sa marche rapide. Après avoir passé sans obstacle les défilés des Apennins, il reçut dans son parti les troupes et les ambassadeurs que l'on avait envoyés pour retarder ses progrès ; et il ne resta que fort peu de temps dans la ville d'Interamnia, aujourd'hui Teramo, située à soixante-dix milles de Rome. Déjà il était sûr de la victoire ; mais le désespoir des prétoriens pouvait la rendre sanglante, et Sévère avait la noble ambition de vouloir monter sur le trône sans tirer l'épée (2). Ses émissaires, répandus dans la capitale, assurèrent les gardes que s'ils voulaient abandonner à la justice du vainqueur leur indigne souverain et les meurtriers de Pertinax, le corps entier ne serait plus jugé coupable de ce forfait. Des soldats sans foi, dont la résistance n'avait jamais eu pour base qu'une opiniâtreté farouche, acceptèrent avec joie ces conditions

---

(1) *Histoire Auguste*, p. 62, 63.

(2) Victor et Eutrope (VIII, 17) parlent d'un combat qui fut livré près du pont Milvius (*ponte Molle*), et dont les meilleurs écrivains du temps ne font pas mention.

si faciles à remplir. Ils se saisirent de la plupart des assassins, et déclarèrent au sénat qu'ils ne défendraient pas plus long-temps la cause de Julianus. Cette assemblée, convoquée par le consul, reconnut unanimement Sévère comme le seul empereur légitime, décerna des honneurs divins à Pertinax, et prononça une sentence de déposition et de mort contre son infortuné successeur. Julianus, comme un criminel ordinaire, eut aussitôt la tête tranchée dans une salle des bains de son palais. Telle fut la fin d'un homme qui avait dépensé des trésors immenses pour monter sur un trône chancelant et orageux, qu'il occupa seulement pendant soixante-six jours (1). La diligence presque incroyable de Sévère, qui, dans un si court espace de temps, conduisit une armée nombreuse des rives du Danube aux bords du Tibre, prouve à la fois l'abondance des provisions produites par l'agriculture et par le commerce, la bonté des chemins, la discipline des légions, et l'indolente soumission des provinces conquises (2).

Condamné et exécuté par ordre du sénat. Ann. 193, 2 juin.

Les premiers soins de Sévère furent consacrés à deux mesures dictées, l'une par la politique, et l'autre par la décence; d'abord de venger Pertinax, et ensuite de rendre à ce prince les honneurs dûs à sa

Disgrâce des prétoriens.

---

(1) Dion, l. LXXIII, p. 1240; Hérodien, l. II, p. 83; *Hist. Aug.*, p. 63.

(2) De ces soixante-six jours, il faut d'abord en ôter seize. Pertinax fut massacré le 28 mars, et Sévère ne fut probablement élu que le 13 d'avril. (Voyez *Hist. Aug.*, p. 65, et Til-

mémoire. Avant d'entrer dans Rome, le nouvel empereur commanda aux prétoriens d'attendre son arrivée dans une grande plaine près de la ville, et de s'y rendre sans armes, mais avec les habits de cérémonie dont ils étaient revêtus lorsqu'ils accompagnaient le souverain. Ces troupes hautaines, moins touchées de repentir que frappées d'une juste terreur, obéirent à ses ordres. Aussitôt un détachement choisi de l'armée d'Illyrie les environna, l'épée tournée contre eux. La résistance ou la fuite devenait impossible, et les prétoriens attendaient leur sort en silence et dans la consternation. L'empereur, monté sur son tribunal, leur reprocha sévèrement leur perfidie et leur lâcheté, les cassa avec ignominie, les dépouilla de leurs magnifiques ornemens, et leur défendit, sous peine de mort, de paraître à la distance de cent milles de Rome. Pendant cette exécution, d'autres troupes avaient reçu ordre de s'emparer de leurs armes, d'occuper leur camp fortifié, et de prévenir les suites funestes de leur désespoir (1).

Funérailles et apothéose de Pertinax

On célébra ensuite les funérailles de Pertinax avec toute la magnificence dont était susceptible cette

---

lemont, *Histoire des Empereurs*, tome III, p. 393, note 7.) Il fallut bien ensuite dix jours à ce prince pour mettre son armée en mouvement. Cette marche rapide fut donc faite en quarante jours; et comme la distance de Rome aux environs de Vienne est de huit cents milles, les troupes de Sévère durent faire par jour plus de vingt milles sans s'arrêter.

(1) Dion, l. LXXIV, p. 1241; Hérodien, l. II, p. 84.

triste cérémonie (1). Le sénat rendit, avec un plaisir mêlé d'amertume, les derniers devoirs à cet excellent prince, qu'il avait chéri et qu'il regrettait encore. La sensibilité de son successeur était probablement moins sincère : il estimait les vertus de Pertinax ; mais ses vertus lui auraient fermé le chemin du trône, unique objet de son ambition. Sévère prononça son oraison funèbre avec une éloquence étudiée ; et, malgré la satisfaction intérieure qu'il ressentait, il parut pénétré d'une véritable douleur. Ces égards respectueux pour la mémoire de Pertinax, persuadèrent à la multitude crédule que Sévère méritait seul d'occuper sa place. Cependant ce prince, convaincu que les armes, et non de vaines cérémonies, devaient assurer ses droits, quitta Rome au bout de trente jours ; et, sans se laisser éblouir par l'éclat d'une victoire facile, il se disposa à combattre des rivaux plus formidables.

Succès de Sévère contre Niger et contre Albinus.

Sa fortune et ses talens extraordinaires ont porté un historien élégant à le comparer au premier et au plus grand des Césars (2) : le parallèle est au moins imparfait. Où trouver dans le caractère de Sévère la supériorité éclatante, la grandeur d'âme, la générosité, la clémence de César, et surtout ce vaste génie qui savait réunir et concilier l'amour du plaisir, la

---

(1) Dion, qui assista à cette cérémonie, comme sénateur, en donne une description très-pompeuse, l. LXXIV, p. 1244.

(2) Hérodien, l. III, p. 112.

soif des connaissances et le feu de l'ambition (1) ? Si ces deux princes ont quelques rapports entre eux, ce n'est que dans la célérité de leurs entreprises et dans les victoires remportées sur leurs concitoyens. En moins de quatre ans (2), Sévère subjugua les provinces opulentes de l'Asie et les contrées belliqueuses de l'Occident ; il vainquit deux compétiteurs habiles et renommés, et défit des troupes nombreuses, non moins aguerries et aussi bien disciplinées que ses soldats. Tous les généraux romains connaissaient alors l'art de la fortification et les principes de la tactique : la supériorité constante de Sévère fut celle d'un artiste qui fait usage des mêmes instrumens avec plus d'adresse et d'industrie que ses rivaux. Je ne donnerai point la description exacte de toutes ses opérations militaires : comme les deux guerres civiles soutenues contre Niger et contre Albinus diffèrent très-peu dans la conduite, dans les succès et dans les suites, je rassemblerai sous un seul point de vue les circonstances les plus frappantes qui tendent

---

(1) Quoique Lucain n'ait certainement pas intention de relever le caractère de César, cependant il n'est point de plus magnifique panégyrique que l'idée qu'il nous donne de ce héros dans le dixième livre de *la Pharsale*, où il le dépeint faisant sa cour à Cléopâtre, soutenant un siège contre toutes les forces de l'Égypte, et conversant en même temps avec les sages de cette contrée.

(2) En comptant depuis son élection, 13 avril 193, jusqu'à la mort d'Albinus, 19 février 197. *Voyez* la *Chronologie* de Tillemont.

à développer le caractère du vainqueur et l'état de l'empire.

Si la dissimulation et la fausseté ont été bannies du commerce ordinaire de la société, elles ne semblent pas moins indignes de la majesté du gouvernement : cependant, tolérées en quelque sorte dans le cours des affaires publiques, elles ne nous présentent pas alors la même idée de bassesse. Dans le simple particulier, elles sont la preuve d'un manque de courage personnel ; dans l'homme d'État, elles indiquent seulement un défaut de pouvoir. Comme il est impossible au plus grand génie de subjuguer par sa propre force des millions de ses semblables, le monde paraît lui accorder la permission d'employer librement, sous le nom de politique, la ruse et la finesse. Mais les artifices de Sévère ne peuvent être justifiés par les priviléges les plus étendus de la raison d'État. Ce prince ne promit que pour trahir, ne flatta que pour perdre ; et quoique, selon les circonstances, il se trouvât lié par des traités et par des sermens, sa conscience, docile à la voix de son intérêt, le dispensa toujours de remplir des obligations gênantes (1).

Conduite des deux guerres civiles. Artifices de Sévère.

Si ses deux compétiteurs, réconciliés par un danger commun, se fussent avancés contre lui sans délai, peut-être Sévère aurait-il succombé sous leurs efforts réunis. S'ils l'eussent attaqué en même temps, avec des vues différentes et des armées séparées, la victoire aurait pu devenir longue et douteuse ; mais at-

Envers Niger.

---

(1) Hérodien, l. II, p. 85.

tirés dans le piége d'une sécurité funeste par la modération affectée d'un adroit ennemi; et déconcertés par la rapidité de ses exploits, ils tombèrent successivement victimes de ses armes et de ses artifices. Sévère marcha d'abord contre Niger, celui dont il redoutait le plus la réputation et la puissance; mais, évitant toute déclaration de guerre, il supprima le nom de son antagoniste, et déclara seulement au sénat et au peuple qu'il se proposait de rétablir l'ordre dans les provinces de l'Orient. En particulier, il parlait de Niger, son ancien ami, avec le plus grand intérêt; il l'appelait même son successeur au trône (1), et applaudissait hautement au dessein généreux qu'il avait formé de venger la mort de Pertinax. Il était du devoir de tout général romain de punir un vil usurpateur: ce qui pourrait le rendre criminel (2), serait de continuer à porter les armes, et de se révolter contre un empereur légitime, reconnu solennellement par le sénat. On retenait à Rome les enfans de tous les commandans de provinces, comme des gages de la fidélité de leurs parens (3); parmi eux

---

(1) Sévère, étant dangereusement malade, fit courir le bruit qu'il se proposait de laisser la couronne à Niger et à Albinus. Comme il ne pouvait être sincère à l'égard de l'un et de l'autre, peut-être ne voulait-il que les tromper tous deux. Sévère porta cependant l'hypocrisie si loin, que, dans les Mémoires de sa vie, il assure avoir eu réellement l'intention de les désigner pour ses successeurs.

(2) *Histoire Auguste*, p. 65.

(3) Cette pratique, imaginée par Commode, fut très-utile

s'étaient trouvés ceux de Niger. Maître de la capitale, Sévère fit élever avec le plus grand soin les fils du gouverneur de Syrie, et il leur fit donner la même éducation qu'à ses propres enfans, tant que la puissance de Niger inspira de la terreur ou même du respect; mais ces infortunés furent bientôt enveloppés dans la ruine de leur père, et soustraits à la compassion publique par l'exil, ensuite par la mort (1).

Tandis que Sévère portait la guerre en Orient, il avait raison de craindre que le gouverneur de Bretagne, après avoir passé la mer et franchi les Alpes, ne vînt occuper le trône vacant, et ne lui opposât l'autorité du sénat soutenue des forces redoutables de l'Occident. La conduite équivoque d'Albinus, qui n'avait point voulu prendre le titre d'empereur, ouvrait un champ libre à la négociation. Oubliant à la fois et ses protestations de patriotisme et la jalousie du pouvoir suprême, qu'il avait voulu obtenir, ce général accepta le rang précaire de César, comme une récompense de la neutralité fatale qu'il promettait d'observer. Sévère, jusqu'à ce qu'il se fût défait de son premier compétiteur, traita toujours avec les plus grandes marques d'estime et d'égard un homme dont il avait juré la perte; et même dans la lettre où il lui apprend la défaite de Niger, il l'appelle son

<small>Envers Albinus.</small>

à Sévère, qui trouva dans la capitale des enfans des principaux partisans de ses rivaux, et qui s'en servit plus d'une fois pour intimider ses ennemis ou pour les séduire.

(1) Hérodien, l. III, p. 96; *Hist. Aug.*, p. 67, 68.

frère et son collègue; il le salue au nom de sa femme Julie et de ses enfans, et il le conjure de maintenir les armées de la république dans la fidélité nécessaire à leurs intérêts communs. Les messagers chargés de remettre cette lettre avaient ordre d'aborder le César avec respect, de lui demander une audience particulière, et de lui plonger le poignard dans le sein (1). Le complot fut découvert. Enfin le trop crédule Albinus passa sur le continent, résolu de combattre un rival supérieur qui fondait sur lui à la tête d'une armée invincible, et composée des plus braves vétérans.

Événement des guerres civiles.

Les combats que Sévère eut à livrer ne semblent pas répondre à l'importance de ses conquêtes. Deux actions, l'une près de l'Hellespont, l'autre dans les défilés étroits de la Cilicie (2), décidèrent du sort de Niger; et les troupes européennes conservèrent leur ascendant ordinaire sur les soldats efféminés de l'Asie (3). La bataille de Lyon, où l'on vit combattre cent cinquante mille Romains (4), fut également fatale à

___

(1) *Hist. Aug.*, p. 84. Spartien, dans sa narration, a inséré en entier cette lettre curieuse.

(2) Il y eut trois actions : l'une près de Cyzique, non loin de l'Hellespont; la seconde près de Nicée, en Bithynie; la troisième près d'Issus, en Cilicie, là même où Alexandre avait vaincu Darius. Dion, p. 1247-49; Hérodien, l. III, c. 2-4. (*Note de l'Éditeur.*)

(3) *Voyez* le troisième livre d'Hérodien, et le soixante-quatorzième de Dion-Cassius.

(4) Dion, l. LXXV, p. 1260.

Clodius-Albinus. D'un côté le courage de l'armée britannique, de l'autre la discipline des légions de la Pannonie, tinrent long-temps la victoire incertaine, et firent plus d'une fois pencher la balance. Sévère même était sur le point de perdre à la fois sa réputation et sa vie, lorsque ce prince belliqueux rallia ses troupes, ranima leur valeur (1), et vainquit enfin son rival (2). La guerre fut terminée par cette journée mémorable.

Les discordes civiles qui ont déchiré l'Europe moderne ont été caractérisées non-seulement par une ardente animosité, mais encore par une constance opiniâtre. Ces guerres sanglantes ont été généralement justifiées par quelque principe, ou du moins colorées par quelque prétexte de religion, de liberté ou de devoir. Les chefs étaient des nobles indépendans, à qui la naissance et les biens donnaient une grande influence. Les soldats combattaient en hommes intéressés à la décision de la querelle. Comme l'esprit militaire et le zèle de parti enflammaient au même

Décidées par deux ou trois batailles.

---

(1) D'après Hérodien, ce fut le lieutenant Lætus qui ramena les troupes au combat, et gagna la bataille, presque perdue par Sévère. Dion lui attribue aussi (p. 1261) une grande part à la victoire. Sévère le fit mettre à mort dans la suite, soit par crainte, soit par jalousie. Dion, p. 1264.
(*Note de l'Éditeur.*)

(2) Dion, l. LXXV, p. 1261; Hérodien, l. III, p. 110; Hist. Aug., p. 68. La bataille se donna dans la plaine de Trévoux, à trois ou quatre lieues de Lyon. Voyez Tillemont, t. III, p. 406, note 18.

dégré tous les membres de la société, un chef vaincu se trouvait immédiatement après sa défaite entouré de nouveaux partisans prêts à répandre leur sang pour la même cause ; mais les Romains, après la chute de la république, ne combattaient que pour le choix de leur maître. Quand les vœux du peuple appelaient un candidat à l'empire, de tous ceux qui s'enrôlaient sous ses étendards, quelques-uns le servaient par affection, d'autres par crainte, le plus grand nombre par intérêt, aucun par principe. Les légions, dénuées de tout attachement de parti, se jetaient indifféremment dans les guerres civiles, d'un côté ou de l'autre, déterminées par des présens magnifiques et des promesses encore plus libérales ; un échec qui ôtait au général les moyens de remplir ses engagemens, les relevait en même temps de leur serment de fidélité. Ces mercenaires, empressés d'abandonner une cause malheureuse, ne trouvaient de sûreté que dans une prompte désertion. Au milieu de tous ces troubles, il importait peu aux provinces au nom de qui elles fussent gouvernées ou opprimées. Entraînées par l'impulsion d'une puissance directe, dès que ce mouvement venait se briser contre une force supérieure, elles se hâtaient de recourir à la clémence du vainqueur, qui, pour acquitter des dettes exorbitantes, sacrifiait les provinces les plus coupables à l'avarice des soldats. Dans l'immense étendue de l'empire, les villes, sans défense pour la plupart, n'offraient point d'asile aux débris d'une armée en déroute. Enfin, il n'existait aucun homme, aucune famille, aucun ordre de citoyens, dont le crédit particulier eût été capable de rétablir la fortune d'un parti expirant sans être soutenu de l'influence puissante du gouvernement. (1).

Il ne faut cependant pas oublier une ville dont les habitans méritent, par leur attachement à l'infortuné Niger, une exception honorable. Comme Byzance servait de principale communication entre l'Europe et l'Asie, on avait eu soin de pourvoir à sa défense par une forte garnison et par une flotte de cinq cents voiles, qui mouillait dans son port (2) : l'impétuosité de Sévère déjoua ce plan de défense si prudemment combiné. Ce prince laisse ses généraux autour des murailles de la place, force le passage moins gardé de l'Hellespont; et, impatient de voler à des conquêtes plus faciles, il marche au devant de son rival. Byzance, attaquée par une armée nombreuse et toujours croissante, et enfin par toutes les forces navales de l'empire, soutint un siége de trois ans, et demeura fidèle au nom et à la mémoire de Niger. Les soldats et les citoyens, animés d'une ardeur dont nous ignorons la cause, se battaient en furieux : plusieurs même des principaux officiers de Niger, qui désespéraient d'obtenir leur pardon ou qui dédaignaient de le demander,

Siége de Byzance.

---

(1) Montesquieu, *Considérations sur la grandeur et la décadence des Romains*, c. 12.

(2) La plupart de ces vaisseaux étaient, comme on peut bien le penser, de très-petits bâtimens : on voyait cependant dans leur nombre quelques galères de deux et de trois rangs de rames.

s'étaient jetés dans ce dernier asile. Les fortifications passaient pour imprenables : un célèbre ingénieur, renfermé dans la place, avait employé, pour la défendre, toutes les ressources de la mécanique connue aux anciens (1). Enfin Byzance, pressée par la famine, ouvrit ses portes : la garnison et les magistrats furent passés au fil de l'épée, les murailles démolies, les priviléges supprimés ; et cette ville, qui devait être un jour la capitale de l'Orient, ne fut plus qu'une simple bourgade ouverte de tous côtés, et soumise à la juridiction insultante de Périnthe (2). L'historien Dion, qui avait admiré l'état florissant de Byzance, déplora sa ruine : il reproche à Sévère d'avoir, dans son ressentiment, privé le peuple romain du plus fort boulevard que la nature eût élevé contre les Barbares du Pont et de l'Asie (3). Cette observation ne fut que trop

---

(1) Cet ingénieur se nommait Priscus. Le vainqueur lui sauva la vie en considération de ses talens, et il le prit à son service. Pour les détails particuliers de ce siége, *voyez* Dion (l. LXXV, p. 1251), et Hérodien (l. III, p. 95). Le chevalier de Folard, d'après son imagination, nous indique la théorie des moyens qui y furent employés, et qu'on peut chercher dans ses ouvrages. *Voyez* Polybe, t. I, p. 76.

(2) *Perinthus*, sur les bords de la Propontide, fut nommé dans la suite *Heraclea*, et ce nom se retrouve encore dans celui d'*Erekli*, située sur l'emplacement de cette ville, aujourd'hui détruite. (*Voyez* d'Anville, *Géogr. anc.*, t. I, p. 291.) Byzance, devenue Constantinople, causa à son tour l'anéantissement d'Héraclée. (*Note de l'Éditeur.*)

(3) Malgré l'autorité de Spartien et de quelques Grecs modernes, Hérodien et Dion ne nous permettent pas de douter

vérifiée dans le siècle suivant, lorsque les flottes des Goths couvrirent le Pont-Euxin, et pénétrèrent sans obstacle, par le canal du Bosphore, jusque dans le centre de la Méditerranée.

Albinus et Niger éprouvèrent le même sort : vaincus tous les deux, ils furent pris dans leur fuite et condamnés à perdre la vie. Leur mort n'excita ni surprise ni compassion : ils avaient risqué leurs personnes contre le hasard d'un empire ; ils subirent le sort qu'ils auraient fait subir à leur rival ; et Sévère ne prétendait point à cette supériorité arrogante qui permet à un rival de vivre dans une condition privée. Son caractère inexorable le portait à la vengeance : mais l'avarice le rendit encore plus cruel, même lorsqu'il n'eut plus rien à redouter. Les plus riches habitans des provinces, qui, sans aucune aversion pour l'heureux candidat, avaient obéi au gouverneur que la fortune

<small>Mort de Niger et d'Albinus. Suites cruelles des guerres civiles.</small>

que Byzance, plusieurs années après la mort de Sévère, ne fût en ruines (*).

(*) Il n'existe point de contradiction entre le récit de Dion et celui de Spartien et de quelques Grecs modernes. Dion ne dit point que Sévère détruisit Byzance ; il dit seulement qu'il lui ôta ses franchises et ses priviléges, dépouilla ses habitans de leurs biens, rasa les fortifications, et soumit la ville à la juridiction de Périnthe. Ainsi, quand Spartien, Suidas, Cedrenus, disent que Sévère et son fils Antonin rendirent dans la suite à Byzance ses droits, ses franchises, y firent construire des temples, etc., cela se concilie sans peine avec le récit de Dion. Peut-être même ce dernier en parlait-il dans les fragmens de son histoire qui ont été perdus. Quant à Hérodien, ses expressions sont évidemment exagérées ; et il a commis tant d'inexactitudes dans l'histoire de Sévère, qu'on est en droit d'en supposer une dans ce passage. (*Note de l'Éditeur.*)

leur avait donné, furent punis par la mort, par l'exil et par la confiscation de leurs biens. Sévère, après avoir dépouillé la plupart des villes de l'Asie de leurs anciennes dignités, en exigea quatre fois les sommes qu'elles avaient payées pour le service de son compétiteur (1).

<small>Animosité de Sévère contre le sénat.</small>

Tant que ce prince eut des ennemis à combattre, sa cruauté fut, en quelque sorte, retenue par l'incertitude de l'événement et par sa vénération affectée pour les sénateurs. La tête sanglante d'Albinus, la lettre menaçante dont elle était accompagnée, annoncèrent aux Romains que Sévère avait pris la résolution de n'épargner aucun des partisans de son infortuné rival. Persuadé qu'il n'avait jamais eu l'affection du sénat, il avait juré à ce corps une haine éternelle; et il faisait éclater tous les jours son ressentiment, en prétextant la découverte récente de quelque conspiration secrète. Il est vrai qu'il pardonna sincèrement à trente-cinq sénateurs accusés d'avoir favorisé le parti d'Albinus; il s'efforça même par la suite de les convaincre qu'il avait non-seulement pardonné mais oublié leur offense présumée; mais dans le même temps il en fit périr quarante-un autres (2),

---

(1) Dion, l. LXXIV, p. 1250.

(2) Dion (l. LXXV, p. 1264) ne fait mention que de vingt-neuf sénateurs; mais l'*Histoire Auguste* en nomme quarante-un, parmi lesquels il y en avait six appelés Pescennius. Hérodien (l. III, p. 115) parle en général des cruautés de Sévère.

dont l'histoire nous a conservé les noms. Leurs femmes, leurs enfans, leurs cliens, subirent le même supplice, et les plus nobles habitans de la Gaule et de l'Espagne furent pareillement condamnés à mort. Une justice aussi rigide, comme il plaisait à Sévère de l'appeler, était dans son opinion le seul moyen d'assurer la paix du peuple et la tranquillité du prince; et il daignait déplorer la condition d'un souverain, qui, pour être humain, devait nécessairement, selon lui, commencer par être cruel (1).

En général, les véritables intérêts d'un monarque absolu sont d'accord avec ceux de son peuple. Sa grandeur réelle consiste uniquement dans le nombre, l'ordre, les richesses et la sûreté de ses sujets; et si son cœur est sourd à la voix de la vertu, la prudence peut au moins le guider, et lui dicter la même règle de conduite. Sévère regardait l'empire de Rome comme son bien propre : il n'en fut pas plus tôt possesseur paisible, qu'il n'oublia rien pour cultiver et pour améliorer une si précieuse acquisition. Des lois salutaires, exécutées avec une fermeté inflexible, corrigèrent bientôt la plupart des abus qui, depuis la mort de Marc-Aurèle, s'étaient introduits dans toutes les parties du gouvernement. Lorsque l'empereur rendait la justice, l'attention, le discernement et l'impartialité, caractérisaient ses décisions. S'il s'écartait quelquefois des principes d'une exacte équité, il faisait toujours pencher la balance en faveur du pauvre

Sagesse et justice de son gouvernement.

_____

(1) Aurelius-Victor.

et des opprimés, moins guidé, il est vrai, par quelque sentiment d'humanité que par le penchant naturel qu'ont les princes despotes à humilier l'orgueil des grands, et à rabaisser tous leurs sujets au niveau commun d'une dépendance absolue. Ses dépenses considérables en bâtimens et en spectacles magnifiques, et ses distributions constantes de blé et de provisions de toute espèce, étaient les moyens les plus sûrs de captiver l'affection du peuple romain (1). On avait oublié les malheurs des guerres civiles, et les provinces goûtaient encore une fois les avantages de la paix et de la prospérité. Plusieurs villes rétablies par la magnificence de Sévère, prirent le titre de colonies, et attestèrent, par des monumens publics, leur reconnaissance et leur félicité (2). Ce prince habile, toujours suivi par la fortune, fit revivre la réputation des armes romaines (3), et il se glorifiait, à

Paix et prospérité universelle.

---

(1) Dion, l. LXXVI, p. 1272; *Hist. Aug.*, p. 67. Sévère célébra des jeux séculaires avec la plus grande magnificence, et il laissa dans les greniers publics une provision de blé pour sept ans, à raison de soixante mille *modii*, ou vingt mille boisseaux, par jour. Je ne doute pas que les greniers de Sévère ne se soient trouvés remplis pour un temps assez considérable; mais je suis persuadé que d'un côté la politique, et de l'autre l'admiration, ont beaucoup ajouté à la vérité.

(2) *Voyez* le *Traité* de Spanheim *sur les anciennes médailles et les inscriptions;* consultez aussi nos savans voyageurs Spon et Wheeler, Shaw, Pococke, etc., qui, en Afrique, en Grèce et en Asie, ont trouvé plus de monumens de Sévère que d'aucun autre empereur romain.

(3) Il porta ses armes victorieuses jusqu'à Séleucie et Cté-

juste titre, de ce qu'ayant trouvé l'empire accablé de guerres civiles et étrangères, il le laissait dans le calme d'une paix profonde, honorable et universelle (1).

Quoique les plaies faites à l'État par les discordes intestines parussent entièrement guéries, un poison mortel attaquait les sources de la constitution. Sévère possédait un caractère ferme et des talens supérieurs; mais le génie audacieux du premier des Césars, ou la politique profonde d'Auguste, aurait à peine été capable de courber l'insolence des légions victorieuses. La reconnaissance, une nécessité apparente et une politique mal entendue, engagèrent Sévère à relâcher les ressorts de la discipline militaire (2). Il flatta la vanité des soldats, et parut s'occuper de leurs plaisirs, en leur permettant de porter des anneaux d'or, et de vivre dans les camps avec leurs femmes. Leur paye n'avait jamais été aussi forte; ils recevaient de plus des largesses extraordinaires à chaque fête publique, ou toutes les fois que l'État était menacé de quelque danger. Insensiblement ils s'accoutumèrent à exiger ces gratifications. Enflés par la prospérité, énervés par le luxe, et élevés par des prérogatives dangereuses au-dessus des sujets de l'empire (3); ils

La discipline militaire relâchée.

---

siphon, les capitales de la monarchie des Parthes. J'aurai occasion de parler de cette guerre mémorable.

(1) *Etiam in Britannis :* telle était l'expression juste et frappante dont il se servait. *Hist. Aug.*, p. 73.

(2) Hérodien, l. III, p. 115; *Hist. Aug.*, p. 68.

(3) Sur l'insolence et sur les priviléges des soldats, on peut consulter la seizième satire que l'on a faussement attribuée

furent bientôt incapables de supporter les fatigues militaires; et, sans cesse disposés à secouer le joug d'une juste subordination, ils devinrent le fléau de leur patrie. De leur côté, les officiers ne soutenaient la supériorité de leur rang que par un extérieur plus pompeux et par une profusion plus éclatante. Il existe encore une lettre de Sévère, dans laquelle ce prince se plaint amèrement de la licence de ses armées (1), et exhorte un de ses généraux à commencer par les tribuns eux-mêmes une réforme indispensable. En effet, comme il l'observe très-bien, un officier qui perd l'estime de ses soldats ne peut en exiger l'obéissance (2). Si l'empereur eût suivi cette réflexion dans toute son étendue, il aurait facilement découvert que la corruption générale prenait sa source, sinon dans l'exemple du premier chef, au moins dans sa funeste indulgence.

Nouveaux prétoriens. Les prétoriens, qui avaient massacré leur maître et vendu publiquement l'empire, avaient reçu le châtiment que méritait leur trahison; mais l'institution nécessaire, quoique dangereuse, des gardes, fut rétablie sur un nouveau plan, et leur nombre devint

---

à Juvénal : le style et la nature de cet ouvrage me font croire qu'il a été composé sous le règne de Sévère ou de Caracalla.

(1) Non pas des armées en général, mais des troupes de la Gaule. Cette lettre même et son contenu semblent prouver que Sévère avait à cœur de rétablir la discipline; Hérodien est le seul historien qui l'accuse d'avoir été la première cause de son relâchement. (*Note de l'Éditeur.*)

(2) *Hist. Aug.*, p. 73.

quadruple de ce qu'il était auparavant (1). Ces troupes n'avaient d'abord été composées que des habitans de l'Italie; lorsque les mœurs amollies de la capitale s'introduisirent par degrés dans les contrées voisines, la Macédoine, la Norique et l'Espagne, furent aussi comprises dans les levées. C'était de ces différentes provinces que l'on tirait une troupe brillante, dont l'élégance convenait mieux à la pompe des cours qu'aux opérations pénibles d'une campagne. Sévère entreprit de la rendre utile ; il ordonna que désormais les gardes seraient formées de l'élite des légions répandues sur les frontières. On choisissait dans leur sein les soldats les plus distingués par leur force, par leur valeur et par leur fidélité. Ce nouveau service devenait pour eux un honneur et une récompense (2). La jeunesse italienne perdit ainsi l'usage des armes, et une multitude de Barbares vint étonner de sa présence et de ses mœurs la capitale tremblante; mais l'empereur voulait que les légions regardassent ces prétoriens d'élite comme les représentans de tout l'ordre militaire; il se flattait en même temps qu'un secours toujours présent de cinquante mille hommes, plus habiles à la guerre et mieux payés que les autres soldats, ferait évanouir tout espoir de rebellion, et assurerait l'empire à sa postérité.

Le commandement de ces guerriers redoutables et si chéris du souverain, devint bientôt le premier

Préfet
du prétoire.

---

(1) Hérodien, l. III, p. 131.
(2) Dion, l. LXXIV, p. 1243.

poste de l'État. Comme le gouvernement avait dégénéré en un despotisme militaire, le préfet du prétoire, qui, dans son origine, avait été simple capitaine des gardes, fut placé à la tête, non-seulement de l'armée, mais encore de la finance et même de la législation (1). Il représentait la personne de l'empereur, et exerçait son autorité dans toutes les parties de l'administration. Plautien, ministre favori de Sévère, fut revêtu le premier de cette place importante, et abusa pendant plus de dix ans de la puissance qu'elle lui donnait. Enfin, le mariage de sa fille avec le fils aîné de l'empereur, qui semblait devoir assurer sa fortune, devint la cause de sa perte (2). Les

---

(1) Le préfet du prétoire n'avait jamais été un simple capitaine des gardes : du moment de la création de cette place, sous Auguste, elle avait donné un grand pouvoir; aussi cet empereur ordonna-t-il qu'il y aurait toujours deux préfets du prétoire, qui ne pourraient être tirés que de l'ordre équestre. Tibère s'écarta le premier de la première partie de cette ordonnance; Alexandre-Sévère dérogea à la seconde en nommant préfets des sénateurs. Il paraît que ce fut sous Commode que les préfets du prétoire obtinrent le domaine de la juridiction civile; il ne s'étendait que sur l'Italie, à l'exception même de Rome et de son territoire, que régissait le *præfectus urbi*. Quant à la direction des finances et du prélèvement des impôts, elle ne leur fut confiée qu'après les grands changemens que fit Constantin 1er dans l'organisation de l'empire; du moins je ne connais aucun passage qui la leur attribue avant ce temps; et Drakenborch, qui a traité cette question dans sa dissertation *de Officio præfectorum prætorio* (c. VI), n'en cite aucun. (*Note de l'Éditeur.*)

(2) Un des actes les plus audacieux et les plus infâmes de

intrigues du palais, qui excitaient tour à tour son ambition et ses craintes, menacèrent de produire une révolution. Sévère, qui chérissait toujours son ministre (1), se vit forcé, quoiqu'à regret, de consentir à sa mort (2). Après la chute de Plautien, l'emploi dangereux de préfet du prétoire fut donné au savant Papinien, jurisconsulte célèbre.

Depuis la mort d'Auguste, ce qui avait distingué les plus vertueux et les plus prudens de ses succes-

Le sénat opprimé par le despotisme militaire.

---

son despotisme, fut la castration de cent Romains libres, dont quelques-uns étaient mariés, et même pères de famille. Le ministre donna cet ordre affreux, afin que sa fille, le jour de son mariage avec le jeune empereur, pût avoir à sa suite des eunuques dignes d'une reine d'Orient. Dion, l. LXXVI, p. 1271.

(1) Plautien était compatriote, parent et ancien ami de Sévère : il s'était si bien emparé de la confiance de l'empereur, que celui-ci ignorait l'abus qu'il faisait de son pouvoir : à la fin cependant il en fut informé, et commença dès-lors à y mettre des bornes. Le mariage de Plautilla avec Caracalla fut malheureux ; et ce prince, qui n'y avait consenti que par force, menaça le père et la fille de les faire périr dès qu'il règnerait. On craignit, après cela, que Plautien ne voulût se servir contre la famille impériale du pouvoir qui lui restait encore, et Sévère le fit massacrer en sa présence, sous le prétexte d'une conjuration que Dion croit supposée.

(*Note de l'Éditeur.*)

(2) Dion, l. LXXVI, p. 1274; Hérodien, l. III, p. 122-129. Le grammairien d'Alexandrie paraît, comme c'est assez l'ordinaire, connaître beaucoup mieux que le sénateur romain cette intrigue secrète, et être plus assuré du crime de Plautien.

seurs, c'était leur attachement ou du moins leur respect apparent pour le sénat, et leurs égards attentifs pour le tissu toujours délicat de la nouvelle constitution. Mais Sévère, élevé dans les camps, avait été accoutumé dans sa jeunesse à une obéissance aveugle; et lorsqu'il fut plus avancé en âge, il ne connut d'autorité que le despotisme du commandement militaire. Son esprit hautain et inflexible ne pouvait découvrir ou ne voulait pas apercevoir l'avantage de conserver, entre l'empereur et l'armée, une puissance intermédiaire, quoique fondée uniquement sur l'imagination. Il dédaignait de s'avouer le ministre d'une assemblée qui le détestait et qui tremblait à son moindre signe de mécontentement; il donnait des ordres, tandis qu'une simple requête aurait eu la même force. Sa conduite était celle d'un souverain et d'un conquérant; il affectait même d'en prendre le langage; enfin, ce prince exerçait ouvertement toute l'autorité législative aussi bien que le pouvoir exécutif.

Nouvelles maximes de la prérogative impériale. Il était aisé de triompher du sénat; une pareille victoire n'avait rien de glorieux. Tous les regards étaient fixés sur le premier magistrat, qui disposait des armes et des trésors de l'État : tous les intérêts se rapportaient à ce chef suprême. Le sénat, dont l'élection ne dépendait point du peuple, et qui n'avait aucunes troupes pour sa défense, ne s'occupait plus du bien public. Son autorité chancelante portait sur une base faible et prête à s'écrouler : le souvenir de son ancienne sagesse, cette belle théorie du gouvernement républicain, disparaissait insensiblement et faisait place à ces passions plus naturelles, à ces mobiles plus réels et plus solides que met en jeu le pouvoir monarchique. Depuis que le droit de bourgeoisie et les honneurs attachés au nom de citoyen avaient passé aux habitans des provinces, qui n'avaient jamais connu ou qui ne se rappelaient qu'avec horreur l'administration tyrannique de leurs conquérans, le souvenir des maximes républicaines s'était insensiblement effacé. C'est avec une maligne satisfaction que les historiens grecs du siècle des Antonins observent qu'en s'abstenant, par respect pour des préjugés presque oubliés, de prendre le titre de roi, le souverain de Rome possédait, dans toute son étendue, la prérogative royale (1). Sous le règne de Sévère, le sénat fut rempli d'Orientaux qui venaient étaler dans la capitale le luxe et la politesse de leur patrie. Ces esclaves éloquens et doués d'une imagination brillante, cachèrent la flatterie sous le voile d'un sophisme ingénieux, et réduisirent la servitude en principe. La cour les applaudissait avec transport, et le peuple les écoutait avec tranquillité, lorsque, pour défendre la cause du despotisme, ils démontraient la nécessité d'une obéissance passive, ou qu'ils déploraient les malheurs inévitables qu'entraîne la liberté. Les jurisconsultes et les historiens enseignaient également que la puissance impériale n'était point une simple délégation ; mais que le sénat avait irrévocablement cédé

---

(1). Appien, *in Proem.*

tous ses droits au souverain. Ils répétaient que l'empereur ne devait point être surbordonné aux lois ; que sa volonté arbitraire s'étendait sur la vie et sur la fortune des citoyens, et qu'il pouvait disposer de l'État comme de son patrimoine (1). Les plus habiles de ces jurisconsultes, et principalement Papinien, Paulus et Ulpien, fleurirent sous les princes de la maison de Sévère. Ce fut à cette époque que la jurisprudence romaine, liée intimement au système de la monarchie, parut avoir atteint le dernier degré de perfection et de maturité.

Les contemporains de Sévère, qui jouissaient de la gloire et du bonheur de son règne, lui pardonnèrent les cruautés qui lui avaient frayé le chemin au trône. Leur postérité, qui éprouva les suites funestes de ses maximes et de son exemple, le regarda, à juste titre, comme le principal auteur de la décadence des Romains.

---

(1) Dion-Cassius semble n'avoir eu d'autre but, en écrivant, que de rassembler ces opinions dans un système historique. D'un autre côté, les *Pandectes* montrent avec quelle assiduité les jurisconsultes travaillaient pour la cause de la prérogative impériale.

CHAPITRE VI.

Mort de Sévère. Tyrannie de Caracalla. Usurpation de Macrin. Folies d'Élagabale. Vertus d'Alexandre-Sévère. Licence des troupes. État général des finances des Romains.

Les routes qui mènent à la grandeur sont escarpées et bordées de précipices; cependant un esprit actif, en parcourant cette carrière dangereuse, trouve sans cesse un nouvel attrait dans la difficulté de l'entreprise et dans le développement de ses propres forces : mais la possession même d'un trône ne pourra jamais satisfaire un homme ambitieux; Sévère sentit bien vivement cette triste vérité. La fortune et le mérite l'avaient tiré d'un état obscur pour l'élever à la première place du monde: « J'ai été tout, s'écriait-il, et tout a bien peu de valeur (1). » Agité sans cesse par le soin pénible, non d'acquérir, mais de conserver un empire; courbé sous le poids de l'âge et des infirmités, peu sensible à la renommée (2), rassasié de pouvoir, il n'apercevait plus rien autour de lui qui pût fixer ses regards inquiets: Le désir de perpétuer la puissance souveraine dans sa famille devint

Grandeur et agitation de Sévère.

---

(1) *Hist. Aug.*, p. 71. *Omnia fui; et nihil expedit.*
(2) Dion-Cassius, l. LXXVI, p. 1284.

le dernier vœu de son ambition et de sa sollicitude paternelle.

L'impératrice Julie sa femme.

Ce prince, comme presque tous les Africains, s'appliquait avec la plus grande ardeur aux vaines études de la divination et de la magie; il était profondément versé dans l'interprétation des songes et des présages, et connaissait parfaitement l'astrologie judiciaire; science qui de tout temps, excepté dans notre siècle, a conservé son empire sur l'esprit de l'homme. Sévère avait perdu sa première femme tandis qu'il commandait dans la Gaule lyonnaise (1). Résolu de se marier, il ne voulut s'unir qu'avec une personne dont la destinée fût heureuse. On lui dit qu'une jeune dame d'Émèse en Syrie était née sous une constellation qui présageait la royauté : aussitôt il la recherche en mariage, et obtient sa main (2). Julie Domna, c'est ainsi qu'on la nommait, méritait tout ce que les astres pouvaient lui promettre. Elle conserva jusque dans un âge avancé les charmes de

---

(1) Vers l'année 186. M. de Tillemont est ridiculement embarrassé pour expliquer un passage de Dion, dans lequel on voit l'impératrice Faustine, qui mourut en 175, contribuer au mariage de Sévère et de Julie (l. LXXIV, p. 1243). Ce savant compilateur ne s'est pas aperçu que Dion rapporte un songe de Sévère, et non un fait réel : or, les songes ne connaissent pas les limites du temps ni de l'espace. M. de Tillemont s'est-il imaginé que les mariages étaient consommés dans le temple de Vénus, à Rome? *Histoire des Empereurs*, tome III, p. 789, note 6.

(2) *Hist. Aug.*, p. 65.

la beauté (1), et elle joignit à une imagination pleine de grâces une fermeté d'âme et une force de jugement qui sont rarement le partage de son sexe. Ses aimables qualités ne firent jamais une impression bien vive sur le caractère sombre et jaloux de son mari. Sous le règne de son fils, lorsqu'elle dirigea les principales affaires de l'empire, elle montra une prudence qui affermit l'autorité de ce jeune prince, et une modération qui en corrigea quelquefois les folles extravagances (2). Julie cultiva les lettres et la philosophie avec quelque succès et avec une grande réputation. Elle protégea les arts, et fut l'amie de tout homme de génie (3). Son mérite a été célébré par des écrivains qui représentent cette princesse comme un modèle accompli. La reconnaissance les a sans doute aveuglés. En effet, si nous devons ajouter foi à la médisance de l'histoire ancienne, la chasteté n'était pas la vertu favorite de l'impératrice Julie (4).

Leurs deux fils, Caracalla et Géta.

Deux fils, Caracalla (5) et Géta, étaient le fruit de

---

(1) *Hist. Aug.*, p. 85.
(2) Dion-Cassius, l. LXXII, p. 1304, 1314.
(3) *Voyez* une dissertation de Ménage, à la fin de son édition de Diogène-Laërce, *de Fœminis philosophis.*
(4) Dion, l. LXXVI, p. 1285; Aurelius-Victor.
(5) Il fut d'abord nommé Bassianus, comme son grand-père maternel. Pendant son règne, il prit le nom d'Antonin, sous lequel les jurisconsultes et les anciens historiens l'ont désigné. Après sa mort, ses sujets indignés lui donnèrent les sobriquets de Tarantus et de Caracalla : le premier était le nom d'un célèbre gladiateur; l'autre venait

ce mariage, et devaient un jour gouverner l'univers. Les idées magnifiques que Sévère et ses sujets s'étaient formées, en voyant s'élever ces appuis du trône, furent bientôt détruites. Les enfans de l'empereur passèrent leur jeunesse dans l'indolence, si ordinaire aux princes destinés à porter la couronne, et qui présument que la fortune leur tiendra lieu de mérite et d'application. Sans aucune émulation de talens ou de vertu, ils conçurent l'un pour l'autre, dès leur enfance, une haine implacable. Leur aversion éclata presque dans le berceau ; elle s'accrut avec l'âge, et, fomentée par des favoris intéressés à la perpétuer, elle donna naissance à des querelles plus sérieuses ; enfin, elle divisa le théâtre, le cirque et la cour en deux factions, sans cesse agitées par les espérances et par les craintes de leurs chefs respectifs. L'empereur mit en œuvre tout ce que lui suggéra sa prudence, pour étouffer cette animosité dans son origine. Il employa tour à tour les conseils et l'autorité : la malheureuse antipathie de ses enfans obscurcissait l'avenir brillant qui s'était offert à ses yeux, et lui faisait craindre la chute d'un trône élevé à travers mille dangers, cimenté par des flots de sang, et soutenu par tout ce que pouvait donner de sécurité la force militaire, accompagnée d'immenses trésors. Dans la vue de tenir entre eux la balance toujours égale, il donna aux deux frères le titre d'Auguste et le nom sacré

Leur aversion mutuelle.

---

d'une longue robe gauloise, dont le fils de Sévère fit présent au peuple romain.

d'Antonin. Rome fut gouvernée, pour la première fois, par trois empereurs (1). Cette distribution égale de faveurs ne servit qu'à exciter le feu de la discorde: tandis que le superbe Caracalla se vantait d'être le fils aîné du souverain, Géta, plus modéré, cherchait à se concilier l'amour des soldats et du peuple. Sévère, dans la douleur d'un père affligé, prédit que le plus faible de ses enfans tomberait un jour sous les coups du plus fort, qui serait à son tour victime de ses propres vices (2).

Trois empereurs.

Dans ces circonstances malheureuses, ce prince reçut avec plaisir la nouvelle d'une guerre en Bretagne, et d'une invasion des habitans du nord de cette province. La vigilance de ses lieutenans eût suffi pour repousser l'ennemi; mais il crut devoir saisir un prétexte si honorable pour arracher ses fils au luxe de Rome, qui énervait leur âme et qui irritait leurs passions, et pour endurcir ces jeunes princes, aux travaux de la guerre et de l'administration. Malgré son âge avancé (car il avait alors plus de soixante ans), et malgré sa goutte, qui l'obligeait de se faire porter en litière, il se rendit en personne dans cette île éloignée, accompagné de ses deux fils, de toute sa cour et d'une armée formidable. Immédiatement après son arrivée, il passa les murailles d'A-

Guerre de Calédonie. Ann. 208.

(1). L'exact M. de Tillemont fixe l'avénement de Caracalla à l'année 198, et l'association de Géta à l'année 208.
(2) Hérodien, l. III, p. 130; *Vies de Caracalla et de Géta*, dans l'*Histoire Auguste.*

drien et d'Antonin; et entra dans le pays ennemi, avec le projet de terminer la conquête, si souvent entreprise, de la Bretagne. Il pénétra jusqu'à l'extrémité septentrionale de l'île sans rencontrer aucune armée; mais les embuscades des Calédoniens, qui, invisibles ennemis sans cesse postés autour de l'armée romaine, tombaient tout à coup sur les flancs et sur l'arrière-garde, le froid rigoureux du climat et les fatigues d'une marche pénible à travers les montagnes et les lacs glacés de l'Écosse, coûtèrent, dit-on, à l'empire, plus de cinquante mille hommes. Enfin, les Calédoniens, épuisés par des attaques vives et réitérées, demandèrent la paix, remirent au vainqueur une partie de leurs armes, et lui cédèrent une étendue très-considérable de leur territoire. Mais leur soumission n'était qu'apparente; elle cessa avec la terreur que leur inspirait la présence de l'ennemi. Dès que les Romains se furent retirés, les Barbares secouèrent le joug et recommencèrent les hostilités. Leur esprit indomptable enflamma le courroux de Sévère. Ce prince résolut d'envoyer une autre armée dans la Calédonie, avec l'ordre barbare de marcher contre les habitans, non pour les soumettre, mais pour les exterminer. La mort vint le surprendre, tandis qu'il méditait cette cruelle exécution (1).

<small>Fingal et ses héros.</small>

Cette guerre calédonienne, peu fertile en événemens remarquables, et dont les suites n'ont point été

---

(1) Dion, l. LXXVI, p. 1280, etc.; Hérodien, l. III, p. 132, etc.

importantes, semblerait ne pas devoir mériter notre attention; mais on suppose, avec beaucoup de vraisemblance, que l'invasion de Sévère tient à l'époque la plus brillante de l'histoire ou de la fable des anciens Bretons. Un auteur moderne vient de faire revivre dans notre langue les exploits et la gloire des poëtes et des héros qui vivaient dans ces temps reculés. Fingal, dit-on, commandait alors les Calédoniens; il osa braver la puissance formidable de Sévère, et il remporta sur les rives du Carun une victoire signalée, dans laquelle *le fils du roi du monde, Caracul*, prit la fuite avec précipitation *à travers les champs de son orgueil* (1).

Ces traditions écossaises sont toujours couvertes de quelques nuages que, jusqu'à présent, les recherches les plus ingénieuses des critiques (2) n'ont pu dissiper entièrement. Mais si nous pouvions nous permettre, avec quelque certitude, cette séduisante

Contraste des Calédoniens et des Romains.

---

(1) *Poésies* d'Ossian, vol. 1, p. 131, édit. de 1765.

(2) L'opinion que le Caracul d'Ossian est le Caracalla des Romains, est peut-être le seul point d'antiquité britannique sur lequel M. Macpherson et M. Whitaker soient d'accord; et cependant cette opinion n'est pas sans difficulté. Dans la guerre de Calédonie, le fils de Sévère n'était connu que par le nom d'Antonin. N'est-il pas singulier qu'un poëte écossais ait donné à ce prince un sobriquet inventé quatre ans après cette expédition, dont les Romains ont à peine fait usage de son vivant; et que les anciens historiens emploient très-rarement? *Voyez* Dion, l. LXXVII, p. 1317; *Hist. Aug.*, p. 89; Aurel.-Victor; Eusèbe, *in Chron. ad ann.* 214.

supposition que Fingal vivait et qu'Ossian chantait alors, le contraste frappant des mœurs et de la situation pourrait intéresser un esprit philosophique. Si l'on compare la vengeance implacable de Sévère avec la noblesse, la générosité de Fingal, le caractère lâche et féroce de Caracalla avec la bravoure, le génie brillant, la douce sensibilité d'Ossian; si l'on oppose à des chefs mercenaires que la crainte ou l'intérêt force à suivre les étendards de l'empire, des guerriers indépendans, qui volent aux armes à la voix du roi de Morven; en un mot, si l'on contemple d'un côté la liberté, les vertus éclatantes, simples et naturelles des Calédoniens; de l'autre l'esclavage, la corruption et les crimes flétrissans des Romains dégénérés; le parallèle ne sera pas à l'avantage de la nation la plus civilisée.

Ambition de Caracalla.

La santé languissante et la dernière maladie de l'empereur enflammèrent l'ambition sauvage de Caracalla. Dévoré du désir de régner, déjà le fils de Sévère souffrait impatiemment que l'empire se trouvât partagé; il médita le noir projet d'abréger les jours d'un père expirant, et même il essaya d'exciter une rebellion parmi les troupes (1). Ses intrigues furent inutiles. Le vieil empereur avait souvent blâmé l'indulgence aveugle de Marc-Aurèle, qui pouvait, par un seul acte de justice, sauver les Romains de la tyrannie de son indigne fils. Placé dans les mêmes cir-

---

(1) Dion, l. LXXVI, p. 1282; *Hist. Aug.*, p. 71; Aurelius-Victor.

constances, ce prince sentit avec quelle facilité la tendresse d'un père étouffe dans le cœur des souverains la sévérité d'un juge. Il délibérait, il menaçait, mais il ne pouvait punir; son âme s'ouvrit alors, pour la première fois, à la pitié, et cet unique et dernier mouvement de sensibilité fut plus fatal à l'empire que la longue série de ses cruautés (1).

L'agitation de son âme irritait les douleurs de sa maladie : il souhaitait ardemment la mort; son impatience le fit descendre plus promptement au tombeau : il rendit les derniers soupirs à York, dans la soixante-sixième année de sa vie, et dans la dix-huitième d'un règne brillant et heureux. Avant d'expirer, il recommanda la concorde à ses fils et à l'armée. Les dernières instructions de Sévère ne parvinrent pas jusqu'au cœur des jeunes princes; ils n'y firent pas même la plus légère attention; mais les troupes, fidèles à leur serment, obéirent à l'autorité d'un maître dont elles respectaient encore la cendre; elles résistèrent aux sollicitations de Caracalla, et proclamèrent les deux frères empereurs de Rome. Les nouveaux souverains laissèrent les Calédoniens en paix, retournèrent dans la capitale, où ils rendirent à leur père les honneurs divins, et furent reconnus solennellement souverains légitimes par le sénat, par le peuple et par les provinces. Il paraît que l'on accorda, pour le rang, quelque prééminence au frère

Mort de Sévère, et avénement de ses deux fils. An. 211, 4 février.

---

(1) Dion., l. LXXVI, p. 1283; *Hist. Aug.*, p. 89.

aîné; mais ils gouvernèrent tous les deux l'empire avec un pouvoir égal et indépendant (1).

<small>Jalousie et haine des deux empereurs.</small>

Une pareille administration aurait allumé la discorde entre les deux frères le plus tendrement unis. Il était impossible que cette forme de gouvernement subsistât long-temps entre deux ennemis implacables, qui, remplis d'une méfiance réciproque, ne pouvaient désirer une réconciliation. On prévoyait que l'un des deux seulement pouvait régner, et que l'autre devait périr. Chacun, en particulier, jugeant par ses propres sentimens des desseins de son rival, usait de la plus exacte vigilance pour mettre sa vie à l'abri des attaques du poison ou de l'épée. Ils parcoururent rapidement la Gaule et l'Italie; et, pendant tout ce voyage, jamais ils ne mangèrent à la même table, ni ne dormirent sous le même toit, donnant ainsi, dans les provinces qu'ils traversaient, le spectacle odieux de l'inimitié fraternelle. A leur arrivée à Rome, ils se partagèrent aussitôt la vaste étendue du palais impérial (2). Toute communication fut fermée entre

---

(1) Dion, l. LXXVI; p. 1284; Hérodien, l. III, p. 135.
(2) M. Hume s'étonne, avec raison, d'un passage d'Hérodien (l. IV, p. 139), qui représente, à cette occasion, le palais des empereurs comme égal en étendue au reste de Rome. Le mont Palatin, sur lequel il était bâti, n'avait tout au plus que onze ou douze mille pieds de circonférence (*voyez* la *Notit.* Victor., dans la *Roma antica* de Nardini.); mais il ne faut pas oublier que les palais et les jardins immenses des sénateurs entouraient presque toute la ville, et que les empereurs en avaient confisqué la plus grande par-

leurs appartemens : on avait fortifié avec soin les portes et les passages, et les sentinelles qui les gardaient se relevaient avec la même précaution que dans une ville assiégée. Les empereurs ne se voyaient qu'en public, en présence d'une mère affligée, entourés chacun d'une troupe nombreuse et toujours armée ; et même, dans les grandes cérémonies, la dissimulation, si ordinaire dans les cours, cachait à peine l'animosité des deux frères (1).

Déjà cette guerre intestine déchirait l'État, lorsqu'on proposa tout à coup un plan qui semblait également avantageux aux deux princes. On leur représenta que, puisqu'il leur était impossible de se réconcilier, ils devaient séparer leurs intérêts et se partager l'empire. Les conditions du traité furent soigneusement dressées : on convint que Caracalla, comme l'aîné, resterait en possession de l'Europe et de l'Afrique occidentale, et qu'il abandonnerait à son

Négociations des deux frères pour diviser l'empire entre eux.

---

tie. Si Géta demeurait sur le Janicule, dans les jardins qui portèrent son nom, et si Caracalla habitait les jardins de Mécène sur le mont Esquilin, les frères rivaux étaient séparés l'un de l'autre par une distance de plusieurs milles ; l'espace intermédiaire était occupé par les jardins impériaux de Salluste, de Lucullus, d'Agrippa, de Domitien, de Caïus, etc. Ces jardins formaient un cercle autour de la ville, et ils tenaient l'un à l'autre, ainsi qu'au palais, par des ponts jetés sur le Tibre, et qui traversaient les rues de Rome. Si ce passage d'Hérodien méritait d'être expliqué, il exigerait une dissertation particulière et une carte de l'ancienne Rome.

(1) Hérodien, l. IV, p. 139.

frère la souveraineté de l'Asie et de l'Égypte. Géta pouvait fixer sa résidence dans la ville d'Alexandrie ou dans celle d'Antioche, qui le cédaient à peine à Rome pour la grandeur et pour l'opulence. De nombreuses armées, campées des deux côtés du Bosphore de Thrace, auraient gardé les frontières des monarchies rivales ; enfin les sénateurs d'origine européenne devaient reconnaître le souverain de Rome, tandis que ceux qui étaient nés en Asie auraient suivi l'empereur d'Orient. Les pleurs de l'impératrice rompirent cette négociation, dont l'idée seule avait rempli tous les cœurs romains d'indignation et de surprise. La masse puissante d'une monarchie composée de tant de nations était tellement cimentée par la main du temps et de la politique, qu'il fallait une force prodigieuse pour la séparer en deux parties : les Romains avaient raison de craindre qu'une guerre civile n'en rejoignît bientôt, sous un même maître, les membres déchirés ; ou bien si l'empire restait divisé, tout présageait la chute d'un édifice dont l'union avait été jusqu'alors la base la plus ferme et la plus solide.(1).

Meurtre de Géta. Ann: 212, 27 février.

Si le traité projeté entre les deux princes eût été conclu, le souverain de l'Europe se serait bientôt emparé de l'Asie : mais Caracalla remporta, avec l'arme du crime, une victoire plus facile. Il parut se rendre aux supplications de sa mère, et consentit à une en-

---

(1) Hérodien, l. IV, p. 144.

trevue avec son frère dans l'appartement de l'impératrice Julie. Tandis que les empereurs s'entretenaient de réconciliation et de paix, quelques centurions, qui avaient trouvé moyen de se cacher dans l'appartement, fondirent, l'épée à la main, sur l'infortuné Géta. Sa mère éperdue s'efforce, en l'entourant de ses bras, de le soustraire au danger ; mais tous ses efforts sont inutiles : blessée elle-même à la main, elle est couverte du sang de Géta, et elle aperçoit le frère impitoyable de ce malheureux prince, animant les meurtriers et leur montrant lui-même l'exemple (1). Dès que ce forfait eut été commis, Caracalla, l'horreur peinte dans toute sa contenance, courut avec précipitation se réfugier dans le camp des prétoriens, comme dans son unique asile ; il se prosterna aux pieds des statues des dieux tutélaires (2). Les soldats entreprirent de le relever et de le consoler. Il leur apprit, en quelques mots pleins de trouble et souvent interrompus, qu'il avait eu le bonheur d'échapper à un danger imminent ; et, après leur avoir insinué

---

(1) Caracalla consacra dans le temple de Sérapis l'épée avec laquelle il se vantait d'avoir tué son frère Géta. Dion, l. LXXVII, p. 1307.

(2) Hérodien, l. IV, p. 147. Dans tous les camps romains, on élevait, près du quartier-général, une petite chapelle où les divinités tutélaires étaient gardées et adorées. Les aigles et les autres enseignes militaires tenaient le premier rang parmi ces divinités : institution excellente, qui affermissait la discipline par la sanction de la religion. *Voyez* Juste-Lipse, *de Militiâ romanâ*, IV, 5; V, 2.

qu'il avait prévenu les desseins cruels de son ennemi, il leur déclara qu'il était résolu de vivre et de mourir avec ses fidèles prétoriens. Géta avait été le favori des troupes; mais leur regret devenait inutile, et la vengeance dangereuse : d'ailleurs, elles respectaient toujours le fils de Sévère. Le mécontentement se dissipa en vains murmures ; et Caracalla sut bientôt les convaincre de la justice de sa cause, en leur distribuant les immenses trésors de son père (1). Les dispositions des soldats importaient seules à la puissance et à la sûreté du prince. Leur déclaration en sa faveur entraînait l'obéissance et la fidélité du sénat : cette assemblée docile était toujours prête à ratifier la décision de la fortune. Mais comme Caracalla voulait apaiser les premiers mouvemens de l'indignation publique, il respecta la mémoire de son frère, et lui fit rendre les mêmes honneurs que l'on décernait aux empereurs romains (2). La postérité, en déplorant le sort de Géta, a fermé les yeux sur ses vices. Nous ne voyons dans ce jeune prince qu'une victime innocente ; sacrifiée à l'ambition de son frère, sans faire attention qu'il manquait plutôt de pouvoir que de volonté pour se porter aux mêmes excès (3).

―――――

(1) Hérodien, l. IV, p. 148; Dion-Cassius, l. LXXVII, p. 1289.

(2) Géta fut placé parmi les dieux. *Sit divus*, dit son frère, *dum non sit vivus*. (Hist. Aug., p. 91.) On trouve encore sur les médailles quelques marques de la consécration de Géta.

(3) Ce n'est pas seulement sur un sentiment de pitié que

Le crime de Caracalla ne demeura pas impuni. Ni les occupations, ni les plaisirs, ni la flatterie, ne purent le soustraire aux remords déchirans d'une conscience coupable; et, dans l'horreur des tourmens qui déchiraient son âme, il avouait que souvent le front sévère de son père et l'ombre sanglante de Géta se présentaient à son imagination troublée. Il croyait les voir sortir tout à coup de leurs tombeaux; il croyait entendre leurs reproches et les menaces effrayantes dont ils l'accablaient (1). Ces images terribles auraient dû l'engager à tâcher de convaincre le monde par les vertus de son règne, qu'une nécessité fatale l'avait seule précipité dans un crime involontaire; mais le repentir de Caracalla ne fit que le porter à exterminer tout ce qui pouvait lui rappeler son crime et le souvenir de son frère assassiné. A son retour du sénat, il trouva dans le palais sa mère entourée de plusieurs matrones respectables par leur naissance et par leur dignité, qui toutes déploraient le destin d'un prince moissonné à la fleur de son âge. L'empereur furieux les menaça de leur faire subir le même sort. Fadilla, la dernière des filles de Marc-

Remords et cruautés de Caracalla.

---

se fonde le jugement favorable que l'histoire a porté de Géta, le témoignage des écrivains de son temps vient à l'appui : il aimait trop les plaisirs de la table, et se montrait plein de méfiance pour son frère; mais il était humain, instruit; il chercha souvent à adoucir les ordres rigoureux de Sévère et de Caracalla. Hérodien, l. IV, c. 3.; Spartien, *in Geta*, c. 4.

(*Note de l'Éditeur.*)

(1) Dion, l. LXXVII, p. 1307.

Aurèle, mourut en effet par l'ordre du tyran ; et l'infortunée Julie fut obligée d'arrêter le cours de ses pleurs, d'étouffer ses soupirs, et de recevoir le meurtrier avec des marques de joie et d'approbation. On prétend que vingt mille personnes de l'un et de l'autre sexe souffrirent la mort, sous le prétexte vague qu'elles avaient été amies de Géta. L'arrêt fatal fut prononcé contre les gardes et les affranchis du prince, contre les ministres qu'il avait chargés du gouvernement de son empire, et contre les compagnons de ses plaisirs. Ceux qu'il avait revêtus de quelque emploi dans les armées et dans les provinces furent compris dans la proscription, dans laquelle on s'efforça d'envelopper tous ceux qui pouvaient avoir eu la moindre liaison avec Géta, qui pleuraient sa mort, ou même qui prononçaient son nom (1). Un bon mot déplacé coûta la vie à Helvius-Pertinax, fils du prince de ce nom (2). Le seul crime de Thrasea-Priscus fut d'être descendu d'une famille illustre, dans laquelle l'amour de la liberté semblait héréditaire (3). Les

---

(1) Dion, l. LXXVII, p. 1290 ; Hérodien, l. IV, p. 156. Dion-Cassius dit (p. 1298) que les poëtes comiques n'osèrent plus employer le nom de Géta dans leurs pièces, et que l'on confisquait les biens de ceux qui avaient nommé ce malheureux prince dans leurs testamens.

(2) Caracalla avait pris les noms de plusieurs nations vaincues. Comme il avait remporté quelques avantages sur les Goths ou Gètes, Pertinax remarqua que le nom de *Geticus* conviendrait parfaitement à l'empereur, après ceux de *Parthicus*, *Almannicus*, etc. *Hist. Aug.*, p. 89.

(3) Dion, l. LXXVII, p. 1291. Il descendait probablement

moyens particuliers de la calomnie et du soupçon s'épuisèrent à la fin. Lorsqu'un sénateur était accusé d'être l'ennemi secret du gouvernement, l'empereur se contentait de savoir, en général, qu'il possédait quelques biens, et qu'il s'était rendu recommandable

---

d'Helvidius-Priscus et de Thrasea-Pœtus, ces illustres patriotes, dont la vertu intrépide, mais inutile et déplacée, a été immortalisée par Tacite (*).

(*) La vertu n'est pas un bien dont la valeur s'estime comme celle d'un capital, d'après les revenus qu'elle rapporte : son plus beau triomphe est de ne pas faiblir, lors même qu'elle se sent *inutile* pour le bien public, et *déplacée* au milieu des vices qui l'entourent : telle fut celle de Thrasea-Pœtus : *Ad postremum Nero virtutem ipsam exscindere concupivit, interfecto Thrasea-Pœto.* « Néron voulut enfin détruire la vertu elle-même en faisant périr Thrasea-Pœtus. » (Tacite, *Ann.*, l. xvi, c. 21.) Quelle différence entre la froide observation de Gibbon et le sentiment d'admiration qui animait Juste-Lipse lorsqu'il s'écriait au nom de Thrasea : *Salve, ô salve, vir magne, et inter Romanos sapientes sanctum mihi nomen ! Tu magnum decus gallicæ gentis : tu ornamentum romanæ curiæ : tu aureum sidus tenebrosi illius ævi. Tua inter homines, non hominis, vita ; nova probitas, constantia, gravitas et vitæ mortisque æquabilis tenor.* « Je te salue, homme illustre, nom sacré pour moi parmi ceux des sages Romains ! Tu étais l'honneur de la nation gauloise, l'ornement du sénat romain, l'astre qui brillait dans ce siècle de ténèbres. Ta vie, passée au milieu des hommes, s'est élevée au-dessus de l'humanité ; ta probité, ta fermeté, ta sagesse, sont sans exemple, et ta mort peut seule se dire l'égale de ta vie. »

Néron lui-même ne regardait pas la vertu de Thrasea comme inutile : peu après la mort de ce courageux sénateur, qu'il avait tant craint et tant haï, il répondit à un homme qui se plaignait de la manière injuste dont Thrasea avait jugé un procès : « Plût à Dieu que Thrasea eût été mon ami aussi bien qu'il était juge intègre ! » Εβουλομην αν, Θρασεαν ουτως εμε φιλειν ως δικαστης αριστος εστιν. Plut., *Mor.*, πολιτικα παραγγελματα, c. 14. (*Note de l'Éditeur.*)

par sa vertu. Ce principe une fois établi, Caracalla en tira souvent les conséquences les plus cruelles.

<small>Mort de Papinien.</small>

L'exécution de tant de victimes innocentes avait porté la douleur dans le sein de leurs familles et de leurs amis, qui répandaient des larmes en secret. La mort de Papinien, préfet du prétoire, fut pleurée comme une calamité publique. Durant les sept dernières années du règne de Sévère, ce célèbre jurisconsulte avait occupé le premier poste de l'État, et avait guidé, par ses sages conseils, les pas de l'empereur dans les sentiers de la justice et de la modération. Sévère, qui connaissait si bien ses talens et sa vertu, l'avait conjuré à son lit de mort de veiller à la prospérité de l'empire, et d'entretenir l'union entre ses fils (1). Les efforts généreux de Papinien ne servirent qu'à enflammer la haine violente que Caracalla avait déjà conçue contre le ministre de son père. Après le meurtre de Géta, le préfet reçut ordre d'employer toute la force de son éloquence pour prononcer, dans un discours étudié, l'apologie de ce forfait. Le philosophe Sénèque, dans une circonstance semblable, n'avait point rougi de vendre sa plume au fils et à l'assassin d'Agrippine (2), et d'écrire au sénat en son nom. Papinien refusa d'obéir au tyran : « Il est plus aisé de commettre un parricide que de le justifier. » Telle fut la noble réponse de

---

(1) On prétend que Papinien était parent de l'impératrice Julie.

(2) Tacite, *Ann.*, XIV, 11.

cet illustre personnage, qui n'hésita pas entre la perte de la vie et celle de l'honneur (1). Une vertu si intrépide, qui s'est soutenue pure et sans tache au milieu des intrigues de la cour, des affaires les plus sérieuses et du dédale des lois, jette un éclat bien plus vif sur les cendres de Papinien que toutes ses grandes dignités, que ses nombreux écrits (2), et que la réputation immortelle dont il a joui dans tous les siècles comme jurisconsulte (3).

Jusqu'à ce moment, sous les règnes même les plus désastreux, les Romains avaient trouvé une sorte de bonheur et de consolation dans le caractère de leurs différens princes, indolens dans le vice, actifs quand ils étaient animés par la vertu. Auguste, Trajan, Adrien et Marc-Aurèle, visitaient en personne la vaste étendue de leurs domaines : partout la sagesse et la bienfaisance marchaient à leur suite. Tibère, Néron et Domitien, qui firent presque toujours leur résidence à Rome ou dans les campagnes aux environs de cette ville, n'exercèrent leur tyrannie que

La tyrannie de Caracalla s'étend sur tout l'empire.

---

(1) *Hist. Aug.*, p. 88.
(2) Au sujet de Papinien, voyez *Historia juris romani*, de Heineccius, l. cccxxx, etc.
(3) Papinien n'était plus alors préfet du prétoire; Caracalla lui avait ôté cette charge aussitôt après la mort de Sévère : c'est ce que rapporte Dion (p. 1287); et le témoignage de Spartien, qui donne à Papinien la préfecture du prétoire jusqu'à sa mort, est de peu de valeur, opposé à celui d'un sénateur qui vivait à Rome.

(*Note de l'Éditeur.*)

contre le sénat et l'ordre équestre (1). Caracalla déclara la guerre à l'univers entier. Une année environ après la mort de Géta, il quitta Rome, et jamais il n'y retourna dans la suite. Il passa le reste de son règne dans les différentes provinces de l'empire, principalement en Orient. Chaque contrée devint tour à tour le théâtre de ses rapines et de ses cruautés. Les sénateurs, que la crainte engageait à suivre sa marche capricieuse, étaient obligés de dépenser des sommes immenses pour lui procurer tous les jours de nouveaux divertissemens, qu'il abandonnait avec mépris à ses gardes. Ils élevaient dans chaque ville des théâtres et des palais magnifiques, que l'empereur ne daignait pas visiter, ou qu'il faisait aussitôt démolir. Les sujets les plus opulens furent ruinés par des confiscations et par des amendes, tandis que le corps entier de la nation gémissait sous le poids des impôts (2). Au milieu de la paix, l'empereur, pour une offense très-légère, condamna généralement à la mort tous les habitans de la ville d'Alexandrie en Égypte. Posté dans un lieu sûr du temple de Sérapis, il ordonnait et contemplait avec un plaisir barbare le massacre de plusieurs milliers d'hommes, citoyens et étrangers, sans avoir aucun égard au nombre de

---

(1) Tibère et Domitien ne s'éloignèrent jamais des environs de Rome. Néron fit un petit voyage en Grèce. *Et laudatorum principum usus, ex æquo quamvis procul agentibus. Sævi proximis ingruunt.* Tacite, *Hist.*, IV, 75.

(2) Dion, l. LXXVII; p. 1294.

ces infortunés, ni à la nature de leur faute : car, ainsi qu'il l'écrivit froidement au sénat, de tous les habitans de cette grande ville, ceux qui avaient péri et ceux qui s'étaient échappés méritaient également la mort (1).

Les sages instructions de Sévère ne firent jamais aucune impression durable sur l'âme de son fils : avec de l'imagination et de l'éloquence, Caracalla manquait de jugement ; ce prince n'avait aucun sentiment d'humanité (2) ; il répétait sans cesse « qu'un souverain devait s'assurer l'affection de ses soldats, et compter pour rien le reste de ses sujets (3). » Dans tout le cours de son règne, il suivit constamment cette maxime dangereuse et bien digne d'un tyran.

Relâchement de la discipline.

---

(1) Dion, l. LXXVII, p. 1307 ; Hérodien, l. IV, p. 158. Le premier représente ce massacre comme un acte de cruauté ; l'autre prétend qu'on y employa aussi de la perfidie. Il paraît que les Alexandrins avaient irrité le tyran par leurs railleries, et peut-être par leurs tumultes (*).

(2) Dion, l. LXXVII, p. 1296.

(3) Dion, l. LXXVI, p. 1284. M. Wotton (*Histoire de Rome*, p. 330) croit que cette maxime fut inventée par Caracalla, et attribuée par lui à son père.

(*) Après ces massacres, Caracalla priva encore les Alexandrins de leurs spectacles et de leurs banquets en commun : il divisa la ville en deux parties, au moyen d'une muraille ; il la fit entourer de forteresses, afin que les citoyens ne pussent plus communiquer tranquillement. « Ainsi fut traitée la malheureuse Alexandrie, dit Dion, par la bête féroce d'Ausonie. » Telle était en effet l'épithète que donnait à Caracalla l'oracle rendu sur son compte : on dit même que ce nom lui plût fort, et qu'il s'en vantait souvent. Dion, l. LXXVII, p. 1307. (*Note de l'Éditeur.*)

La prudence avait mis des bornes à la libéralité du père, et une autorité ferme modéra toujours son indulgence pour les troupes; le fils ne connut d'autre politique que celle de prodiguer des trésors immenses : son aveugle profusion entraîna la perte de l'armée et de l'empire. Les guerriers, élevés jusqu'alors dans la discipline des camps, perdirent leur vigueur dans le luxe des villes. L'augmentation excessive de la paye et des gratifications (1) épuisa la classe des citoyens pour enrichir l'ordre militaire. On ignorait qu'une pauvreté honorable est le seul moyen qui puisse rendre les soldats modestes dans la paix, et ca-

---

(1) Selon Dion (l. LXXVIII, p. 1343), les présens extraordinaires que Caracalla faisait à ses troupes, se montaient annuellement à soixante-dix millions de drachmes, environ deux millions trois cent cinquante-mille liv. sterl. Il existe, touchant la paye militaire, un autre passage de Dion, qui serait infiniment curieux s'il n'était pas obscur, imparfait, et probablement corrompu. Tout ce qu'on peut y découvrir, c'est que les soldats prétoriens recevaient par an douze cent cinquante drachmes; quarante liv. sterl. (Dion, l. LXXVII, p. 1307.) Sous le règne d'Auguste, ils avaient par jour deux drachmes ou deniers, sept cent vingt par an. (Tacite, *Ann.*, 1, 17.) Domitien, qui augmenta la paye des troupes d'un quart, a dû porter celle des prétoriens à neuf cent soixante drachmes. (Gronovius, *de Pecuniâ vetere*, l. III, c. 2.) Ces augmentations successives ruinèrent l'empire; car le nombre des soldats s'accrut avec leur paye : les prétoriens seuls, qui n'étaient d'abord que dix mille hommes, furent ensuite de cinquante mille (*).

(*) Valois et Reimarus ont expliqué d'une manière très-simple

pables de défendre l'État en temps de guerre. Caracalla, fier et superbe au milieu de sa cour, oubliait avec ses troupes la dignité de son rang; il encourageait leur insolente familiarité, et, négligeant les devoirs essentiels d'un général, il affectait l'habillement et les manières d'un simple soldat.

Le caractère et la conduite de Caracalla ne pouvaient lui concilier ni l'amour ni l'estime de ses sujets; mais tant que ses vices furent utiles à l'armée, il n'eut point à redouter les dangers d'une rébellion.

Meurtre de Caracalla. Ann. 217, 8 mars.

---

et très-probable ce passage de Dion, que Gibbon ne me paraît pas avoir compris :

Ο αυτος τοις στρατιωταις αθλα της στρατειας, τοις μεν εν τω δορυφορικω τεταγμενοις ες χιλιας διακοσιας πεντηκοντα, τοις δε πεντακις χιλιας λαμβανειν (εθηκε). Dion, l. LXXVII, p. 1307.

« Il ordonna que les soldats recevraient de plus qu'ils n'avaient encore reçu, pour prix de leurs services, les prétoriens douze cent cinquante drachmes, et les autres cinq mille drachmes. »

Valois pense que les nombres ont été transposés, et que Caracalla ajouta à la gratification des prétoriens cinq mille drachmes, et douze cent cinquante à celle des légionnaires. Les prétoriens, en effet, ont toujours reçu plus que les autres : l'erreur de Gibbon est d'avoir cru qu'il s'agissait ici de *la paye annuelle* des soldats, tandis qu'il s'agit de la somme qu'ils recevaient, pour prix de leur service, au moment où ils obtenaient leur congé : αθλον της στρατειας signifie *récompense du service*. Auguste avait établi que les prétoriens, après seize campagnes, recevraient cinq mille drachmes : les légionnaires n'en recevaient que trois mille après vingt ans. Caracalla ajouta cinq mille drachmes à la gratification des prétoriens, et douze cent cinquante à celle des légionnaires. Gibbon paraît s'être mépris, et en confondant ces gratifications de congé avec la paye annuelle, et en n'ayant pas égard à l'observation de Valois sur la transposition des nombres dans le texte de Dion. (*Note de l'Éditeur.*)

Une conspiration secrète, allumée par ses propres soupçons, lui devint fatale. Deux ministres partageaient alors la préfecture du prétoire : Adventus, ancien soldat plutôt qu'habile officier, avait le département militaire ; l'administration civile était entre les mains d'Opilius-Macrin, qui devait cette place importante à sa réputation et à son habileté pour les affaires. La faveur dont il jouissait variait selon le caprice du tyran, et sa vie dépendait du plus léger soupçon ou de la moindre circonstance. La méchanceté ou le fanatisme inspira tout à coup un Africain qui passait pour être profondément versé dans la connaissance de l'avenir : cet homme annonça que Macrin et son fils régneraient un jour sur l'empire romain. Le bruit s'en répandit aussitôt dans les provinces ; et lorsque le prophète eut été envoyé chargé de chaînes dans la capitale, il soutint, en présence du préfet de la ville, la vérité de sa prédiction. Ce magistrat, qui avait reçu des ordres précis de rechercher les *successeurs* de Caracalla, s'empressa de communiquer cette découverte à la cour de l'empereur, qui résidait alors en Syrie ; mais, malgré toute la diligence des courriers publics, un ami de Macrin trouva le moyen de l'avertir du danger qu'il courait. Le prince conduisait un chariot de course lorsqu'il reçut des lettres de Rome ; il les donna sans les ouvrir à son préfet du prétoire, en lui recommandant d'expédier les affaires ordinaires, et de lui faire ensuite le rapport des plus importantes. Macrin apprit ainsi le sort dont il était menacé : résolu de détourner l'orage, il enflamma le mécontentement de quelques officiers subalternes, et se servit de la main de Martial, soldat déterminé, qui n'avait pu obtenir le grade de centurion. L'empereur était parti d'Édesse pour se rendre en pèlerinage à Charres (1), dans un fameux temple de la Lune. Il avait à sa suite un corps de cavalerie; mais ayant été obligé de s'arrêter un moment sur la route, comme les gardes se tenaient par respect à quelque distance de sa personne, Martial s'approcha de lui, sous prétexte de lui rendre quelque service, et le poignarda. L'assassin fut tué à l'instant par un archer scythe, de la garde impériale. Telle fut la fin d'un monstre dont la vie déshonorait la nature humaine, et dont le règne accuse la patience des Romains (2). Les soldats reconnaissans oublièrent ses vices, ne pensèrent qu'à sa libéralité, et forcèrent les sénateurs à prostituer la majesté de leur corps et celle de la religion, en le mettant au rang des dieux. Tant que cet être divin avait vécu parmi les hommes, Alexandre le Grand avait été le seul héros qu'il jugeât digne de son admiration. Caracalla prenait le nom et l'habillement du vainqueur de l'Asie, avait formé pour sa garde une phalange

Imitation d'Alexandre.

---

(1) *Charræ*, aujourd'hui *Harran*, entre Édesse et Nisibis, célèbre par la défaite de Crassus. C'est de là que partit Abraham pour se rendre dans le pays de Canaan. Cette ville a toujours été remarquable par son attachement au sabéisme.
(*Note de l'Éditeur.*)
(2) Dion, l. LXXVIII, p. 1312; Hérodien, l. IV, p. 168.

macédonienne, recherchait les disciples d'Aristote, et déployait, avec un enthousiasme puéril, le seul sentiment qui marquât quelque estime pour la gloire et pour la vertu. Charles XII, après la bataille de Narva et la conquête de la Pologne, pouvait se vanter d'avoir égalé la bravoure et la magnanimité du fils de Philippe, quoiqu'il n'eût aucune de ses qualités aimables; mais l'assassin de Géta, dans toutes les actions de sa vie, n'a pas la moindre ressemblance avec le héros de Macédoine; et s'il peut lui être comparé, ce n'est que pour avoir versé le sang d'un grand nombre de ses amis et de ceux de son père (1).

<small>Élection et caractère de Macrin.</small>

Après la chute de Caracalla, l'on n'eut point recours à l'autorité d'un sénat faible et éloigné; les troupes seules donnèrent un maître à l'univers. Le choix de l'armée fut d'abord suspendu; et comme il ne se présentait aucun candidat dont le mérite distingué et la naissance illustre pussent fixer les regards et réunir tous les suffrages, l'empire resta sans chef pendant trois jours. L'influence marquée des gardes prétoriennes enfla les espérances de leurs commandans : ces ministres redoutables commencèrent à faire valoir leurs droits *légitimes* sur le trône vacant.

---

(1) La passion de Caracalla pour Alexandre paraît encore sur les médailles du fils de Sévère. *Voyez* Spanheim, *de Usu numismat.*, dissert. XII. Hérodien (l. IV, p. 154) avait vu des peintures ridicules représentant une figure qui ressemblait d'un côté à Alexandre, et de l'autre à Caracalla.

Cependant Adventus, le plus ancien des deux préfets, ne fut point ébloui par l'éclat d'une couronne : son âge, ses infirmités, une réputation peu éclatante, des talens plus médiocres encore, l'engagèrent à céder cet honneur dangereux à un collègue adroit et entreprenant. Quoique les troupes, trompées par la douleur affectée de Macrin, ignorassent la part qu'il avait à la mort de son maître (1), elles n'aimaient ni n'estimaient son caractère : elles jetèrent les yeux de tous côtés pour découvrir un autre concurrent, et se déterminèrent enfin avec peine en faveur de leur préfet, séduites par des promesses d'une libéralité excessive et d'une indulgence sans bornes. Peu de temps après son avénement, Macrin donna le titre impérial à son fils Diadumenianus, âgé seulement de dix ans, et le fit appeler Antonin, nom si cher au peuple. On espérait que la figure agréable du jeune prince, et les gratifications extraordinaires dont la cérémonie de son couronnement avait été le prétexte, pourraient gagner la faveur de l'armée, et assurer le trône chancelant du nouvel empereur.

Aun. 217, 11 mars.

Le sénat et les provinces avaient applaudi au choix des troupes, et s'étaient empressés de le ratifier. Il ne s'agissait pas de peser les vertus du successeur de Caracalla : la chute imprévue d'un tyran abhorré excitait partout des transports de joie et de surprise. Lorsque ces premiers mouvemens furent apaisés, on commença à examiner sévèrement les titres de chacun

Mécontentement du sénat.

---

(1) Hérodien, l. iv, p. 169; *Hist. Aug.*, p. 94.

et à critiquer le choix précipité de l'armée. Jusqu'alors l'empereur avait été tiré de l'assemblée la plus auguste de la nation. Il semblait que la puissance souveraine, qui n'était plus exercée par le corps entier du sénat, devait toujours être déléguée à l'un de ses membres. Cette maxime, soutenue par une pratique constante, paraissait être un des principes fondamentaux de la constitution. Macrin n'était pas sénateur (1). L'élévation soudaine des préfets du prétoire rappelait encore l'état obscur d'où ils étaient sortis ; et les chevaliers avaient toujours été en possession de cette place importante, qui leur donnait une autorité arbitraire sur la vie et sur la fortune des plus illustres patriciens. On ne pouvait voir sans indignation revêtu de la pourpre un homme sans naissance (2), qui ne

---

(1) Dion, l. LXXXVIII, p. 1350. Élagabale reprocha à son prédécesseur d'avoir osé s'asseoir sur le trône, bien que, comme préfet du prétoire, il n'eût pas la liberté de demeurer dans le sénat lorsque le public avait ordre de se retirer. La faveur personnelle de Plautien et de Séjan les avait mis au-dessus de toutes les lois. A la vérité, ils avaient été tirés de l'ordre équestre ; mais ils conservèrent la préfecture avec le rang de sénateur, et même avec le consulat.

(2) Il était né à Césarée, dans la Numidie, et il fut d'abord employé dans la maison de Plautien, dont il fut sur le point de partager le sort malheureux. Ses ennemis ont avancé que, né dans l'esclavage, il avait exercé plusieurs professions infâmes, entre autres celle de gladiateur. La coutume de noircir l'origine et la condition d'un adversaire, paraît avoir duré depuis le temps des orateurs grecs jusqu'aux savans grammairiens du dernier siècle.

s'était même rendu célèbre par aucun service signalé, tandis que l'empire renfermait dans son sein une foule de sénateurs illustres, descendus d'une longue suite d'aïeux, et dont la dignité personnelle pouvait relever l'éclat du rang impérial. Dès que le caractère de Macrin eut été exposé aux regards avides d'une multitude irritée, il fut aisé d'y découvrir quelques vices et un grand nombre de défauts. Le choix de ses ministres lui attira souvent de justes reproches ; et le peuple, avec sa sincérité ordinaire, se plaignait à la fois de la douceur indolente et de la sévérité excessive de son souverain (1).

L'ambition avait porté Macrin à un poste élevé, où il était bien difficile de se tenir ferme, et duquel on ne pouvait tomber, sans trouver aussitôt une mort certaine. Nourri dans l'intrigue des cours, et entièrement livré aux affaires dans les premières années de sa vie, ce prince tremblait en présence de la multitude fière et indisciplinée qu'il avait entrepris de commander. Il n'avait aucun talent pour la guerre ; on doutait même de son courage personnel. Son fatal secret fut découvert : on se disait dans le camp que Macrin avait conspiré contre son prédécesseur. La

Et de l'armée.

---

(1) Dion et Hérodien parlent des vertus et des vices de Macrin avec candeur et avec impartialité ; mais l'auteur de sa Vie, dans l'*Histoire Auguste*, paraît avoir aveuglément copié quelques-uns de ces écrivains dont la plume vénale, vendue à l'empereur Élagabale, a noirci la mémoire de son prédécesseur.

bassesse de l'hypocrisie ajoutait à l'atrocité du crime, et la haine vint mettre le comble au mépris. Il ne fallait, pour soulever les troupes et pour exciter leur fureur, qu'entreprendre de rétablir l'ancienne discipline. La fortune avait placé l'empereur sur le trône dans des temps si orageux, qu'il se trouva forcé d'exercer l'office odieux et pénible de réformateur. La prodigalité de Caracalla fut la source de tous les maux qui désolèrent l'État après sa mort. S'il eût été capable de réfléchir sur les suites naturelles de sa conduite, la triste perspective des calamités qu'il léguait à ses successeurs, aurait peut-être eu de nouveaux charmes pour cet indigne tyran.

Macrin entreprend la réforme des troupes.

Macrin usa d'abord de la plus grande circonspection dans une réforme devenue indispensable : ses mesures paraissaient devoir fermer aisément les plaies de l'État, et rendre, d'une manière imperceptible, aux armées romaines leur première vigueur. Contraint de laisser aux anciens soldats les priviléges dangereux et la paye extravagante que leur avait donnés Caracalla, il obligea les recrues à se soumettre aux établissemens plus modérés de Sévère, et il les accoutuma par degrés à la modération et à l'obéissance (1). Une faute irréparable détruisit les

---

(1). Dion, l. LXXXIII, p. 1336. Le sens de l'auteur est aussi clair que l'intention du prince ; mais M. Wotton n'a compris ni l'un ni l'autre en appliquant la distinction, non aux vétérans et aux recrues, mais aux anciennes et aux nouvelles légions. *Histoire de Rome*, p. 347.

effets salutaires de ce plan judicieux. Au lieu de disperser immédiatement dans différentes provinces la nombreuse armée que le dernier empereur avait assemblée en Orient, Macrin la laissa en Syrie pendant l'hiver qui suivit son avénement. Au milieu des plaisirs d'un camp où régnaient le luxe et l'oisiveté, les troupes s'aperçurent de leur nombre et de leur force redoutable, se communiquèrent leurs sujets de plaintes, et calculèrent dans leur esprit les avantages d'une nouvelle révolution. Les vétérans, loin d'être flattés d'une distinction avantageuse, croyaient voir dans les premières démarches de l'empereur le commencement de ses projets de réforme. Les nouveaux soldats entraient avec une sombre répugnance dans un service devenu plus pénible, et dont les récompenses avaient été diminuées par un souverain avare et sans courage pour la guerre : des clameurs séditieuses succédèrent à des murmures impunis ; et les soulèvemens particuliers, indices certains du mécontentement des troupes, annonçaient une rebellion générale. L'occasion s'en présenta bientôt à des esprits ainsi disposés.

L'impératrice Julie avait éprouvé toutes les vicissitudes de la fortune : tirée d'un état obscur, elle n'était parvenue à la grandeur que pour sentir toute l'amertume d'un rang élevé. Elle fut condamnée à pleurer la mort de l'un de ses fils, et à gémir sur la vie de l'autre. Le sort cruel de Caracalla, quoiqu'elle eût dû le prévoir depuis long-temps, réveilla la sensibilité d'une mère et d'une impératrice. Malgré

Mort de l'impératrice Julie.

les égards respectueux de l'usurpateur pour la veuve de Sévère, il était bien dur à une souveraine d'être réduite à la condition de sujette. Bientôt Julie mit fin, par une mort volontaire (1), à ses chagrins et à son humiliation (2). Julie-Moesa, sa sœur, reçut ordre de quitter Antioche et la cour : elle se retira dans la ville d'Émèse avec une fortune immense, fruit de vingt ans de faveur. Cette princesse y vécut avec ses deux filles, Soœmias et Mammée, toutes les deux veuves, et qui n'avaient chacune qu'un fils.

Éducation, prétentions et révolte d'Élagabale, connu d'abord sous les noms de Bassianus et d'Antonin.

Bassianus (3), fils de Soœmias, exerçait les fonctions augustes de grand-prêtre du Soleil. Cet état, que la prudence ou la superstition avait fait embrasser au jeune Syrien, lui fraya le chemin au trône.

---

(1) Dès que cette princesse eut appris la mort de Caracalla, elle voulut se laisser mourir de faim : les égards que Macrin lui témoigna, en ne changeant rien à sa suite et à sa cour, l'engagèrent à vivre ; mais il paraît, autant du moins que le texte tronqué de Dion et l'abrégé imparfait de Xiphilin nous mettent en état d'en juger, qu'elle conçut des projets ambitieux, et tenta de s'élever à l'empire. Elle voulait marcher sur les traces de Sémiramis et de Nitocris, dont la patrie était voisine de la sienne. Macrin lui fit donner l'ordre de quitter sur-le-champ Antioche et de se retirer où elle voudrait ; elle revint alors à son premier dessein, et se laissa mourir de faim. Dion, l. LXXVIII, p. 1330. (*Note de l'Éditeur.*)

(2) Dion, l. LXXVIII, p. 1330. L'abrégé de Xiphilin, quoique moins rempli de particularités, est ici plus clair que l'original.

(3) Il tenait ce nom de son bisaïeul maternel, Bassianus,

Un corps nombreux de troupes campait alors près des murs d'Émèse. Les soldats, forcés de passer l'hiver sous leurs tentes, supportaient avec peine le poids de ces nouvelles fatigues, traitaient de cruauté la discipline sévère de Macrin, et brûlaient du désir de se venger. Ceux d'entre eux qui se rendaient en foule dans le temple du Soleil, contemplaient avec une satisfaction mêlée de respect les grâces et la figure charmante du jeune pontife : ils crurent même reconnaître, en le voyant, les traits de Caracalla, dont alors ils adoraient la mémoire. L'artificieuse Mœsa s'aperçut de leur affection naissante, et sut en profiter. Ne rougissant pas de sacrifier la réputation de sa fille à la fortune de son petit-fils, elle fit courir le bruit que Bassianus avait pour père le dernier empereur. Des sommes excessives, distribuées par ses émissaires, détruisirent toute objection ; et la prodigalité prouva suffisamment l'affinité, ou du moins la ressemblance de Bassianus avec Caracalla. Le jeune Antonin (car il prit et souilla ce nom respectable), déclaré empereur par les soldats d'Émèse, résolut de faire valoir les droits de sa naissance, et invita hautement les troupes à suivre les étendards d'un prince

Ann. 218
16 mai.

---

père de Julie-Mœsa, sa grand'mère, et de Julie-Domna, femme de Sévère. Victor (dans l'*Epitome*) est peut-être le seul historien qui ait donné la clef de cette généalogie, en disant de Caracalla : *Hic Bassianus ex avi materni nomine dictus*. Caracalla, Élagabale et Alexandre-Sévère, portèrent successivement ce nom. (*Note de l'Éditeur.*)

généreux qui avait pris les armes pour venger la mort de son père, et délivrer les troupes de l'oppression (1).

Tandis que des femmes et des eunuques conduisaient avec vigueur une entreprise concertée avec tant de prudence, Macrin flottait entre la crainte et une fausse sécurité. Il pouvait, par un mouvement décisif, étouffer la conspiration dans son enfance : l'irrésolution le retint à Antioche. Un esprit de révolte s'était emparé de toutes les troupes campées en Syrie ou en garnison dans cette province. Plusieurs détachemens, après avoir massacré leurs officiers (2), avaient grossi le nombre des rebelles. La restitution tardive de la paye et des priviléges militaires, par laquelle Macrin espérait concilier tous les esprits, ne fut imputée qu'à la faiblesse de son caractère et de son gouvernement. Enfin, l'empe-

Défaite et mort de Macrin.

---

(1) Selon Lampride (*Hist. Aug.*, p. 135), Alexandre-Sévère vécut vingt-neuf ans trois mois et sept jours. Comme il fut tué le 19 mars 235, il faut fixer sa naissance au 12 décembre 205. Il avait alors treize ans, et son cousin environ dix-sept. Cette supputation convient mieux à l'histoire de ces deux jeunes princes que celle d'Hérodien, qui les fait de trois ans plus jeunes (l. v, p. 181). D'un autre côté, cet auteur alonge de deux années le règne d'Élagabale. On peut voir les détails de la conspiration dans Dion, l. LXXVIII, p. 1339, et dans Hérodien, l. v, p. 184.

(2) En vertu d'une dangereuse proclamation du prétendu Antonin, tout soldat qui apportait la tête de son officier pouvait hériter de son bien et être revêtu de son grade militaire.

reur prit le parti de sortir d'Antioche pour aller au devant de son rival, dont l'armée pleine de zèle devenait tous les jours plus considérable. Les troupes de Macrin, au contraire, semblaient n'entrer en campagne qu'avec mollesse et répugnance. Mais dans la chaleur du combat (1), les prétoriens, entraînés presque par une impulsion naturelle, soutinrent leur réputation de valeur et de discipline. Déjà les rangs des révoltés étaient rompus, lorsque la mère et l'aïeule du prince de Syrie, qui, selon l'usage des Orientaux, accompagnaient l'armée dans des chars couverts, en descendirent avec précipitation, et cherchèrent, en excitant la compassion du soldat, à ranimer son courage. Antonin lui-même, qui dans tout le reste de sa vie ne se conduisit jamais comme un homme, se montra un héros dans ce moment de crise. Il monte à cheval, rallie les fuyards, et se jette, l'épée à la main, dans le plus épais de l'ennemi; tandis que l'eunuque Gannys, dont jusqu'alors les soins du sérail et le luxe efféminé de l'Asie avaient fait l'unique occupation, déploie les talens d'un général habile et expérimenté (2). La victoire était encore incertaine, et Macrin aurait peut-être été vainqueur, s'il n'eût pas trahi sa propre cause, en prenant honteusement la fuite. Sa lâcheté

Ann. 218,
7 juin.

---

(1) Dion, l. lxxviii, p. 1345; Hérodien, l. v., p. 186. La bataille se donna près du village d'Immæ, environ à vingt-deux milles d'Antioche.

(2) Gannys n'était pas un eunuque. Dion, p. 1355. (*Note de l'Éditeur.*)

ne servit qu'à prolonger sa vie de quelques jours, et à imprimer à sa mémoire une tache qui fit oublier ses malheurs. Il est presque inutile de dire que son fils Diadumenianus fut enveloppé dans le même sort. Dès que les inébranlables prétoriens eurent appris qu'ils répandaient leur sang pour un prince qui avait eu la bassesse de les abandonner, ils se rendirent à son compétiteur; et les soldats romains, versant des larmes de joie et de tendresse, se réunirent sous les étendards du prétendu fils de Caracalla. Antonin était le premier empereur qui fût né en Asie : l'Orient reconnut avec joie un maître sorti du sang asiatique.

Macrin avait daigné écrire au sénat pour lui faire part de quelques légers troubles excités en Syrie par un imposteur, et aussitôt le rebelle et sa famille avaient été déclarés ennemis de l'État par un décret solennel. On promettait cependant le pardon à ceux de ses partisans abusés qui le mériteraient en rentrant immédiatement dans le devoir. Vingt jours s'étaient écoulés depuis la révolte d'Antonin jusqu'à la victoire qui la couronna : durant ce court intervalle qui décida du sort de l'univers, Rome et les provinces, surtout celles de l'Orient, furent déchirées par les craintes et par les espérances des factions agitées par des dissensions intestines, et souillées par une effusion inutile du sang des citoyens, puisque l'empire devait appartenir à celui des deux concurrens qui reviendrait vainqueur de la Syrie. Les lettres spécieuses dans lesquelles le jeune conquérant annon-

Élagabale écrit au sénat.

çait à un sénat toujours soumis la chute de son rival, étaient remplies de protestations de vertu, et respiraient la modération. Il se proposait de prendre pour règle invariable de sa conduite les exemples brillans d'Auguste et de Marc-Aurèle. Il affectait surtout d'appuyer avec orgueil sur la ressemblance frappante de sa fortune avec celle d'Octave, qui, dans le même âge, avait, par ses succès, vengé la mort de son père. En se qualifiant des noms de *Marc-Aurèle*, de *fils d'Antonin* et de *petit-fils de Sévère*, il établissait tacitement ses droits à l'empire; mais il blessa la délicatesse des Romains, en prenant les titres de tribun et de proconsul, sans attendre que le sénat les lui eût solennellement conférés. Il faut attribuer cette innovation dangereuse et ce mépris pour les lois fondamentales de l'État, à l'ignorance de ses courtisans de Syrie, ou au fier dédain des guerriers qui l'accompagnaient (1).

Le nouvel empereur partit de Syrie pour se rendre à Rome : comme toute son attention était dirigée vers les amusemens les plus frivoles, son voyage, sans cesse interrompu par de nouveaux plaisirs, dura plusieurs mois. Il s'arrêta d'abord à Nicomédie, où il passa l'hiver qui suivit sa victoire, et il ne fit que l'été d'après son entrée triomphale dans la capitale. Cependant, avant son arrivée, il y envoya son portrait, qui, placé par ses ordres sur l'autel de la Victoire, dans le temple où s'assemblait le sénat, donna aux

Portrait d'Élagabale.
Ann. 219.

_____

(1) Dion, l. LXXIX, p. 1350.

Romains une juste mais honteuse idée de la personne et des mœurs de leur nouveau prince. Il était revêtu de ses habits pontificaux : sa robe d'or et de soie flottait à la mode des Phéniciens et des Mèdes. Une tiare élevée ornait sa tête, et des pierres d'un prix inestimable rehaussaient l'éclat des colliers et des nombreux bracelets dont il était couvert. On le voyait représenté avec des sourcils peints en noir, et il était facile de découvrir sur ses joues un mélange de blanc et de rouge artificiels (1). Quelle dut être, à la vue de ce tableau, la douleur des graves patriciens! Après avoir gémi long-temps sous la sombre tyrannie de leurs concitoyens, ils avouaient en soupirant que Rome, asservie par le luxe efféminé du despotisme oriental, éprouvait le dernier degré d'avilissement.

Sa superstition.

On adorait le Soleil dans la ville d'Émèse, sous le nom d'Élagabale (2), et sous la forme d'une pierre

---

(1) Dion, l. LXXIX, p. 1363; Hérodien, l. v, p. 189.

(2) Ce nom vient de deux mots syriaques, *ela*, dieu, et *gabal*, former : *le dieu formant* ou *plastique* ; dénomination juste et même heureuse, pour le Soleil. Wotton, *Histoire de Rome*, p. 378 (*).

(*) Le nom d'Élagabale a été défiguré de plusieurs manières : Hérodien l'appelle Ελαιαγαβαλος ; Lampride et les écrivains plus modernes en ont fait *Héliogabale*. Dion le nomme Ελεγαβαλος ; mais *Élagabale* est son véritable nom, tel que le donnent les médailles. (Eckhel, *de Doct. num. vet.*, t. VII, p. 250.) Quant à son étymologie, celle que rapporte Gibbon est donnée par Bochart (*Chan.*, l. II, c. 5); mais Saumaise, avec plus de fondement (*Not. ad Lamprid., in Elagab.*), tire ce nom d'Élagabale de l'idole de ce dieu, représenté par Hérodien et dans les médailles sous la figure d'une montagne (*gibel* en hébreu) ou grosse pierre taillée noire taillée en cône, qui, selon l'opinion vulgaire, était tombée du ciel sur ce lieu sacré. Antonin attribuait, avec quelque raison, sa grandeur à la protection de cette divinité tutélaire. Il ne s'occupa, pendant le cours de son règne, qu'à satisfaire sa reconnaissance superstitieuse. Son zèle et sa vanité l'engagèrent à établir la supériorité du culte du dieu d'Émèse sur toutes les religions de la terre. Comme son premier pontife et comme l'un de ses plus grands favoris, il emprunta lui-même le nom d'Élagabale, nom sacré qu'il préférait à tous les titres de la puissance impériale.

Dans une procession solennelle qui traversa les rues de Rome, le chemin fut parsemé de poussière d'or. On avait placé la pierre noire, enchâssée dans des pierreries de la plus grande valeur, sur un char tiré par six chevaux d'une blancheur éclatante et richement caparaçonnés. Le religieux empereur tenait lui-même les rênes; et, soutenu par ses ministres, il se renversait en arrière, pour avoir le bonheur de jouir perpétuellement de l'auguste présence de la divinité. On n'avait rien épargné pour embellir le temple magnifique élevé sur le mont Palatin, en l'honneur du dieu Élagabale. Au milieu des sacrifices

---

en pointe, avec des marques qui représentaient le Soleil. Comme il n'était pas permis, à Hiérapolis en Syrie, de faire des statues du Soleil et de la Lune, parce que, disait-on, ils sont eux-mêmes assez visibles, le Soleil fut représenté à Émèse sous la figure d'une grosse pierre qui, à ce qu'il paraît, était tombée du ciel. Spanheim, *Cæsar.*, Preuves, p. 46. (*Note de l'Éditeur.*)

les plus pompeux, les vins les plus recherchés coulaient sur un autel entouré des plus rares victimes, et où l'on brûlait les plus précieux aromates. Autour de l'autel, de jeunes Syriennes figuraient des danses lascives au son d'une musique barbare, tandis que les premiers personnages de l'État, revêtus de longues tuniques phéniciennes, exerçaient les fonctions inférieures du sacerdoce avec une vénération affectée et une secrète indignation (1).

L'empereur, emporté par son zèle, entreprit de déposer dans ce temple, comme dans le centre commun de la religion romaine, les *ancilia*, le palladium (2) et tous les gages sacrés du culte de Numa. Une foule de divinités inférieures remplissaient des places différentes auprès du superbe dieu d'Émèse; cependant il manquait à sa cour une compagne d'un ordre supérieur qui partageât son lit. Pallas fut d'abord choisie pour être son épouse; mais on craignit que son air guerrier n'effrayât un dieu accoutumé à la mollesse efféminée de l'Orient. La Lune, que les Africains adoraient sous le nom d'Astarté, parut convenir mieux au Soleil. L'image de cette déesse, et les riches offrandes de son temple, qu'elle donnait à son

---

(1) Hérodien, l. v, p. 190.

(2) Il força le sanctuaire de Vesta, et il emporta une statue qu'il croyait être le *Palladium*; mais les vestales se vantèrent d'avoir, par une pieuse fraude, trompé le sacrilège en lui présentant une fausse image de la déesse. *Hist. Aug.*, p. 103.

mari, furent transportées de Carthage à Rome avec la plus grande pompe; et le jour de cette alliance mystique fut célébré généralement dans la capitale et dans tout l'empire (1).

Ses débauches et son luxe effréné.

L'homme sensuel qui n'est point sourd à la voix de la raison, respecte dans ses plaisirs les bornes que la nature elle-même a prescrites : la volupté lui paraît mille fois plus séduisante, lorsque embellie par le charme de la société et par des liaisons aimables, elle vient encore se peindre à ses yeux sous les traits adoucis du goût et de l'imagination. Mais Élagabale (je parle de l'empereur de ce nom.), corrompu par les prospérités, par les passions de la jeunesse et par l'éducation de son pays, se livra, sans aucune retenue, aux excès les plus honteux. Bientôt le dégoût et la satiété empoisonnèrent ses plaisirs. L'art et les illusions les plus fortes qu'il puisse enfanter, furent appelés au secours de ce prince. Les vins les plus exquis, les mets les plus recherchés, réveillaient ses sens assoupis ; tandis que les femmes s'efforçaient, par leur lubricité, de ranimer ses désirs languissans. Des raffinemens sans cesse variés étaient l'objet d'une étude particulière. De nouvelles expressions et de nouvelles découvertes dans cette

---

(1) Dion, l. LXXIX, p. 1360; Hérodien, l. v, p. 193. Les sujets de l'empire furent obligés de faire de riches présens aux nouveaux époux. Mammée, dans la suite, exigea des Romains tout ce qu'ils avaient promis pendant la vie d'Élagabale.

espèce de science, la seule qui fût cultivée et encouragée par le monarque (1), signalèrent son règne, et le couvrirent d'opprobre aux yeux de la postérité. Le caprice et la prodigalité tenaient lieu de goût et d'élégance; et lorsque Élagabale répandait avec profusion les trésors de l'État pour satisfaire à ses folles dépenses, ses propres discours, répétés par ses flatteurs, élevaient jusqu'aux cieux la grandeur d'âme et la magnificence d'un prince qui surpassait avec tant d'éclat ses timides prédécesseurs. Il se plaisait principalement à confondre l'ordre des saisons et des climats (2), à se jouer des sentimens et des préjugés de son peuple, et à fouler aux pieds toutes les lois de la nature et de la décence. Il épousa une vestale, qu'il avait arrachée par force du sanctuaire (3). Le nombre de ses femmes, qui se succédaient rapidement, et la foule de concubines dont il était entouré, ne pouvaient satisfaire l'impuissance de ses passions. Le maître du monde et des Romains affectait par choix le costume et les habitudes des femmes. Préférant la

---

(1) La découverte d'un nouveau mets était magnifiquement récompensée; mais s'il ne plaisait pas, l'inventeur était condamné à ne manger que de son plat, jusqu'à ce qu'il en eût imaginé un autre qui flattât davantage le goût de l'empereur. *Hist. Aug.*, p. 112.

(2) Il ne mangeait jamais de poisson que lorsqu'il se trouvait à une grande distance de la mer : alors il en distribuait aux paysans une immense quantité des plus rares espèces, dont le transport coûtait des frais énormes.

(3) Dion, l. LXXIX, p. 1358; Hérodien, l. v, p. 192.

quenouille au sceptre, il déshonorait les principales dignités de l'État en les distribuant à ses nombreux amans : l'un d'eux fut même revêtu publiquement du titre et de l'autorité de mari de l'empereur, ou plutôt de l'impératrice, pour nous servir des expressions de l'infâme Élagabale (1).

Les vices et les folies de ce prince ont été probablement exagérés par l'imagination, et noircis par la calomnie (2). Cependant bornons-nous aux scènes publiques dont tout un peuple a été témoin, et qui sont attestées par des contemporains dignes de foi. Aucun autre siècle n'en a présenté de si révoltantes, et Rome est le seul théâtre où elles aient jamais paru. Les débauches d'un sultan sont ensevelies dans l'ombre de son sérail : des murs inaccessibles les dérobent à l'œil de la curiosité. Dans les cours européennes, l'honneur et la galanterie ont introduit de la délicatesse dans le plaisir, des égards pour la décence, et

Mépris que les tyrans de Rome avaient pour les lois de la décence.

---

(1) Ce fut Hiéroclès qui eut cet honneur ; mais il aurait été supplanté par un certain Zoticus, s'il n'eût pas trouvé le moyen d'affaiblir son rival par une potion. Celui-ci fut chassé honteusement du palais, lorsqu'on trouva que sa force ne répondait pas à sa réputation. (Dion, l. LXXIX, p. 1363, 1364.) Un danseur fut nommé préfet de la cité ; un cocher préfet de la garde, un barbier préfet des provisions. Ces trois ministres et plusieurs autres officiers inférieurs étaient recommandables *enormitate membrorum*. Voyez l'*Histoire Auguste*, p. 105.

(2) Le crédule compilateur de sa vie est lui-même porté à croire que ses vices peuvent avoir été exagérés. *Hist. Aug.*, p. 111.

du respect pour l'opinion publique. Mais dans une ville où tant de nations apportaient sans cesse des mœurs si différentes, les citoyens riches et corrompus adoptaient tous les vices que ce mélange monstrueux devait nécessairement produire; sûrs de l'impunité, insensibles aux reproches, ils vivaient sans contrainte dans la société humble et soumise de leurs esclaves et de leurs parasites. De son côté, l'empereur regardait tous ses sujets avec le même mépris, et maintenait sans contradiction le souverain privilége que lui donnait son rang de se livrer au luxe et à la débauche.

Mécontentement de l'armée. Ceux qui déshonorent le plus par leur conduite la nature humaine, ne craignent pas de condamner dans les autres les mêmes désordres qu'ils se permettent. Pour justifier cette partialité, ils sont toujours prêts à découvrir quelque légère différence dans l'âge, dans la situation et dans le caractère. Les soldats licencieux qui avaient élevé sur le trône le fils dissolu de Caracalla rougissaient de ce choix ignominieux, et détournaient en frémissant leurs regards à la vue de ce monstre, pour contempler le spectacle agréable des vertus naissantes de son cousin Alexandre, fils de Mammée. L'habile Mœsa, prévoyant que les vices d'Élagabale le précipiteraient infailliblement du trône, entreprit de donner à sa famille un appui plus assuré. Elle profita d'un moment favorable, où l'âme de l'empereur, livrée à des idées religieuses, paraissait plus susceptible de tendresse : elle lui persuada qu'il devait adopter Alexandre, et le revêtir du titre

Alexandre-Sévère déclaré César.
An. 221.

de César, pour n'être plus détourné de ses occupations célestes par les soins de la terre. Placé au second rang, ce jeune prince s'attira bientôt l'affection du peuple, et il excita la jalousie du tyran, qui résolut de mettre fin à une comparaison odieuse, en corrompant les mœurs de son rival, ou en lui arrachant la vie. Les moyens dont il se servit, furent inutiles. Ses vains projets, toujours découverts par sa folle indiscrétion, furent prévenus par les fidèles et vertueux serviteurs que la prudente Mammée avait placés auprès de son fils. Dans un moment de colère, Élagabale résolut d'exécuter par la force ce qu'il n'avait pu obtenir par des voies détournées. Une sentence despotique, émanée de la cour, dégrada tout à coup Alexandre du rang et des honneurs de César. Le sénat ne répondit aux ordres du souverain que par un profond silence. Dans le camp, on vit s'élever aussitôt un furieux orage. Les gardes prétoriennes jurèrent de protéger Alexandre, et de venger la majesté du trône indignement violée. Les pleurs et les promesses d'Élagabale, qui les conjurait en tremblant d'épargner sa vie, et de le laisser en possession de son cher Hiéroclès, suspendirent leur juste indignation ; ils chargèrent seulement leur préfet de veiller aux actions de l'empereur et à la sûreté du fils de Mammée (1).

Une pareille réconciliation ne pouvait durer long-temps : il eût été impossible même au vil Élagabale

Sédition des gardes et meurtre d'Élagabale. Ann. 222, 10 mars.

___

(1) Dion, l. LXXIX, p. 1365 ; Hérodien, l. v, p. 195-201 ;

de régner à des conditions si humiliantes. Il entreprit bientôt de sonder, par une épreuve dangereuse, les dispositions des troupes. Le bruit de la mort d'Alexandre excite dans le camp une rebellion : on se persuade que ce jeune prince vient d'être massacré : sa présence seule et son autorité rétablissent le calme. L'empereur, irrité de cette nouvelle marque de mépris pour sa personne et d'affection pour son cousin, osa livrer au supplice quelques-uns des chefs de la sédition. Cette rigueur déplacée lui coûta la vie, et entraîna la perte de sa mère et de ses favoris. Élagabale fut massacré par les prétoriens indignés. Son corps, après avoir été traîné dans toutes les rues de Rome, et déchiré par une populace en fureur, fut jeté dans le Tibre. Le sénat dévoua sa mémoire à une infamie éternelle. La postérité a ratifié ce juste décret (1).

Hist. Aug., p. 105. Le dernier de ces trois historiens semble avoir suivi les meilleurs auteurs dans le récit de la révolution.

(1). L'époque de la mort d'Élagabale et de l'avénement d'Alexandre a exercé l'érudition et la sagacité de Pagi, de Tillemont, de Valsecchi, de Vignoles et de Torre, évêque d'Adria. Ce point d'histoire est certainement très-obscur; mais je m'en tiens à l'autorité de Dion, dont le calcul est évident, et dont le texte ne peut être corrompu, puisque Xiphilin, Zonare et Cedrenus, s'accordent tous avec lui. Élagabale régna trois ans neuf mois et quatre jours depuis sa victoire sur Macrin, et il fut tué le 10 mars 222. Mais que dirons-nous en lisant sur des médailles authentiques, la cinquième année de sa puissance tribunitienne? Nous répli-

Les prétoriens mirent ensuite Alexandre sur le trône. Ce prince tenait au même degré que son prédécesseur à la famille de Sévère, dont il prit le nom (1). Ses vertus et les dangers qu'il avait courus, l'avaient déjà rendu cher aux Romains. Le sénat, dans les premiers mouvemens de son zèle, lui conféra, en un seul jour, tous les titres et tous les pouvoirs de la dignité impériale (2). Mais comme Alexandre, âgé seulement de dix-sept ans, joignait à une grande modestie une piété vraiment filiale, les rênes

Avénement d'Alexandre-Sévère.

---

querons, avec le savant Valsecchi, que l'on n'eut aucun égard à l'usurpation de Macrin, et que le fils de Caracalla data son règne de la mort de son père. Après avoir résolu cette grande difficulté, il est aisé de délier ou de couper les autres nœuds de la question (*).

(1) Lampride dit que les soldats le lui donnèrent dans la suite, à cause de sa *sévérité* dans la discipline militaire. Lampr., *in Alex.-Sev.*, c. 12 et 25. (*Note de l'Éditeur.*)

(2) *Hist. Aug.*, p. 114. En se conduisant avec une précipitation si peu ordinaire, le sénat avait intention de détruire les espérances des prétendans, et de prévenir les factions des armées.

(*) Cette opinion de Valsecchi a été victorieusement combattue par Eckhel, qui a montré l'impossibilité de la faire concorder avec les médailles d'Élagabale, et qui a donné l'explication la plus satisfaisante des cinq tribunats de cet empereur. Il monta sur le trône et reçut la puissance tribunitienne le 16 mai, l'an de Rome 971 ; et le 1er janvier de l'année suivante 972, il recommença un nouveau tribunat, selon l'usage établi par les empereurs précédens. Pendant les années 972, 973, 974, il jouit du tribunat, et il commença le cinquième, l'année 975, pendant laquelle il fut tué, le 10 mars. Eckhel, *de Doct. num. veter.*, t. VIII, p. 430 et suiv. (*Note de l'Éditeur.*)

du gouvernement se trouvèrent entre les mains de deux femmes, Mammée, sa mère, et Mœsa, son aïeule. Celle-ci mourut bientôt après l'avénement d'Alexandre, et Mammée resta seule chargée de l'éducation de son fils et de l'administration de l'empire.

Pouvoir de sa mère Mammée. Dans tous les siècles et dans toutes les contrées, le plus sage, ou du moins le plus fort des deux sexes, s'est emparé de la puissance suprême, tandis que les soins et les plaisirs de la vie privée ont toujours été le partage de l'autre. Dans les monarchies héréditaires cependant, et surtout dans celles de l'Europe moderne, les lois de la succession et l'esprit de chevalerie nous ont accoutumés à une exception singulière. Nous voyons souvent une femme reconnue souveraine d'un grand royaume, où elle n'aurait point été jugée capable de posséder le plus petit emploi civil ou militaire. Mais comme les empereurs romains représentaient toujours les généraux et les magistrats de la république, leurs femmes et leurs mères, quoique distinguées par le nom d'*Augusta*, ne furent jamais associées à leurs dignités personnelles. Ces premiers Romains, qui se mariaient sans amour, ou qui n'en connaissaient ni les tendres égards, ni la délicatesse, auraient vu dans le règne d'une femme un de ces prodiges dont aucune expiation ne pourrait détourner le sinistre présage (1). La superbe Agrippine

---

(1) « Si la nature eût été assez bienfaisante pour nous donner l'existence sans le secours des femmes, nous serions débarrassés d'un compagnon très-importun. » C'est ainsi que

voulut, il est vrai, partager les honneurs de l'empire, qu'elle avait fait passer sur la tête de son fils; mais elle s'attira la haine de tous ceux des citoyens qui respectaient encore la dignité de Rome, et sa folle ambition échoua contre les intrigues et la fermeté de Sénèque et de Burrhus (1). Le bon sens ou l'indifférence des successeurs de Néron les empêcha de blesser les préjugés de leurs sujets. Il était réservé à l'infâme Élagabale d'avilir la majesté du premier corps de la nation. Sous le règne de cet indigne prince, Soœmias, sa mère, prenait séance auprès des consuls, et souscrivait comme les autres sénateurs les décrets de l'assemblée législative. Mammée refusa prudemment une prérogative odieuse et en même temps inutile. On rendit une loi solennelle, pour exclure à jamais les femmes du sénat, et pour dévouer aux divinités infernales celui qui violerait par la suite la sainteté de ce décret (2). Mammée ne s'attachait point à une vaine image ; la réalité du pouvoir était l'objet de sa mâle ambition. Elle conserva toujours sur l'esprit d'Alexandre un empire absolu, et la mère ne put jamais souffrir de rivale dans le cœur de son fils. Ce prince avait épousé, de son

---

s'exprima Metellus-Numidicus le Censeur devant le peuple romain ; et il ajouta que l'on ne devait considérer le mariage que comme le sacrifice d'un plaisir particulier à un devoir public. Aulu-Gelle, 1, 16.

(1) Tacite, *Annal.*, XIII, 5.
(2) *Hist. Aug.*, p. 102, 107.

consentement, la fille d'un patricien. Le respect qu'il devait à son beau-père et son attachement pour la jeune impératrice, se trouvèrent incompatibles avec la tendresse ou les intérêts de Mammée. Bientôt le patricien périt victime de l'accusation banale de trahison ; et la femme d'Alexandre, après avoir été chassée ignominieusement du palais, fut reléguée en Afrique (1).

<small>Administration sage et modérée.</small> Malgré cet acte cruel de jalousie, malgré l'avarice que l'on a reprochée quelquefois à Mammée, en général son administration fut également utile à son fils et à l'empire. Le sénat lui permit de choisir seize des plus sages et des plus vertueux de ses membres pour composer un conseil perpétuel. Toutes les affaires publiques de quelque importance étaient discutées et décidées devant ce nouveau tribunal, qui avait pour chef le fameux Ulpien, aussi célèbre par son respect pour les lois de Rome, que par ses profondes connaissances en jurisprudence. La fermeté et la sagesse de cette aristocratie contribuèrent à rétablir l'ordre et l'autorité du gouvernement. Les vils

---

(1) Dion, l. LXXX, p. 1369 ; Hérodien, l. VI, 206 ; *Hist. Aug.*, p. 131. Selon Hérodien, le patricien était innocent. L'*Histoire Auguste,* sur l'autorité de Dexippus, le condamne comme coupable d'une conspiration contre la vie d'Alexandre. Il est impossible de prononcer entre eux ; mais Dion est un témoin irréprochable de la jalousie et de la cruauté de Mammée envers la jeune impératrice, dont Alexandre déplora la cruelle destinée, sans avoir la force de s'y opposer.

monumens élevés sous le dernier règne au luxe étranger et à la superstition asiatique subsistaient encore au milieu de Rome : on commença par détruire tout ce qui pouvait rappeler le caprice et la tyrannie d'Élagabale. Les nouveaux conseillers éloignèrent ensuite de l'administration publique les indignes créatures de ce prince, et leur donnèrent pour successeurs, dans chaque département, des citoyens vertueux et habiles. L'amour de la justice et la connaissance des lois servirent seuls de recommandation pour les emplois civils, et les commandemens militaires devinrent le prix de la valeur et de l'attachement à la discipline (1).

Mais le soin le plus important de Mammée et de ses sages conseillers fut de former le caractère du jeune empereur, dont les qualités personnelles devaient faire le malheur ou la félicité du genre humain. Un sol fertile produit de bons fruits presque sans culture. Alexandre était né avec les plus heureuses dispositions : doué d'un excellent jugement, il connut bientôt les avantages de la vertu, le plaisir de l'instruction et la nécessité du travail. Une douceur et une modération naturelles le mirent à l'abri des assauts dangereux des passions et des attraits séduc-

Éducation et caractère vertueux d'Alexandre Sévère.

---

(1) Hérodien, l. vi, p. 203; *Hist. Aug.*, p. 119. Selon ce dernier historien, lorsqu'il s'agissait de faire une loi, on admettait dans le conseil des jurisconsultes habiles et des sénateurs expérimentés, qui donnaient leurs avis séparément, et dont l'opinion était mise par écrit.

teurs du vice. Son respect inviolable pour sa mère, et l'estime qu'il eut toujours pour le sage Ulpien, garantirent sa jeunesse du poison de la flatterie.

Journal de sa vie.

L'exposition seule de ses occupations journalières nous le représente comme un prince accompli (1); et, en ayant égard à la différence des mœurs, ce beau tableau mériterait de servir de modèle à tous les souverains. Alexandre se levait de grand matin ; il consacrait les premiers momens du jour à des devoirs de piété, et sa chapelle particulière était remplie des images de ces héros qui ont mérité la reconnaissance, et la vénération de la postérité, par le soin qu'ils ont pris de former ou de perfectionner la nature humaine (2). Mais l'empereur, persuadé que les servi-

---

(1) *Voyez* sa vie dans l'*Hist. Aug.* Le compilateur a rassemblé, sans aucun goût, une foule de circonstances triviales, dans lesquelles on démêle un petit nombre d'anecdotes intéressantes.

(2) Alexandre admit dans sa chapelle tous les cultes répandus dans l'empire : il y reçut Jésus-Christ, Abraham, Orphée, Apollonius de Tyane, etc. (Lamprid., *in Hist. Aug.*, c. 29.) Il est presque certain que sa mère Mammée l'avait instruit dans la morale du christianisme ; les historiens s'accordent généralement à la dire chrétienne; il y a lieu de croire du moins qu'elle avait commencé à goûter les principes du christianisme. (*Voyez* Tillemont, *sur Alexandre-Sévère.*) Gibbon n'a pas rappelé cette circonstance ; il paraît même avoir voulu rabaisser le caractère de cette impératrice: il a suivi presque partout la narration d'Hérodien, qui, de l'aveu même de Capitolin (*in Maximino*, c. 13), détestait Alexandre. Sans croire aux éloges exagérés de Lampride, il

ces rendus à ses semblables sont le culte le plus pur, aux yeux de l'Être suprême, passait la plus grande partie de la matinée dans son conseil, où il discutait les affaires publiques, et terminait les causes particulières avec une prudence au-dessus de son âge. Les charmes de la littérature faisaient bientôt disparaître la sécheresse de ces détails. Alexandre donna toujours quelques heures à l'étude de la poésie, de l'histoire et de la philosophie. Les ouvrages de Virgile et d'Horace, la République de Platon et celle de Cicéron, formaient son goût, éclairaient son esprit, et lui donnaient les idées les plus sublimes de l'homme et du gouvernement. Les exercices du corps succédaient à ceux de l'âme; et le prince, qui joignait à une taille avantageuse de la force et de l'activité, avait peu d'égaux dans la gymnastique. Après le bain et un léger dîner, il se livrait avec une nouvelle ardeur aux affaires du jour; et, jusqu'au souper, le principal repas des Romains, il travaillait avec ses secrétaires, et répondait à cette foule de lettres, de

---

eût pu ne pas se conformer à l'injuste sévérité d'Hérodien, et surtout ne pas oublier de dire que le vertueux Alexandre-Sévère avait assuré aux juifs la conservation de leurs priviléges, et permis l'exercice du christianisme. (*Hist. Aug.*, p. 121.) Des chrétiens ayant établi leur culte dans un lieu public, des cabaretiers en demandèrent à leur place, non la propriété, mais l'usage : Alexandre répondit qu'il valait mieux que ce lieu servît à honorer Dieu, de quelque manière que ce fût, qu'à des cabaretiers. *Hist. Aug.*, p. 131.

(*Note de l'Éditeur.*)

mémoires et de placets, qui devaient être nécessairement adressés au maître de la plus grande partie du monde. La frugalité et la simplicité régnaient à sa table; et lorsqu'il pouvait suivre librement sa propre inclination, il n'invitait qu'un petit nombre d'amis choisis, tous d'un mérite et d'une probité reconnue, et parmi lesquels Ulpien tenait le premier rang. La douce familiarité d'une conversation toujours instructive, était quelquefois interrompue par des lectures intéressantes, qui tenaient lieu de ces danses, de ces spectacles, et même de ces combats de gladiateurs, que l'on voyait si souvent dans les maisons des riches citoyens (1). Alexandre était simple et modeste dans ses habillemens, affable et poli dans ses manières. Tous ses sujets pouvaient entrer dans son palais, à de certaines heures de la journée; mais on entendait en même temps la voix d'un héraut qui prononçait, comme dans les mystères d'Éleusis, cet avis salutaire : « Que personne ne pénètre dans l'enceinte de ces murs sacrés, à moins qu'il n'ait une conscience pure et une âme sans tache (2). »

Bonheur général des Romains. 222-235.

Un genre de vie si uniforme, dont aucun instant ne pouvait être occupé par le vice ni par la folie, prouve bien mieux la sagesse et l'équité du gouvernement d'Alexandre, que tous les détails minutieux rapportés dans la compilation de Lampride. Depuis

---

(1) *Voyez* la treizième satire de Juvénal.
(2) *Hist. Aug.*, p. 119.

l'avénement de Commode, l'univers avait été en proie pendant quarante ans aux vices divers de quatre tyrans. Après la mort d'Élagabale, il goûta les douceurs d'un calme de treize années. Les provinces, délivrées des impôts excessifs inventés par Caracalla et par son prétendu fils, jouirent de tous les avantages de la paix et de la prospérité. L'expérience avait appris aux magistrats que le plus sûr et l'unique moyen d'obtenir la faveur du monarque, était de mériter l'amour de ses sujets. Les soins paternels d'Alexandre, en mettant quelques bornes peu sévères au luxe insolent du peuple romain, diminuèrent le prix des denrées et l'intérêt de l'argent, et sa prudente libéralité sut, sans écraser les classes industrieuses, fournir aux besoins et aux amusemens de la populace. La dignité, la liberté, l'autorité du sénat, furent rétablies, et tous les vertueux sénateurs purent, sans crainte et sans honte, approcher de leur souverain.

Alexandre refuse le nom d'Antonin.

Le nom d'Antonin, ennobli par les vertus de Marc-Aurèle et de son prédécesseur, avait passé, par adoption, au débauché Verus, et, par droit de naissance, au cruel Commode. Après avoir été la distinction la plus honorable des fils de Sévère, il fut accordé à Diadumenianus, et enfin souillé par l'infamie du grand-prêtre d'Émèse. Alexandre, malgré les instances étudiées ou peut-être sincères du sénat, refusa noblement d'emprunter l'éclat de ce nom illustre, tandis que, par sa conduite, il s'efforçait de rétablir la gloire et le bonheur du siècle des véritables Antonins (1).

<small>Il entreprend de réformer l'armée.</small>

Dans l'administration civile, la sagesse de ce prince était soutenue par l'autorité. Le peuple sentait sa félicité, et payait de son amour et de sa reconnaissance les bienfaits de son souverain. Il restait encore une entreprise plus grande, plus nécessaire, mais plus difficile à exécuter, la réforme de l'ordre militaire. A la faveur d'une longue impunité, les intérêts et les dispositions des soldats les avaient rendus insensibles au bonheur de l'État, et leur faisaient supporter impatiemment le frein de la discipline. Lorsque l'empereur voulut exécuter son projet, il eut soin de paraître rempli d'affection pour l'armée et de lui dérober les craintes qu'elle lui inspirait. La plus rigide économie dans toutes les autres branches de l'administration lui fournissait les sommes immenses qu'exigeaient la paye ordinaire et les gratifications excessives accordées aux troupes. Il les dispensa, dans les marches, de porter sur leurs épaules des provisions pour dix-sept jours; elles trouvaient de vastes magasins établis sur toutes les

---

(1) La dispute qui s'éleva à ce sujet entre Alexandre et le sénat, se trouve extraite des registres de cette compagnie dans l'*Histoire Auguste*, p. 116, 117. Elle commença le 6 mars, probablement l'an 223, temps où les Romains avaient goûté pendant près d'un an les douceurs du nouveau règne. Avant d'offrir au prince la dénomination d'Antonin comme un titre d'honneur, le sénat avait voulu attendre pour savoir s'il ne la prendrait pas comme un nom de famille.

routes, et dès qu'elles entraient en pays ennemi, une nombreuse suite de chameaux et de mulets soulageait leur indolence hautaine. Comme Alexandre ne pouvait espérer de corriger le luxe des soldats, il essaya du moins de le diriger vers des objets d'une pompe guerrière, et de substituer à des ornemens inutiles de beaux chevaux, des armes magnifiques et des boucliers enrichis d'or et d'argent. Il partageait les fatigues qu'il était obligé de prescrire, visitait en personne les blessés et les malades, et tenait un registre exact des services de ses soldats et des récompenses qu'ils avaient reçues : enfin, il montrait en toute occasion les égards les plus affectueux pour un corps dont la conservation, comme il affectait de le déclarer, était si étroitement liée à celle de l'État (1). Ce fut ainsi qu'il employa les voies les plus douces pour inspirer à la multitude indocile des idées de devoir, et pour faire revivre au moins une faible image de cette discipline à laquelle la république avait été redevable de ses succès sur tant de nations aussi belliqueuses et plus puissantes que les Romains. Mais ce sage empereur vit échouer tous ses projets : son courage lui devint fatal, et tous ses efforts ne servirent qu'à irriter les maux qu'il se proposait de guérir.

Sédition des gardes prétoriennes, et meurtre d'Ulpien.

Les prétoriens étaient sincèrement attachés au

---

(1) L'empereur avait coutume de dire : *Se milites magis servare quàm se ipsum, quod salus publica in his esset.* Hist. Aug., p. 130.

jeune Alexandre; ils l'aimaient comme un tendre pupille qu'ils avaient arraché à la fureur d'un tyran, et placé sur le trône impérial. Cet aimable prince n'avait point oublié leurs services ; mais, comme la justice et la raison mettaient des bornes à sa reconnaissance, les prétoriens furent bientôt plus mécontens des vertus d'Alexandre qu'ils ne l'avaient été des vices d'Élagabale. Le sage Ulpien, leur préfet, respectait les lois et avait gagné l'amour des citoyens ; il s'attira la haine des soldats, qui attribuèrent tous les plans de réforme à ses conseils pernicieux. Un léger accident changea leur mécontentement en fureur : ils tournèrent leurs armes contre le peuple qui, reconnaissant, voulait défendre la vie de cet excellent ministre ; et Rome fut exposée pendant trois jours à toutes les horreurs d'une guerre civile. Enfin, la vue de quelques maisons embrasées et les cris du soldat, qui menaçait de réduire la ville en cendres, effrayèrent les habitans, et les forcèrent d'abandonner en soupirant le vertueux Ulpien à son malheureux sort. Le préfet, poursuivi par ses propres troupes, se réfugia dans le palais impérial, et fut massacré aux pieds de son maître, qui s'efforçait en vain de le couvrir de la pourpre, et d'obtenir son pardon de ces cœurs féroces (1). La faiblesse du gou-

---

(1) Gibbon a confondu ici deux événemens tout-à-fait différens ; la querelle du peuple avec les prétoriens, qui dura trois jours, et le meurtre d'Ulpien, commis par ces derniers. Dion raconte d'abord la mort d'Ulpien : revenant ensuite

vernement était si déplorable, que l'empereur ne put venger la mort de son ami, et l'insulte faite à sa dignité, sans avoir recours à la patience et à la dissimulation. Épagathe, le principal chef de la sédition, ne s'éloigna de Rome que pour aller exercer en Égypte l'emploi honorable de préfet. On le fit insensiblement descendre de ce haut rang au gouvernement de Crète; et lorsque enfin le temps et l'absence l'eurent effacé du souvenir des gardes, Alexandre se hasarda à lui faire subir la peine que méritaient ses crimes (1).

Sous le règne d'un prince juste et vertueux, les plus fidèles ministres se trouvaient exposés à une

<small>Danger de Dion-Cassius.</small>

---

en arrière, par une habitude qui lui est assez familière, il dit que du vivant d'Ulpien il y avait eu une guerre de trois jours entre les prétoriens et le peuple; mais Ulpien n'en était point la cause; Dion dit au contraire qu'elle avait été occasionée par un fait peu important, tandis qu'il donne la raison du meurtre d'Ulpien en l'attribuant au jugement par lequel ce préfet du prétoire avait condamné à mort ses deux prédécesseurs Chrestus et Flavien, que les soldats voulurent venger; Zozime attribue (l. 1, c. 11) cette condamnation à Mammée; mais les troupes peuvent, même alors, en avoir imputé la faute à Ulpien qui en avait profité, et qui d'ailleurs leur était odieux. (*Note de l'Éditeur.*).

(1). Quoique l'auteur de la *Vie d'Alexandre* (Hist. Aug.; p. 132) parle de la sédition des soldats contre Ulpien, il passe sous silence la catastrophe qui pouvait être une marque de faiblesse dans l'administration de son héros. D'après une pareille omission, nous pouvons juger de la fidélité de cet auteur, et de la confiance qu'il mérite.

cruelle tyrannie; ils couraient risque de perdre la vie, dès qu'on les soupçonnait de vouloir corriger les désordres intolérables de l'armée. L'historien Dion-Cassius, qui commandait les légions de Pannonie, avait suivi les maximes de l'ancienne discipline. Les prétoriens, intéressés à soutenir la licence militaire, embrassèrent la cause de leurs frères campés sur les bords du Danube, et demandèrent la tête du réformateur. Cependant, au lieu de céder à leurs clameurs séditieuses, Alexandre montra combien il estimait les services et le mérite de Dion, en partageant avec lui le consulat, et en le défrayant, sur son trésor particulier, des dépenses qu'exigeait ce vain honneur. Mais comme on avait tout lieu de craindre que, si le nouveau magistrat paraissait en public revêtu des marques de sa dignité, cette vue ne ranimât la fureur des troupes, il quitta, à la persuasion de l'empereur, une ville où il n'exerçait qu'un pouvoir idéal, et il passa la plus grande partie de son consulat (1) dans ses terres en Campanie (2).

Tumulte des légions. La douceur du prince autorisait l'insolence des soldats. Bientôt les légions imitèrent l'exemple des

---

(1) On peut voir dans la fin tronquée de l'*Histoire* de Dion (l. LXXX, p. 1371), quel fut le sort d'Ulpien, et à quels dangers Dion fut exposé.

(2) Dion ne possédait point de terres en Campanie et n'était pas riche. Il dit seulement que l'empereur lui conseilla d'aller, pendant son consulat, habiter quelque lieu hors de Rome; qu'il revint à Rome après la fin de son consulat, et eut occasion de s'entretenir avec l'empereur en Campanie.

gardes, et soutinrent leurs droits à la licence avec une opiniâtreté aussi violente. L'administration d'Alexandre luttait en vain contre la corruption de son siècle. L'Illyrie, la Mauritanie, l'Arménie, la Mésopotamie et la Germanie, voyaient tous les jours se former dans leur sein de nouveaux orages. Les officiers de l'empereur étaient massacrés ; on méprisait son autorité ; enfin il devint lui-même la victime de l'animosité des troupes (1). Ces caractères intraitables se soumirent cependant une fois à l'obéissance, et rentrèrent dans leur devoir. Ce fait particulier mérite d'être rapporté ; il peut nous donner une idée des dispositions de l'armée. Durant le séjour que fit Alexandre à Antioche, pendant son expédition contre les Perses, dont nous parlerons bientôt, la punition de quelques soldats surpris dans les bains des femmes excita une révolte dans la légion à laquelle ils appartenaient. A cette nouvelle, l'empereur monte sur son tribunal, et, avec une contenance ferme à la fois et modeste, il représente à cette multitude armée sa résolution inflexible et la nécessité absolue de corriger les vices introduits par son infâme prédécesseur, et de maintenir la discipline, dont le relâchement entraînerait la ruine de l'empire. Des clameurs

Fermeté de l'empereur.

Il demanda et obtint la permission de passer le reste de sa vie dans sa ville natale (Nicée en Bithynie) ; ce fut là qu'il mit la dernière main à son histoire, qui finit avec son second consulat. (*Note de l'Éditeur.*)

(1) *Annotation. Reymar ad Dion*, l. LXXX, p. 1369.

interrompent ces douces représentations. « Relenez vos cris, dit aussitôt l'intrépide monarque; vous n'êtes pas en présence du Perse, du Germain et du Sarmate. Gardez le silence devant votre souverain, devant votre bienfaiteur, devant celui qui vous distribue le blé, l'argent et les productions des provinces. Gardez le silence, sinon je ne vous donnerai plus le nom de soldats; je ne vous appellerai désormais que bourgeois (1), si même ceux qui foulent aux pieds les lois de Rome méritent d'être rangés dans la dernière classe du peuple. »

Ces menaces enflammèrent la fureur de la légion; déjà les soldats tournent leurs armes contre sa personne. « Votre courage, reprend Alexandre d'un air encore plus fier, se déploierait bien plus noblement dans un champ de bataille. Vous pouvez m'ôter la vie : n'espérez pas m'intimider ; le glaive de la justice punirait votre crime et vengerait ma mort. » Les cris redoublaient, lorsque l'empereur prononça à haute voix la sentence décisive : « Bourgeois, posez les armes, et que chacun de vous se retire dans sa demeure. »

La tempête fut à l'instant apaisée. Les soldats, consternés et couverts de honte, reconnurent la justice de leur arrêt et le pouvoir de la discipline, dé-

---

(1) Jules-César avait apaisé une sédition par le même mot *quirites*, qui, opposé à celui de *soldats*, était un terme de mépris, et réduisait les coupables à la condition moins honorable de simples citoyens. Tacite, *Annal.*, 1, 43.

posèrent leurs armes et leurs drapeaux, et se rendirent en confusion, non dans leur camp, mais dans différentes auberges de la ville. Alexandre eut le plaisir de contempler pendant trente jours leur repentir; et il ne les rétablit dans leur grade qu'après avoir puni du dernier supplice les tribuns, dont la connivence avait occasioné la révolte. La légion, pénétrée de reconnaissance, servit l'empereur tant qu'il vécut, et le vengea après sa mort (1).

En général, un moment décide des résolutions de la multitude; et le caprice de la passion pouvait également déterminer cette légion séditieuse à déposer ses armes aux pieds de son maître, ou à les plonger dans son sein. Peut-être découvririons-nous les causes secrètes de l'intrépidité du prince et de l'obéissance forcée des troupes, si le fait extraordinaire dont nous venons de parler était soumis à l'examen d'un philosophe. D'un autre côté, s'il eût été rapporté par un historien judicieux, cette action, que l'on a jugée digne de César, se trouverait peut-être accompagnée de circonstances qui la rendraient plus probable, en la rendant plus conforme au caractère général d'Alexandre-Sévère. Les talens de cet aimable prince ne paraissent pas avoir été proportionnés à la difficulté de sa situation, ni la fermeté de sa conduite égale à la pureté de son âme. Ses vertus sans énergie avaient contracté, aussi bien que les vices de son prédécesseur, une teinte de faiblesse dans le climat

Défauts de son règne et de son caractère.

---

(1) *Hist. Aug.*, p. 132.

efféminé de l'Asie, où il avait pris naissance. Il est vrai qu'il rougissait d'une origine étrangère, et qu'il écoutait avec une vaine complaisance les généalogistes, qui le faisaient descendre de l'ancienne noblesse de Rome (1). Son règne est obscurci par l'orgueil et par l'avarice de sa mère. Mammée, en exigeant de lui, lorsqu'il fut d'un âge mûr, la même obéissance qu'il lui devait dans sa plus tendre jeunesse, exposa au ridicule son caractère et celui de son fils (2). Les fatigues de l'expédition contre les Perses irritèrent le mécontentement des troupes. Le mauvais succès de cette guerre fit perdre à l'empereur sa réputation, comme général et même comme soldat (3). Chaque

---

(1) Des Metellus (*Hist. Aug.*, p. 119). Le choix était heureux. Dans une période de douze ans, les Metellus obtinrent sept consulats et cinq triomphes. *Voyez* Velleius-Paterculus, II, 11; et *les Fastes*.

(2) La *Vie d'Alexandre* dans l'*Histoire Auguste*, présente le modèle d'un prince accompli; c'est une faible copie de la *Cyropédie* de Xénophon. Le récit de son règne, tel que nous l'a donné Hérodien, est sensé, et cadre avec l'histoire générale du siècle. Quelques-unes des particularités les plus défavorables qu'elle renferme sont également rapportées dans les fragmens de Dion. Cependant la plupart de nos écrivains modernes, aveuglés par le préjugé, accablent de reproches Hérodien, et copient servilement l'*Hist. Aug.* (*Voyez* MM. de Tillemont et Wotton.) Par un préjugé contraire, l'empereur Julien (*in Cæsaribus*, p. 31) prend plaisir à peindre la faiblesse efféminée du *Syrien*, et l'avarice ridicule de sa mère.

(3) Les historiens sont partagés sur le succès de l'expédition contre les Perses : Hérodien est le seul qui parle de dé-

cause préparait, chaque circonstance hâtait une révolution qui déchira l'empire, et le livra pendant longtemps en proie aux horreurs des guerres civiles.

La tyrannie de Commode, les discordes intestines dont sa mort fut l'origine, et les nouvelles maximes de politique introduites par les princes de la maison de Sévère, avaient contribué à augmenter la puissance dangereuse de l'armée, et à effacer les faibles traces que les lois et la liberté laissaient encore dans l'âme des Romains. Nous avons tâché d'expliquer

Digression sur les finances des Romains.

---

faites; Lampride, Eutrope, Victor et autres, disent qu'elle fut très-glorieuse pour Alexandre; qu'il battit Artaxerce dans une grande bataille, et le repoussa des frontières de l'empire. Ce qu'il y a de certain, c'est qu'Alexandre, de retour à Rome, jouit des honneurs du triomphe (Lampride; *Hist. Aug.*, c. 56, p. 133, 134), et qu'il dit, dans son discours au peuple : '*Quirites, vicimus Persas, milites divites reduximus; vobis congiarium pollicemur, cras ludos circenses persicos dabimus.* « Alexandre, dit Eckhel, avait trop de modération, trop de sagesse, pour permettre qu'on lui rendît des honneurs qui ne devaient être le prix que de la victoire, s'il ne les avait mérités; il se serait borné à dissimuler sa perte. » (Eckhel, *Doct. numis. vet.*, tome VII, page 276.) Les médailles le portent comme triomphateur; une entre autres le représente couronné par la Victoire, au milieu des deux fleuves, l'Euphrate et le Tibre. P. M. TR. P. XII. Cos. III. P. P. *Imperator paludatus D. hastam, S. parazonium stat inter duos fluvios humi jacentes et ab accedente retro Victoriâ coronatur.* Æ. max. mod. (*Mus. Reg. Gall.*) Quoique Gibbon traite cette question avec plus de détail en parlant de la monarchie des Perses, j'ai cru devoir placer ici ce qui contredit son opinion. (*Note de l'Éditeur.*)

avec ordre et avec clarté les changemens qui arrivèrent dans les parties intérieures de la constitution, et qui en minèrent sourdement la base. Les caractères particuliers des empereurs, leurs lois, leurs folies, leurs victoires, leurs exploits, ne nous intéressent qu'autant que ces objets se trouvent liés à l'histoire générale de la décadence et de la chute de la monarchie. L'attention constante que nous mettons à suivre ce grand spectacle, ne nous permet pas de passer sous silence un édit bien important d'Antonin Caracalla, qui donna le nom et les privilèges de citoyens romains à tous les sujets libres de l'empire. Cette faveur extraordinaire ne prenait cependant pas sa source dans les sentimens d'une âme généreuse; elle fut dictée par une avarice sordide : quelques observations sur les finances des Romains, depuis les beaux siècles de la république jusqu'au règne d'Alexandre-Sévère, prouveront la vérité de cette remarque.

Impôts levés sur les citoyens romains.

La ville de Veïes, en Toscane, n'avait été prise qu'au bout de dix ans. Ce fut bien moins la force de la place que le peu d'expérience des assiégeans, qui prolongea ce siége; la première entreprise considérable des Romains. Il fallait aux troupes les plus grands encouragemens pour les engager à supporter les fatigues extraordinaires de tant de campagnes consécutives, et à passer ainsi plusieurs hivers autour d'une ville située à vingt milles environ de leurs foyers (1). Le sénat prévint sagement les plaintes du

---

(1) Selon l'exact Denys d'Halicarnasse, la ville elle-même

peuple; en accordant aux soldats une paye régulière, à laquelle les citoyens contribuaient par une taxe générale établie sur les propriétés (1). Après la prise de Véies, pendant plus de deux cents ans, les victoires de la république augmentèrent moins les richesses que la puissance de Rome. Les États d'Italie ne payaient leurs tributs qu'en service militaire; et dans les guerres puniques, les Romains entretinrent seuls à leurs frais, sur mer et sur terre, ces forces redoutables dont ils se servirent pour subjuguer leurs rivaux. Ce peuple généreux (et tel est souvent le noble enthousiasme de la liberté) portait avec joie les fardeaux les plus lourds, dans la juste confiance que ses travaux seraient bientôt magnifiquement récompensés. De si belles espérances ne furent pas trompées : en peu d'années les richesses de Syracuse, de Carthage, de la Macédoine et de l'Asie, furent apportées à Rome en triomphe. Les trésors de Persée montaient seuls à près de deux millions sterling; et

---

n'était éloignée de Rome que de cent stades (environ douze milles et demi), bien que quelques postes avancés pussent s'étendre plus loin du côté de l'Étrurie. Nardini a combattu, dans un traité particulier, l'opinion reçue et l'autorité de deux papes, qui plaçaient Véies à Civita-Castellana : ce savant croit que cette ancienne ville était située dans un petit endroit appelé Isola, à moitié chemin de Rome et du lac Bracciano.

(1) *Voyez* les ive et v^e livres de Tite-Live. Dans le sens des Romains, la propriété, la puissance et la taxe, étaient exactement proportionnées l'une sur l'autre.

> *Leur abolition.*

le peuple romain, roi de tant de nations, se trouva pour jamais délivré d'impôts (1). Le revenu des provinces conquises parut suffisant pour les dépenses ordinaires de la guerre et du gouvernement. On déposait dans le temple de Saturne ce qui restait d'or et d'argent, et ces sommes étaient réservées pour quelque événement imprévu (2).

> *Tributs des provinces.*

L'histoire n'a peut-être jamais souffert de perte si grande ni si irréparable que celle de ce registre curieux (3), légué par Auguste au sénat; et dans lequel ce prince expérimenté balançait avec précision les dépenses et les revenus de l'empire (4). Privés de cette estimation claire et étendue, nous sommes réduits à rassembler un petit nombre de données éparses dans les ouvrages de ceux d'entre les anciens qui se sont quelquefois écartés de la partie brillante de leur narration, pour s'attacher à des considérations

---

(1) Pline, *Hist. nat.*, l. XXXIII, c. 3; Cicéron, *de Officiis*, II, 22; Plutarque, *Vie de Paul-Émile*, p. 275.

(2) Voyez dans la *Pharsale* de Lucain une belle description de ces trésors accumulés par les siècles; l. III, v. 155, etc.

(3) *Se rationarium imperii.* (*Voyez* outre Tacite, Suétone, dans *Aug.*, c. ult., et Dion, p. 832.) D'autres empereurs tinrent des registres pareils et les publièrent. (*Voyez* une dissertation du docteur Wolle, *de Rationario imperii rom.* Leipsig, 1773.) Le dernier livre d'Appien contenait aussi une statistique de l'empire romain; mais il est perdu.
(*Note de l'Éditeur.*)

(4) Tacite, *Annal.*, I, 11. Il paraît que ce registre existait du temps d'Appien.

utiles. Nous savons que les conquêtes de Pompée portèrent les tributs de l'Asie de cinquante à cent trente-cinq millions de drachmes (1), environ quatre millions et demi sterling (2). Sous le gouvernement du dernier et du plus indolent des Ptolémées, le revenu de l'Égypte montait à douze mille cinq cents talens; somme bien inférieure à celle que les Romains tirèrent ensuite de ce royaume par une administration ferme, et par le commerce de l'Éthiopie et de l'Inde (3). L'Égypte devait ses richesses au commerce; celles que recélait l'ancienne Gaule, étaient le fruit de la guerre et du butin. Les tributs que payaient ces deux provinces paraissent avoir été à peu près les mêmes (4). Rome profita bien peu de sa supériorité (5), en n'exi-

De l'Asie.

De l'Égypte.

De la Gaule.

---

(1) Plutarque, *Vie de Pompée*, p. 642.

(2) Ce calcul n'est pas exact. Selon Plutarque, les revenus de l'Asie romaine, avant Pompée, étaient de 50 millions de drachmes; Pompée les porta à 85 millions, c'est-à-dire, à 2,744,791 liv. sterl.; environ 65 millions de notre monnaie. Plutarque dit, d'autre part, qu'Antoine fit payer à l'Asie, en une seule fois, 200,000 tal., c'est-à-dire, 38,750,000 liv. sterl., environ 930,000,000 francs, somme énorme; mais Appien l'explique en disant que c'était le revenu de dix ans; ce qui porte le revenu annuel, du temps d'Antoine, à 20,000 talens ou 3,875,000 liv. sterl., environ 93,000,000 francs.

(*Note de l'Éditeur.*)

(3) Strabon, l. XVII, p. 798.

(4) Velleius-Paterculus, l. II, c. 39. Cet auteur semble donner la préférence au revenu de la Gaule.

(5) Les talens euboïques, phéniciens et alexandrins, pesaient le double des talens attiques. *Voyez* Hooper, *sur les Poids et Mesures des anciens*, p. IV, c. 5. Il est probable que le même talent fut porté de Tyr à Carthage.

geant des Carthaginois vaincus, que dix mille talens phéniciens (1) ou environ quatre millions sterling; et en leur accordant cinquante ans pour les payer. Cette somme ne peut, en aucune manière, être comparée avec les taxes qui furent imposées sur les terres et les personnes des habitans de ces mêmes contrées, lorsque les fertiles côtes de l'Afrique eurent été réduites en provinces romaines (2).

Par une fatalité singulière, l'Espagne était le Mexique et le Pérou de l'ancien monde. La découverte des riches contrées de l'Occident par les Phéniciens, et la violence exercée contre les naturels du pays, forcés à s'ensevelir dans leurs mines, et à travailler pour des étrangers, présente le même tableau que l'histoire de l'Amérique espagnole (3). Les Phéniciens ne connaissaient que les côtes de l'Espagne. L'ambition et l'avarice portèrent les Carthaginois et les Romains à pénétrer dans le cœur de cette contrée; et ils découvrirent que la terre renfermait presque partout du cuivre, de l'argent et de l'or. On parle d'une mine près de Carthagène, qui rapportait par jour vingt-cinq mille drachmes d'argent, ou près de trois cent mille livres sterling par an (4). Les provinces d'Asturie, de

---

(1) Polybe; l. xv, c. 2.
(2) Appien, *in Punicis*, p. 84.
(3) Diodore de Sicile, l. v. Cadix fut bâti par les Phéniciens un peu plus de mille ans avant la naissance de Jésus-Christ. *Voyez* Velleius-Paterculus, 1, 2.
(4) Strabon, l. III, p. 148.

Galice et de Lusitanie, donnaient annuellement vingt
mille livres pesant d'or (1).

Nous n'avons point assez de loisir, et nous man-
quons de matériaux, pour continuer ces recherches
curieuses, et pour connaître les tributs que payaient
tant d'États puissans, qui furent confondus dans l'empire romain : cependant, en considérant l'attention
sévère avec laquelle les tributs étaient levés dans les
provinces les plus stériles et les plus désertes, nous
pourrons nous former quelque idée du revenu de ces
provinces dans le sein desquelles d'immenses richesses avaient été déposées par la nature ou amassées par
l'homme. Auguste reçut une requête des habitans de
Gyare, qui le suppliaient humblement de les exemp-
ter d'un tiers de leurs excessives impositions. Toute
leur taxe ne se montait qu'à cent cinquante drachmes
(environ cinq livres sterling); mais Gyare était une
petite île, ou plutôt un roc baigné par les flots de la
mer Égée, où l'on ne trouvait ni eau fraîche ni aucune des nécessités de la vie, et qui servait de retraite
à un petit nombre de malheureux pêcheurs (2).

De l'île de Gyare.

Éclairés par la faible lumière de ces rayons épars
et incertains, nous serions portés à croire, 1° qu'en

Montant du revenu.

---

(1) Pline, *Hist. nat.*, l. XXXIII, c. 3. Il parle aussi d'une
mine d'argent en Dalmatie, qui en fournissait par jour cinquante livres à l'État.

(2) Strabon, l. x, p. 485; Tacite, *Annal.*, III, 69, et IV,
30. Voyez dans Tournefort (*Voyage au Levant*, lettre VIII)
une vive peinture de la misère où se trouvait alors Gyare.

admettant tous les changemens occasionés par les temps et par les circonstances, le revenu général des provinces romaines montait rarement à moins de quinze à trente millions sterling (1); 2° que cette somme considérable devait entièrement suffire à toutes les dépenses du gouvernement institué par Auguste, dont la cour ressemblait à la maison d'un simple sénateur, et dont l'établissement militaire avait pour but de protéger les frontières de l'empire, sans chercher à les reculer par des conquêtes, où craindre d'avoir à les défendre contre aucune invasion sérieuse.

<small>Taxes sur les citoyens romains, établies par Auguste.</small>

Malgré ces probabilités, la dernière de ces deux conclusions est positivement contraire au langage et à la conduite d'Auguste. Il n'est point aisé de décider si ce prince voulut agir comme le père commun

---

(1) Juste-Lipse (*de Magnitudine romanâ*, l. II, c. 3) fait monter le revenu à cent cinquante millions d'écus d'or; mais tout son ouvrage, quoique ingénieux et rempli d'érudition, est le fruit d'une imagination très-échauffée (*).

(*) Si Juste-Lipse a exagéré le revenu de l'empire romain, Gibbon, d'autre part, l'a trop diminué. Il le fixe environ de quinze à vingt millions sterl. (de trois cent soixante à quatre cent quatre-vingt millions de francs); mais si l'on prend seulement, d'après un calcul modéré, les impôts des provinces qu'il a déjà citées, ils se montent à peu près à cette somme, eu égard aux augmentations qu'y ajouta Auguste : il reste encore les provinces de l'Italie, de la Rhétie, de la Norique, de la Pannonie, de la Grèce, etc., etc.; qu'on fasse attention, de plus, aux prodigieuses dépenses de quelques empereurs (Suétone, *Vespas.*, c. 16), on verra que de tels revenus n'auraient pu y suffire. Les auteurs de l'*Histoire universelle* (partie XII) assignent quarante millions sterl. (environ neuf cent soixante millions de francs), comme la somme à laquelle pouvaient s'élever à peu près les revenus publics. (*Note de l'Éditeur.*)

de l'univers ou comme l'oppresseur de la liberté ; s'il désira d'adoucir le sort des provinces, ou d'appauvrir le sénat et l'ordre équestre. Quoi qu'il en soit, à peine eut-il pris les rênes du gouvernement, qu'il affecta souvent de parler de l'insuffisance des tributs, et de la nécessité où il se trouvait de faire supporter à Rome et à l'Italie une partie des charges publiques (1). Ce fut cependant avec précaution, et pour ainsi dire à pas comptés, qu'il procéda dans l'exécution de ce projet si propre à exciter le mécontentement. L'introduction des douanes fut suivie de l'établissement d'un impôt sur les consommations (2); et le plan d'une imposition générale s'étendit insensiblement sur les propriétés réelles et personnelles des citoyens romains, qui, depuis plus d'un siècle

---

(1) Il n'est pas étonnant qu'Auguste tînt ce langage. Le sénat déclara aussi, sous Néron, que l'État ne pouvait subsister sans les impôts tant augmentés qu'établis par Auguste. (Tacite, *Ann.*, l. XIII, c. 50.) Depuis l'abolition des différens tributs que payait l'Italie, abolition faite en 646-694 et 695 de Rome, l'État ne retirait pour revenu de ce vaste pays que le vingtième des affranchissemens (*vicesima manumissionum*), et Cicéron s'en plaint en plusieurs endroits, notamment dans ses *Lettres à Atticus*, l. II, lettre 15. (*Note de l'Éditeur.*)

(2) Les douanes (*portoria*) existaient déjà du temps des anciens rois de Rome ; elles furent supprimées pour l'Italie l'an de Rome 694, par le préteur Cecilius-Metellus-Nepos : Auguste ne fit ainsi que les rétablir. *Voyez* la note de la page précédente. (*Note de l'Éditeur.*)

et demi; avaient été exempts de toute espèce de contribution (1).

Douanes.   I. Dans un empire aussi vaste que celui de Rome, la balance naturelle de l'argent devait s'établir d'elle-même et par degrés. Comme les richesses des provinces étaient attirées vers la capitale par l'action puissante de la conquête et de l'autorité souveraine, de même une partie de ces richesses refluait vers les provinces industrieuses, où elles étaient portées par la voie plus douce du commerce et des arts. Sous le règne d'Auguste et de ses successeurs, on avait mis des droits sur chaque espèce de marchandises, qui, par mille canaux différens, abordaient au centre commun de l'opulence et du luxe; et quelque interprétation que l'on pût donner à la loi, la taxe tombait toujours sur l'acheteur romain et non sur le marchand provincial (2). Le taux de la taxe variait depuis la quarantième jusqu'à la huitième partie de la valeur des effets. Il y a lieu de croire que cette variation fut dirigée par les maximes inaltérables de la politique. Les objets de luxe payaient sans doute un droit plus fort que ceux de première nécessité; et l'on favorisait davantage les manufactures de l'empire que les productions de l'Arabie et de l'Inde (3).

---

(1) Ils n'avaient été exempts si long-temps que de l'impôt personnel; quant aux autres impôts, l'exemption ne datait que des années 646-94; 95. *Voy.* la note de la page précédente. (*Note de l'Éditeur.*)

(2) Tacite, *Annal.*, XIII, 31.

(3) *Voyez* Pline (*Hist. nat.*, l. VI, c. 23; l. XII, c. 18);

Il était bien juste que l'on préférât l'industrie des citoyens à un commerce étranger, qui ne pouvait être avantageux à l'État. Il existe encore une liste étendue, mais imparfaite, des marchandises de l'Orient sujettes aux droits sous le règne d'Alexandre-Sévère (1). Elles consistaient en cannelle, myrrhe, poivre et gingembre, en aromates de toute espèce, et dans une grande variété de pierres précieuses, parmi lesquelles le diamant tenait le premier rang pour le prix, et l'émeraude pour la beauté (2). On y voyait aussi des peaux de Perse et de Babylone, des cotons, des soies écrues et apprêtées, de l'ivoire, de l'ébène et des eunuques (3). Remarquons ici que l'usage et le prix de ces esclaves efféminés suivirent les mêmes progrès que la décadence de l'empire.

II. L'impôt sur les consommations fut établi par Auguste après les guerres civiles. Ce droit était extrêmement modéré, mais il était général. Il passa

Impôt sur les consommations.

---

il observe que les marchandises de l'Inde se vendaient à Rome cent fois leur valeur primitive; de là nous pouvons nous former quelque idée du produit des douanes; puisque cette valeur primitive se montait à plus de huit cent mille liv. sterling.

(1) Dans les *Pandectes*, l. 39, t. IV, *de Publican.* Comparez Cicéron, *Verrin.*, II, c. 72 et 74. (*Note de l'Éditeur.*)

(2) Les anciens ignoraient l'art de tailler le diamant.

(3) M. Bouchaud, dans son *Traité de l'impôt chez les Romains*, a transcrit cette liste, qui se trouve dans le Digeste, et il a voulu l'éclaircir par un commentaire très-prolixe.

rarement un pour cent; mais il comprenait tout ce que l'on achetait dans les marchés ou dans les ventes publiques, et il s'étendait depuis les acquisitions les plus considérables en terres ou en maisons, jusqu'à ces petits objets dont le produit ne peut devenir important que par leur nombre et par une consommation journalière. Une pareille taxe, qui portait sur le corps entier de la nation, excita toujours des plaintes. Un empereur qui connaissait parfaitement les besoins et les ressources de l'État, fut obligé de déclarer, par un édit public, que l'entretien des armées dépendait, en grande partie, du produit de cet impôt (1).

Taxes sur les legs et sur les héritages.

III. Lorsque l'empereur Auguste eut pris le parti d'avoir toujours sur pied un corps de troupes destinées à défendre son gouvernement contre les attaques des ennemis étrangers et domestiques, il réserva des fonds particuliers pour la paye des soldats, pour les récompenses des vétérans, et pour les dépenses extraordinaires de la guerre. Les revenus immenses de l'impôt sur les consommations, quoique employés spécialement à ces objets, ne furent pas trouvés suffisans. Pour y suppléer, l'empereur imagina une nouvelle taxe de cinq pour cent sur les legs et sur les héritages. Mais les nobles de Rome étaient beaucoup plus attachés à leurs biens qu'à leur liberté. Auguste

---

(1) Tacite, *Annal.*, 1, 78. Deux ans après, l'empereur Tibère, qui venait de réduire le royaume de Cappadoce, diminua de moitié l'impôt sur les consommations; mais cet adoucissement ne fut pas de longue durée.

écouta leurs murmures avec sa modération ordinaire. Il renvoya de bonne foi l'affaire au sénat, l'exhortant à trouver quelque autre expédient utile et moins odieux. Comme l'assemblée était divisée et indécise, l'empereur déclara aux sénateurs que leur opiniâtreté le forcerait à proposer une capitation et une taxe générale sur les terres (1); aussitôt ils souscrivirent en silence à celle qui les avait d'abord indignés (2). Cependant l'impôt sur les legs et sur les héritages fut adouci par quelques restrictions. Il n'avait lieu que lorsque l'objet était d'une certaine valeur, probablement de cinquante ou cent pièces d'or (3); et l'on ne pouvait en exiger le paiement du parent le plus proche du côté du père (4). Lorsque les droits de la nature et ceux de la pauvreté furent ainsi assurés, il parut juste qu'un étranger ou un parent éloigné, qui obtenait un accroissement

---

(1) Dion ne parle ni de cette proposition ni de la capitation; il dit seulement que l'empereur mit un impôt sur les fonds de terre, et envoya partout des hommes chargés d'en dresser le tableau, sans fixer comment et pour combien chacun devait y contribuer. Les sénateurs aimèrent mieux alors approuver la taxe sur les legs et héritages.
(*Note de l'Éditeur.*)

(2) Dion, l. LV, p. 794; l. LVI, p. 825.

(3) La somme n'est fixée que par conjecture.

(4) Pendant plusieurs siècles de l'existence du droit romain, les *cognati* ou parens de la mère ne furent point appelés à la succession. Cette loi cruelle fut insensiblement détruite par l'humanité, et enfin abolie par Justinien.

imprévu de fortune, en consacrât la vingtième partie à l'utilité publique (1).

<small>Conforme aux lois et aux mœurs.</small>

Une pareille taxe, dont le produit est immense dans tout État riche, se trouvait admirablement adaptée à la situation des Romains, qui pouvaient, dans leurs testamens arbitraires, suivre la raison ou le caprice, sans être enchaînés par des substitutions et par des conventions matrimoniales. Souvent même la tendresse paternelle perdait son influence sur les rigides patriotes de la république, et sur les nobles dissolus de l'empire; et lorsqu'un père laissait à son fils la quatrième partie de son bien, on ne pouvait former aucune plainte légale contre une semblable disposition (2). Aussi un riche vieillard, qui n'avait point d'enfans, était-il un tyran domestique; son autorité croissait avec l'âge et les infirmités. Une foule de vils courtisans, parmi lesquels il comptait souvent des préteurs et des consuls, briguaient ses faveurs, flattaient son avarice, applaudissaient à ses folies, servaient ses passions, et attendaient sa mort avec impatience. L'art de la complaisance et de la flatterie devint une science très-lucrative; ceux qui la professaient furent connus sous une nouvelle dénomination, et toute la ville, selon les vives descriptions de la satire, se trouva divisée en deux parties, le *gibier* et les *chasseurs* (3).

---

(1) Pline, *Panegyr.*, c. 37.
(2) *Voyez* Heineccius, *Antiquit. juris rom.*, l. II.
(3) Horace, l. II, sat. 5; Pétrone, c. 116, etc.; Pline, l. II, lettre 20.

Tandis que la ruse faisait signer à la folie tant de testamens injustes et extravagans, on en voyait cependant un petit nombre dictés par une estime raisonnée et par une vertueuse reconnaissance. Cicéron, dont l'éloquence avait si souvent défendu la vie et la fortune de ses concitoyens, recueillit pour près de cent soixante-dix mille livres sterl. de legs (1). Il paraît que les amis de Pline le Jeune n'ont pas été moins généreux envers cet intéressant orateur (2). Quels que fussent les motifs du testateur, le fisc réclamait sans distinction la vingtième partie des biens légués ; et dans le cours de deux ou trois générations, toutes les propriétés des sujets devaient passer insensiblement dans les coffres du prince.

Néron, dans les premières années de son règne, porté par le désir de se rendre populaire, ou peut-être entraîné par un mouvement aveugle de bienfaisance, voulut abolir les douanes et l'impôt sur les consommations. Les plus sages sénateurs applaudirent à sa générosité ; mais ils le détournèrent de l'exécution d'un projet qui aurait détruit la force et les ressources de la république (3). S'il eût été possible

Réglemens des empereurs.

---

(1) Cicéron, *Philipp.*, II, c. 16.
(2) *Voyez* ses *Lettres.* Tous ces testamens lui donnaient occasion de développer son respect pour les morts et sa justice pour les vivans. Il sut accorder ces deux sentimens dans la manière dont il se conduisit envers un fils qui avait été déshérité par sa mère. (v, 1.)
(3) Tacite, *Annal.*, XIII, 50 ; *Esprit des Lois*, l. XII, c. 19.

de réaliser cette chimère, des princes tels que Trajan et les Antonins auraient sûrement embrassé avec la plus vive ardeur l'occasion glorieuse de rendre un service si important au genre humain. Ils se contentèrent d'alléger le fardeau public, sans entreprendre de l'écarter tout-à-fait. La douceur et la précision de leurs lois déterminèrent la règle et la mesure de l'impôt, et mirent tous les citoyens à l'abri des interprétations arbitraires, des réclamations injustes et des vexations insolentes des fermiers publics (1); et il est singulier que, dans tous les siècles, les plus sages et les meilleurs princes aient toujours conservé la méthode dangereuse de réunir dans les mains d'une même régie les principales branches du revenu, ou du moins les douanes et les impôts sur les consommations (2).

Édit de Caracalla. Les sentimens de Caracalla n'étaient pas les mêmes que ceux des Antonins, et ce prince se trouvait réellement dans une position très-différente. Nullement occupé, ou plutôt ennemi du bien public, il ne pouvait se dispenser d'assouvir l'avidité insatiable qu'il avait lui-même allumée dans le cœur des soldats. De tous les impôts établis par Auguste, il n'en existait pas de plus étendu, et dont le produit fût plus con-

---

(1) Voyez le *Panégyrique* de Pline, l'*Histoire Auguste*, et Burmann, *de Vectigal. passim*.

(2) Les tributs proprement dits n'étaient point affermés, puisque les bons princes remirent souvent plusieurs millions d'arrérages.

sidérable, que le vingtième sur les legs et sur les héritages. Comme cette taxe n'était pas particulière aux habitans de Rome ni à ceux de l'Italie, elle augmenta continuellement avec l'extension graduelle du droit de bourgeoisie.

Les nouveaux-citoyens, quoique soumis également aux nouveaux impôts, dont ils avaient été exempts comme sujets (1), se croyaient amplement dédommagés par le rang et par les priviléges qu'ils obtenaient, et par une perspective brillante d'honneurs et de fortune qui se présentait tout à coup à leur ambition. Mais toute distinction fut détruite par l'édit du fils de Sévère. Loin d'être une faveur, le vain titre de citoyen devint une charge réelle, imposée aux habitans des provinces. L'avide Caracalla ne se contenta pas des taxes qui avaient paru suffisantes à ses prédécesseurs, il ajouta un vingtième à celui qu'on levait déjà sur les legs et sur les héritages. Après sa mort on rétablit l'ancienne proportion; mais, pendant son règne (2), toutes les parties

Le titre de citoyen donné aux habitans des provinces pour les soumettre à de nouveaux impôts.

---

(1) La condition des nouveaux citoyens est très-exactement exposée par Pline (*Panegyr.*, c. 37, 38, 39). Trajan publia une loi très-favorable pour eux.

(2) Gibbon a adopté l'opinion de Spanheim et de Burmann, qui attribuent à Caracalla cet édit qui donnait le droit de cité à tous les habitans des provinces : cette opinion peut être contestée; plusieurs passages de Spartien, d'Aurélius-Victor et d'Aristide, attribuent cet édit à Marc-Aurèle. (*Voyez* sur ce sujet une savante dissertation intitulée : *Joh. P. Mahneri, Commentatio de Marco Aurelio Antonino, constitutionis de ci-*

de l'empire gémirent sous le poids de son sceptre de fer (1).

Réduction passagère du tribut.

Les habitans des provinces une fois soumis aux impositions particulières des citoyens romains, semblaient devoir légitimement être exempts des tributs qu'ils avaient d'abord payés en qualité de sujets. Caracalla et son prétendu fils n'adoptèrent pas de pareilles maximes; ils ordonnèrent que les taxes, tant anciennes que nouvelles, seraient levées à la fois dans tous leurs domaines. Il était réservé au vertueux Alexandre de délivrer les provinces de cette oppression criante. Ce prince réduisit les tributs à la trentième partie de la somme qu'ils produisaient à son avénement (2). Nous ignorons par quels motifs il laissa subsister de si faibles restes du mal public. Ces rameaux nuisibles, qui n'avaient point été tout-à-fait arrachés, jetèrent de nouvelles racines, s'élevèrent à une hauteur prodigieuse, et dans le siècle suivant répandirent une ombre mortelle sur l'univers ro-

---

vitate universo orbi romano data auctore. Halæ, 1772; *in*-8°.) Il paraît que Marc-Aurèle avait mis à cet édit des modifications qui affranchissaient les provinciaux de quelques-unes des charges qu'imposait le droit de cité, en les privant de quelques-uns des avantages qu'il conférait, et que Caracalla leva ces modifications. (*Note de l'Éditeur.*)

(1) Dion, l. LXXVII, p. 1295.

(2) Celui qui était taxé à dix *aurei*, le tribut ordinaire, ne paya plus que le tiers d'un *aureus*, et Alexandre fit en conséquence frapper de nouvelles pièces d'or. *Hist. Aug.*, p. 127, avec les Commentaires de Saumaise.

main. Il sera souvent question, dans le cours de cette histoire, de l'impôt foncier, de la capitation et des contributions onéreuses de blé, de vin, d'huile et d'animaux, que l'on exigeait des provinces pour l'usage de la cour, de l'armée et de la capitale.

Tant que Rome et l'Italie furent regardées comme le centre du gouvernement, les anciens citoyens conservèrent un esprit national que les nouveaux adoptèrent insensiblement. Les principaux commandemens de l'armée étaient donnés à des hommes qui avaient reçu de l'éducation, qui connaissaient les avantages des lois et des lettres, et qui avaient marché à pas égaux dans la carrière des honneurs, en passant par tous les grades civils et militaires (1). C'est principalement à leur influence et à leur exemple que nous devons attribuer l'obéissance et la modestie des légions durant les deux premiers siècles de l'empire.

Conséquences qui résultent de l'extension du droit de bourgeoisie.

Mais lorsque Caracalla eut foulé aux pieds le dernier rempart de la constitution romaine, à la distinction des rangs succéda par degrés la séparation des états. Les habitans des provinces intérieures, où l'éducation était plus cultivée, furent les seuls propres à être employés comme jurisconsultes, et à remplir les fonctions de la magistrature. La profession plus dure des armes devint le partage des paysans et

---

(1) *Voyez* l'histoire d'Agricola, de Vespasien, de Trajan, de Sévère, de ses trois compétiteurs, et généralement de tous les hommes illustres de ce temps.

des Barbares nés sur les frontières, et qui, ne connaissant d'autre patrie que leur camp, ni d'autre science que celle de la guerre, méprisaient ouvertement les lois civiles, et se soumettaient à peine à la discipline militaire. Avec des mains ensanglantées, des mœurs sauvages et des dispositions féroces, ils défendirent quelquefois le trône des empereurs, et plus souvent encore ils le renversèrent.

CHAPITRE VII.

Élévation et tyrannie de Maximin. Rébellion en Afrique et en Italie, sous l'autorité du sénat. Guerres civiles et séditions. Mort violente de Maximin et de son fils, de Maxime et de Balbin, et des trois Gordiens. Usurpation et jeux séculaires de Philippe.

De tous les gouvernemens établis parmi les hommes, une monarchie héréditaire est celui qui semble d'abord prêter le plus au ridicule. Peut-on voir en effet, sans un sourire d'indignation, à la mort du père, la propriété d'une nation, semblable à celle d'un vil troupeau, passer à un enfant au maillot, également inconnu au genre humain et à lui-même, et les guerriers les plus braves, les citoyens les plus habiles, renonçant à leur droit naturel, s'approcher du berceau royal les genoux ployés, et faire à cet enfant des protestations d'une fidélité inviolable? Telles sont les couleurs sous lesquelles la satire et la déclamation peignent ce tableau : mais elles ont beau le charger, en y réfléchissant mûrement, on sent combien est respectable et utile un préjugé qui règle la succession, et qui la rend indépendante des passions humaines. On applaudit de bonne foi à tout ce qui concourt à enlever à la multitude le pouvoir dangereux et réellement idéal de se donner un chef.

Apparence ridicule et avantages solides d'une succession héréditaire.

Dans le silence de la retraite on peut tracer des formes de gouvernement, où le sceptre soit remis constamment entre les mains du plus digne, par le suffrage libre et incorruptible de toute la société; mais l'expérience détruit ces édifices sans fondemens, et nous apprend que, dans un grand État, l'élection d'un monarque ne peut jamais être dévolue à la partie la plus nombreuse, ni même à la plus sage du peuple. L'armée est la seule classe d'hommes suffisamment unis pour embrasser les mêmes vues, et revêtus d'une force assez grande pour les faire adopter aux autres citoyens; mais le caractère des soldats, accoutumés à la violence et à l'esclavage, les rend incapables d'être les gardiens d'une constitution légale ou même civile. La justice, l'humanité et les talens politiques, leur sont trop peu connus, pour qu'ils apprécient ces qualités dans les autres. La valeur obtiendra leur estime, et la libéralité achètera leur suffrage; mais le premier de ces deux mérites se trouve souvent dans les âmes les plus féroces; l'autre ne se développe qu'aux dépens du public, et ils peuvent tous les deux être dirigés contre le possesseur du trône par l'ambition d'un rival entreprenant.

Le défaut d'une succession héréditaire dans l'empire romain est la source des plus grandes calamités.

La supériorité de la naissance, lorsqu'elle est consacrée par le temps et par l'opinion publique, est de toutes les distinctions la plus simple et la moins odieuse. Le droit reconnu enlève à la faction ses espérances, et l'assurance du pouvoir désarme la cruauté du monarque. C'est à l'établissement de ce principe que nous sommes redevables de la succession paisible et de la douce administration de nos monarchies européennes. En Orient, où cette heureuse idée n'a point encore pénétré, un despote est souvent obligé de répandre le sang des peuples pour se frayer un chemin au trône de ses pères. Cependant, même en Asie, la sphère des prétentions est bornée, et ne renferme ordinairement que les princes de la maison régnante. Dès que le plus heureux des concurrens s'est délivré de ses frères par l'épée ou par le cordon, il ne conserve plus de soupçons contre les classes inférieures de ses sujets. Mais l'empire romain, après que l'autorité du sénat fut tombée dans le mépris, devint un théâtre de confusion. Les rois, les princes de leur sang, et même les nobles des provinces, avaient été autrefois menés en triomphe devant le char des superbes républicains. Les anciennes familles de Rome, écrasées sous la tyrannie des Césars, n'existaient plus. Ces princes avaient été enchaînés par les formes d'une république, et jamais ils n'avaient eu l'espoir de se voir renaître dans leur postérité (1) : ainsi leurs sujets ne pouvaient se former aucune idée d'une succession héréditaire. Comme la naissance ne donnait aucun droit au trône, chacun se persuada que son mérite devait l'y faire

---

(1) Il n'y avait pas eu d'exemple de trois générations successives sur le trône ; seulement on avait vu trois fils gouverner l'empire après la mort de leurs pères. Malgré le divorce, les mariages des Césars furent en général infructueux.

monter. L'ambition, n'étant plus retenue par le frein salutaire de la loi et du préjugé, prit un vol hardi; et le dernier des hommes put, sans folie, espérer d'obtenir dans l'armée, par sa valeur et avec le secours de la fortune, un poste dans lequel un seul crime le mettrait en état d'arracher le sceptre du monde à un maître faible et détesté. Après le meurtre d'Alexandre-Sévère et l'élévation de Maximin, aucun empereur ne dut se croire en sûreté. Un paysan, un Barbare pouvait aspirer à cette dignité auguste et en même temps si dangereuse.

Naissance et fortune de Maximin.

Trente-deux ans environ avant cette époque, l'empereur Sévère, à son retour d'une expédition en Asie, s'arrêta dans la Thrace pour célébrer, par des jeux militaires, le jour de la naissance de Géta, le plus jeune de ses fils. Les habitans du pays s'étaient assemblés en foule pour contempler leur souverain. Un jeune Barbare, de taille gigantesque, sollicita vivement, dans son langage grossier, la permission de disputer le prix de la lutte. Comme l'orgueil des troupes aurait été humilié si un simple paysan de la Thrace eût terrassé un soldat romain, on mit d'abord le Barbare aux prises avec les plus forts valets du camp. Seize d'entre eux tombèrent successivement sous ses coups: il obtint pour récompense quelques petits présens, et la liberté de s'enrôler dans les troupes. Le jour suivant on le vit au milieu des nouvelles recrues, dansant et célébrant sa victoire, selon l'usage de son pays. Dès qu'il s'aperçut qu'il s'était attiré l'attention de Sévère, il s'approcha du cheval de ce prince, et le suivit à pied dans une course longue et rapide, sans paraître fatigué. « Jeune homme, dit l'empereur étonné, es-tu maintenant disposé à lutter? — Très-volontiers, » répondit le Barbare; et aussitôt il terrassa sept des plus forts soldats de l'armée. Un collier d'or fut le prix de sa vigueur et de son activité incroyables, et on le fit entrer immédiatement dans les gardes à cheval qui accompagnaient toujours la personne du souverain (1).

Maximin, tel était son nom, quoique né sur le territoire de l'empire, descendait d'une race de Barbares. Son père était Goth, et sa mère de la nation des Alains. Leur fils déploya toujours une valeur égale à sa force, et bientôt l'usage du monde adoucit, ou plutôt déguisa sa férocité naturelle. Sous le règne de Sévère et de Caracalla, il obtint le grade de centurion, et il gagna l'estime de ces deux princes, dont le premier se connaissait si bien en mérite. La reconnaissance défendit à Maximin de servir sous l'assassin de Caracalla, et l'honneur ne lui permit pas de s'exposer aux outrages du lâche Élagabale. Il reparut à la cour à l'avénement d'Alexandre, qui lui confia un poste utile et honorable. La quatrième légion, dont il fut nommé tribun, devint bientôt, sous ses ordres, la mieux disciplinée de l'armée. Il passa successivement par tous les grades militaires (2), avec l'applaudissement général des soldats,

Ses emplois et ses dignités militaires.

---

(1) *Hist. Aug.*, p. 138.
(2) *Hist. Aug.*, p. 140; Hérodien, l. VI, p. 223; Au-

qui se plaisaient à donner à leur héros favori les noms d'Ajax et d'Hercule; et s'il n'eût point conservé dans ses manières une teinte trop forte de son origine sauvage, peut-être l'empereur aurait-il accordé sa sœur en mariage au fils d'un paysan de la Thrace (1).

Conspiration de Maximin.

Ces faveurs, loin d'inspirer à Maximin la fidélité qu'il devait à un maître bienfaisant, ne servirent qu'à enflammer son ambition. Il ne croyait pas sa fortune proportionnée à son mérite, tant qu'il serait obligé de reconnaître un supérieur. Quoique la sagesse ne le guidât jamais, il n'était pas dépourvu, sur ses intérêts, d'une sorte d'adresse qui lui fit découvrir le mécontentement de l'armée, et qui lui donna les moyens d'en profiter pour s'élever sur les ruines de l'empereur. Il est aisé à la faction et à la calomnie de lancer des traits empoisonnés sur la conduite des meilleurs princes, et de défigurer même leurs vertus, en les confondant avec leurs défauts, auxquels elles tiennent de si près: Les troupes écoutèrent avec plaisir les émissaires de Maximin, et elles rougirent de leur patience, qui, depuis treize ans, les retenait

---

relius-Victor. En comparant ces auteurs, il semble que Maximin avait le commandement particulier de la cavalerie triballienne, et la commission de discipliner les recrues de toute l'armée. Son biographe aurait dû marquer avec plus de soin ses exploits, et les différens grades par lesquels il passa.

(1) *Voyez* la lettre originale d'Alexandre-Sévère, *Hist. Aug.*, p. 149.

honteusement dans les liens d'une discipline pénible, établie par un Syrien efféminé qui rampait lâchement aux pieds de sa mère et du sénat. « Il est temps, s'écriaient-elles, d'abattre ce vain fantôme de l'autorité civile, et de choisir pour prince et pour général un véritable soldat nourri dans les camps, accoutumé aux fatigues de la guerre, capable, en un mot, de maintenir la gloire de l'empire, et d'en distribuer les trésors aux compagnons de sa fortune. » Une grande armée, commandée par l'empereur en personne, était alors assemblée sur les rives du Rhin, pour aller combattre les Barbares; contre lesquels, aussitôt après la guerre de Perse, l'empereur avait été obligé de marcher; et l'on avait confié à Maximin le soin important de discipliner et de passer en revue les nouvelles levées. Un jour, comme il entrait dans le lieu des exercices, les troupes, excitées par un mouvement subit ou par une conspiration déjà formée, le saluèrent empereur, firent cesser ses refus obstinés par des acclamations redoublées, et se hâtèrent de consommer leur rebellion, en trempant leurs mains dans le sang d'Alexandre.

Ann. 235, 19 mars.

Les circonstances de la mort de ce prince sont rapportées différemment. Quelques écrivains ont prétendu qu'il rendit le dernier soupir sans avoir eu la moindre connaissance de l'ingratitude et de l'ambition de Maximin. Selon eux, l'empereur, après avoir pris un léger repas en présence de l'armée, s'était retiré pour dormir; vers la septième heure du jour, un parti de ses propres gardes pénétra dans la tente

Meurtre d'Alexandre-Sévère.

impériale, et perça de plusieurs coups ce prince vertueux et sans défiance (1). Si nous ajoutons foi à un récit différent, mais beaucoup plus probable, Maximin fut revêtu de la pourpre par un nombreux détachement à quelques milles de distance du quartier-général, et il comptait plus sur les vœux secrets que sur une déclaration publique de la grande armée. Alexandre eut le temps de ranimer parmi les soldats un faible sentiment d'honneur et de fidélité; mais ils levèrent l'étendard de la révolte à l'aspect de Maximin, qui se déclara l'ami et le défenseur de l'ordre militaire, et qui fut aussitôt proclamé par les légions empereur des Romains. Alexandre, trahi et abandonné, se retira dans sa tente, pour n'être pas exposé, dans ses derniers momens, aux insultes de la multitude. Un tribun et quelques centurions l'y suivirent bientôt l'épée à la main : au lieu de recevoir le coup fatal avec une ferme résolution, il déshonora, par des cris impuissans et par de vaines supplications, la fin de sa vie; et le mépris de sa faiblesse diminua quelque chose de la juste pitié qu'inspiraient son innocence et son malheureux sort.

---

(1) *Hist. Aug.*, p. 135. J'ai adouci quelques-unes des circonstances les plus improbables rapportées dans sa vie : autant que l'on en peut juger d'après la narration de son misérable biographe, le bouffon d'Alexandre étant entré par hasard dans la tente de ce prince pendant qu'il dormait, il le réveilla. La crainte du châtiment l'engagea à persuader aux soldats mécontens de commettre le meurtre.

Sa mère Mammée, qu'il avait accusée hautement d'avoir été la cause de sa ruine par son avarice et par son orgueil, périt avec lui; et ses plus fidèles amis furent sacrifiés à la première fureur des soldats. On en réserva seulement quelques-uns pour être, par la suite, les victimes de la cruauté réfléchie de l'usurpateur. Ceux qui éprouvèrent les traitemens les plus doux, furent dépouillés de leurs emplois et chassés ignominieusement de la cour et de l'armée (1).

Les premiers tyrans de Rome, Caligula, Néron, Commode, Caracalla, étaient tous de jeunes princes sans mœurs et sans expérience (2), élevés dans la pourpre et corrompus par l'orgueil du pouvoir, par le luxe de Rome et par la voix perfide de la flatterie. La cruauté de Maximin tenait à un principe différent, la crainte du mépris. Quoiqu'il comptât sur l'attachement des soldats, qui retrouvaient en lui les vertus dont ils faisaient profession, il ne pouvait se dissimuler que son origine obscure et barbare, que son air sauvage et que son ignorance totale des arts et des institutions de la vie sociale (3), formaient un contraste défavorable avec le caractère aimable

Tyrannie de Maximin.

---

(1) Hérodien, l. VI, p. 223-227.

(2) Caligula, le plus âgé des quatre, n'avait que vingt-cinq ans lorsqu'il monta sur le trône; Caracalla en avait vingt-trois, Commode dix-neuf, et Néron seulement dix-sept.

(3) Il paraît qu'il ignorait entièrement le grec, dont un

de l'infortuné Alexandre. Il n'avait point oublié que, dans un état plus humble, il avait attendu plus d'une fois à la porte des nobles de Rome, et que souvent l'insolence des esclaves l'avait empêché de paraître devant ces fiers patriciens. Il se rappelait aussi l'amitié d'un petit nombre qui l'avaient secouru dans sa pauvreté, et qui avaient guidé ses premiers pas dans la carrière des honneurs. Mais ceux qui avaient dédaigné le paysan de la Thrace, et ceux qui l'avaient protégé, étaient coupables du même crime ; ils avaient tous été témoins de son obscurité. Plusieurs furent punis de mort ; et en livrant aux supplices la plupart de ses bienfaiteurs, Maximin publia en caractères de sang l'histoire ineffaçable de sa bassesse et de son ingratitude.(1).

L'âme noire et féroce du tyran recevait avidement toutes sortes d'impressions sinistres contre les citoyens les plus distingués par leur naissance et par leur mérite. Dès que le mot de trahison venait l'effrayer, sa cruauté n'avait plus de bornes, et devenait inexorable. On avait découvert ou imaginé une conspiration contre sa vie ; Magnus, sénateur consulaire, était nommé comme le principal auteur du

---

usage habituel, soit dans les lettres, soit dans la conversation, avait fait une partie essentielle de toute bonne éducation.

(1) *Hist. Aug.*, p. 141; Hérodien, l. VII, p. 237. C'est avec une grande injustice que l'on accuse ce dernier historien d'avoir épargné les vices de Maximin.

complot; et, sans qu'on entendît un seul témoin, sans jugement, sans avoir la permission de se défendre; il fut mis à mort avec quatre mille de ses prétendus complices. Une foule innombrable d'espions et de délateurs infestaient l'Italie et les provinces : sur la plus légère accusation, les premiers citoyens de l'État qui avaient gouverné des provinces, commandé des armées, possédé le consulat et porté les ornemens du triomphe, étaient chargés de chaînes, conduits ignominieusement sur des chariots publics et en présence de l'empereur. La confiscation, l'exil, ou une mort simple, passaient pour des exemples extraordinaires de sa douceur. Il fit enfermer dans des peaux de bêtes nouvellement égorgées, plusieurs des malheureux qu'il destinait à la mort ; d'autres furent déchirés par des animaux, et quelques-uns expirèrent sous des coups de massue. Pendant les trois années de son règne, il dédaigna de visiter Rome ou l'Italie. Des circonstances particulières l'avaient obligé de transporter son armée des rives du Rhin aux bords du Danube. Son camp était le siége de cet affreux despotisme, qui, ouvertement soutenu par la puissance terrible de l'épée, foulait aux pieds les lois et l'équité (1). Il ne souffrait

---

(1) On le comparait à Spartacus et à Athénion. (*Hist. Aug.*, p. 141.) Quelquefois cependant la femme de Maximin savait, par de sages conseils qu'elle donnait avec cette douceur si propre à son sexe, ramener le tyran dans la voie de la vérité et de l'humanité. (*Voy.* Ammien-Marcellin, l. XIV,

auprès de lui aucun homme d'une naissance illustre, ou qui fût connu par des qualités éminentes ou par des talens pour l'administration. La cour d'un empereur romain retraçait l'image de ces anciens chefs d'esclaves ou de gladiateurs, dont le souvenir inspirait encore la terreur, et dont on ne se rappelait qu'en frémissant la puissance formidable.

<small>Oppression des provinces.</small> Tant que la cruauté de Maximin ne frappa que des sénateurs illustres, ou même ces hardis aventuriers qui s'exposaient à la cour ou à l'armée, aux caprices de la fortune, le peuple contempla ces scènes sanglantes avec indifférence, et peut-être avec plaisir. Mais l'avarice du tyran, irritée par les désirs insatiables des soldats, attaqua enfin les propriétés publiques. Chaque ville possédait un revenu indépendant, destiné à des achats de blé pour la multitude, et aux dépenses qu'exigeaient les jeux et les spectacles : un seul acte d'autorité confisqua en un moment toutes ces richesses au profit de l'empereur. Les temples furent dépouillés des offrandes en or et en argent, que la superstition y avait consacrées de-

---

c. 1, où il fait allusion à un fait qu'il a rapporté plus au long sous le règne de Gordien.) On peut voir par les médailles, que Paulina était le nom de cette impératrice bienfaisante : le titre de *diva* nous apprend qu'elle mourut avant Maximin. Valois, *ad loc. citat.* Amm. ; Spanheim, de U. et P. N., t. ii, p. 300 (*).

(*) Si l'on en croit Syncelle et Zonare, ce fut Maximin lui-même qui la fit mourir. (*Note de l'Éditeur.*)

puis tant de siècles ; et les statues élevées en l'honneur des dieux, des héros et des souverains, servirent à frapper de nouvelles espèces. Ces ordres impies ne pouvaient être exécutés, sans donner lieu à des soulèvemens et à des massacres. En plusieurs endroits, le peuple aima mieux mourir pour ses autels, que de voir, dans le sein de la paix, ses villes exposées aux déprédations et à toutes les horreurs de la guerre. Les soldats eux-mêmes, qui partageaient ces dépouilles sacrées, rougissaient de les recevoir. Quoique endurcis à la violence, ils redoutaient les justes reproches de leurs parens et de leurs amis. Il s'éleva dans tout l'univers romain un cri général d'indignation, qui appelait la vengeance sur la tête de l'ennemi commun du genre humain ; enfin, un acte particulier d'oppression souleva contre lui les habitans d'une province jusqu'alors tranquille et désarmée. (1).

L'intendant de l'Afrique était le digne ministre d'un maître qui regardait les amendes et les confiscations comme une des branches les plus considérables du revenu impérial. Une sentence inique avait été portée contre quelques-uns des jeunes gens les plus riches de la contrée ; son exécution les aurait dépouillés de la plus grande partie de leur patrimoine. Dans cette extrémité, le désespoir leur inspire une résolution qui devait compléter ou prévenir leur ruine. Après avoir obtenu trois jours avec beaucoup

Révolte en Afrique.

---

(1) Hérodien, l. VII, p. 238 ; Zozime, l. I, p. 15.

de difficultés, ils profitent de ce délai pour faire venir de leurs terres et rassembler autour d'eux un grand nombre d'esclaves et de paysans armés de haches et de massues, et entièrement dévoués aux ordres de leurs seigneurs. Les chefs de la conspiration ayant été admis à l'audience de l'intendant, le frappent de leurs poignards, qu'ils avaient cachés sous leurs robes. Suivis aussitôt d'une troupe tumultueuse, ils s'emparent de la petite ville de Thysdrus (1), et arborent l'étendard de la rebellion contre le maître de l'empire romain. Ils fondaient leurs espérances sur la haine générale qu'avait inspirée Maximin, et ils prirent sagement le parti d'opposer à ce tyran détesté un empereur qui, par des vertus douces, se fût déjà concilié l'amour des peuples, et dont l'autorité sur la province donnât du poids à leur entreprise. Gordien, leur proconsul, qu'ils avaient choisi, refusa de bonne foi ce dangereux honneur. Il les conjura, les larmes aux yeux, de lui laisser terminer en paix une vie innocente, et de ne pas le forcer à tremper ses mains, déjà affaiblies par l'âge, dans le sang de ses concitoyens. Leurs menaces le contraignirent d'accepter la pourpre impériale, seul rem-

---

(1) Dans le fertile territoire de Bysacium, à cent cinquante milles au sud de Carthage. Ce furent probablement les Gordiens qui donnèrent le titre de colonie à cette ville, et qui y firent bâtir un bel amphithéâtre que le temps a respecté. Voyez *Itineraria*, Wesseling, page 59, et les *Voyages de Shaw*, p. 117.

part qui lui restât désormais contre la fureur de Maximin; puisque, selon la maxime d'un tyran, on mérite la mort dès qu'on a été jugé digne du trône, et que délibérer, c'est déjà se rendre coupable de rebellion (1).

La famille de Gordien était une des plus illustres du sénat de Rome. Il descendait des Gracques par son père, et par sa mère, de l'empereur Trajan. Une fortune considérable le mettait en état de soutenir la dignité de sa naissance, et dans l'usage qu'il en faisait, il déployait l'élégance de son goût et toute la bienfaisance de son âme. Le palais que le grand Pompée avait autrefois occupé à Rome appartenait depuis plusieurs générations à la famille des Gordiens (2). Il était décoré d'anciens trophées de victoires navales, et orné des ouvrages de la peinture moderne. La maison de campagne de Gordien, située sur le chemin qui menait à Préneste, était fameuse par des bains d'une beauté et d'une grandeur singulières, par trois galeries magnifiques, longues de cent pieds, et par un superbe portique élevé sur deux cents colonnes des quatre espèces de marbre

Caractère et élévation des deux Gordiens.

---

(1) Hérodien, l. VII, p. 239; *Hist. Aug.*, p. 153.

(2) *Hist. Aug.*, p. 152. Marc-Antoine s'empara de la belle maison de Pompée, *in Carinis* : après la mort du triumvir, elle fit partie du domaine impérial. Trajan permit aux sénateurs opulens d'acheter ces palais magnifiques et devenus inutiles au prince; ils y furent même encouragés par lui. (Pline, *Panegyr.*, c. 50.) Ce fut probablement alors que le bisaïeul de Gordien fit l'acquisition de la maison de Pompée.

les plus rares et les plus chères (1). Les jeux publics dont il avait fait la dépense semblent être au-dessus de la fortune d'un sujet. L'amphithéâtre était rempli de plusieurs centaines de bêtes sauvages et de gladiateurs (2). Bien différent des autres magistrats qui célébraient dans Rome seulement un petit nombre de fêtes solennelles, Gordien, lorsqu'il fut édile, donna des spectacles tous les mois ; et, pendant son consulat, les principales villes d'Italie éprouvèrent sa magnificence. Il fut élevé deux fois à cette dernière dignité par Caracalla et par Alexandre ; car il possédait le rare talent de mériter l'estime des princes vertueux, sans alarmer la jalousie des tyrans. Sa longue carrière fut partagée entre l'étude des lettres et les paisibles honneurs de Rome. Il refusa prudemment le commandement des armées et le gou-

---

(1) Ces quatre espèces de marbre étaient le claudien, le numidien, le carystien et le synnadien. Leurs couleurs n'ont pas été assez bien décrites pour pouvoir être parfaitement distinguées ; il paraît cependant que le carystien était un vert de mer, et que le synnadien était blanc, mêlé de taches de pourpre ovales. *Voyez* Saumaise, *ad Hist. Aug.*, p. 164.

(2) *Hist. Aug.*, p. 151, 152. Il faisait paraître quelquefois sur l'arène cinq cents couples de gladiateurs, jamais moins de cent cinquante. Il donna une fois au cirque cent chevaux siciliens et autant de la Cappadoce. Les animaux destinés pour le plaisir de la chasse étaient principalement l'ours, le sanglier, le taureau, le cerf, l'élan, l'âne sauvage, etc. Le lion et l'éléphant semblent avoir été réservés pour les empereurs.

vernement des provinces, jusqu'à ce qu'il eût été nommé proconsul d'Afrique par le sénat, et avec le consentement d'Alexandre (1). Tant que ce prince vécut, l'Afrique fut heureuse sous l'administration de son digne représentant. Après l'usurpation du barbare Maximin, Gordien adoucit les maux qu'il ne pouvait prévenir. Lorsqu'il accepta, malgré lui, la pourpre impériale, il était âgé de plus de quatre-vingts ans. On se plaisait à contempler dans ce vieillard respectable les restes uniques et précieux du siècle fortuné des Antonins, dont il retraçait les vertus par sa conduite, et qu'il avait célébrées dans un poëme élégant de trente livres. Le fils de ce vénérable proconsul l'avait accompagné en Afrique en qualité de lieutenant : il fut pareillement proclamé empereur par les habitans de la province. Le jeune Gordien avait des mœurs moins pures que celles de son père ; mais son caractère était aussi aimable. Vingt-deux concubines reconnues, et une bibliothèque de soixante-deux mille volumes, attestent la diversité de ses goûts ; et, d'après ce qui resta de lui, il paraît que les femmes et les livres étaient plutôt destinés à son usage qu'à une vaine ostentation (2). Le peuple romain retrouvait dans ses traits

---

(1) *Voyez* dans l'*Histoire Auguste*, p. 152, la lettre originale, qui montre à la fois le respect d'Alexandre pour l'autorité du sénat, et son estime pour le proconsul que cette compagnie avait désigné.

(2) Le jeune Gordien eut trois ou quatre enfans de cha-

l'image chérie de Scipion l'Africain; et, se rappelant que sa mère était petite-fille d'Antonin le Pieux, il se flattait que les vertus du jeune Gordien, cachées jusqu'alors dans le luxe indolent d'une vie privée, allaient bientôt se développer sur un plus grand théâtre.

<small>Ils sollicitent la confirmation de leur autorité.</small>

Dès que les Gordiens eurent apaisé les premiers tumultes d'une élection populaire, ils se rendirent à Carthage. Ils furent reçus avec transport par les Africains, qui honoraient leurs vertus; et qui, depuis le successeur de Trajan, n'avaient jamais contemplé la majesté d'un empereur romain. Mais ces vaines démonstrations ne pouvaient ni confirmer ni fortifier le titre des deux princes; ils se déterminèrent, par principe autant que par intérêt, à se munir de l'approbation du sénat. Une députation, composée des plus nobles de la province, se rendit immédiatement dans Rome, pour exposer et justifier la conduite de leurs compatriotes, qui, après avoir souffert si long-temps avec patience, étaient maintenant résolus d'agir avec vigueur. Les lettres des nouveaux empereurs étaient modestes et respectueuses; ils s'excusaient sur la nécessité qui les avait forcés d'accepter le titre impérial, et ils soumettaient leur destin à la décision suprême du sénat (1).

<small>Le sénat ratifie l'élection des Gordiens.</small>

Cette assemblée ne balança pas sur une réponse

---

que concubine. Ses productions littéraires, quoique moins nombreuses, n'étaient pas à mépriser.

(1) Hérodien, l. VII, p. 243; *Hist. Aug.*, p. 144.

favorable, et les sentimens ne furent point partagés. La naissance et les nobles alliances des Gordiens les liaient intimement avec les plus illustres maisons de Rome. Leur grande fortune leur avait procuré beaucoup de partisans dans le sénat, et leur mérite un grand nombre d'amis. Leur douce administration faisait entrevoir dans un avenir brillant non-seulement la fin des calamités qui déchiraient l'État, mais encore le rétablissement de la république. La terreur inspirée par la violence militaire, qui d'abord avait forcé les sénateurs à fermer les yeux sur le meurtre du vertueux Alexandre, et à ratifier l'élection d'un paysan barbare (1), produisit alors l'effet contraire, et les excita à soutenir les droits violés de la liberté et de l'humanité. On connaissait la haine implacable de Maximin contre le sénat. Les soumissions les plus respectueuses ne pouvaient le fléchir; l'innocence la plus réservée n'aurait point été à l'abri de ses cruels soupçons. Les sénateurs, déterminés par de pareils motifs et par le soin de leur propre sûreté, résolurent de courir le hasard d'une entreprise dont ils étaient bien sûrs d'être les premières victimes, si elle ne réussissait pas.

Ces considérations, et d'autres peut-être d'une nature plus particulière, avaient d'abord été discutées dans une conférence entre les consuls et les magistrats. Dès qu'ils eurent pris leur résolution,

---

(1) *Quod tamen patres dum periculosum existimant, inermes armato resistere approbaverunt.* Aurelius-Victor.

ils convoquèrent tous les sénateurs dans le temple de Castor, selon l'ancienne forme du secret (1), instituée pour réveiller leur attention et pour cacher leurs décrets. « Pères conscrits, dit le consul Syllanus, les Gordiens, revêtus tous les deux d'une dignité consulaire, l'un votre proconsul, l'autre votre lieutenant en Afrique, viennent d'être déclarés empereurs avec le consentement général de cette province. Rendons des actions de grâces, continua-t-il courageusement, à la jeunesse de Thysdrus; rendons des actions de grâces à nos généreux défenseurs, les fidèles habitans de Carthage, qui nous délivrent d'un monstre horrible. Pourquoi m'écoutez-vous ainsi froidement, hommes timides? pourquoi jetez-vous l'un sur l'autre des regards inquiets? pourquoi hésitez-vous? Maximin est l'ennemi de l'État : puisse son inimitié expirer bientôt avec lui ! puissions-nous recueillir long-temps les fruits de la sagesse et de la fortune de Gordien le père, de la valeur et de la constance de Gordien le fils (2) ! » La noble ardeur du consul ranima l'esprit languissant du sénat. Un décret unanime ratifia l'élection des Gordiens, déclara Maximin, son fils, et tous leurs partisans traî-

Il déclare Maximin ennemi public.

―――――

(1) Les greffiers et autres officiers du sénat étaient exclus, et les sénateurs en remplissaient alors eux-mêmes les fonctions. Nous sommes redevables à l'*Hist. Aug.*, p. 157, de cet exemple curieux de l'ancien usage observé sous la république.

(2) Ce courageux discours paraît avoir été tiré des registres du sénat : il est inséré dans l'*Histoire Auguste*, p. 156.

tres à la patrie, et offrit de grandes récompenses à ceux qui auraient le courage ou le bonheur d'en délivrer l'État.

Dans l'absence de l'empereur, un détachement des gardes prétoriennes était resté à Rome, pour défendre ou plutôt pour gouverner la capitale. Le préfet Vitalien avait signalé sa fidélité envers Maximin, par l'ardeur avec laquelle il avait exécuté et même prévenu ses ordres cruels. Sa mort seule pouvait assurer l'autorité chancelante des sénateurs, et mettre leurs personnes à l'abri de tout danger. Avant que leur décision eût transpiré, un questeur et quelques tribuns furent chargés d'ôter la vie au préfet. Ils remplirent leur commission avec un succès égal à la hardiesse de l'entreprise; et, tenant à la main le poignard ensanglanté, ils coururent dans toutes les rues de la ville, en annonçant au peuple et aux soldats la nouvelle de l'heureuse révolution. L'enthousiasme de la liberté fut secondé par des promesses de récompenses considérables en argent et en terres. On renversa les statues de Maximin, et la capitale reconnut avec transport l'autorité des deux empereurs et celle du sénat (1). Le reste de l'Italie suivit l'exemple de Rome.

Le sénat prend le commandement de Rome et de l'Italie.

Un nouvel esprit animait cette assemblée subjuguée depuis si long-temps par la licence militaire et par un despotisme farouche. Le sénat se saisit des rênes du gouvernement, et prit les mesures les plus

Il se prépare à soutenir une guerre civile.

―――――――――――――――――――――――

(1) Hérodien, l. VII, p. 244.

sages pour venger, les armes à la main, la cause de la liberté. Dans cette foule de sénateurs consulaires, qui, par leur mérite et par leurs services, avaient obtenu les faveurs d'Alexandre, il fut aisé d'en trouver vingt capables de commander des armées et de conduire une guerre. Ce fut à eux que l'on confia la défense de l'Italie : on leur assigna à chacun différens départemens. Ils avaient ordre de faire de nouvelles levées, de discipliner la jeunesse italienne, et surtout de fortifier les ports et les grands chemins, dans la crainte d'une invasion. On envoya en même temps aux gouverneurs de quelques provinces plusieurs députés choisis parmi les plus distingués du sénat et de l'ordre équestre, pour les conjurer de voler au secours de la patrie, et de rappeler aux nations les nœuds de leur ancienne amitié avec le peuple romain. Le respect que l'on eut généralement pour ces députés, et l'empressement de l'Italie et des provinces à prendre le parti du sénat, prouve suffisamment que les sujets de Maximin étaient réduits à cet étrange état de malheur, dans lequel un peuple a plus à craindre de l'oppression que de la résistance. Le sentiment intime de cette triste vérité inspire un degré de fureur opiniâtre, qui caractérise rarement ces guerres civiles soutenues par les artifices de quelques chefs factieux et entreprenans (1).

Défaite et mort des deux Gordiens. Ann. 237, 3 juillet.

Mais tandis que l'on embrassait la cause des Gor-

___

(1) Hérodien, l. vii, p. 247 ; l. viii, p. 277 ; *Hist. Aug.*, p. 156-158.

diens avec tant d'ardeur, les Gordiens eux-mêmes n'étaient plus. La faible cour de Carthage avait pris l'alarme à la nouvelle de la marche rapide de Capellianus, gouverneur de la Mauritanie, qui, suivi d'une petite bande de vétérans et d'une troupe formidable de Barbares, fondit sur une province fidèle à son nouveau souverain, mais incapable de le défendre. Le jeune Gordien s'avança au devant de l'ennemi, à la tête d'un petit nombre de gardes et d'une multitude indisciplinée, élevée dans le luxe et l'oisiveté de Carthage. Sa valeur inutile ne servit qu'à lui procurer une mort glorieuse sur le champ de bataille. Son père, qui n'avait régné que trente-six jours, mit fin à sa vie dès qu'il apprit cette défaite. Carthage, sans défense, ouvrit ses portes au vainqueur, et l'Afrique se trouva exposée à l'avidité cruelle d'un esclave qui, pour plaire à son maître, était obligé de paraître devant lui avec d'immenses trésors, et les mains teintes du sang d'un grand nombre de citoyens (1).

Le sort imprévu des Gordiens remplit Rome d'une juste terreur. Le sénat, convoqué dans le temple de

Maxime et Balbin déclarés empéreurs par le sénat. 9 juillet.

---

(1) Hérodien, l. VII, p. 254; *Hist. Aug.*, p. 150-160. Au lieu d'un an et six mois pour le règne de Gordien, ce qui est absurde, il faut lire, d'après Casaubon et Panvinius, un mois et six jours. *Voyez* Comment., p. 193. Zozime rapporte (l. 1, p. 17) que les deux Gordiens périrent par une tempête au milieu de leur navigation : étrange ignorance de l'histoire, ou étrange abus des métaphores !

la Concorde, affecta de s'occuper des affaires du jour ; il tremblait d'envisager les malheurs dont il était menacé. Le silence et la consternation régnaient dans toute l'assemblée, lorsqu'un sénateur, du nom et de la famille de Trajan, entreprit de relever le courage de ses concitoyens. Il leur représenta que depuis long-temps il n'était plus en leur pouvoir de temporiser ni d'user de réserve ; que Maximin, naturellement implacable et irrité par leurs dernières démarches, s'avançait vers l'Italie, à la tête de toutes les forces de l'empire ; que, pour eux, il ne leur restait d'autre alternative que d'aller dans la plaine à la rencontre de l'ennemi public, ou d'attendre avec soumission les tourmens cruels et la mort ignominieuse destinés à des rebelles malheureux. « Nous avons perdu, continua-t-il, deux excellens princes ; mais, à moins que nous ne trahissions notre propre cause, les espérances de la république n'ont point péri avec les Gordiens. J'aperçois ici un grand nombre de sénateurs dignes, par leurs vertus, de monter sur le trône, et capables, par leurs qualités éminentes, d'en soutenir la majesté. Élisons deux empereurs, dont l'un soit chargé de la guerre contre le tyran, tandis que l'autre restera dans Rome pour diriger l'administration civile. Je brave volontiers l'envie, et, sans craindre de m'exposer au danger d'une élection, je donne ma voix en faveur de Maxime et de Balbin. Ratifiez mon choix, pères conscrits, ou couronnez d'autres citoyens plus dignes de l'empire. » L'appréhension générale imposa silence aux murmures de la jalousie ; le mérite des deux candidats était universellement reconnu. Toute l'assemblée retentit d'acclamations sincères, et l'on entendit de tous côtés : « Victoire et longue vie aux empereurs Maxime et Balbin ! Vous êtes heureux au jugement du sénat ; puisse la république être heureuse sous votre administration (1) ! »

Rome fondait, avec justice, les plus belles espérances sur la vertu et sur la réputation des nouveaux empereurs. Le genre particulier de leurs talens les rendait propres chacun aux différens départemens de la guerre et de la paix. Ils pouvaient être assis sur le même trône sans qu'il s'élevât entre eux aucune émulation dangereuse. Orateur distingué, poëte célèbre, sage magistrat, Balbin avait exercé avec intégrité et avec de justes applaudissemens la juridiction civile dans presque toutes les provinces intérieures de l'empire. Sa naissance était illustre (2), sa fortune consi-

Leur caractère.

---

(1) *Voyez* l'*Histoire Auguste*, p. 166, d'après les registres du sénat : la date est évidemment fausse ; mais il est facile de rectifier cette erreur, en faisant attention que l'on célébrait alors les jeux apollinaires.

(2) Il descendait de Cornelius-Balbus, noble espagnol, et fils adoptif de Théophanes, l'historien grec. Balbus obtint le droit de bourgeoisie par la faveur de Pompée, et il dut la conservation de ce titre à l'éloquence de Cicéron. (Voyez *Oratio pro Corn. Balbo.*). L'amitié de César, auquel il rendit en secret d'importans services dans la guerre civile, lui procura les dignités de consul et de pontife ; honneurs dont aucun étranger n'avait encore été revêtu. Le neveu de ce Balbus triompha des Garamantes. *Voyez* le Dictionnaire de Bayle, au mot *Balbus* : ce judicieux écrivain distingue plusieurs

dérable; ses manières étaient généreuses et affables : un sentiment de dignité corrigeait en lui l'amour du plaisir, et les charmes d'une vie agréable ne le détournèrent jamais de l'application aux affaires. Maxime avait moins d'aménité dans le caractère : sorti d'une origine obscure, il s'était élevé, par son habileté et par sa valeur, aux premiers emplois de l'État et de l'armée. Ses victoires sur les Sarmates et sur les Germains, l'austérité de ses mœurs et l'impartialité de ses jugemens lorsqu'il était préfet de la ville, lui avaient concilié l'estime des citoyens, dont l'aimable Balbin possédait toute l'affection. Ces deux collègues avaient été consuls; Balbin même avait joui deux fois de cette honorable dignité : tous les deux avaient été nommés parmi les vingt lieutenans du sénat; et comme l'un était âgé de soixante ans, l'autre de soixante-quatorze (1), ils étaient parvenus à cette maturité que donnent l'âge et l'expérience.

Tumulte à Rome. Le plus jeune des Gordiens est nommé César.

Lorsque le sénat leur eut conféré les puissances consulaire et tribunitienne, le titre de pères de la patrie, et la dignité de grand pontife, Maxime et Balbin montèrent au Capitole pour rendre des actions de grâces aux dieux tutélaires de Rome (2). La solennité des

---

personnages de ce nom, et relève avec son exactitude ordinaire les méprises de ceux qui ont traité le même sujet.

(1) Zonare, l. xii, p. 622; mais peut-on s'en rapporter à l'autorité d'un Grec moderne si peu instruit de l'histoire du troisième siècle, qu'il crée plusieurs empereurs imaginaires, et qu'il confond les princes qui ont réellement existé?

(2) Hérodien, l. vii, p. 256, suppose que le sénat fut

sacrifices fut troublée par un soulèvement du peuple. La sévérité de Maxime déplaisait à cette multitude licencieuse; la douceur, l'humanité de Balbin, ne lui en imposaient point assez. Bientôt la foule s'augmente, et les mutins entourent le temple de Jupiter, en frappant l'air de leurs cris : ils réclament, comme un titre légitime, le droit de ratifier l'élection d'un souverain; et ils demandent avec une modération apparente, qu'outre les deux empereurs déjà nommés par le sénat on en choisisse un troisième dans la famille des Gordiens, comme une juste marque de reconnaissance envers ces deux princes, qui avaient sacrifié leur vie pour la république. Maxime et Balbin, à la tête des gardes de la ville et des plus jeunes de l'ordre équestre, entreprennent de se faire jour à travers les rebelles : la multitude, armée de pierres et de bâtons, repousse ces princes, et les force de se réfugier dans le Capitole. Il est prudent de céder lorsque la dispute, quelle que puisse en être l'issue, doit être fatale aux deux partis. Un enfant, âgé seulement de treize ans, petit-fils du vieux Gordien et neveu (1) du plus jeune, fut montré au peuple avec les ornemens et le titre de César. Cette facile condescendance apaisa le tumulte ; et les deux empereurs, après avoir été reconnus paisiblement dans Rome, se

---

d'abord convoqué dans le Capitole, et s'exprime à ce sujet avec beaucoup d'éloquence : l'*Histoire Auguste*, page 116, semble beaucoup plus authentique.

(1) Fils, selon quelques-uns. (*Note de l'Éditeur.*)

préparèrent à défendre l'Italie contre l'ennemi public.

{Maximin se dispose à attaquer le sénat et son empereur.} Tandis qu'à Rome et dans le sein de l'Afrique les révolutions se succédaient avec une rapidité inconcevable, l'esprit de Maximin était déchiré par les passions les plus violentes. On prétend qu'il reçut, non en homme, mais en bête féroce, la nouvelle de la rébellion des Gordiens et du décret solennel rendu contre sa personne. Trop éloigné du sénat pour lui faire éprouver toute sa rage, il voulait, dans les premiers mouvemens d'une fureur aveugle, souiller ses mains du sang de son fils, de ses amis et de tous ceux qui osaient l'approcher. Il s'applaudissait à peine de la chute précipitée des Gordiens, lorsqu'il apprit que les sénateurs, renonçant à tout espoir de pardon, avaient élu de nouveau deux princes dont il ne pouvait ignorer le mérite. La vengeance était la dernière ressource de Maximin, et les armes seules pouvaient lui procurer cette unique consolation : il se trouvait à la tête des meilleures légions romaines, qu'Alexandre avait rassemblées de toutes les parties de l'empire. Trois campagnes heureuses, contre les Sarmates et contre les Germains, avaient élevé leur réputation, exercé leur discipline, et augmenté même leur nombre, en remplissant leurs rangs d'une foule de jeunes Barbares. Maximin avait passé sa vie dans les camps; et l'histoire ne peut lui refuser la valeur d'un soldat, ni même les talens d'un général expérimenté (1). Il était à présumer qu'un prince de ce

---

(1) Dans Hérodien, l. VII, p. 249, et dans l'*Hist. Aug.*,

caractère, au lieu de laisser à la rebellion le temps de se fortifier, se transporterait sur-le-champ des rives du Danube aux bords du Tibre, et que son armée victorieuse, pleine de mépris pour le sénat, et impatiente de s'emparer des dépouilles de l'Italie, devait brûler du désir de terminer une conquête facile et lucrative. Cependant, autant que nous pouvons en juger par la chronologie obscure de cette période (1), il paraît que Maximin, retardé par les opérations de quelque guerre étrangère, ne marcha

---

nous avons trois harangues différentes de Maximin à son armée, sur la rebellion d'Afrique et de Rome. M. de Tillemont a très-bien observé qu'elles ne s'accordent ni entre elles ni avec la vérité. *Histoire des Empereurs*, tome III, p. 799.

(1) L'inexactitude des écrivains de ce siècle nous jette dans un grand embarras. 1° Nous savons que Maxime et Balbin furent tués durant les jeux capitolins. (Hérodien, l. VIII, p. 285.) L'autorité de Censorin (*de Die natali*, c. 18) nous apprend que ces jeux furent célébrés dans l'année 238; mais nous ne connaissons ni le mois ni le jour. 2° Nous ne pouvons douter que Gordien n'ait été élu par le sénat le 27 mai; mais nous sommes en peine de découvrir si ce fut la même année ou la précédente. Tillemont et Muratori, qui soutiennent les deux opinions opposées, s'appuient d'une foule d'autorités, de conjectures et de probabilités : l'un resserre la suite des faits entre ces deux époques, l'autre l'étend au-delà, et tous deux paraissent s'écarter également de la raison et de l'histoire. Il est cependant nécessaire de choisir entre eux (*).

(*) Eckhel a traité plus récemment ces questions de chronologie avec une clarté qui donne une grande probabilité à ses résultats : mettant de côté tous les historiens, dont les contradictions sont in-

que le printemps suivant en Italie. D'après la conduite prudente de ce prince, nous sommes portés à croire que les traits farouches de son caractère ont été exagérés par l'esprit de parti; que ses passions, quoique impétueuses, se soumettaient à la force de la raison, et que son âme barbare avait quelques étincelles du noble génie de Sylla (1), qui subjugua les ennemis de Rome avant de songer à venger ses injures particulières.

---

(1) Velleius-Paterculus, l. II, c. 24. Le président de Montesquieu, dans son *Dialogue entre Sylla et Eucrate*, exprime les sentimens du dictateur d'une manière ingénieuse et même sublime.

conciliables, il n'a consulté que les médailles, et a établi dans les faits qui nous occupent l'ordre suivant :

« Maximin, l'an de Rome 990, après avoir vaincu les Germains, rentre en Pannonie, établit ses quartiers d'hiver à Sirmium, et se prépare pour faire la guerre aux peuples du Nord. L'an 991, aux calendes de janvier, commence son quatrième tribunat. Les Gordiens sont élus empereurs en Afrique, probablement au commencement du mois de mars. Le sénat confirme avec joie cette élection, et déclare Maximin ennemi de Rome. Cinq jours après avoir appris cette révolte, Maximin part de Sirmium avec son armée pour marcher contre l'Italie. Ces événemens se passent vers le commencement d'avril : peu après, les Gordiens sont tués en Afrique par Capellianus, procurateur de la Mauritanie. Le sénat, dans son effroi, nomme empereurs Balbus et Maxime-Pupien, et charge ce dernier de la guerre contre Maximin. Maximin est arrêté dans sa route près d'Aquilée par le défaut de provisions et la fonte des neiges : il commence le siège d'Aquilée à la fin d'avril. Pupien rassemble son armée à Ravenne. Maximin et son fils sont massacrés par les soldats irrités de la résistance des Aquiléens, et ce fut probablement au milieu de mai. Pupien revient à Rome, et gouverne avec Balbin : ils sont assassinés vers la fin de juillet. Gordien le Jeune monte sur le trône. » Eckhel, *de Doct. num. vet.*, t. VII, p. 295.

Lorsque les troupes de Maximin, qui s'avançaient en bon ordre, arrivèrent au pied des Alpes Juliennes, elles furent effrayées du silence et de la désolation qui régnaient sur les frontières de l'Italie. Elles trouvèrent partout les villages déserts, les villes abandonnées : les habitans avaient pris la fuite à leur approche, emmenant avec eux leurs troupeaux. Les provisions avaient été emportées ou détruites, les ponts rompus ; enfin, il n'existait plus rien qui pût servir d'asile à l'ennemi, ou lui procurer des vivres. Tels avaient été les ordres des généraux du sénat, dont le sage projet était de prolonger la guerre, de ruiner l'armée de Maximin par les attaques lentes de la famine, et de l'obliger à consumer ses forces au siége des principales villes d'Italie, abondamment pourvues d'hommes et de munitions.

Il marche en Italie. Ann. 238; février.

Aquilée reçut et soutint le premier choc de l'invasion. Les courans qui tombent dans la mer Adriatique, à l'extrémité du golfe de ce nom, grossis alors par la fonte des neiges (1), opposèrent aux armes de

Siége d'Aquilée.

---

(1) Muratori (*Annali d'Italia*, t. II, p. 294) pense que la fonte des neiges indique plutôt le mois de juin ou de juillet que celui de février. L'opinion d'un homme qui passait sa vie entre les Alpes et les Apennins, est sans contredit d'un grand poids ; il faut cependant observer, 1° que le long hiver dont Muratori tire avantage ne se trouve que dans la version latine, et que le texte grec d'Hérodien n'en fait pas mention ; 2° que les pluies et le soleil, auxquels les soldats de Maximin furent tour à tour exposés (Hérodien, l. VIII; p. 277), désignent le printemps plutôt que l'été. Ce sont ces

Maximin un obstacle imprévu : cependant il fit construire un pont avec de grosses futailles artistement liées ensemble ; et dès qu'il se fut transporté de l'autre côté du torrent, il arracha les vignes qui embellissaient les environs d'Aquilée, démolit les faubourgs, et en employa les matériaux à bâtir des tours et des machines pour attaquer la ville de tous côtés. On venait de réparer à la hâte les murailles qui étaient tombées en ruine pendant la tranquillité d'une longue paix ; mais le plus ferme rempart d'Aquilée consistait dans la résolution des citoyens, qui tous, loin de se montrer abattus, tiraient un nouveau courage de l'excès du danger, et de la connaissance qu'ils avaient de l'implacable caractère de Maximin. Crispinus et Ménophile, deux des vingt lieutenans du sénat, et qui s'étaient jetés dans la place avec un petit corps de troupes régulières, soutenaient et dirigeaient la valeur des habitans. Les troupes de Maximin furent repoussées dans plusieurs assauts, et ses machines brûlées par les feux que les assiégés faisaient pleuvoir du haut de leurs murs. Le généreux enthousiasme des Aquiléens ne leur permettait pas de douter de la victoire ; ils combattaient, persuadés que Belenus,

---

différens courans qui, réunis dans un seul, forment le Timave, dont Virgile nous a donné une description si poétique, dans toute l'étendue du mot. Ils roulent leurs eaux à douze milles environ à l'est d'Aquilée. *Voyez* Cluvier, *Italia Antiquâ*, t. 1, p. 189 ; etc.

leur divinité tutélaire, prenait en personne la défense de ses adorateurs (1).

Conduite de Maxime.

L'empereur Maxime, qui s'était avancé jusqu'à Ravenne pour couvrir cette importante place, et pour hâter les préparatifs militaires, pesait l'événement de la guerre dans la balance exacte de la raison et de la politique. Il savait trop bien qu'une seule ville ne pouvait résister aux efforts constans d'une grande armée, et il craignait que l'ennemi, fatigué de la résistance opiniâtre des assiégés, n'abandonnât subitement un siége inutile, et ne marchât droit à Rome. Le destin de l'empire et la cause de la liberté auraient été alors remis au hasard d'une bataille; et quelle armée avait-il à opposer aux redoutables vétérans du Rhin et du Danube? quelques troupes nouvellement levées parmi la jeunesse italienne, remplie d'une noble ardeur, mais énervée par le luxe, et un corps de Germains auxiliaires, sur la fermeté duquel il eût été dangereux de compter dans la chaleur du combat. Au milieu de ces justes alarmes, une conspiration secrète punit les crimes de Maximin, et délivra Rome des calamités qui auraient certainement suivi la victoire d'un Barbare furieux.

---

(1) Hérodien, l. VIII, p. 272. La divinité celtique fut supposée être Apollon, et le sénat lui rendit, sous ce nom, des actions de grâces. On bâtit aussi un temple à Vénus la Chauve, pour perpétuer la gloire des femmes d'Aquilée, qui, pendant le siége, avaient sacrifié leurs cheveux, et les avaient fait généreusement servir aux machines de guerre.

Meurtre de Maximin et de son fils. An. 238, avril.

Jusqu'alors le peuple d'Aquilée avait à peine éprouvé quelques maux inséparables d'un siège : ses magasins étaient abondamment pourvus, et plusieurs fontaines d'eau douce renfermées dans l'enceinte de la place assuraient aux habitans des ressources inépuisables. Les soldats de Maximin, au contraire, exposés à toutes les inclémences de l'air, désolés par une maladie contagieuse, se voyaient encore en proie aux horreurs de la famine. Partout aux environs les campagnes étaient dévastées, les fleuves souillés de sang et remplis de cadavres : le désespoir et le découragement commençaient à s'emparer des troupes; et comme toute communication avait été interceptée, elles se persuadèrent que l'empire entier avait embrassé la cause du sénat, et qu'elles étaient destinées à périr sous les murailles imprenables d'Aquilée. Le farouche Maximin s'irritait du peu de succès de ses armes, qu'il attribuait à la lâcheté de son armée. Sa cruauté imprudente et désordonnée, loin de répandre la terreur, inspirait la haine et le plus juste désir de vengeance. Enfin, un parti de prétoriens, qui tremblaient pour leurs femmes et pour leurs enfans, enfermés près de Rome dans le camp d'Albe, exécuta la sentence du sénat. Maximin, abandonné de ses gardes, fut assassiné dans sa tente avec le jeune César, son fils, avec le préfet Anulinus, et avec les principaux ministres de sa tyrannie (1). Leurs têtes, portées sur des piques,

---

(1) Hérodien, l. viii, p. 279; *Hist. Aug.*, p. 146. Aucun

apprirent aux habitans d'Aquilée que le siége était fini : aussitôt ils ouvrirent leurs portes ; et les assiégeans affamés trouvèrent dans les marchés de la ville des provisions de toute espèce. Les troupes qui venaient de servir sous les étendards de Maximin, jurèrent une fidélité inviolable au sénat, au peuple et à leurs légitimes empereurs, Balbin et Maxime. Tel fut le destin mérité d'un sauvage féroce, privé de tous les sentimens qui distinguent un homme civilisé, et même un être raisonnable. Selon le portrait qui nous en est resté, son corps était parfaitement assorti à l'âme qui l'animait. La taille de Maximin excédait huit pieds, et l'on rapporte des exemples presque incroyables de sa force et de son appétit extraordinaires (1). S'il eût vécu dans un siècle moins éclairé, la fable et la poésie auraient pu le représenter comme l'un de ces énormes géans qui, revêtus d'un pouvoir surnaturel, livraient au genre humain une guerre perpétuelle.

<small>Son portrait.</small>

---

auteur n'a calculé la durée du règne de Maximin avec plus de soin qu'Eutrope, qui lui donne trois ans et quelques jours (l. ix , 1) : nous pouvons croire que le texte de cet auteur n'est pas corrompu, puisque l'original latin est épuré par la version grecque de Péan.

(1) Huit pieds romains et un tiers (*). *Voyez* le *Traité* de Greaves *sur le pied romain.* Maximin pouvait boire dans un jour une *amphora*; environ vingt-cinq pintes de vin, et

(*) Sept pieds trois pouces de Paris. Le pied romain, d'après Barthélemy et Jacquier, vaut 10 pouces 9 lignes $\frac{3}{4} = 0,2926$ de mètre.
(*Note de l'Éditeur.*)

Joie de l'univers romain.

Il est plus aisé de concevoir que de décrire la joie universelle qui éclata dans tout l'empire à la chute du tyran. On assure que la nouvelle de sa mort parvint en quatre jours d'Aquilée à Rome. Le retour de Maxime fut un triomphe. Son collègue et le jeune Gordien allèrent au devant de lui ; et les trois princes entrèrent dans la capitale, accompagnés des ambassadeurs de presque toutes les villes d'Italie, comblés des présens magnifiques de la reconnaissance et de la superstition, et salués avec des acclamations sincères par le sénat et par le peuple, qui croyaient voir l'âge d'or succéder à un siècle de fer (1). La conduite des deux empereurs répondit à l'attente publique. Ces princes rendaient la justice en personne ; et la clémence de l'un tempérait la sévérité de l'autre. Les impôts onéreux établis par Maximin sur les legs et sur les héritages furent supprimés, ou du moins modérés ; la discipline fut remise en vigueur, et l'on vit paraître, de l'avis du sénat, plusieurs lois sages, publiées par les deux monarques, qui s'efforçaient d'élever une constitution civile sur les débris d'une tyrannie militaire. « Quelle récompense pouvons-nous espérer pour avoir délivré Rome

---

manger trente ou quarante livres de viande. Il pouvait traîner une charrette chargée, casser d'un coup de poing la jambe d'un cheval, écraser des pierres dans ses mains, et déraciner de petits arbres. *Voyez* sa vie, dans l'*Histoire Auguste*.

(1) *Voyez*, dans l'*Histoire Auguste*, la lettre de félicitation écrite aux deux empereurs par le consul Claudius-Julianus.

d'un monstre? » demandait un jour Maxime, dans un moment de confiance et de liberté. « L'amour du sénat, du peuple et de tout le genre humain, » répondit Balbin sans hésiter. « Hélas ! s'écria son collègue plus pénétrant, je redoute la haine des soldats, et les suites funestes de leur ressentiment (1). » L'événement ne justifia que trop ses appréhensions.

Durant le temps que Maxime se préparait à défendre l'Italie contre l'ennemi commun, Balbin, qui n'avait point quitté Rome, avait été témoin de plusieurs scènes sanglantes, et s'était trouvé engagé dans des discordes intestines. La défiance et la jalousie régnaient parmi les sénateurs ; et même, dans les enceintes sacrées où ils s'assemblaient, ils portaient, ouvertement ou en secret, des armes avec eux. Au milieu de leurs délibérations, deux vétérans du corps des prétoriens, excités par la curiosité ou par un motif plus coupable, eurent l'audace d'entrer dans le temple, et pénétrèrent jusqu'à l'autel de la Victoire. Gallicanus, personnage consulaire, Mécénas, ancien préteur, ne purent voir sans indignation cette insolence. Ils jugèrent d'abord que ces soldats étaient deux espions. Aussitôt, tirant leurs poignards, ils les firent tomber morts au pied de l'autel. Ils se présentèrent ensuite à la porte du sénat, et exhortèrent imprudemment la multitude à massacrer les gardes, comme les partisans secrets du tyran. Ceux d'entre eux qui échappèrent à la première fureur du peuple,

Séditions à Rome.

_____

(1). *Hist. Aug.*, p. 171.

se réfugièrent dans leur camp, où ils se défendirent avec avantage contre les attaques réitérées des citoyens, soutenus par les nombreuses bandes des gladiateurs, qui appartenaient aux plus riches de la ville. La guerre civile dura plusieurs jours, et, dans cette confusion universelle, il y eut beaucoup de sang répandu de part et d'autre. Lorsque les canaux qui portaient de l'eau dans leur camp eurent été rompus, les prétoriens furent réduits à la dernière extrémité : ils firent, à leur tour, des sorties vigoureuses, brûlèrent beaucoup d'édifices, et massacrèrent un grand nombre d'habitans. L'empereur Balbin essaya, par de vains édits et par quelques trèves, de mettre fin à ces troubles. Mais, dans le moment que l'animosité des factions paraissait éteinte, elle se rallumait avec une nouvelle violence. Les soldats, ennemis du sénat et du peuple, méprisaient un prince qui manquait de courage ou de moyens pour se faire respecter (1).

Mécontentement des prétoriens.

Après la mort du tyran, son armée formidable avait reconnu, plus par nécessité que par choix, l'autorité de Maxime, qui s'était transporté sans délai au camp devant Aquilée. Dès que ce prince eut reçu des troupes le serment de fidélité, il leur parla avec beaucoup de modération et de douceur ; il leur reprocha moins qu'il ne déplora les affreux désordres des temps, et il les assura que de leur conduite passée, le sénat se rappellerait seulement la générosité avec laquelle

---

(1) Hérodien, l. VIII, p. 258.

ils avaient abandonné la cause d'un indigne tyran, et étaient rentrés volontairement dans leur devoir. Les exhortations de Maxime furent appuyées de grandes largesses; et lorsqu'il eut purifié le camp par un sacrifice solennel d'expiation, il renvoya les légions dans leurs différentes provinces, se flattant que, fidèles désormais et obéissantes, elles conserveraient sans cesse le souvenir de ses bienfaits (1). Mais rien ne fut capable d'étouffer le ressentiment des fiers prétoriens. Lorsqu'ils accompagnèrent les empereurs dans cette journée mémorable où ces princes entrèrent dans Rome au milieu des acclamations universelles, la sombre contenance des gardes annonçait qu'ils se regardaient plutôt comme l'objet du triomphe que comme associés aux honneurs de leurs souverains. Dès qu'ils furent tous assemblés dans leur camp, ceux qui avaient combattu pour Maximin, et ceux qui n'étaient point sortis de la capitale, se communiquèrent réciproquement leurs sujets de plainte et leurs alarmes. Les empereurs choisis par l'armée avaient subi une mort ignominieuse; des citoyens que le sénat avait revêtus de la pourpre, étaient assis sur le trône (2). Les sanglans démêlés qui existaient depuis si long-temps entre les puissances civile et militaire, ve-

---

(1) Hérodien, l. VIII, p. 213.
(2) Le sénat, au milieu de ses acclamations, avait eu l'imprudence de faire cette remarque : elle n'échappa point aux soldats, qui la regardèrent comme une insulte. *Hist. Aug.*, page 170.

naient d'être terminés par une guerre dans laquelle l'autorité civile avait remporté une victoire complète. Il ne restait plus aux soldats qu'à adopter de nouvelles maximes, et à se soumettre au sénat; et, malgré la clémence dont se parait cette compagnie politique, ils devaient redouter les funestes effets d'une vengeance lente, colorée du nom de discipline, et justifiée par de spécieux prétextes de bien public. Mais leur destinée était toujours entre leurs mains; et, s'ils avaient assez de courage pour mépriser les vaines menaces d'une république impuissante, ils pouvaient convaincre l'univers que ceux qui tiennent les armes disposent de l'autorité de l'État.

<small>Massacre de Maxime et de Balbin.</small>

Le sénat, en partageant la couronne, semblait n'avoir eu d'autre intention que de donner à l'empire deux chefs capables de le gouverner dans la guerre et dans la paix. Outre ce motif spécieux, il est probable que cette assemblée fut encore guidée par le désir secret d'affaiblir, en le divisant, le despotisme du magistrat suprême. Sa politique lui réussit; mais elle lui devint fatale, et entraîna la perte des souverains. Bientôt la jalousie du pouvoir fut irritée par la différence de caractère. Maxime méprisait Balbin, comme un noble livré aux plaisirs; et celui-ci dédaignait son collègue, comme un soldat obscur. Cependant jusque-là leur mésintelligence était plutôt soupçonnée qu'aperçue (1). Leurs dispositions réciproques les empêchèrent d'agir avec vigueur contre les prétoriens,

---

(1) *Discordiæ tacitæ, et quæ intelligerentur potiùs quàm vi-*

leurs ennemis communs. Un jour que toute la ville assistait aux jeux capitolins, les empereurs étaient restés presque seuls dans leur palais, où ils occupaient déjà des appartemens très-éloignés l'un de l'autre. Tout à coup ils prennent l'alarme à l'approche d'une troupe d'assassins furieux : chacun, ignorant la situation où les desseins de son collègue, tremble de donner ou de recevoir des secours, et ils perdent ainsi des momens précieux en frivoles débats et en récriminations inutiles. L'arrivée des gardes met fin à ces vaines disputes : ils se saisissent des empereurs du sénat, nom qu'ils leur donnaient par dérision. Ils les dépouillent de leurs vêtemens, et les traînent en triomphe dans les rues de Rome, avec le projet de leur faire subir une mort lente et cruelle. La crainte que les fidèles Germains de la garde impériale ne vinssent les arracher de leurs mains, abrégea les tourmens de ces malheureux princes, dont les corps percés de mille coups furent exposés aux insultes ou à la compassion de la populace (1).

<small>Ann. 238, 15 juillet.</small>

Dans l'espace de peu de mois, l'épée avait tranché les jours de six princes. Gordien, déjà revêtu du titre de César, parut aux prétoriens le seul propre à remplir le trône vacant (2). Ils l'emmenèrent au camp,

<small>Le troisième Gordien reste seul empereur.</small>

---

derentur. (Histoire Auguste, page 170.) Cette expression heureuse est probablement prise de quelque meilleur écrivain.

(1) Hérodien, l. VIII, p. 287, 288.
(2) *Quia non alius erat in præsenti.* Hist. Aug.

et le saluèrent unanimement Auguste et empereur. Son nom était cher au sénat et au peuple : sa tendre jeunesse promettait à la licence des troupes une longue impunité. Enfin, le consentement de Rome et des provinces épargnait à la république, quoiqu'aux dépens de sa dignité et de sa liberté, les horreurs d'une nouvelle guerre civile dans le centre de la capitale (1).

---

(1) Quinte-Curce (l. x, c. 9) félicite l'empereur régnant de ce qu'il a, par son heureux avénement, dissipé tant de troubles, fermé tant de plaies, et mis fin aux discordes qui déchiraient l'État. Après avoir pesé très-attentivement tous les mots de ce passage, je ne vois point, dans toute l'histoire romaine, d'époque à laquelle il puisse mieux convenir qu'à l'élévation de Gordien. En ce cas, il serait possible de déterminer le temps où Quinte-Curce a écrit. Ceux qui le placent sous les premiers Césars, raisonnent d'après la pureté et l'élégance de son style; mais ils ne peuvent expliquer le silence de Quintilien, qui nous a donné une liste très-exacte des historiens romains, sans faire mention de l'auteur de la *Vie d'Alexandre* (*).

(*) Cette conjecture de Gibbon n'a aucun fondement. Plusieurs passages de l'ouvrage de Quinte-Curce le placent évidemment à une époque antérieure : ainsi, en parlant des Parthes, il dit : *Hinc in Parthienen perventum est; tunc ignobilem gentem; nunc caput omnium qui post Euphraten et Tigrim amnes siti Rubro mari terminantur.* (L. vi, c. 2:) L'empire parthe n'eut cette étendue qu'au premier siècle de l'ère vulgaire; c'est donc à ce siècle qu'il faut rapporter l'âge de Quinte-Curce. « Quoique les critiques, dit M. de Sainte-Croix, aient beaucoup multiplié les conjectures sur ce sujet, la plupart ont fini néanmoins par adopter l'opinion qui place Quinte-Curce sous le règne de Claude. » *Voy.* Juste-Lipse, ad *Ann.* Tac., l. ii, c. 20; Michel Le Tellier, *Præf. in Curt.*; Tillemont, *Hist. des Emp.*, t. i, p. 251; Dubos, *Réflex. crit.*

Comme le troisième Gordien mourut à l'âge de dix-neuf ans, l'histoire de sa vie, si elle nous était parvenue avec plus d'exactitude, ne renfermerait guère que les détails de son éducation et de la conduite des ministres qui trompèrent ou guidèrent tour à tour la simplicité d'un jeune prince sans expérience. Immédiatement après son élévation, il tomba entre les mains des eunuques de sa mère, ces vils instrumens du luxe asiatique, et qui, depuis la mort d'Élagabale, infestaient le palais des empereurs romains. Ces malheureux, par leurs intrigues secrètes, tirèrent un voile impénétrable entre un prince innocent et des sujets opprimés. Le vertueux Gordien ignorait que les premières dignités de l'État étaient tous les jours vendues publiquement aux plus indignes citoyens. Nous ne savons pas comment l'empereur fut assez heureux pour s'affranchir de cette ignominieuse servitude, et pour placer sa confiance dans un ministre dont les sages conseils n'eurent pour objet que la gloire du souverain et le bonheur du peuple. On serait porté à croire que l'amour et les lettres valurent à Misithée la faveur de Gordien. Ce jeune prince, après avoir épousé la fille de son maître de rhétorique, éleva son beau-père aux premiers emplois de l'État. Il existe encore deux lettres admirables qu'ils s'écrivirent. Le ministre, avec cette noble fermeté que donne la vertu,

Innocence et vertus de Gordien.

---

sur la poésie, seconde part., § 13; Tiraboschi, *Storia della Letter. ital.*, t. II, p. 149; *Exam. crit. des histor. d'Alexandre*, 2ᵉ éd., p. 104, 849; 850. (*Note de l'Éditeur.*)

félicite Gordien de ce qu'il s'est arraché à la tyrannie des eunuques, et plus encore de ce qu'il sent le prix de cet heureux affranchissement (1). L'empereur reconnaît, avec une aimable confusion, les erreurs de sa conduite passée; et il peint avec des couleurs bien naturelles le malheur d'un monarque entouré d'une foule de vils courtisans, qui s'efforcent perpétuellement de lui dérober la vérité (2).

Guerre de Perse. Ann. 242.

Misithée avait passé sa vie dans l'étude des lettres, et la profession des armes lui était entièrement inconnue. Cependant telle était la flexibilité du génie de ce grand homme, que lorsqu'il fut nommé préfet du prétoire, il remplit les devoirs militaires de sa place avec autant de vigueur que d'habileté. Les Perses avaient pénétré dans la Mésopotamie, et menaçaient Antioche. Le jeune empereur, à la persuasion de son beau-père, quitta le luxe de Rome, et marcha en Orient, après avoir ouvert le temple de Janus, cérémonie autrefois si célèbre, et la dernière alors dont l'histoire fasse mention. Dès que les Perses apprirent qu'il s'approchait à la tête d'une grande armée, ils évacuèrent les villes qu'ils avaient déjà

---

(1) *Hist. Aug.*, p. 161. D'après quelques particularités contenues dans ces deux lettres, j'imagine qu'on n'obtint pas l'expulsion des eunuques sans quelque respectueuse violence, et que le jeune Gordien se contenta d'approuver leur disgrâce sans y consentir.

(2). *Duxit uxorem filiam Misithei, quem causâ eloquentiæ dignum parentelâ suâ putavit, et præfectum statim fecit; post quod non puerile jam et contemptibile videbatur imperium.*

prises, et se retirèrent de l'Euphrate vers le Tigre. Gordien eut le plaisir d'annoncer au sénat les premiers succès de ses armes, qu'il attribuait, avec une modestie et une reconnaissance bien recommandables, à la sagesse de son préfet. Pendant toute cette expédition, Misithée veilla toujours à la sûreté et à la discipline de l'armée. Il prévenait les murmures dangereux des troupes, en maintenant l'abondance dans le camp, en établissant dans toutes les villes frontières de vastes magasins de vinaigre, de chair salée, de paille, d'orge et de froment (1). Mais la prospérité de Gordien périt avec son ministre, qui mourut d'une dysenterie. On eut de violens soupçons qu'il avait été empoisonné. Philippe, qui fut ensuite nommé préfet du prétoire, était Arabe de naissance; ainsi il avait exercé dans les premières années de sa jeunesse le métier de brigand. Son élévation suppose de l'audace et des talens. Mais son audace lui inspira le projet ambitieux de monter sur le trône, et il fit usage de ses talens pour perdre un maître trop indulgent. Au lieu de le servir, par ses menées artificieuses, il fit naître dans le camp une disette factice. Les soldats irrités attribuèrent cette calamité à la jeunesse et à l'incapacité du prince. Le défaut de matériaux nous empêche de rendre compte des complots secrets et

Ann. 243.
Artifices de
Philippe.

---

(1) *Hist. Aug.*, p. 162; Aurelius-Victor; Porphyre, *in Vit. Plotin. ap. Fabricium, Biblioth. græc.*, l. IV, c. 36. Le philosophe Plotin accompagna l'armée, animé du désir de s'instruire, et de pénétrer jusque dans l'Inde.

de la rebellion ouverte qui précipitèrent du trône l'infortuné Gordien. On éleva un monument à sa mémoire dans l'endroit (1) où il avait été tué, près du confluent de l'Euphrate et de la petite rivière du Chaboras (2). L'heureux Philippe, appelé à l'empire par les soldats, trouva le sénat et les habitans des provinces disposés à confirmer son élection (3).

Nous ne pouvons nous empêcher de mettre sous les yeux du lecteur un tableau ingénieux qu'un célèbre écrivain de nos jours a tracé du gouvernement

Meurtre de Gordien. Ann. 244, mars.

Forme d'une république militaire.

---

(1) A vingt milles environ de la petite ville de Circesium (*), sur la frontière des deux empires.

(2) L'inscription, qui contenait un jeu de mots fort singulier, fut effacée par ordre de Licinius, qui se disait parent de Philippe (*Hist. Aug.*, p. 165); mais le *tumulus*, ou monceau de terre qui formait le sépulcre, subsistait encore du temps de Julien. *Voyez* Ammien-Marcellin, XXIII, 5.

(3) Aurelius-Victor; Eutrope, IX, 2; Orose, VII, 20; Ammien-Marcellin, XXIII, 5; Zozime, l. I, p. 19. Philippe était né à Bostra (**), et il avait alors environ quarante ans.

(*) Aujourd'hui Kerkisia, placée dans l'angle que forme l'embouchure du Chaboras ou Al-Khabour avec l'Euphrate. Cette situation parut tellement avantageuse à Dioclétien, qu'il y ajouta des fortifications pour en faire le boulevard de l'empire dans cette partie de la Mésopotamie. (D'Anville, *Géogr. anc.*, t. II, p. 196.)
(*Note de l'Éditeur.*)

(**) Aujourd'hui Bosra. Elle était jadis la métropole d'une province connue sous le nom d'*Arabia*, et la ville principale de l'Auranitide, dont le nom se conserve dans celui de Belad-Haûran, et dont l'étendue se confond avec les déserts de l'Arabie. (D'Anville, *Géogr. anc.*, t. II, p. 188.) Selon Victor (*in Cæsar.*), Philippe était originaire de la Trachonitide, autre province d'Arabie. (*Note de l'Éditeur.*)

militaire de l'empire romain, et dans lequel seulement ce grand peintre s'est peut-être un peu trop livré à son imagination. « Ce qu'on appelait l'empire romain dans ce siècle-là était une espèce de république irrégulière, telle à peu près que l'aristocratie (1) d'Alger (2), où la milice, qui a la puissance souveraine, fait et défait un magistrat qu'on appelle le dey; et peut-être est-ce une règle assez générale que le gouvernement militaire est, à certains égards, plutôt républicain que monarchique. Et qu'on ne dise pas que les soldats ne prenaient de part au gouvernement que par leurs désobéissances et leurs révoltes : les harangues que les empereurs leur faisaient ne furent-elles pas à la fin du genre de celles que les consuls et les tribuns avaient faites autrefois au peuple? Et quoique les armées n'eussent pas un lieu particulier pour s'assembler, qu'elles ne se conduisissent point par de certaines formes, qu'elles ne fussent pas ordinairement de sang-froid, délibérant peu et agissant beaucoup, ne disposaient-elles pas en souveraines de la fortune publique? Et qu'était-ce qu'un empereur,

---

(1) Le terme *aristocratie* peut-il être appliqué avec quelque justesse au gouvernement d'Alger? Tout gouvernement militaire flotte entre deux extrêmes, une monarchie absolue et une farouche démocratie.

(2) La république militaire des mameluks, en Égypte, aurait fourni à M. de Montesquieu un parallèle plus noble et plus juste. Voyez *Considérations sur la grandeur et la décadence des Romains*, c. 16.

que le ministre d'un gouvernement violent, élu pour l'utilité particulière des soldats?

« Quand l'armée associa à l'empire Philippe, qui était préfet du prétoire du troisième Gordien, celui-ci demanda qu'on lui laissât le commandement entier, et il ne put l'obtenir : il harangua l'armée, pour que la puissance fût égale entre eux, et il ne l'obtint pas non plus : il supplia qu'on lui laissât le titre de César, et on le lui refusa : il demanda d'être préfet du prétoire, et on rejeta ses prières : enfin il parla pour sa vie. L'armée, dans ses divers jugemens, exerçait la magistrature suprême. »

Selon l'historien dont la narration douteuse a servi de guide au président de Montesquieu, Philippe, qui, pendant toute la révolution, avait gardé un farouche silence, voulut un moment épargner la vie de son bienfaiteur. Bientôt, réfléchissant que l'innocence de ce jeune prince pouvait exciter une compassion dangereuse, il ordonna, sans égard pour ses cris et pour ses supplications, qu'il fût saisi, dépouillé et conduit aussitôt à la mort. Après un moment d'hésitation, la cruelle sentence fut exécutée (1).

---

(1) L'*Histoire Auguste* (p. 163, 164) ne peut ici se concilier avec elle-même ni avec la vraisemblance. Comment Philippe pouvait-il condamner son prédécesseur, et cependant consacrer sa mémoire? comment pouvait-il faire exécuter publiquement le jeune Gordien, et cependant protester au sénat, dans ses lettres, qu'il n'était point coupable de sa mort? Philippe, quoique usurpateur et ambitieux, ne fut point un tyran insensé. D'ailleurs Tillemont et Muratori

A son retour de l'Orient, Philippe, dans la vue d'effacer le souvenir de ses crimes, et de se concilier l'affection du peuple, solennisa dans Rome les jeux séculaires avec une pompe et une magnificence éclatantes. Depuis Auguste, qui les avait fait renaître, ou plutôt institués (1), ils avaient été célébrés sous les règnes de Claude, de Domitien et de Sévère: Ils furent alors renouvelés pour la cinquième fois, et terminèrent une période complète de mille ans, depuis la fondation de la ville de Rome. Tout ce qui caractérisait les jeux séculaires contribuait merveilleusement à inspirer aux esprits superstitieux une vénération profonde. Le long intervalle qui s'écoulait entre les époques de leur célébration (2), excé-

Règne de Philippe.

Jeux séculaires. Ann. 248, 21 avril.

---

ont découvert des difficultés chronologiques dans cette prétendue association de Philippe à l'empire.

(1) Ce qui nous a été rapporté sur la prétendue célébration de ces jeux à l'époque où ils avaient eu lieu, nous dit-on, pour la dernière fois, est si obscur et si peu authentique, quoique cette époque se place dans un temps déjà éclairé, qu'il me semble que l'alternative ne peut se soutenir. Lorsque Boniface VII institua les jubilés, et voulut que, comme les jeux séculaires, ils se célébrassent tous les cent ans, ce pape artificieux prétendit qu'il faisait seulement renaître une ancienne institution. *Voyez* M. Le Chais, *Lettres sur les jubilés.*

(2) Cet intervalle était de cent ans ou de cent dix ans: Varron et Tite-Live ont adopté la première de ces opinions; mais la dernière est consacrée par l'autorité infaillible des sibylles. (Censorin, *de Die nat*, c. 17.). Cependant les empereurs Claude et Philippe ne se conformèrent pas aux ordres de l'oracle.

dait la durée de la vie humaine ; aucun spectateur ne les avait jamais vus, et aucun ne pouvait se flatter d'y assister une seconde fois. On offrait, durant trois nuits, sur les rives du Tibre, des sacrifices mystérieux ; et l'on exécutait dans le Champ-de-Mars des danses et des concerts, à la lueur d'une multitude innombrable de lampes et de flambeaux. Les esclaves et les étrangers étaient exclus de toute participation à ces cérémonies nationales. Vingt-sept jeunes gens, et autant de vierges ; tous de famille noble et qui n'avaient pas perdu ceux dont ils tenaient le jour, se réunissaient en chœur et chantaient des hymnes sacrés. Après avoir imploré les dieux propices en faveur de la génération présente, après les avoir conjurés de veiller sur les tendres rejetons qui faisaient déjà l'espoir de la république, ils leur rappelaient la foi des anciens oracles, et les suppliaient de maintenir à jamais la vertu, la félicité et l'empire du peuple romain (1). La magnificence des spectacles donnés par Philippe éblouit les yeux de la multitude ; les esprits religieux étaient entièrement absorbés par la célébration des rites de la superstition : le petit nombre de ceux qui réfléchissaient méditait l'histoire de Rome, et jetait en tremblant des regards inquiets sur les destins futurs de l'empire.

Décadence de l'empire romain.

Dix siècles s'étaient déjà écoulés depuis que Ro-

---

(1) Pour se former une idée juste des jeux séculaires, il faut consulter le poëme d'Horace, et la description de Zozime, l. II, p. 167, etc.

mulus avait rassemblé, sur quelques collines près du Tibre, une petite bande de pasteurs et de brigands (1). Durant les quatre premiers siècles, les Romains, endurcis à l'école de la pauvreté, avaient acquis les vertus de la guerre et du gouvernement. Le développement de ces vertus leur avait procuré, avec le secours de la fortune, dans le cours des trois siècles suivans, un empire absolu sur d'immenses contrées en Europe, en Asie et en Afrique. Pendant les trois cents dernières années, sous le voile d'une prospérité apparente, la décadence attaqua les principes de la constitution. Les trente-cinq tribus du peuple romain, composées de guerriers, de magistrats et de législateurs, avaient entièrement disparu dans la masse commune du genre humain : elles étaient confondues avec des millions d'esclaves habitans des provinces, et qui avaient reçu le nom de Romains, sans adopter le génie de cette nation si célèbre. La liberté n'était plus le partage que de ces troupes mercenaires, levées parmi les sujets et les Barbares des frontières, qui souvent abusaient de leur indépendance. Leurs choix tumultuaires avaient élevé sur le trône de Rome un Syrien, un Goth, un Arabe, et les avaient investis du pouvoir de gou-

---

(1) Selon le calcul reçu de Varron, Rome fut fondée sept cent cinquante-quatre ans avant J.-C. ; mais la chronologie de ces temps reculés est si incertaine, que sir Isaac Newton place le même événement dans l'année 627 avant J.-C.

verner despotiquement les conquêtes et la patrie des Scipions.

Les frontières de l'empire s'étendaient toujours depuis le Tigre jusqu'à l'océan occidental, et depuis le mont Atlas jusqu'aux rives du Rhin et du Danube. Le vulgaire aveugle comparait la puissance de Philippe à celle d'Adrien ou d'Auguste : la forme était encore la même, mais le principe vivifiant n'existait plus ; tout annonçait un dépérissement universel. Une longue suite d'oppressions avait épuisé et découragé l'industrie du peuple. La discipline militaire, qui seule, après l'extinction de toute autre vertu, aurait été capable de soutenir l'État, était corrompue par l'ambition ou relâchée par la faiblesse des empereurs. La force des frontières, qui avait toujours consisté dans les armes plutôt que dans les fortifications, se minait insensiblement, et les plus belles provinces de l'empire étaient exposées aux ravages, et allaient bientôt devenir la proie des Barbares, qui ne tardèrent pas à s'apercevoir de la décadence de la grandeur romaine.

FIN DU TOME PREMIER.

TABLE DES CHAPITRES

CONTENUS DANS LE PREMIER VOLUME.

Pages

CHAPITRE PREMIER. Étendue et force militaire de l'empire dans le siècle des Antonins. 51

CHAP. II. De l'union et de la prospérité intérieure de l'empire romain dans le siècle des Antonins. . . . 104

CHAP. III. De la constitution de l'empire romain dans le siècle des Antonins. 168

CHAP. IV. Cruautés, folies et meurtre de Commode. Élection de Pertinax. Ce prince entreprend de réformer le sénat : il est assassiné par les gardes prétoriennes. 218

CHAP. V. Les prétoriens vendent publiquement l'empire à Didius-Julianus. Clodius-Albinus en Bretagne, Pescennius-Niger en Syrie, et Septime-Sévère en Pannonie, se déclarent contre les meurtriers de Pertinax. Guerres civiles et victoires de Sévère sur ses trois rivaux. Nouvelles maximes de gouvernement. 257

CHAP. VI. Mort de Sévère. Tyrannie de Caracalla. Usurpation de Macrin. Folies d'Élagabale. Vertus d'Alexandre-Sévère. Licence des troupes. État général des finances des Romains. 303

CHAP. VII. Élévation et tyrannie de Maximin. Rebellion en Afrique et en Italie, sous l'autorité du sénat. Guerres civiles et séditions. Mort violente de Maximin et de son fils, de Maxime et de Balbin, et des trois Gordiens. Usurpation et jeux séculaires de Philippe. 387

FIN DE LA TABLE DES CHAPITRES.

TABLE DES MATIÈRES

CONTENUES DANS CE VOLUME.

	Pages		Pages
Préface de l'éditeur.	1	Vue des provinces de l'empire.	86
Lettre à l'éditeur.	19	Espagne.	Ibid.
Notice sur la vie et le caractère de Gibbon.	21	Gaule.	87
Préface de l'auteur.	45	Bretagne.	89
Avertissement de l'auteur.	49	Italie.	Ibid.
Introduction. Ann. 98-180.	51	Le Danube et la frontière d'Illyrie.	91
Modération d'Auguste.	52	Rhétie.	Ibid.
Imitée par ses successeurs.	55	Norique et Pannonie.	92
Première exception. Conquête de la Bretagne.	Ibid.	Dalmatie.	Ibid.
Seconde exception. Conquête de la Dacie.	59	Mœsie et Dacie.	93
		Thrace, Macédoine et Grèce.	94
Conquêtes de Trajan en Asie.	61	Asie-Mineure.	Ibid.
Conquêtes rendues par Adrien.	63	Syrie, Phénicie et Palestine.	95
		Égypte.	98
Contraste d'Adrien et d'Antonin le Pieux.	64	Afrique.	100
		Mer Méditerranée avec les îles qu'elle renferme.	101
Système pacifique d'Adrien et des deux Antonins.	65	Idée générale de l'empire romain.	102
Guerres défensives de Marc-Aurèle.	66	Principes du gouvernement.	104
		Tolérance universelle.	105
Établissemens militaires des empereurs romains.	67	Du peuple.	106
		Des philosophes.	108
Discipline.	68	Du magistrat.	111
Exercices.	70	Dans les provinces.	112
Légions romaines sous les empereurs.	72	Rome.	Ibid.
		Liberté de Rome.	114
Cavalerie.	75	Italie.	116
Auxiliaires.	78	Provinces.	118
Artillerie.	79	Colonies et villes municipales.	119
Campement.	80		
Marches.	81	Division des provinces grecques et latines.	122
Nombre et disposition des légions.	82	Usage général des deux langues.	125
Marine.	84		
Énumération de toutes les forces de l'empire.	85	Esclaves. Leur traitement.	126
		Affranchissement.	131

	Pages		Pages
Nombre des esclaves.	133	L'empereur conserve le commandement militaire, et se fait accompagner de gardes au milieu même de Rome.	178
Population de l'empire romain.	135		
Union et obéissance.	136		
Monumens romains.	137		
La plupart élevés par des particuliers.	Ibid.	Puissances consulaire et tribunitienne.	Ibid.
Exemple d'Hérode-Atticus.	139	Prérogatives impériales.	181
Sa réputation.	141	Magistrats.	183
La plupart des monumens romains consacrés au public; temples, théâtres, aqueducs, etc.	143	Le sénat.	185
		Idée générale du système impérial.	186
Nombre et grandeur des villes de l'empire.	145	Cour des empereurs.	187
		Déification.	188
Italie.	Ibid.	Titres d'Auguste et de César.	191
Dans la Gaule et en Espagne.	146	Caractère et politique d'Auguste.	193
En Afrique.	148	Image de liberté pour le peuple.	194
En Asie.	Ibid.		
Chemins de l'empire.	150	Tentative du sénat après la mort de Caligula.	195
Postes.	152		
Navigation.	153	Image du gouvernement pour les armées.	196
Perfection de l'agriculture dans les contrées occidentales de l'empire.	Ibid.	Leur obéissance.	197
		Successeur désigné.	199
Introduction des fruits, etc.	154	Tibère.	Ibid.
Olive.	156	Titus.	Ibid.
Lin.	Ibid.	La race des Césars et la famille Flavienne.	200
Prairies artificielles.	Ibid.		
Abondance générale.	157	Adoption et caractère de Trajan. Ann. 96-98.	201
Arts de luxe.	Ibid.		
Commerce étranger.	158	D'Adrien. Ann. 117.	202
Or et argent.	160	Adoption des deux Verus.	203
Félicité générale.	161	Adoption des deux Antonins. Ann. 138-180.	204
Décadence du courage.	162		
Du génie.	163	Caractère et règne d'Antonin le Pieux.	206
Dépravation.	166	De Marc-Aurèle.	207
Idée d'une monarchie.	168	Bonheur des Romains.	209
Situation d'Auguste.	Ibid.	Sa nature incertaine.	Ibid.
Il réforme le sénat.	170	Souvenir de Tibère, Caligula, Néron et Domitien.	210
Il résigne son pouvoir.	171		
On l'engage à le reprendre sous le titre d'empereur et de général.	172	Misère particulière aux Romains sous le règne des tyrans.	211
		Insensibilité des Orientaux.	Ibid.
Pouvoir des généraux romains.	173	Esprit éclairé des Romains. Souvenir de leur première liberté.	213
Lieutenans de l'empereur.	175		
Division des provinces entre l'empereur et le sénat.	177	L'étendue de l'empire ne	

TABLE DES MATIÈRES.

	Pages
laisse aucun asile aux Romains.	215
Indulgence de Marc-Aurèle.	218
Pour sa femme Faustine.	219
Pour son fils Commode.	220
Avénement de l'empereur Commode. Ann. 180.	221
Caractère de ce prince.	222
Il retourne à Rome.	Ibid.
Il est blessé par un assassin. Ann. 180.	225
Haine de Commode pour le sénat.	Ibid.
Cruautés de ce prince.	226
Les frères Quintilien.	Ibid.
Perennis, ministre. Ann. 186.	227
Révolte de Maternus.	229
Cléandre, ministre.	231
Son avarice et sa cruauté.	Ibid.
Sédition. Mort de Cléandre.	233
Plaisirs dissolus de Commode.	236
Son ignorance et ses vils amusemens.	Ibid.
Chasse des bêtes sauvages.	237
Commode déploie son adresse dans l'amphithéâtre.	239
Il joue le rôle de gladiateur.	240
Son infamie et son extravagance.	242
Conspiration de ses domestiques.	243
Mort de Commode. Ann. 192, 31 décembre.	244
Pertinax choisi pour empereur.	Ibid.
Il est reconnu par les gardes prétoriennes.	246
Et par le sénat. Ann. 193, 1er janvier.	Ibid.
La mémoire de Commode déclarée infâme.	247
Juridiction légale du sénat contre les empereurs.	249
Vertus de Pertinax.	250
Il entreprend la réforme de l'État.	251
Ses réglemens.	Ibid.
Sa popularité.	253

	Pages
Mécontentement des prétoriens.	254
Conspiration prévenue.	Ibid.
Meurtre de Pertinax par les prétoriens. Ann. 193, 28 mars.	255
Proportion de la force militaire avec la population d'un État.	257
Gardes prétoriennes ; leur institution.	258
Leur camp.	259
Leur force et leur confiance.	260
Leurs droits spécieux.	261
Ils mettent l'empire à l'enchère.	262
Il est acheté par Julianus. Ann. 193, 28 mars.	263
Julianus est reconnu par le sénat.	264
Il prend possession du palais.	265
Mécontentement public.	266
Les armées de Bretagne, de Syrie et de Pannonie, se déclarent contre Julianus.	267
Clodius-Albinus en Bretagne.	268
Pescennius-Niger en Syrie.	270
Pannonie et Dalmatie.	272
Septime-Sévère.	273
Déclaré empereur par les légions de Pannonie. Ann. 193, 13 avril.	274
Il marche en Italie.	275
Il s'avance jusqu'à Rome.	276
Détresse de Julianus.	Ibid.
Sa conduite incertaine.	277
Il est abandonné par les prétoriens.	278
Condamné et exécuté par ordre du sénat. Ann. 193, 2 juin.	279
Disgrâce des prétoriens.	Ibid.
Funérailles et apothéose de Pertinax.	280
Succès de Sévère contre Niger et contre Albinus. Ann. 193-197.	281
Conduite des deux guerres civiles. Artifices de Sévère.	283
Envers Niger.	Ibid.

TABLE DES MATIÈRES.

	Pages
Envers Albinus.	285
Événement des guerres civiles.	286
Décidées par deux ou trois batailles.	287
Siége de Byzance.	289
Mort de Niger et d'Albinus. Suites cruelles des guerres civiles.	291
Animosité de Sévère contre le sénat.	292
Sagesse et justice de son gouvernement.	293
Paix et prospérité universelle.	294
La discipline militaire relâchée.	295
Nouveaux prétoriens.	296
Préfet du prétoire.	297
Le sénat opprimé par le despotisme militaire.	299
Nouvelles maximes de la prérogative impériale.	300
Grandeur et agitation de Sévère.	303
L'impératrice Julie sa femme.	304
Leurs deux fils, Caracalla et Géta.	305
Leur aversion mutuelle.	306
Trois empereurs.	307
Guerre de Calédonie. Ann. 208.	Ibid.
Fingal et ses héros.	308
Contraste des Calédoniens et des Romains.	309
Ambition de Caracalla.	310
Mort de Sévère, et avénement de ses deux fils. Ann. 211, 4 février.	311
Jalousie et haine des deux empereurs.	312
Négociations des deux frères pour diviser l'empire entre eux.	313
Meurtre de Géta. Ann. 212, 27 février.	314
Remords et cruautés de Caracalla.	317
Mort de Papinien.	320
La tyrannie de Caracalla s'étend sur tout l'empire. Ann. 213.	321
Relâchement de la discipline.	323
Meurtre de Caracalla. Ann. 217, 8 mars.	325
Imitation d'Alexandre.	327
Élection et caractère de Macrin. Ann. 217, 11 mars.	328
Mécontentement du sénat.	329
Et de l'armée.	331
Macrin entreprend la réforme des troupes.	332
Mort de l'impératrice Julie.	333
Éducation, prétentions et révolte d'Élagabale, connu d'abord sous les noms de Bassianus et d'Antonin. Ann. 218, 16 mai.	334
Défaite et mort de Macrin. Ann. 218, 7 juin.	336
Élagabale écrit au sénat.	338
Portrait d'Élagabale. Ann. 219.	339
Sa superstition.	340
Ses débauches et son luxe effréné.	343
Mépris que les tyrans de Rome avaient pour les lois de la décence.	345
Mécontentement de l'armée.	346
Alexandre-Sévère déclaré César. Ann. 231.	Ibid.
Sédition des gardes, et meurtre d'Élagabale. Ann. 222, 10 mars.	347
Avénement d'Alexandre-Sévère.	349
Pouvoir de sa mère Mammée.	350
Administration sage et modérée.	352
Éducation et caractère vertueux d'Alexandre-Sévère.	353
Journal de sa vie.	354
Bonheur général des Romains. Ann. 222-235.	356
Alexandre refuse le nom d'Antonin.	357
Il entreprend de réformer l'armée.	358

TABLE DES MATIÈRES.

	Pages		Pages
Sédition des gardes prétoriennes, et meurtre d'Ulpien.	359	Ses emplois et ses dignités militaires.	391
Danger de Dion-Cassius.	361	Conspiration de Maximin. Ann. 235, 19 mars.	392
Tumulte des légions.	362	Meurtre d'Alexandre-Sévère.	393
Fermeté de l'empereur.	363	Tyrannie de Maximin.	395
Défauts de son règne et de son caractère.	365	Oppression des provinces.	398
Digression sur les finances des Romains.	367	Révolte en Afrique.	399
Impôts levés sur les citoyens romains.	368	Caractère et élévation des deux Gordiens.	401
Leur abolition.	370	Ils sollicitent la confirmation de leur autorité.	404
Tributs des provinces.	Ibid.	Le sénat ratifie l'élection des Gordiens.	Ibid.
De l'Asie.	371	Il déclare Maximin ennemi public.	406
De l'Égypte.	Ibid.		
De la Gaule.	Ibid.	Le sénat prend le commandement de Rome et de l'Italie.	407
De l'Afrique.	372		
De l'île de Gyare.	373		
Montant du revenu.	Ibid.	Il se prépare à soutenir une guerre civile.	Ibid.
Taxes sur les citoyens romains établies par Auguste.	374	Défaite et mort des deux Gordiens. Ann. 237, 3 juillet.	408
Douanes.	376		
Impôt sur les consommations.	377	Maxime et Balbin déclarés empereurs par le sénat. 9 juillet.	409
Taxe sur les legs et sur les héritages.	378	Leur caractère.	411
Conforme aux lois et aux mœurs.	380	Tumulte à Rome. Le plus jeune des Gordiens nommé César.	412
Réglemens des empereurs.	381		
Édit de Caracalla.	382	Maximin se dispose à attaquer le sénat et son empereur.	414
Le titre de citoyen donné aux habitans des provinces pour les soumettre à de nouveaux impôts.	383	Il marche en Italie. Ann. 238, février.	417
		Siége d'Aquilée.	Ibid.
Réduction passagère du tribut.	384	Conduite de Maxime.	419
Conséquences qui résultent de l'extension du droit de bourgeoisie.	385	Meurtre de Maximin et de son fils. Ann. 238, avril.	420
		Son portrait.	421
Apparence ridicule et avantages solides d'une succession héréditaire.	387	Joie de l'univers romain.	422
		Séditions à Rome.	423
		Mécontentement des prétoriens.	424
Le défaut d'une succession héréditaire dans l'empire romain est la source des plus grandes calamités.	388	Massacre de Maxime et de Balbin. Ann. 238, 15 juillet.	426
Naissance et fortune de Maximin.	390	Le troisième Gordien reste seul empereur.	427

	Pages		Pages
Innocence et vertus de Gordien.	429	Forme d'une république militaire.	432
Guerre de Perse. Ann. 242.	430	Règne de Philippe.	435
Artifices de Philippe. Ann. 243.	431	Jeux séculaires. Ann. 248, 21 avril.	Ibid.
Meurtre de Gordien. Ann. 244, mars.	432	Décadence de l'empire romain.	436

FIN DE LA TABLE DES MATIÈRES.

Cet Ouvrage se trouve aussi chez les Libraires ci-après :

PARIS.

Chauvay, libraire, boulevard Bonne-Nouvelle, n° 17;
Delaroque jeune, libraire, boulevard Poissonnière;
Daubrée, libraire, passage Vivienne;
Dauthereau, libraire, rue de Richelieu, n° 20;
Delaunay, libraire, au Palais-Royal;
Ledoyen, libraire, au Palais-Royal.

DANS LES DÉPARTEMENS.

Agen.	Noubel.
Aix.	Aubin.
Angers.	Launay.
Angoulême.	Laroche.
Avignon.	Amand-Guichard.
Besançon.	Bintot; Boillot et Cie.
Bordeaux.	Gayet; Lawalle.
Boulogne-sur-Mer.	Griset jeune; Griset aîné.
Brest.	Fournier-Desperiers; Hébert fils aîné.
Caen.	Mancel.
Calais.	Leleux.
Clermont-Ferrand.	Auguste Veysset.
Grenoble.	Prudhomme.
Langres.	Léonard.
Le Havre.	Chapelle.
Lyon.	Faure fils et Cie; Laurent; Millon; Targe.
Marseille.	Camoin; Chaix; Chardon.
Metz.	Thiel; Husson frères.
Montauban.	Rhétoré.
Montpellier.	Sevalle.
Moulins.	Place-Bujon.
Nancy.	Seney jeune; Cayon-Liébault.
Nantes.	Mme Besseuil j°; Scirbau-Couffinhal.
Rennes.	Mollien; Dekerpen.
Rouen.	Ed. Frere; Legrand et Cie; Vallée-Édet.
Strasbourg.	Février; Lagier.
Toulouse.	Vieusseux.
Tours.	Moisy.
Troyes.	Laloy.
Valenciennes.	Lemaître.

ET A L'ÉTRANGER.

Amsterdam.	Delachaux.
Bruxelles.	Berthot; Demat.
Francfort-sur-Mein.	Jugel.
Liège.	Desoer; Collardin.
Londres.	Deleau et Cie.
Mons.	Leroux.
Namur.	Ybert.
Turin.	Pic; Boccá.

www.ingramcontent.com/pod-product-compliance
Lightning Source LLC
Chambersburg PA
CBHW051826230426
43671CB00008B/849